U0110373

古代歷史文化研究輯刊

十五編

王明蓀 主編

第13冊

北宋武將研究（續編）（上）

何冠環 著

國家圖書館出版品預行編目資料

北宋武將研究（續編）（上）／何冠環 著 — 初版 — 新北市：
花木蘭文化出版社，2016〔民105〕
序2+目2+252面；19×26公分
（古代歷史文化研究輯刊 十五編；第13冊）
ISBN 978-986-404-610-2（精裝）
1. 軍人 2. 傳記 3. 北宋
618   105002221

ISBN-978-986-404-610-2

9 789864 046102

古代歷史文化研究輯刊
十五編　第十三冊　　　　　　　ISBN：978-986-404-610-2

北宋武將研究（續編）（上）

作　　　者　何冠環
主　　　編　王明蓀
總　編　輯　杜潔祥
副總編輯　楊嘉樂
編　　　輯　許郁翎
出　　　版　花木蘭文化出版社
社　　　長　高小娟
聯絡地址　235 新北市中和區中安街七二號十三樓
　　　　　　電話：02-2923-1455／傳眞：02-2923-1452
網　　　址　http://www.huamulan.tw 信箱 hml810518@gmail.com
印　　　刷　普羅文化出版廣告事業
初　　　版　2016年3月
全書字數　698211字
定　　　價　十五編23冊（精裝）台幣45,000元　　　版權所有・請勿翻印

北宋武將研究(續編)(上)

何冠環　著

作者簡介

何冠環，1955年生，廣東江門市新會人，香港中文大學文學士、哲學碩士，美國亞里桑拿大學哲學博士，專攻宋代史。師承著名宋史學者羅球慶教授與陶晉生院士。先後任教於香港公開大學、新加坡南洋理工大學、香港教育大學、香港理工大學，2015年退休，現擔任香港樹仁大學歷史系客席。2006年起獲選爲中國宋史研究會理事，2010年獲選爲嶺南宋史研究會副會長，2014年獲選爲中國宋史研究會副會長。著作有《宋初朋黨與太平興國三年進士》（1994）、《北宋武將研究》（2003）、《攀龍附鳳：北宋潞州上黨李氏外戚將門研究》（2013），以及發表學術論文數十篇。

提　　要

　　本書是作者《北宋武將研究》（2003）及《攀龍附鳳：北宋潞州上黨李氏外戚將門》（2013）二書的續篇，它是作者近十多年來研究北宋武將的成果另一結集。凡六十餘萬言，共收論文十二篇，其中北宋外戚武將研究共五篇，分別考論陳州宛丘符氏、保州保塞劉氏、開封浚儀石氏及另一潞州上黨李氏四個外戚將門的興衰事蹟，可與《攀龍附鳳》所述的潞州上黨李氏將門參照比較。關於北宋蕃將研究有一篇，詳考北宋綏州高氏蕃官將門五代事蹟。作者對北宋楊家將素有研究，本書收有專論楊家將第四代領軍人物、文武雙全的楊畋生平事蹟兩篇。另有兩篇與北宋名將狄青有關，其一是狄青長子狄諮晚年事蹟考，其二是與狄青齊名的北宋中期名將范恪事蹟考。作者又據出土墓誌銘，重新考述三川口敗將劉平之親弟劉兼濟的邊將生涯，壓卷的一篇是作者據出土墓銘考述南宋初年一則有關北宋末年西邊名將种師道的神話。

　　本書據翔實的史料，包括大量新近出土的墓誌銘，以綿密的考證，生動有趣的筆觸，將北宋十個顯赫的武將家族的事蹟以及其興衰狀況，娓娓道來。本書不光是談武將的故事，北宋九朝帝王后妃、親王公主、自宰相以下的大小文臣，以至宮中服侍的高低內臣，他們與這些武將之錯綜複雜關係，也是本書論述的重點。

謹以此小書
敬獻
啟迪、支持我研讀歷史的
家姐何合時女史

陶晉生院士序

冠環多年來致力於宋代武將研究，繼 2003 年出版《北宋武將研究》，他在 2013 年出版了《攀龍附鳳：北宋潞州上黨李氏外戚將門研究》，今年又將另外十二篇相關研究論文彙集成《北宋武將研究續編》煌煌六十多萬言的大書，可見他對武將研究的情有獨鍾。

冠環一向以發掘題目，和用功搜集史料見稱。他這本新書，也展示他這兩個優點。值得一提的是，本書充份利用許多罕見的出土墓誌銘以研究武將家世事蹟。這是值得肯定的。

冠環近年研究外戚武將，故本書以近半篇幅考論北宋陳州宛丘符氏、保州保塞劉氏、開封浚儀石氏、潞州上黨李氏四個外戚將門，讀者倘與 2013 年出版的《攀龍附鳳》一併來讀，當會收獲更多。尤其值得推薦的是李遵勗夫妻父子與其後人的兩篇，教人驚嘆的是南宋名僧道濟（濟公）竟是李駙馬和獻穆公主的後人！

冠環對北宋楊家將也用力甚多，以前曾寫過楊家將第三代傳人楊文廣，本書再利用新出土墓誌的資料，把楊家將第四代最重要的領軍人物，才兼文武的楊畋的事蹟作了最大的梳理與考述。這對楊家將故事的擴大甚有貢獻。關注楊家將故事的朋友不可錯過。

冠環這次開展了宋代蕃將的研究，選擇綏州高氏蕃官家族作個案研究是很可觀的，過去我們研究宋夏關係，高文岯、高繼嵩、高永能、高永年這些名字都似曾相識，原來他們都是為宋廷忠勇奮戰的少數民族將領，與府州折氏齊名，希望他能在這個課題上發展下去。

　　本書其他各篇，有些是補充前書的，如考證狄青長子狄諮的卒年、种師道身後轉世的傳說、劉平弟劉兼濟的事蹟，也有專述與狄青齊名同爲行伍出身的范恪的事蹟，都是值得一讀的好文章。

陶晉生

2015 年 7 月 19 日

上篇：外戚武將研究

北宋陳州宛丘符氏外戚將門考論

一、導　言

　　五代至宋初的陳州宛丘（今河南周口市淮陽縣）符氏將門，自後唐的符存審（862～924）起家，到其子符彥卿（898～975）屢建功勳，封王建藩，在大半個五代時期，符氏不僅是聲名顯赫的將門，還因後周世宗（921～959，954～959 在位）先後娶符彥卿兩女，即宣懿皇后（930～955）、恭帝周太后（？～993）爲后，於是又擁有外戚的身份。〔註1〕入宋後，符氏在宋太祖（927

〔註1〕　符存審《舊五代史》及《新五代史》均有傳，其父符楚爲州牙將，他可以說是第二代爲將，不過符氏眞正起家始於他。存審有五子：符彥超（？～934）、符彥饒（？～937）、符彥卿、符彥能和符彥琳（？～972）。符彥超及符彥饒均死於非命，惟有符彥卿以功名令終。考兩五代史均以符彥卿爲符存審第三子，但《宋史・符彥卿傳》則以彥卿爲存審第四子，「軍中謂之『符第四』。」而符彥琳的墓誌銘則稱符彥琳爲符存審第六子。符彥卿的兄弟中，惟有他與六弟符彥琳入宋後尚在。符彥琳據載「幼而敏悟，長乃強明。」他在少壯之年，已擔任偏禆之任。他曾任後唐莊宗太子魏王李繼岌（？～926）之衙隊指揮使。李繼岌滅前蜀後，他便返京師任職，不久「昇水土之榮，還領竹符之貴」，他的墓誌說他在天福初「罷牧濕川歸朝」，當是指他之前出任隰州（今山西臨汾市隰縣）團練使。據邱佳慧的考證，濕川即山西隰川縣。據《元豐九域志》，隰川縣即隰州之州治。而他當時已「階惟金紫，舜乃侯封」。在後晉天福初年，符彥琳自隰州團練使罷歸朝。入宋後，「就執金之列長，親拱極之光」，擔任金吾之差使。他在開寶五年（972）五月卒於左驍衛上將軍任上，他入宋以後之事蹟及子孫情況見下文。據《邵氏聞見錄》所載，符彥卿女宣懿符皇后，初適河中節度使李守貞（？～949）子李崇訓（？～949），有相者說她貴不可言。當李守貞舉兵叛，郭威以後漢樞密使領兵討之。城破，守貞父子舉家自焚，但符氏坐在堂上不動。漢兵入。她叱之曰：「吾父與郭公有舊，汝輩不可以無禮見加。」漢兵稟告郭威，郭威收她爲養女，然後嫁予周世宗。世宗即位，冊爲皇

～976，在位 960～976）一朝，以前朝外戚及強藩之嫌，多數時間爲太祖所

后，顯德二年（955）七月病死，年僅二十六。周世宗後續娶其幼妹，即史稱的周太后。她入宋後，遷於西宮，號恭帝周太后。她在太宗初年入道爲尼，至太宗淳化四年（993）始逝。考《隆平集》、《東都事略》及《宋史》符彦卿均有傳。《東都事略》清楚記周世宗二后、太宗懿德皇后皆彦卿女，並說自周及太祖朝賜詔不名，近代貴盛無與爲比。關於符氏兩后在五代之後宮政治中的表現，同門好友趙雨樂教授曾在一篇專文有所論及。參見薛居正（912～981）等（撰）：《舊五代史》（北京：中華書局標點本，1978 年 5 月），卷五十六〈唐書三十二・列傳八・符存審傳、符彦超附傳〉，頁 755～760；卷九十七・列傳六・符彦饒傳〉，頁 1208；卷一百二十一〈周書十二・后妃列傳一・宣懿皇后符氏傳〉，頁 1603～1604；歐陽修（1007～1072）（撰），徐無黨（注）：《新五代史》（北京：中華書局標點本，1974 年 12 月），卷二十〈周世宗家人傳八・皇后符氏〉，頁 203～204；卷二十五〈唐臣傳十三・符存審傳・附子彦超、彦饒、彦卿〉，頁 263～267；曾鞏（1019～1083）（撰），王瑞來（校證）：《隆平集校證》（北京：中華書局，2012 年 7 月），下冊，卷十六〈武臣傳・符彦卿〉，頁 471～473；王稱（？～1200 後）：《東都事略》，《宋史資料萃編》第一輯，（臺北：文海出版社，1967 年 1 月），卷十九〈列傳二・符彦卿傳〉，葉四上至五上；脫脫（1314～1355）（撰）：《宋史》（北京：中華書局點校本，1977 年 11 月），卷二百四十二〈后妃上・懿德符皇后傳〉，頁 8609；邵伯溫（1056～1134）（著），李劍雄、劉德權（點校）：《邵氏聞見錄》（北京：中華書局，1983 年 8 月），卷七，頁 68～69；北京圖書館金石組（編）：《北京圖書館藏中國歷代石刻拓本匯編》，第三十七冊（王麗燕編撰），（鄭州：中州古籍出版社，1990 年 2 月），〈誌 3697〉，〈故推誠奉義翊戴功臣開府儀同三司檢校太尉行左驍衛上將軍御史大夫上柱國武都郡開國公食邑三千三百戶實封肆百戶贈太子太師符君墓誌〉（以下簡稱〈符彦琳墓誌〉），頁 37（按：此墓誌作者不詳，河南洛陽出土，張鈁（1886～1966）舊藏，此拓爲原北平圖書館舊藏，原石年號有剜改，其中符彦琳卒年作「正始」，又作「黃武」，歲次壬申其實是開寶五年），《北京圖書館藏中國歷代石刻拓本匯編》，第三十八冊（王麗燕編撰）（鄭州：中州古籍出版社，1990 年 2 月），〈誌 3716〉，〈大宋故推誠佐理功臣、光祿大夫、檢校太保、使持節蔡州諸軍事行蔡州刺史充本州防禦使兼御史大夫、上柱國、武都郡開國公、食邑三千五百戶、贈鎮東軍節度使符公墓誌銘〉（以下簡稱〈符昭願墓誌銘〉），頁 6（按：此墓誌銘亦見國家圖書館善本金石組編：《宋代石刻文獻全編》，第二冊（北京：北京圖書館出版社，2003 年 6 月），頁 600～601，符昭願墓誌銘・咸平四年），原載羅振玉（1866～1940）（校錄）：《芒洛冢墓遺文三篇》）；邱佳慧：〈05 宋符彦琳墓誌 14738〉，載臺灣東吳大學〈宋代史料研讀會〉網頁，2003 年 2 月，第一次會；王存（1023～1101）（撰），王文楚、魏嵩山（點校）：《元豐九域志》（北京：中華書局，1984 年 12 月），卷四〈河東路・隰州〉，頁 168；馬端臨（1254～1323）（著），上海師範大學古籍研究所及華東師範大學古籍研究所（點校）：《文獻通考》（北京：中華書局，2011 年 9 月），第十一冊，卷二百五十二〈帝系考三〉，頁 6797；趙雨樂：〈五代的后妃與政治〉，收入盧向前（主編）：《唐宋變革論》（合肥：黃山書社，2006 年 5 月），頁 345～347，「六、五代入宋的後宮政治」。

忌而不獲重用。然而，被太祖培養爲繼承人的皇弟趙光義（即宋太宗，939
～997，在位 976～997），因在後周世宗時娶符彥卿第六女（942～975，太宗
即位後追封爲懿德符皇后）爲妻，故符氏又擁有「準外戚」的身份。雖然符
皇后在太宗即位前一年已去世，但並不妨礙符氏族人在太宗朝恢復爲戚里之
家。太宗除了重用他的藩邸舊臣外，比起乃兄，他更喜用外戚武將爲他統軍
作戰。〔註2〕在太宗、眞宗（968～1022，997～1022 在位）兩朝，符彥卿的
兩個兒子、第三代的符昭愿（945～1001）和符昭壽（？～999）都頗受到重
用，先後領軍出戰和鎮守大藩。但他們才具有限，並未建立甚麼功勳。到了
仁宗（1010～1063，1022～1063 在位）以後，除了符惟忠（？～1042）外，
符氏的第四代與第五代再沒有出過甚麼出色的人物，而符氏這個在五代至宋
初一度顯赫的外戚將門，即走上衰落之道路。雖然符氏第七代的符世表（1056
～1121）爲官任事頗有祖風，並盡力維持符門的世家大族的體面，但他並沒
有過人的事功，無法中興符門。〔註3〕

〔註2〕 關於太祖朝外戚武將的情況、太祖使用外戚掌軍的得失，以及太宗重用其藩
府舊臣的情況，可參閱何冠環：〈宋太祖朝的外戚武將〉，載何著：《北宋武將
研究》（香港：中華書局，2003 年 6 月），頁 63～86；何冠環：〈論宋太宗朝
武將之黨爭〉，載同書，頁 87～135。

〔註3〕 考《宋史・符彥卿傳》及《東都事略・符彥卿傳》均稱符有三子：長子符昭
信（？～954）、次子符昭愿和幼子符昭壽。（按：《東都事略》記符彥卿三子
分別爲符昭信、符昭厚、符昭壽。其中「符昭厚」當是符昭愿的訛寫。）但
《宋史・符彥卿傳》中又記他有子名「昭序」，疑是「昭信」之訛。符昭信以
父故，任天雄軍（即大名府）衙內都指揮使，領賀州（今廣西賀州市）刺史。
他在後周世宗顯德初（954？）卒，贈檢校太保、閬州（今四川南充市閬中市）
防禦使。符昭愿原居次，入宋後成爲符彥卿的長子。〈符昭愿墓誌銘〉稱他是
符彥卿的世子，可見他的身份。昭愿於開運二年（945）七月丙午（十二）生，
母爲虢國夫人楊氏（？～989），字致恭，比符皇后年輕三年。他年方九歲，
就以陰授天雄軍衙內都指揮使，翌日即超授爲檢校左僕射遙領興州（今陝西
漢中市略陽縣）刺史。原籍爲大名府的宋初名臣柳開（947～1000）曾撰有〈上
符興州書〉一文。據祝尚書教授的考證，柳氏此文當作於符昭愿在開寶初年
改領恩州（今廣東陽江市）之前。顯然符昭愿領興州刺史跨越後周末年至宋
初。參《宋史》，卷二百五十一〈符彥卿傳、符昭愿附傳〉，頁 8838，8840～
8841；卷四百四十二〈文苑傳四・郭忠恕傳〉，頁 13088；《東都事略》，卷十
九〈符彥卿傳〉，葉五上；〈符昭愿墓誌銘〉，頁 6；柳開：《河東集》，文淵閣
《四庫全書》本，卷六〈上符興州書〉，葉十八下至二十上；徐松（1781～1848）
（輯），劉琳、刁忠民、舒大剛、尹波等（校點）：《宋會要輯稿》（上海：上
海古籍出版社，2014 年 6 月），第三冊，〈禮四十一・臨奠〉，頁 1640；祝尚
書（編）：《柳開年譜》，載吳洪澤（主編）：《宋人年譜叢刊》，第一冊，（成都：

　　關於宛丘符氏的事蹟，楊果教授早在 1992 年，即爲符氏最顯赫的人物符彥卿寫過一篇深入淺出的傳記。臺灣青年學者邱佳慧於 2003 年 2 月在東吳大學舉辦的宋代史料研讀會上亦以符彥卿弟符彥琳（？～972）的墓誌作初步的校釋研讀。以研究宋代家族史著名的臺灣學者黃寬重教授，也對符氏第六代族人符守規（1028～1100）的墓誌銘作出初步校釋，而且點出符氏家族尚有傳世的墓誌資料十種（包括符彥琳墓誌），他即據此製成符氏家族十代世系表（見附錄一）。黃氏指出：「符氏世代與宗室婚姻比例相當高，是一個值得進一步探討的家族，但資料多只見於北宋，宋室南渡後的情況尚待查考。」另外，也有研究家族歷史的學者，在相近的時期注意到陳州符氏這個名門世家。西北大學的胡坤博士在 2005 年便發表了一篇以析論符彥卿與周世宗及宋太祖朝政治爲核心課題的專論〈符氏家族與宋初政治〉。〔註 4〕本文即在楊文及胡文

　　　　　四川大學出版社，2003 年 1 月），頁 214。

〔註 4〕　關於符氏家族的研究，臺灣中央研究院史語所的柳立言氏在他論眞定曹氏的專文中，曾以符彥卿家族無法在宋初延續其貴顯的事實，與眞定曹氏做過一番簡單的比較。不過，柳氏對宛丘符氏並未作較深入的研究，所參考的史料僅限於《宋史》符彥卿本傳及符昭愿和符昭壽的附傳，以及《續資治通鑑長編》兩則的紀載。黃寬重教授及邱佳慧女士對符彥琳及符守規的墓誌做了一番校釋的工作，並列出十種符氏家族成員現存的墓誌銘，甚有參考作用。據黃的報告，各種的墓誌銘編號如下：（1）編號 9〈故遂寧郡君趙氏墓誌銘〉（符世表妻）；（2）編號 24〈宋故秀容縣君墓誌銘〉（符守誠妻趙氏）；（3）編號 42〈宋故忠翊郎符侯墓誌銘〉（符佾）；（4）編號 44〈大宋故武德大夫致仕符公墓誌銘〉（符世表）；（5）編號 69〈宋故符公之墓〉（符守規）；（6）新本編號 11〈鎭東軍節度使符公墓誌銘〉（符昭愿）；（7）編號 15〈禮賓副使夫人符氏墓誌〉；（8）編號 16〈大宋故監門衛將軍符氏墓誌銘〉（符承煦）；（9）符補之墓誌銘〉（藏中央圖書館拓片）；（10）〈符補之妻王氏墓誌銘〉（藏中央圖書館拓片）。考黃寬重之符氏十代世系表只列入墓誌銘所載符氏族人姓名，並未有包括見諸《宋史》、《長編》及宋人文集的符氏族人。又邱氏對符氏第三代的人物，其報告只列出符彥琳之子女。國內學者王國生氏曾撰一篇短文，簡介自漢至宋的三個陳地名門世家，而最後以半頁的篇幅介紹符氏世家；不過，他沒有注明參考甚麼史料，而所列出的符氏人物，也不過根據《宋史》〈符彥卿傳〉及〈符惟忠傳〉，是故該文參考價値有限。至於胡坤的專論，標題雖說是符氏家族，實際上只論符彥卿，最多旁及他三個先後成爲周世宗及宋太宗皇后的女兒。而所謂宋初，只及於宋太祖朝，而有頗多篇幅，析述後周三主的政治，至於宋太宗朝及以後的符氏家族的事蹟，則未有論及。參見柳立言：〈宋初一個武將家族的興起——眞定曹氏〉，《中國近世社會文化史論文集》，（臺北：中央研究院歷史語言研究所出版品編輯委員會，1992 年 6 月），頁 72；邱佳慧：〈05 宋符彥琳墓誌 14738〉，載臺灣東吳大學〈宋代史料研讀會〉網頁，2003 年 2 月，第一次會；黃寬重：〈宋故符公之墓〉、〈五代、北宋

的研究基礎上，參考其他史籍有關記載，考論宛丘符氏將門在整個北宋的事蹟。值得一提的是，符氏各代人物，現存的碑銘資料屬於第二代的有〈贈太子太師符君（符彥琳）墓誌銘〉，第三代的有〈贈鎮東軍節度使符公（符昭愿）墓誌銘〉，屬於第四代的有〈大宋故監門衛將軍符君（承煦）墓誌銘〉，屬於第五代的有〈大宋禮賓副使承遵故夫人武都符氏墓誌銘〉，屬於第六代的計有〈崇國太夫人符氏墓誌銘〉、〈宋故符公（守規）墓誌〉、〈宋故供備庫副使致仕符君（守誠）墓誌銘〉、〈宋故秀容縣君（符守誠妻）墓誌銘〉、〈故保大軍節度推官符府君（符補之）墓誌〉及〈故保大軍節度推官符君妻太原王夫人（符補之妻）墓誌〉，屬於第七代的有〈大宋故武德大夫致仕符公（世表）墓誌銘〉及〈宋故遂寧郡君趙氏（符世表妻）墓誌銘〉，以及屬於第八代的〈宋故忠翊郎符侯（佾）墓誌銘〉共十二種，在相當程度上補充了《宋史》、《東都事略》、《續資治通鑑長編》等書記載之不足。本文即結合各種相關的史料，試從這一個案，探索北宋外戚將門興衰的軌跡。

二、前朝外戚：宋太祖朝的符氏將門

太祖代周後，符彥卿雖是後周世宗之后父，但他沒有像忠於後周的昭義（即潞州，今山西長治市）節度使李筠（？～960）和後周太祖（904～954，951～954 在位）外甥、淮南（即揚州，今江蘇揚州市）節度使李重進（？～960）等舉兵反宋。他和後周另一外戚、後周太祖駙馬張永德（928～1000）一樣，採取同樣策略，擁兵自保。他在建隆元年（960）正月丁巳（十七），即太祖登位後的十六日，便派長子符昭愿從大名府（今河北邯鄲市大名縣）入覲，並上表請求在以後的宣召上書寫其名（按：從後周恭帝（959～960在位）開始，恩准在詔書中不書符之名諱）。太祖見符彥卿向自己輸誠，加上他是親弟的岳父，於是對他採取籠絡手段。李燾（1115～1184）《長編》即稱：「彥卿宿將，且前朝近親，皇弟匡義汝南郡夫人又彥卿女也，上每優其禮遇云。」太祖除了不允所請，繼續「賜詔書不名」的特恩外，還從他原

時期符氏十代世系表〉，載臺灣東吳大學〈宋代史料研讀會〉網頁，2003 年 2月；王國生：〈陳地名門世家〉，《周口師專學報》，第 14 卷第 4 期，（1997 年12 月），頁 51～53；胡坤：〈符氏家族與宋初政治〉，載姜錫東、李華瑞（主編）：《宋史研究論叢》，第六輯，（保定：河北大學出版社，2005 年 4 月），頁1～18。另楊果教授之專著，參見楊果：〈從戰將到庸夫的符彥卿〉，載朱雷（主編）：《外戚傳》，下冊，（鄭州：河南出版社，1992 年 4 月），頁 84～98。

本守太尉、兼中書令之官，擢陞兩級爲守太師，並讓他繼續以魏王、天雄軍節度使之名位，鎮守北方重鎮大名府。另外，又遷符昭愿爲檢校司徒，進階金紫光祿大夫而遣還。〔註5〕太祖對其弟婦，即符彥卿的第六女，先在建隆元年正月封汝南郡夫人，到二年（961）九月再進封楚國夫人。〔註6〕

太祖爲了專心對付不聽命甚至可能懷有異心的藩鎮，對其他安份聽命的藩鎮採取優容寬大的策略。符彥卿屬於後一類的藩鎮，他雖然是周室近親，但同時又是太祖的姻親，而且一早便對太祖輸誠，故太祖沒有像對周室另一外戚、建雄軍（即晉州，今山西臨汾市）節度使楊庭璋（912～971）那樣，既處處防範又刻意打擊。〔註7〕相反，太祖刻意籠絡他，要穩住他。對於符彥

〔註5〕 李燾：《續資治通鑑長編》（以下簡稱《長編》）（北京：中華書局點校本，1979年8月至1995年4月），卷一，建隆元年正月丁巳條，頁7；八月甲戌條，頁21；《宋史》，卷二百五十五〈張永德傳〉，頁8916～8919；陳舜封〈符昭愿墓誌銘〉，頁6。考張永德比太祖年輕一歲，一向與太祖交好，軍功也沒有符彥卿那麼耀目。他在後周時已暗向太祖輸誠，又曾大力資助太祖娶王皇后（一說他又曾資助太宗娶符皇后），故太祖感其恩德。加上他給人好仙道之術的印象，故太祖在位期間，對他恩寵不替，略無猜嫌。太祖即位後，加他侍中。他在是年八月，即李筠之亂平定後一個月，自許州（忠武軍）（今河南許昌市）來朝。太祖改授他武勝軍（即鄧州，今河南南陽市鄧州市）節度使，復召對後苑，和他道故舊之情，以巨觥暢飲，稱他「駙馬」而不名，又特別免其所欠官錢五萬，而別賜錢二十萬。稍後又令他從遊玉津園，命衛士代執其彎。總之他「恩寵優渥，舊臣無與比者」。太祖並向他密詢征北漢的意見。他認爲北漢兵少而悍，又有契丹爲援，主張緩圖之。

〔註6〕 《宋會要輯稿》，第一冊，〈后妃一・皇后皇太后・懿德符皇后〉，頁248；《長編》，卷一，建隆元年正月丁巳條，頁7；《宋史》，卷二百四十二〈后妃上・懿德符皇后傳〉，頁8609。考懿德符皇后在開寶八年十二月卒，年三十四，即生於後晉高祖天福七年（942），比太宗年輕三年（按：太宗生於天福四年〔939〕七月），史稱她是符彥卿第六女，據其弟符昭壽的四世孫符世表（1056～1021）的墓誌銘所載，「魏王（即符彥卿）三女爲后，長爲周世宗后，廟號宣懿，次爲太宗皇帝后，廟號懿德，次乃周恭帝太后。」可知符皇后在符彥卿女兒中居次。符彥卿是否還有三個女兒，史所不載其姓名。參見北京圖書館金石組（編）：《北京圖書館藏中國歷代石刻拓本匯編》，第四十二冊（北宋），（鄭州：中州古籍出版社，1990年2月），〈誌3827〉，〈大宋故武德大夫致仕符公（符世表）墓誌銘〉，頁132。按此墓誌銘爲朝奉郎、權通判丹州（今陝西延安市宜川縣東北）、同管勾神霄玉清萬壽宮兼管內勸農事許光弼所撰，符世表的長婿武德大夫權發遣棣州（今山東濱州市惠民縣東南）兵馬鈐轄趙仲機所書。（趙之家世出身下文再述）此拓片原爲張鈁所藏，後爲原北平圖書館所藏。

〔註7〕 建雄節度使楊庭璋（按：《宋史》作楊廷璋）的姊姊是後周太祖的淑妃，深得周太祖及周世宗的信任。因爲這層前朝外戚的關係，太祖對他有疑心，一早

卿在他治下的天雄軍濫取民租，中飽私囊的做法，太祖卻予以優容，不加懲處。直至建隆二年二月，太祖才委派朝中的常參官，替代藩帥的親吏，到各道收取民租，防止藩帥重斂百姓。對於以厚斂百姓最著的符彥卿，是月己卯（十五），太祖居然還以羨餘的公粟賞賜給他，說是「以媿其心」，其實是給他作爲「補償」。〔註8〕對於符彥卿治理大名府的弊政，他的女婿太宗也知道得很清楚。太宗在淳化二年（991）閏二月，即符逝世十七年後，仍沒有護短地批評他「累任節度，以射獵馳逐爲樂，於是近習窺其意，爭獻鷹犬，彥卿悅而假借之，其下因恣橫侵擾。」〔註9〕

符彥卿在乾德元年（963）二月丙戌（初三）自大名府來朝，對於廣政殿，太祖厚賜他襲衣和玉帶。據《長編》所記，太祖這時有意委符彥卿掌軍，但當他向心腹親信、樞密使趙普（922～992）言及此意時，趙普卻反對，以符彥卿名位已盛，「不可復委以兵柄」。趙普多次勸諫無效時，最後被迫使出不尋常手段，先扣起任命符彥卿之宣召，然後因太祖的責問，向太祖說出「陛下何以負周世宗」的危言，使到本來以爲「朕待彥卿至厚，彥卿豈能負朕」的太祖，對符彥卿的信任動搖起來，而最終收回成命，不再委用符彥卿掌軍。〔註10〕關於此事，楊果教授認爲「太祖是否眞有過讓符彥卿典兵的打算，這

　　　便派悍將荊罕儒（？～960）爲晉州兵馬鈐轄，意圖監視楊有否不軌行爲。荊
　　　罕儒每入節帥府，從者都持刀劍入內。楊爲表明沒有異心，府中並不設防。
　　　李筠在建隆元年四月反宋，遣使約楊一同起事，但楊沒有答應，還將李筠的
　　　使者拘拿，獻送太祖，並且獻上攻取李筠之策。但太祖仍未肯相信楊，平定
　　　李筠後，是年十月，詔楊赴京。楊很合作，即日單車就道。同月己巳（初三），
　　　太祖徙楊爲靜難軍（即邠州，治所新平，今陝西咸陽市彬縣）節度使。參見
　　　《長編》，卷一，建隆元年十月丁卯朔條，頁25～26；《宋史》，卷二百五十五
　　　〈楊廷璋傳〉，頁8903～8904。
〔註8〕　在五代及宋初，藩鎮派遣親吏濫收租賦，將多出的租入中飽是很普遍的事。
　　　據載符彥卿在天雄軍「取諸民尤悉」。《宋史》本傳稱斂財的是符的牙校劉思
　　　遇，符彥卿其實不知情，這大概是爲符諱過。參《長編》，卷二，建隆二年二
　　　月己卯條，頁39～40；《宋史》，卷一〈太祖紀一〉，頁8；卷二百五十一〈符
　　　彥卿傳〉，頁8840。
〔註9〕　《長編》，卷三十二，淳化二年閏二月戊寅條，頁712～713。
〔註10〕考趙普反對符彥卿掌軍之事，出自《涑水紀聞》引神宗朝官至入內副都知、
　　　皇城使的內臣藍元震（？～1077）所傳述之言。參見司馬光（1019～1086）
　　　（撰），鄧廣銘（1907～1998）、張希清（點校）：《涑水紀聞》（北京：中華書
　　　局，1989年9月），卷一，頁20；《宋史》，卷二百五十一〈符彥卿傳〉，頁8839；
　　　《長編》，卷四，乾德元年二月丙戌條，頁83～84。考清人儲大文（1665～1743）
　　　曾論及符彥卿入宋後的處境及太祖此時委以兵柄的考慮，他論曰：「符彥卿累

裡姑且不論；上面那段對話倒是正好說明了符彥卿入宋後之所以未能掌兵柄，原因正是宋太祖的猜忌和防範。」〔註11〕

筆者以爲太祖本來並未對符彥卿起猜忌之心，他所以有委用符執掌禁軍之意，很有可能是接受太宗的建議。太宗爲擴大及鞏固他在禁軍的影響力，趁著妻父來朝，碰上太祖此一刻對符彥卿「聖眷正隆」，就乘機向乃兄進言，委任符彥卿這個重要差事，卻想不到給趙普的危言破壞了他的計劃。〔註12〕

細考太宗在太祖朝經營的勢力集團，除了他的藩邸親信部屬外，他還招攬了許多具有外戚身份但未受太祖重用的武將爲他效力，包括太祖、太宗兄弟的祖母、翼祖簡穆皇后之姪劉文裕（944～988），以及早已去世的太祖髮妻孝惠賀皇后（929～958）之兄賀懷浦（？～986）及其子賀令圖（948～986）。

世王家，一門二后，咸名聞四夷，而帥魏博久不代。當是時彥卿不有天下，即太祖耳，此太祖付之兵權而趙中令力止之也。太宗夫人親，彥卿女。太祖曰：彥卿不負朕，太祖非果信彥卿也，亦思從珂、敬瑭於唐室何如人哉。且令太祖不受禪，又安知不早有楊堅者襲周武帝後而代之也邪？彥卿既俯首弭服，而周之信臣宿將成德郭崇徙平盧，晉州楊建璋徙邠州，陝州袁彥束手監軍西京，向拱治園池聲妓，永德治丹藥，王景、王仁鎬輩非甚老耄，即鞭箠使之而無敢辭，而彥卿亦委牙校浸不事事矣。」「然而彥卿之不爭於筠、重進起兵之時者何也？不爲延光、光遠，此彥卿之智也，意當時太宗必有所調和之者而亦韓信終不奪我齊之意，與其後諸帥迭徙，惟彥卿與拱留鎮者復十年。拱守陪京，固無能爲，而彥卿豈拱比哉？」儲氏據此而稱許趙普功有二：不取北漢，不付符彥卿兵權。儲氏此論，一稱許符彥卿有洞悉形勢之智，二認爲太宗有協調之作用，三認爲太祖並非眞的不懷疑符彥卿。他這番論說可以參考。參見儲大文：《存研樓文集》，文淵閣《四庫全書》本，卷十〈符彥卿〉，葉十一下至十三下。

〔註11〕 楊果：〈從戰將到庸夫的符彥卿〉，頁95。關於太祖防範符彥卿的問題，張邦煒教授持不同的看法，他認爲符彥卿前朝外戚的身份，頗招太祖之忌。他認爲「符彥卿既是周世宗又是趙光義的岳父，宋太祖在後周時同符彥卿在北宋時的地位相似，都具有外戚的身份。劉子健先生在〈宋太宗與宋初兩次篡位〉一文說得對，『宋代起於外戚姻親奪位，從此對於外戚加意防範。』……」參見張邦煒：〈兩宋無內朝論〉，《河北學刊》，1994年第1期，頁93。

〔註12〕 關於趙普進危言反對符彥卿典兵的事，已故的蔣復璁教授（1898～1990）指出那是太宗與趙普在太祖朝爭奪禁軍控制權的序幕。筆者同意太祖有用符彥卿典兵之意，應出於太宗的推動；而太宗以此鞏固他在軍中的影響力，動機也甚爲明顯。不過，趙普當時未必有控制禁軍之意，他這一刻也似乎未打算與太宗爭權，只是不想太宗對禁軍控制太多。蔣文未免推論過當。參閱蔣復璁：〈宋太祖時太宗與趙普的政爭〉，載所著《珍帚齋文集》（臺北：臺灣商務印書館，1985年），卷三《宋史新探》，頁258～266。關於太宗在禁軍中廣植勢力的情況，以及趙普的反應，可參閱何冠環：〈論宋太祖朝武將之黨爭〉，頁30～33；42～45。

〔註13〕對於他自己的妻族，包括岳父及其族人，太宗自然倚爲心腹，有機會便擢用在身邊。附帶一談，太宗和他的符氏夫人，相信是伉儷情深的。據柳開所撰的〈宋故中大夫左補闕致仕高公墓誌銘〉所載，雍熙二年（985）三月，即符皇后去世後十年，有渤海學究高南金（？～987後）應諸科試，自陳其父高頲（905～986）在顯德年間曾任符彥卿幕下的天雄軍掌書記，現老病在家，請求太宗憐恤，給他一第，以慰其父。太宗馬上想起當年他親往大名府迎娶符皇后時，符彥卿便是派遣高頲到來迎候。當日高頲對太宗執禮甚恭，甚見誠款。太宗回顧前事，即授他左補闕致仕，並特賜錢十萬，又擢高南金第，授職邢州沙河縣（今河北邢台市沙河市）尉。〔註14〕太宗此刻所以厚待高氏父子，顯然是高南金的上言，觸動他亡妻之思。太宗當年以周世宗愛將之弟，位不過供奉官都知近職，而居然娶得皇后之妹，算得上是高攀。如今他搖身一變，成爲一人之下的皇弟，對妻族仍照顧不已，自有愛屋及烏的味道。觀乎太宗登位後仍善待亡妻族人，可以相信他在太祖朝與其妻族的關係密切。

筆者認爲，在這一刻，雖有趙普之危言，但以太宗之故，太祖對符彥卿之信任未衰。是年三月辛未（十九），太祖幸金鳳園，並召符彥卿等習射。太祖興緻甚高，七發皆中的。這時符彥卿知情識趣，爲討太祖歡喜，即進貢名馬稱賀。太祖高興之餘，即遍賜從臣馬匹銀器。符彥卿在京師逗留至同年四月戊戌（十七），然後返回本鎮大名府。〔註15〕在這段「蜜月期」，太祖大概

〔註13〕參見何冠環：〈宋太祖朝的外戚武將〉，頁65～67；73～74。

〔註14〕考柳開是高頲父子故人，當高頲在雍熙三年二月辛酉（廿二）逝於大名府時，是年五月，柳開即主動向高家提出，爲高頲撰寫墓誌銘。在墓誌銘中，柳開詳細記載太宗因高南金應諸科試，而憶述當年往大名府迎娶符皇后的事。太宗對高南金說：「朕昔迎后（符氏），抵魏，王命頲曰佐朕膳。頲上手不懈，兢兢然，多禮人也。」按後出的《宋太宗實錄》（以下簡稱《實錄》）及《宋史》也記載此事，惟二書稱高頲在雍熙二年己年八十四，柳開所撰之墓誌銘則作高頲時年八十一。又《宋史》所記太宗對高南金所說之話略同，稱：「頲在大名幕中，嘗與朕遊處，迨踰旬月，晨暮對案飲食，常拱手危坐，未曾少懈，其恭謹蓋天性也。」參見柳開：《河東集》，卷十五〈宋故中大夫左補闕致仕高公墓誌銘〉，葉五下至八上；錢若水（960～1003）（編），燕永成（點校）：《宋太宗實錄》（蘭州：甘肅人民出版社，2005年11月），卷三十二，頁70～71；《宋史》，卷四百四十〈文苑傳二・高頲傳〉，頁13019～13020。符彥卿顯然對太宗這個東床快婿很禮待，故太宗事隔多年，仍對當日的事記憶猶新。

〔註15〕《長編》，卷四，乾德元年三月辛未條，頁87；四月戊戌條，頁89；《宋史》，卷一〈太祖紀一〉，頁13。附帶一談，據王禹偁（954～1001）的記述，符彥卿在大名，多蓄名馬，尤其善於配良馬種。他獻給太祖的馬，當是上等的駿

還讓符彥卿的兒子沾恩，另一方面，符彥卿的幼弟符彥琳仍在京供職。〔註16〕

不過，太祖可不像其弟一樣關顧符氏一家，太宗視其妻族爲羽翼，可太祖卻始終對符彥卿這個禁軍前輩、五代時名震中外的名將強藩懷有戒心，趙普的危言可說正中他的心窩。楊果教授的分析很確切，太祖的做法是一步一步削去符彥卿的權力。首先在符彥卿歸鎮後兩個月後，在六月庚戌（三十），太祖便挑選了一批強幹的常參官出任大名府屬縣的知縣，包括以大理正奚嶼（？～984後）知館陶縣（今河北邯鄲市館陶縣）、監察御史裏行王祐（924～987）知魏縣（今河北邯鄲市魏縣）、監察御史楊應夢（？～963後）知永濟縣（今山東聊城市冠縣北北館陶鎮）、屯田員外郎于繼徽（？～963後）知臨清縣（今山東聊城市臨清市），削去符的地方行政權力。太祖派常參官出知太名府的屬縣，公開的理由是「符彥卿久鎮大名，專恣不法，屬邑頗不治，故特選彊幹者往臨之。」在任命四人的制書，也就說「河朔右地，魏爲大名，分治劇邑，當用能吏。近多曠敗之政，殊昧撫綏之方，致逋吾民，以失常賦。思懲釐於縣務，特選士於朝行，斷自朕心，以重其事。」不過，符彥卿派親吏濫收田租，卻是五代以來藩鎮普遍的做法，他的「專恣不法」只要太祖覺得可以優容，或未到適當時機處理，也可以不當一回事。據《長編》所記，後來以右贊善大夫出知永濟縣的周渭（923～999），他抵大名府時，符彥卿很客氣地迎於郊上，但周渭恃著太祖的寵信，居然大模大樣地只在馬上回揖。等到抵達驛館，才與位高望崇的主帥符彥卿相見，史稱他「略不降屈」。他後來捕獲傷人而逃出縣城之賊盜，並未向上司符彥卿報告，就自行將之處斬。他這樣目無長官，當然是太祖所默許的；不然，以他小小一個知縣，如何敢開罪權勢薰天的皇弟之岳父？周渭對符如此傲慢無禮，群書沒有記載符的反應，據宋人墓銘的記載，符彥卿對他的下屬王祐甚爲優禮。看來以他的世故，他多半對周渭的無禮不予計較。〔註17〕他大概明白，這是太祖試探他是否忠

驤，故太祖甚喜。參王禹偁：《小畜集》，《四部叢刊初編縮本》，卷十四〈紀馬〉，頁94。

〔註16〕據〈符昭愿墓誌銘〉所記，太祖又特賜符昭愿爵爲開國男，並開始賜他封邑，以籠絡符彥卿。參陳舜封：〈符昭愿墓誌銘〉，頁6。另參註1。

〔註17〕據《涑水紀聞》引《聖政錄》，周渭任滑州白馬縣（今河南安陽市滑縣）主簿時，大吏有罪，他立斬之，故太祖奇其才。到他通判興州時，有外寨軍校縱其士卒侵犯居民，他即前往責而斬之，眾人均不敢動。太祖對他的膽量更加欣賞，並下詔褒獎。大概爲此原因，太祖刻意派他出知符彥卿所轄大名府的屬縣。參見《涑水紀聞》，卷一，頁18；《長編》，卷四，乾德元年六月庚戌條，

誠的手段。說他「專恣不法」實在沒有太多憑據，真相是太祖開始對他猜忌防範。

為甚麼太祖忽然對符彥卿起了這樣大的疑心？筆者懷疑是太祖在軍中佈置的耳目對符危言中傷，也有可能是禁軍中反對太宗的一派的動作。從乾德元年八月起，禁軍中因派系之爭而事故頻生，首先是太祖在乾德元年八月，因聽信其軍中耳目史珪（926～986）和石漢卿（？～969）的讒言，錯殺他的愛將殿前都虞候張瓊（？～963）。張瓊冤死後兩天，太祖在軍中另一耳目、孝明王皇后（942～963）的同母弟王繼勳（？～977）又幾乎與太宗的愛將馬仁瑀（933～982）率部內鬥，若非太祖及時制止，事情就一發不可收拾。〔註18〕

符彥卿一族在乾德年間行事很低調，雖然被投閒置散，但並沒給人抓著把柄。太宗在這段時期地位日高，在政府及軍中的勢力日增。太祖的心情似乎很矛盾，一方面他以太宗作為繼承人的決定不變，而讓乃弟開府置幕；另一方面，在乾德四年（966）三月開始，因禁軍中接二連三發生派系事故，他

頁 96～97；卷十：開寶二年二月乙亥條，頁 217；《宋史》，卷二百六十九〈王祐傳〉，頁 9242；卷三百四〈周渭傳〉，頁 10055～10057；《宋會要輯稿》，第七冊，〈職官四十八·縣官〉，頁 4321～4322；楊果：〈從戰將到庸夫的符彥卿〉，頁 84～85，96～97。考王祐是真宗朝名相王旦（957～1017）之父。據王禹偁的記載，王祐知魏縣的時候，每當他往符府謁見時，符彥卿的屬僚藏令圖都會命人厚為供帳，館王於第。他在開寶二年二月前，早已陞任戶部員外郎知制誥。是年二月，太祖親征北漢，即命他知潞州。參見《小畜集》，卷二十八〈諫議大夫藏公墓誌銘〉，頁 198。另據《玉壺清話》的說法，太祖以「符彥卿暴姿不法，除（周）謂（應是「渭」）為屬邑永濟縣令，俾繩之。彥卿聞其來，魂膽俱喪，鞹橐郊迎，謂但揖於馬上爾。境上數寇劫財傷人，彥卿受賕，縱之使逸。謂出令：「敢有藏盜者斬。」不數日，並獲之，不解府，即時斬決，以案具奏，太祖大壯之。」筆者以為文瑩對符彥卿的描述，有醜化及誇大之嫌，他以位尊爵崇之身，對於周渭之到來，何致要「魂膽俱喪」？至於說他受賕而縱盜，他一生富貴，怎會貪盜賊幾個錢而縱放不治？可能是他手下瞞著他幹的事。考周渭在太宗即位後便被遠放嶺南，不得與其妻子莫荃別，然後「委寄繁劇，嶺塞馳走，不還於家二十六年」。最後以過點為彰信軍（即曹州，今山東荷澤市曹縣）節度副使。咸平二年（999），真宗聞其有清節，召還，準備復用，詔下而卒，年七十七。有可能是他當年恃著太祖寵信，對太宗岳父太過不敬，故太宗給他苦差以教訓他。參文瑩（？～1078 後）（著），鄭世剛、楊立揚（點校）：《玉壺清話》（與《湘山野錄》合本）（北京：中華書局，1984 年 7 月），卷五，頁 44。

〔註18〕 有關張瓊被讒死及王繼勳與馬仁瑀相爭之始末，可參閱何冠環：〈論宋太祖朝武將之黨爭〉，頁 28～38。

又開始意識到需要在禁軍的控制中保持適當的平衡，不能讓太宗的一派獨大。爲此，他刻意不用與太宗關係密切的人執掌軍權，並相應地委用他親信的外戚，執掌部份禁軍，用以制衡太宗的勢力。〔註19〕

　　符彥卿在開寶元年（968）底，與眾多的宿將藩鎮應召到京，參加太祖在二年春舉行的南郊大典。太祖於是年再晉陞符彥卿的女兒、太宗妻爲越國夫人，符家恩寵未衰。開寶二年（969）正月己丑（十一），太祖幸飛龍院，賜給隨侍的符彥卿等十二人名馬。〔註20〕二月庚戌（初三），符彥卿離京歸本鎮。同月戊午（十一），太祖下詔親征北漢，從征的宿將計有昭義軍節度使李繼勳（916～977）、建雄軍節度使趙贊（923～977）、彰德軍（即相州，今河南安陽市）節度使韓重贇（？～974）、義武軍（即定州，今河北保定市定州市）節度使祁廷義（924～981）。太祖並沒有徵召剛來朝的符彥卿從征。〔註21〕太祖這次御駕親征，從二月打到閏五月，一直無法攻下太原（今山西太原市），而且損兵折將。當北漢主劉繼元（？～991）將暗中降宋的宰相郭無爲（？～969）誅殺後，太祖失卻內應，考慮到取勝無望，而遼援軍已抵太原城下，爲免腹背受敵，只好退兵。〔註22〕

〔註19〕 參見何冠環：〈論宋太祖朝武將之黨爭〉，頁 42～46，55～58；〈宋太祖朝的外戚武將〉，頁 69，74～77。

〔註20〕 據《宋會要》所載，懿德符皇后在乾德六年（即開寶元年）晉封越國夫人，惟月日不詳。參見《宋會要輯稿》，第一冊，〈后妃一・懿德符皇后〉，頁 248；《長編》，卷十，開寶二年正月己丑條，頁 215；二月庚戌條，頁 216。

〔註21〕 《長編》，卷十，開寶二年正月壬寅至四月壬子條，頁 216～220。隨太祖征北漢的驍將尚有宣徽南院使曹彬（931～999）、步軍都指揮使黨進（928～978）、潁州（今安徽阜陽市）團練使曹翰（924～992）、棣州（今山東濱州市惠民縣東南）防禦使何繼筠（921～971）、內外馬步軍都軍頭王廷義（？～969）等人。

〔註22〕 關於太祖忽然改變先南後北策略，揮軍進攻北漢的原因，王育濟教授認爲是太祖成功地在開寶元年九月派刺客侯霸榮襲殺北漢主劉繼恩（？～968），而背後有份策劃這次謀殺的北漢宰相郭無爲，顯然已向宋輸誠，太祖於是判斷這是出兵滅北漢的有利時機；但他沒有想到北漢的新主劉繼元能果斷地誅殺郭無爲，迅速平定內亂，然後全力抵抗宋軍的進攻。結果宋軍失利，太祖還損折了驍將王廷義和石漢卿。參見《長編》，卷十，開寶二年二月乙卯至六月癸巳條，頁 216～229；王育濟：〈宋太祖遣使行刺北漢國主考〉，《中國史研究》，1992 年第 4 期，頁 96～104。另關於太祖這次親征的成敗分析，可參閱柳立言：〈宋太祖的御駕親征〉，《歷史月刊》，1996 年 5 月號，頁 38～46；柳立言：〈從御駕親征看宋太祖的創業與轉型〉，載田餘慶（1924～2014）（主編）：《慶祝鄧廣銘教授九十華誕論文集》（石家莊：河北教育出版社，1997 年 2 月），頁 151～161。

　　太祖於六月癸巳（十八）返抵開封，一個月後，即七月丙寅（廿一），太祖忽然徙遷符彥卿爲鳳翔（今陝西寶雞市鳳翔縣）節度使，又在八月己亥（廿四）任原知潞州的戶部員外郎、知制誥王祜權知大名府。太祖將符彥卿移鎮的公開理由是「彥卿鎮大名十餘年，委政於牙校劉思遇。思遇貪而黠，招權黷貨，軍府久不治。於是始議擇官代之。」至於太祖委派王祜出掌大名府的表面理由，則是大名爲王祜故鄉，讓他衣錦榮歸云云。〔註23〕不過，據《邵氏聞見錄》、《石林燕語》及《宋史‧王祜傳》的記載，太祖委派王祜，因有人告符謀叛，「有飛語聞於上」，故太祖要他「伺察彥卿動靜」和「密訪其事」。說穿了是要他查究和搜集符彥卿不軌的罪證。太祖甚至對他密戒：「得實，吾當以趙普所居命汝」，即許以相位酬庸。據《邵氏聞見錄》所記，王祜出發往大名府前，往太宗府第辭行。太宗這時忽然使開左右，打算單獨與王祜密語。王祜不待太宗開口，馬上離開太宗第，顯然他也猜知太宗對他有所請托，心照不宣。他抵達大名府後，查明「飛語」所告不實，只將符彥卿兩個挾勢恣橫的家僮治罪，而整整數月都沒有不利於符的報告上聞太祖。太祖將他驛召進京面問：「汝能保符彥卿無異意乎？」他即以一家百口擔保符彥卿無罪，而且坦率地頂撞太祖，稱「五代之君，多因猜忌殺無辜，故享國不永，願陛下以爲戒。」太祖聽了王祜這番話，自然不高興，後來將王徙知襄州（今湖北襄樊市）。至於符彥卿就暫時無事。〔註24〕

〔註23〕據《實錄》所載，太祖委王祜知大名府時，對他說：「此卿之故鄉也，所謂晝錦也。」但王祜沒有依太祖之意行事後，就被「詔還，改知襄州，移知潭州。」附帶一提，據王禹偁所記，太祖委派曾從征北漢的引進使、成都管內十州都巡檢使翟守素（922～992），充任授命符彥卿爲鳳翔節度使的官告使。太祖又賞賜翟五百萬錢，稱那是賞他擔任成都十州都巡檢使之資費。筆者懷疑那是太祖給翟的酬庸，翟的任務是必須要符彥卿接受徙鎮鳳翔的安排。參《實錄》，卷四十二，頁119；《長編》，卷十，開寶二年六月癸巳條，頁227；七月丙寅條，頁230；八月己亥條，頁231；王禹偁：《小畜集》，卷二十九〈故商州團練使翟公墓誌銘並序〉，頁201；《宋史》，卷二百七十四〈翟守素傳〉，頁9362。

〔註24〕《邵氏聞見錄》記太祖曾對王祜許諾：「使還，與卿王溥官職。」邵伯溫在此句後加注云：「時溥爲相也。」這與《石林燕語》所記太祖許他以趙普之位略有不同。按這時王溥（922～982）罷相多年，在相位的是趙普。李心傳（1166～1243）的《舊聞證誤》已將邵伯溫記載不確的地方辨明。考王祜出發前往太宗府辭行，顯見他是太宗親信。他寧願開罪太祖，也不肯迎合太祖誣陷太宗岳父，難怪太宗在雍熙四年（987）九月對宰相大大稱許王祜，說他「文章外，復有清節，不中理事斷不爲也，當優獎之。」十月庚寅（初一），便特遷他爲兵部侍郎。參《宋史》，卷二百六十九〈王祜傳〉，頁9242；《長編》，卷

　　爲甚麼太祖忽然懷疑符彥卿有異志，而一定要王祐搜集其不法證據，將之入罪？李貴彔在他的近作中曾提出太祖志在削弱太宗的勢力，讓太宗知所進退，並給那些打算依附太宗的人一個信息，不要以爲太宗是皇位的必然繼承人。此番解釋固然可取，不過筆者認爲太祖忽然對符彥卿起了疑心，很有可能是太祖親征北漢失敗後的一種異常心理反應。太祖在徙調符彥卿的翌月，以西京（即洛陽，今河南洛陽市）留守向拱（912～986）吏治不善，將他遠徙爲安遠（即安州，今湖北孝感市安陸市）節度使。兩個月後，又將來朝的宿將藩鎮五人一齊罷免。稍後，又因西川都巡檢使丁德裕（？～976）的讒言，將征蜀有功之兵馬都監張延通（？～969）斬殺，其罪名是議論太祖征北漢之失。據《石林燕語》所記，「太祖與符彥卿有舊，常推其善用兵」。宋太祖自負善戰，今番卻失計而敗師，很有可能萌生一種像漢高祖（前256～前195，前202～前195在位）忌恨韓信（？～前196）的不平衡心態。當有人乘機進言中傷符彥卿時，太祖就輕易相信，馬上派人嚴查符有否異志，而最終將他調離大名府。〔註25〕

　　符彥卿於是年七月底離開大名府，他奏稱染病，故以肩輿的方式前往鳳翔本鎮。行至洛陽，上言病重不能行。太祖只好容許他留在洛陽醫理。他留在洛陽三個月，仍不願行。有御史馬上劾他「假滿百日，受俸如故」，請將他下洛陽的留御史臺審問。《長編》說太祖以他是「姻舊」之故，沒有治他的罪，

十，開寶二年八月己亥條，頁231；卷十六，開寶八年十二月己未條，頁355；卷二十八，雍熙四年九月辛巳條，頁640；邵伯溫：《邵氏聞見錄》，卷六，頁54；葉夢得（1077～1148）（撰），宇文紹奕（考異）、侯忠義（點校）：《石林燕語》（北京：中華書局點校本，1984年5月），卷七，頁102；李心傳（撰），崔文印（點校）：《舊聞證誤》（與《遊宦紀聞》合本）（北京：中華書局點校本，1981年1月），卷一，頁2～3。王祐以百口保符彥卿不叛之事，據《長編》所記，最先出於《司馬光日記》所載，惟今本《司馬光日記》不載此條。

〔註25〕　參見李貴彔：《北宋三槐王氏家族研究》（濟南：齊魯書社，2004年1月），第一章〈三槐王氏的崛起〉，頁53～60；另見王善軍：〈宋代三槐王氏家族興替考述〉，載姜錫東、李華瑞（主編）：《宋史研究論叢》，第五輯，（保定：河北大學出版社，2003年11月），頁68～72；《長編》，卷十，開寶二年十月己亥至癸卯條，頁233～234；《石林燕語》，卷七，頁102；楊果：〈從戰將到庸夫的符彥卿〉，頁96。按：被太祖罷藩鎮的宿將爲前鳳翔節度使王彥超（914～986）、前安遠節度使武行德（908～979）、前護國（即河中府，今山西運城市）節度使郭從義（909～971）、前定國（即同州，今陝西渭南市大荔縣）節度使白重贊（909～970）、前保大（即鄜州，今陝西延安市富縣）節度使楊廷璋等五人。關於張延通被冤殺之始末，可參閱何冠環：〈論宋太祖朝武將之黨爭〉，頁46～53。

只在十二月將他節度使之職罷免。〔註 26〕觀乎符彥卿之病，似是心病居多。事實上，太祖並未有念及姻舊，而是猜嫌未消。正如楊果教授所論，太祖其實是小題大做地指使御史彈劾他，然後乾脆將他解職，以絕後患。〔註 27〕同是周室近親，太祖對張永德就毫無嫌隙，信任不替。〔註 28〕符彥卿所以招忌，大概導源於他宿將的名望、赫赫的戰功，以及其用兵之才幹。〔註 29〕

符彥卿被罷職，在洛陽養老，可他的二子符昭愿及三子符昭壽，卻在開

〔註 26〕《長編》，卷十，開寶二年十二月乙酉條，頁 237；《宋史》，卷二百五十一〈符彥卿傳〉，頁 8839～8840。一說符彥卿在是年十一月被罷節度使。

〔註 27〕參楊果：〈從戰將到庸夫的符彥卿〉，頁 96～97。

〔註 28〕張永德在方鎮一直都守法，並且推行太祖認可的善政，故受到太祖的信任，例如乾德元年七月他在鄧州上奏，請禁止唐州（今河南南陽市唐河縣）、鄧州不良之民俗，又請以節度推官代牙將領馬步都虞候事。他的請求正中太祖下懷，於是優詔褒答。開寶八年十一月，有鄧州土豪高進挾私怨往開封，誣告張永德據險置十餘砦，將圖不軌。太祖派使者查明所告非實後，即說「吾固知張道人非反者」，而將高進交給張永德處理。另外當有司劾奏張永德為賀太祖平南唐而貢之馬皆老病，而張上表待罪時，太祖詔釋不問，並沒有像當年處理符彥卿被劾一樣，罷其藩鎮。參見《長編》，卷四，乾德元年七月戊午條，頁 98；卷十六，開寶八年十一月己巳朔條，頁 350。

〔註 29〕符彥卿不僅屢立戰功，而且曾撰《人事軍律》三卷、《五行陣圖》一卷。他的軍事理論與行軍旨要，特別是軍律方面，還一再為宋人引述及應用。考康定元年（1040）五月，翰林學士承旨丁度（990～1053）、翰林學士王堯臣（1003～1058）、知制誥葉清臣（1000～1049）等請製軍中傳信牌及兵符事，仁宗詔令兩制與端明殿學士李淑（1003～1059）詳定奏聞。李淑等因奏，檢到符彥卿《軍律》有字驗，請求於移令牒及傳信牌上，兩處參驗使用。李亦提到字驗方面，符彥卿的《軍律》，原本用四十條，以四十字為號，現時只檢得三十七條，請減作二十八字實行。大體上仍照符書施行。參見晁公武（1101～1187）（編），孫猛（校證）：《郡齋讀書志校證》（上海：上海古籍出版社，1990 年 10 月），卷十四，頁 641～642；《宋史》，卷一百七〈輿服志六〉，頁 3595～3596；卷二百七〈藝文志六〉，頁 5283，5287；《文獻通考》，第十冊，卷二百二十一〈經籍考四十八〉，頁 6132；曾公亮（999～1078）：《武經總要》，收入《中國兵書集成》第三冊（瀋陽：解放軍出版社，1988 年 7 月據明金陵書林唐富春刻本影印），卷六，葉十一下至十二上，〈諸家軍營九說〉。按《人事軍律》不傳，《郡齋讀書志》引其序云：「言兵者多雜以陰陽，殊不知往亡宋捷，甲子胡興，鵜入彙集，翻成吉兆，故此但述人事」。晁公武疑此書為唐僧利正所撰。按唐僧利正之生平無考，據曹仕邦教授的研究，他是幽州鎮（今北京市）的沙門，《新唐書》卷五十九〈藝文志〉的〈兵書類〉曾著錄「燕僧利正長慶人事軍律三卷」。他這本書當是記述有關長慶年間（821～824）的軍中人事分配與軍律的問題。晁公武懷疑《人事軍律》為利正所撰，大概據《新唐書》此說。此條資料，蒙曹仕邦教授賜示，謹致謝忱。參閱曹仕邦：《中國沙門外學的研究——漢末至五代》（臺北：東初出版社，1994 年 11 月），頁 427～429。

寶二年後被召入朝補授供奉官。據〈符昭愿墓誌銘〉所記，當符彥卿罷養洛陽後，太祖就以符昭愿「供侍定省，勤勞克誠」之「功」，制授恩州（今廣東陽江市）刺史。開寶五年（972）春再遷羅州（今廣東茂名市化州市）刺史。然在同年的五月至九月前後四個月，符昭愿的至親卻一死一貶：首先是他的叔父、見任金吾上將軍的符彥琳，於五月中突染急病逝世。然後他的妻父樞密使李崇矩（924～988）在九月癸酉（十七），以與宰相趙普聯姻，爲太祖所不喜，而藉故將他罷爲鎮國軍（即華州，今陝西渭南市華縣）節度使。他們兄弟入朝，就少了至親的照拂。〔註30〕

太祖徵召符家兄弟入侍，表面上是推恩符氏，筆者懷疑太祖別有用心，教符彥卿不敢有異志。符彥卿老於世故，深知爲太祖所忌，故此他在洛陽的七、八年，史稱他「每春月，乘小駟從家僮一二，遊僧寺名園，優游自適」，而「性不飲酒，頗謙恭下士，對賓客終日談笑，不及世務，不伐戰功。」爲此，太祖也找不到甚麼藉口再去整治他。據他的六世孫符世表的墓誌銘所記，他的幼女周恭帝太后因慕禪宗而剃度爲比丘尼（當是避禍之方），他就在洛陽爲她建道場，宋廷賜額隆慶寺。符彥卿在開寶八年（974）六月辛酉（二十）在洛陽病逝，年七十八。太祖依例輟朝三日，命官給葬事。據符氏第五代族人符守誠妻〈宋故秀容縣君墓誌銘〉的記載，符彥卿之墓地在河南府洛陽縣淘牙村。因他之死，太祖推恩符氏，命符昭愿起復爲羅州刺史，授

〔註30〕據〈符昭愿墓誌銘〉所記，符昭愿之妻江夏郡君李氏，是「故華帥之女」。考宋初三朝曾任華州帥之李姓大臣，只有太祖朝樞密使、在開寶五年罷爲鎮國軍節度使的李崇矩，故李氏當爲李崇矩之女。至於符昭愿被召入朝的時間，其曾孫女的墓誌銘也說昭愿「開寶中入朝」。參見《長編》，卷十三，開寶五年九月庚午條，頁 289；〈符彥琳墓誌銘〉，頁 37；〈符昭愿墓誌銘〉，頁 6；《宋史》，卷二百五十一〈符彥卿傳附符昭愿傳〉，頁 8841；陳襄（1017～1080）：《古靈集》，文淵閣《四庫全書》本，卷二十〈崇國太夫人符氏墓誌銘〉，葉十七上；《舊五代史》，卷五十六〈符存審傳附符彥超傳〉，頁 760。符昭壽入補供奉官的年月不詳，相信也在符彥卿罷鎮在洛陽養病後。《宋史・符昭愿傳》記符昭愿遷官年月多有誤，現從〈符昭愿墓誌銘〉所記。又符彥琳最後的官職，《舊五代史》作金吾上將軍，惟他的墓誌銘則作左驍衛上將軍。他最後的官職階勳爵邑功臣稱號是「故推誠奉義翊戴功臣開府儀同三司檢校太尉行左驍衛上將軍御史大夫上柱國武都郡開國公食邑三千三百戶實封肆百戶贈太子太師」。他得年多少，其墓誌未載。他的妻兒在開寶五年（歲次壬申）十一月丁巳（初一），將他權葬於河南府河南縣龍門鄉南王村。考符彥琳的曾孫女的墓誌銘拓片，載他的官職爲右驍衛上將軍贈太子太師。參見章得象（978～1048）撰：〈大宋禮賓副使承遵故夫人武都符氏墓誌銘〉。按此拓本藏臺北中央研究院傅斯年圖書館，編號07035，蒙何漢威學長自臺灣寄贈影印本，謹此致謝。

西京作坊副使。這年十一月四日，符彥琳的妻子東平郡夫人呂氏（？～975後）和她的四個兒子符昭文（？～975後）、符昭浦（？～975後）、符昭惠（？～975後）及符昭吉（？～975後），將符彥琳改葬於洛陽縣陶村（按：疑即是淘牙村），讓他在地下陪伴他那位一代名將然晚景寂寞的亡兄。對於這一位「武勇有謀，善用兵，契丹自陽城之敗，尤畏彥卿」之一代名將，楊果教授感慨他因人主的猜疑，而心灰意懶，而從昔日驍勇戰將淪爲道地的庸夫。〔註31〕那實在不僅是符彥卿及其將家的不幸，也是太祖自己的損失。符門的另一打擊，是越國夫人（即懿德符皇后）在十二月丙辰（十九）去世，年僅三十四，來不及登上皇后的寶座，也不再能照顧她的兩個弟弟及族人。雖然太宗在翌年（975，開寶九年，即太平興國元年）十月繼位後，即在十一月追冊她爲懿德皇后，又在太平興國二年（976）給她美諡，稍後又命太常獻樂章歌頌一番，〔註32〕而符昭愿兄弟族人也因此再度晉身爲外戚，並且

〔註31〕 考《隆平集》記符彥卿得年七十六，但《東都事略》及《宋史》均作七十八。參《宋史》，卷二百五十一〈符彥卿傳〉，頁8840；《長編》，卷十六，開寶八年六月辛酉條，頁342；楊果：〈從戰將到庸夫的符彥卿〉，頁97；《隆平集校證》，下冊，卷十六〈武臣傳・符彥卿〉，頁472；《東都事略》，卷十九〈列傳二・符彥卿傳〉，葉四上至五上；〈符昭愿墓誌銘〉，頁6；〈大宋故武德大夫致仕符公墓誌銘〉，頁132；〈符彥琳墓誌銘〉，頁37；北京國書館金石組（編）：《北京圖書館藏中國歷代石刻拓本匯編》，第四十二冊（北宋），（鄭州：中州古籍出版社，1990年2月），〈章1292〉，〈宋故秀容縣君（符守誠妻）墓誌銘〉，頁36。按符守誠妻的墓誌銘，爲宣德郎充國朝會要所檢閱文字張植所撰，張勸行書，黃伯思篆蓋。附帶一談，南宋史家洪邁（1123～1202）對於太祖將符彥卿投閒置散於洛陽之做法，辯稱那是太祖對符的特恩。洪邁謂五代多個雄藩如王晏、武行德、郭從義、王彥超等均罷藩鎮爲環衛官，只有符彥卿仍帶著太師中書令、天雄節度使的頭銜「直罷歸洛，八年不問，亦不別除官」，洪爲此而吹噓太祖「廟謨雄斷如是」。筆者以爲太祖所以保留符彥卿的虛銜，大概要給太宗留一些面子，而並非如洪邁所說，是甚麼「廟謨雄斷」。參見洪邁：《容齋隨筆》（上海：上海古籍出版社，1978年7月），〈容齋四筆〉，卷十五〈節度使改東宮環衛官〉，頁791～792。另外，胡坤將周鄭王以年僅二十，而在開寶六年三月竟死於房州之事，連繫到宋太祖對符彥卿態度的轉化。他認爲符彥卿罷藩與周鄭王之死，「成爲宋太祖最終完成內部統一的標誌性事件」。不過，筆者認爲周鄭王並未對太祖的統治構成甚麼威脅，而符彥卿在太祖朝作爲儼如皇儲的太宗的妻父，其地位的重要性遠過於他是前朝廢帝周鄭王的外祖父。參見胡坤：〈符氏家族與宋初政治〉，頁9～18。

〔註32〕 《長編》，卷十七，開寶九年十一月甲子條，頁383～384；《宋史》，卷二百四十二〈后妃傳上・太宗懿德符皇后〉，頁8609；《宋會要輯稿》，第一冊，〈后妃一・皇后皇太后・懿德符皇后〉，頁248；第三冊，〈禮四十一・發哀・皇兄弟之妻〉，頁1632；曾棗莊、劉琳（編）：《全宋文》（上海：上海辭書出版社，

得到太宗的重用；但宮中無人，他們後來的發展就及不上太宗續娶的明德李皇后（960～1004）的上黨李氏將門了。

三、三代爲將：宋太宗朝的符氏將門

宋太宗繼位後，除了重用他的藩府舊人外，也愛用他的母族及妻族的外戚統軍及作戰。符昭愿兄弟在開寶後期被徵召入朝，很大可能托庇於太宗門下，故太宗後來就一再拔擢他們，委以軍旅重任。他們以符氏將門的第三代，終於有機會在沙場效命，紹繼父祖之事業。

符昭愿、昭壽兄弟賦性很不相同，昭愿性「謹厚謙約，頗讀書好事」，而頗能交結如柳開這些名士，他在後周顯德時，雖年紀仍幼，但以任天雄軍牙職之故，很早就得以隨父參與軍旅之事。他後來獲太宗委派兵職，統兵出征，也能應付裕如。他的弟弟符昭壽卻一派貴家子脾氣，喜好遊宴玩樂，不通戎事而也不愛理戎務，毫無行陣經驗。〔註33〕太宗起用符昭愿無可厚非，但擢用符昭壽卻顯然是任人惟親。

符昭愿在《宋會要》名列「皇舅」，在太宗朝符氏又重新成爲戚里之家。符昭愿在太宗登極時以推恩徵他入朝，自諸司副使西班最低的第五等第一資的西京作坊副使，超擢爲諸司正使東班第二階的尙食使，又命他「馳國禮於穰下（即鄧州州治穰縣）」。可說是太宗照顧外家的特恩。太平興國二年，群盜起於淮北數郡，太宗深以爲患，剛好符昭愿從鄧州穰縣（即南陽郡，今河南南陽市鄧州市）回來，太宗命他任陳州、許州、蔡州（今河南駐馬店市汝南縣）和潁州等道都巡檢使，出護諸道的巡兵。據〈符昭愿墓誌銘〉所稱：「皇朝巡警之職，自茲始也」。據稱他「申明號令，約束士伍，以掩以襲，以執以戮，未幾梟首數千，姦猾屏跡」。他除了捕盜有功外，據稱當時陳、蔡、潁諸州「時雨霖暴，潦水湮漫，耕乘不收，原邑告患」，他得到本路轉運使的代奏，得到宋廷的允許，立即揆工度地，發起潁州民眾，從合流鎮（今河南漯河市臨潁縣境）東沙溝至長平開河數百里，疏導河水入於蔡河。於是「物濟民利，

2006 年 8 月），第三冊，卷五十八〈張永錫・越國夫人符氏故夫人尹氏謚議・太平興國二年二月〉、〈上懿德淑德二后廟登歌酌獻樂章奏・太平興國二年三月〉，頁 392～394。考太祖在同月庚申（廿三）爲符氏發哀。

〔註33〕柳開叔父柳承昀（？～965）從周世宗末年始，就在符彥卿麾下擔任大名府都孔目官。柳開大概因這層關係，得以結識符昭愿。參見柳開：《河東集》，卷十四〈宋故贈大理評事柳公墓誌銘・并序〉，葉四下至五上；《宋史》，卷二百五十一〈符彥卿傳符昭愿傳、符昭壽傳〉，頁 8841。

時論稱之」。附帶一談，太宗對自己的妻舅寵信有加，可是對太祖的妻舅、與他有隙的王繼勳就毫不留情。太平興國二年二月乙卯（廿四），以王殺害婢僕之罪，將他處斬於洛陽。〔註34〕

　　太平興國四年（979）二月，太宗親征北漢，驛召符昭愿赴行在。太宗對他說：「今朕既往順天行誅，以爾王室之親，宜扈戎輅。」即日賜他白金、服玩、廄馬，令他從征，並以他爲御營四面都巡檢使兼車駕攔前收後提轄給遣等事，作爲太宗最近身之護衛總管。此役從征的親王包括太宗弟齊王廷美（947～984）和太祖長子武功郡王德昭（951～979），外戚除符昭愿外，地位最尊的有太祖的開國功臣、尙太祖妹燕國長公主（？～973）的侍中高懷德（926～982），以及另一開國功臣兼太祖姻家、西京留守石守信（928～984）及其長子順州（今北京市順義區）刺史石保興（947～1004），以及次子駙馬都尉石保吉（954～1010）、太祖孝章宋皇后（952～995）之父、定國節度使宋偓（926～989）。地位稍次的則有太宗表兄、饒州（治今江西上饒市鄱陽縣）防禦使杜彥圭（928～986）、太宗表弟武德使劉知信（943～1005）。再其次的就是太宗明德李皇后（按：當時尙未冊立爲后）長兄、六宅使李繼隆（950～1005）、太宗元配、淑德尹皇后之妹夫右龍武將軍趙延進（927～990）、供奉官賀令圖和軍器庫使劉文裕。一眾外戚中，地位最高的石守信、高懷德、宋偓和石保吉沒有獲派甚麼任務，大概只是扈從太宗。除了劉知信任行宮使，負責料理太宗的行宮事務而不預戰鬥外，其餘有份從征的外戚都有戰鬥任務：杜彥圭奉命與曹翰（924～992）、孫繼業（？～985 後）攻太原城西，賀令圖爲隨行壕寨使。李繼隆任四面提舉都監，石保興任御砦四面都巡檢，趙延進任攻城八作壕砦使。劉文裕則與王侁（？～994）輔佐石嶺關都部署郭進（922～979），分兵控石嶺關（今山西太原市陽曲縣東北，北界忻州），阻擋來援的遼軍。據群書所記，在眾外戚中，李繼隆作戰奮勇，他與大將彰德節

〔註34〕符昭愿的妻父李崇矩在太平興國二年十月，被命爲邕、貴等州都巡檢使，未幾再徙爲瓊、崖等州都巡檢使，在嶺南及海上凡四、五年。太宗將他遠貶，原因似乎是尙有嫌隙。關於符昭愿治河的問題，《宋史·五行志》曾記太平興國二年六月，「潁州潁水漲，壞城門、軍營、民舍」，符昭愿率潁州民治河，當指此事。參《宋史》，卷四〈太宗紀一〉，頁56；卷六十一〈五行志一上·水上〉，頁1321；卷二百五十一〈符彥卿傳符昭愿傳〉，頁8841；《宋會要輯稿》，第三冊，〈禮四十一·發哀·皇舅〉，頁1633；〈禮四十一·輟朝·皇舅〉，頁1657；《長編》，卷十八，太平興國二年二月乙卯條，頁399；十月辛酉條，頁414；〈符昭愿墓誌銘〉，頁6。

度使李漢瓊（927～981）領梯衝地道攻太原城西，有機石過其旁，從卒仆死，但他仍奮勇督戰不怠。而趙延進督工造砲具快而佳，大受太宗欣賞。最受詬病的是劉文裕，他涉嫌伙同王侁，包庇害死大破遼軍的主帥郭進的庸將田欽祚（？～986）。至於符昭愿，其墓誌銘就溢美說他「臨事制變，乘時震威，兵食既充，力役且倍。」似乎在後勤工作方面有一點勞績，至於戰功就並不顯著。〔註35〕

宋軍激戰四個月後，五月終於攻克太原。太宗意猶未足，部隊未及休整下，六月又下令移師北上，進攻幽州（今北京市）。符昭愿這次受命輔佐宋偓，率軍萬餘進攻幽州城南。此一史稱「高梁河之役」的宋遼大戰，以宋軍敗北收場。在眾外戚中，趙延進造攻城砲又快又好，李繼隆部在幽州外圍的戰鬥，殺敵不少，而他率領殘部整陣而歸也算有功。惟其他人就沒有甚麼功績，石守信更被責以失律而遭降職。符昭愿後來在師還後真拜蔡州刺史，大概是太宗念其所部未有太大損失（按：他與宋偓所主攻之城南，未與遼軍主力接戰），但他未立過甚麼彪炳的戰功。〔註36〕

〔註35〕 石守信的次子石保吉是太祖次女延慶公主（？～1009）的駙馬，故石氏在太祖朝已入於戚里之家。不過，今次太祖的三個駙馬似乎只有石保吉從征，其餘王承衍（947～998）和魏咸信（949～1017）都沒有隨軍。杜彥圭是太宗二舅杜審瓊（897～966）長子，劉知信則是太宗姨父劉邁（？～945）之子。原本太宗的母舅、保平（即陝州，今河南三門峽市陝縣）節度使杜審進（903～974），也上言願意從征，但太宗以他耆年而不許。參見《長編》，卷二十，太平興國四年正月丁亥至三月癸卯條，頁 442～447；六月壬申條，頁 456；九月丙午條，頁 462～463；《宋史》，卷二百五十〈石守信傳附石保興傳〉，頁 8810～8811；〈高懷德傳〉，頁 8822；卷二百五十五〈宋偓傳〉，頁 8907；卷二百五十七〈李處耘傳附李繼隆傳〉，頁 8964；卷二百七十一〈趙延進傳〉，頁 9299；卷四百六十三〈外戚上・杜審進傳、杜彥圭傳、劉知信傳、劉文裕傳〉；頁 13537～13538，13543，13547；《實錄》，卷三十四，頁 85～86；《宋會要輯稿》，第十四冊，〈兵七・親征〉，頁 8735～8738；〈符昭愿墓誌銘〉，頁6。關於劉文裕在石嶺關的所作所為，參見何冠環：〈論宋太宗朝武將之黨爭〉，頁 95～100。

〔註36〕 太宗在攻幽州時，命趙延進督造砲具八百，期以半月造成，趙只需八日便完成。太宗親自按試，十分滿意。關於李繼隆在此役的表現，《宋史・李繼隆傳》稱李與郭守文（935～989）領先鋒，破遼軍數千眾，又稱宋軍圍范陽，李與郭守文為先鋒，大敗其眾於胡翟河南。然據楊億（974～1020）所撰之〈李繼隆墓誌銘〉，未載李、郭二人有破敵數千的戰功，恐是《宋史》編者誇大其詞。又王禹偁所撰的郭守文墓誌銘及《宋史・郭守文傳》均未記郭守文與李繼隆擊退遼軍之事，不過曾記郭守文在收復太原後，奉命征討仍留守雁門，依遼以拒宋軍的北漢餘部劉繼文。雖然李燾考出劉繼文是時已死，但郭守文率部

　　宋遼兩軍在是年九月丙午（三十）發生滿城（今河北保定市滿城縣）之戰，此役出任副將的外戚趙延進和李繼隆雙雙堅持正確的戰鬥陣法，結果宋軍勝回一仗。〔註37〕太宗在幽州戰敗後，不肯賞平北漢之功，當其姪德昭為諸將進言時，反激起太宗之暴怒，而致德昭恐懼自殺的悲劇。捷報於十月庚午（廿四）抵開封，大概此役之勝，令太宗消了氣。是月乙亥（廿九）太宗初賞平北漢之功，文武官有參與平太原的都依次遷官，其中趙延進以功遷右監門衛大將軍，李繼隆遷宮苑使領嬀州（今河北張家口市懷來縣）刺史。符昭愿大概也在這時真除蔡州刺史。太宗以河東在大兵之後，地方殘破，需要良吏治理，就留下符昭愿知并州（即太原）。據說他知并州，「一歲而城池緝，再歲而倉廩實，三歲而府庫完復。」在他三年的管治下，本來逃籍的人有八千，後來反而增版籍三萬，而「富庶成頌，皆公力焉。」這番表說不免有溢美之嫌。不過，符昭愿治郡看來還是有點成績的。在這方面，他比父親及弟弟都強得多。〔註38〕

　　太宗於太平興國五年（980）十一月壬子（十三）又御駕親征，志在找機會伐遼報去年之敗。是月戊午（十九）抵大名府。他調兵遣將，但一直無機可乘，延至十二月庚辰（十一）終於退兵，乙酉（十六）返抵開封。太宗這次親征，沒有徵召符昭愿扈從。〔註39〕符知并州至太平興國九年（即雍熙元

収復代州（今山西忻州市代縣）當是事實。參以〈李繼隆墓誌銘〉所載，李、郭二人所部當是在雁門（原文誤寫作「期」門）出兵東向幽州，在胡翟河遇敵。至於石守信就以「督前軍失律」，而責授崇信軍（即隨州，今湖北隨州市）節度使。參楊億：《武夷新集》，文淵閣《四庫全書》本，卷十〈贈中書令諡曰忠武李公墓誌銘〉（以下簡稱〈李繼隆墓誌銘〉），葉十九下至二十上：《宋史》，卷二百五十一〈符彥卿附符昭愿傳〉；頁 8841；卷二百五十七〈李處耘傳附李繼隆傳〉，頁 8964；卷二百五十九〈郭守文傳〉，頁 8998～8999：《長編》，卷二十，太平興國四年五月甲申條小注，頁 452；六月壬申條，頁 456；八月戊申至甲寅條，頁 459；王禹偁：《小畜集》，卷二十八〈宣徽南院使鎮州都部署郭公墓誌銘並序〉，頁 196～197。

〔註37〕　《宋史》，卷二百五十七〈李處耘傳附李繼隆傳〉，頁 8964～8965；卷二百七十一〈趙延進傳〉，頁 9300；《長編》，卷二十，太平興國四年十月丙午條，頁 462～463。

〔註38〕　《長編》，卷二十，太平興國四年八月甲戌條，頁 460；十月乙亥條，頁 463；《宋史》，卷四〈太宗紀一〉，頁 63；〈符昭愿墓誌銘〉，頁 6。據李之亮的考證，符昭愿當在太平興國四年至五年出守蔡州。參李之亮：〈北宋蔡州郡守考〉，《黃河科技大學學報》，第 3 卷第 1 期（2001 年 3 月），頁 57。

〔註39〕　《長編》，卷二十一，太平興國五年十月丁亥至十二月乙酉條，頁 480～483。從征的外戚，可考的有宋偓。參《宋史》，卷二百五十五〈宋偓傳〉，頁 8907。

年，984）三月，卸任後即來朝面見太宗，太宗寵錫特厚，並命他改知另一北
邊重鎮澶州（今河南濮陽市）。不過，不到一年，太宗又從河東民所請，將他
調回并州，並由他兼任本路副部署。〔註40〕值得一談的是，太宗在太平興國
八年（983）八月戊戌（十五），以太祖朝樞密使、故永興軍節度使吳延祚（911
～964）之次子吳元扆（963～1012）爲右衛將軍、駙馬都尉，尙其長女蔡國
公主（？～990）。自此外戚又多一家。〔註41〕

　　太宗在雍熙元年十二月壬辰（十七），正式冊立在太平興國二年七月入宮
的李氏德妃爲皇后（即明德李皇后），上黨李氏一門從此正式成爲皇后之家。
〔註42〕太宗雖立新后，對符氏一家仍舊照顧。除了委用符昭愿外，其弟符昭
壽也加以重用，在雍熙二年十月前已歷遷六宅使，領蘭州（今甘肅蘭州市）
刺史。〔註43〕雍熙二年十月丁巳（十七），太宗準備再度攻遼，收復幽燕。太
宗這次貿然出兵，他所信任的三個外戚賀懷浦、賀令圖父子和劉文裕均慫恿
鼓動。太宗和上次征遼一樣，徵召大批外戚從征。除了賀、劉三人外，還包
括杜彥圭、劉知信、李繼隆、吳元輔（939～986）等人。不過，太宗這次卻

<hr>

〔註40〕周保權（951～984）在雍熙元年三月壬戌（十二），以左羽林統軍知并州。然
　　　　他在雍熙二年五月庚申（十六）卒。很有可能符昭愿在二年五月後回任知并
　　　　州。考《實錄》記周保權卒時所繫之官職爲左羽林軍統軍，未提他仍知并州，
　　　　他任知并州的年月未考。參見《實錄》，卷二十九，頁34；卷三十三，頁76；
　　　　《宋史》，卷二百五十一〈符彥卿傳附符昭愿傳〉，頁8841；卷四百八十三〈世
　　　　家六・周保權傳〉，頁13950；〈符昭愿墓誌銘〉，頁6；李之亮：《宋河北河東
　　　　大郡守臣易替考》，（成都：巴蜀書社，2001年5月），頁27，270～271。按
　　　　李氏並未考出符昭愿知并州及澶州的準確年月。

〔註41〕吳元扆的長兄吳元輔在翌年，即雍熙元年五月甲子（十五），以左神武大將軍
　　　　領平州（今河北秦皇島市盧龍縣）刺史，相信是推恩吳氏。參《實錄》，卷二
　　　　十六，頁8；卷三十，頁43；《宋史》，卷二百四十八〈公主傳・徐國大長公
　　　　主〉，頁773。

〔註42〕李處耘女（初封德妃，即明德李皇后）入宮的同年八月，另有孫氏（？～982）
　　　　入宮。太宗似乎很寵孫氏，她在太平興國三年三月封才人，後賜號貴妃。據
　　　　說宮中都呼她爲貴妃；不過太宗並未正式宣制冊封她。她在太平興國七年
　　　　（982）九月甲寅（廿六）卒。李德妃少了爭寵對手；於是得以順利晉位皇后。
　　　　太宗也頗念舊，孫氏之父孫守彬（923～995）仍一直受太宗厚待，至雍熙元
　　　　年十二月己丑（十四），還以左領軍衛大將軍致仕改右屯衛將軍。參《長編》，
　　　　卷二十三，太平興國七年九月甲寅條，頁528；卷二十五，雍熙元年十二月壬
　　　　辰條，頁590；《實錄》，卷三十一，頁62。

〔註43〕《宋史》，卷二百五十一〈符彥卿傳附符昭壽傳〉，頁8841；《實錄》，卷三十
　　　　四，頁89。

沒有徵召曾參予河東、幽州兩役的外戚宋偓、符昭愿及滿城之戰有大功的趙延進，而石保興也另有任用。〔註44〕這次太宗徵召並無行陣經驗的符昭壽從征，命他與劉知信屯兵鎮州（今河北石家莊市正定縣）。雍熙三年（986）正月庚寅（廿一），太宗三路攻遼，即命符昭壽從征，與劉知信出任東路主帥曹彬麾下的幽州道行營押陣都監。〔註45〕

太宗這次三路攻遼，卻在六月在歧溝關（今河北保定市涿州市西南）失敗告終。宋廷在七月對職位最高的九名將領論罪，其中名位最高的外戚杜彥圭，以「不容士晡食，設陣不整，軍多散失」之罪，重貶為歸州（今湖北宜昌市秭歸縣）團練副使，同年死於貶所。〔註46〕從征的外戚中，以李繼隆表現最好，他首先以所部振旅成列而還。獲命暫知定州後，又將敗還定州城下的各路兵馬編整妥當。太宗嘉其有謀，七月壬申（初五），擢陞為馬軍都虞候，領雲州（今山西大同市）防禦使。〔註47〕除李繼隆外，劉知信的表現也算得上差強人意，同樣能率部以歸。符昭壽因任劉的副手，也能全師以還，結果因人成事，獲遷尚食使，領光州（今河南信陽市潢川縣）刺史。〔註48〕

其他從征的外戚就沒有符昭壽的運氣，賀懷浦在同年七月陳家谷（今山西朔州市西南）之役陣亡，其子賀令圖則在十二月君子館（今河北滄州市河間市北君子館）之役，誤中遼將耶律休哥（？～998）詐降計而兵敗被殺。劉文裕亦以陷迫大將楊業（935？～986）之罪被除名，配隸登州沙門島（今山東煙臺市長島縣西北廟島）。〔註49〕

〔註44〕 參見《宋史》，卷四百六十三〈外戚傳上・賀令圖〉，頁 13540；《實錄》，卷三十一，頁 52，54；卷三十二，頁 68～69；卷三十四，頁 89，卷三十五，頁 96；卷四十一，頁 110；《長編》，卷二十七，雍熙三年正月戊寅條，頁 602；《宋會要輯稿》，第十四冊，〈兵八・出師二・契丹遼〉，頁 8755～8756。

〔註45〕 《實錄》，卷三十四，頁 89；卷三十五，頁 96。

〔註46〕 《長編》，卷二十七，雍熙三年六月丙辰至七月戊辰條，頁 619～620；《宋史》，卷四百六十三〈外戚傳上・杜彥圭〉，頁 13538；《宋會要輯稿》，第十四冊，〈兵八・出師二・契丹遼〉，頁 8757～8758。按《宋史》及《宋會要輯稿》則以杜彥圭貶為均州（今湖北十堰市丹江口市）團練副使。

〔註47〕 《長編》，卷二十七，雍熙三年七月戊辰至壬申條，頁 620。

〔註48〕 《宋史》，卷二百五十一〈符彥卿傳附符昭壽傳〉，頁 8841；卷四百六十三〈外戚傳上・劉知信〉，頁 13544。

〔註49〕 《宋史》，卷四百六十三〈外戚傳上・賀懷浦、賀令圖、劉文裕〉，頁 13540～13541，13547；《長編》，卷二十七，雍熙三年八月辛亥條，頁 621～623；十二月乙未至丙午條，625～626；《宋會要輯稿》，第十四冊，〈兵八・出師二・契丹遼〉，頁 8758。按劉文裕不久又獲赦罪，在雍熙四年五月以容州（今廣西

太宗面對遼軍來勢洶洶的反攻，北邊重鎮還是要找他信任得過的外戚鎮守，除了委宋偓出守霸州（今河北廊坊市霸州市）外，亦續委劉知信守定州（後徙并州兵馬副部署），另仍以在君子館一役失律的李繼隆守滄州（今河北滄州市）（後徙定州），又復用劉文裕守鎮州。太宗也委王承衍守天雄軍（稍後徙爲貝州〔即永清軍，今河北邢台市清河縣〕、冀州兵馬都部署兼知貝州），魏咸信則守澶州（後徙相州），石保吉知孟州（今河南焦作市孟州市）（後徙大名府，再徙滄州），吳元扆知鄆州（今山東荷澤市鄆城縣）（後徙孟州）。〔註50〕符昭愿一直鎮守并州，到雍熙四年七月庚寅（廿九），再以蔡州刺史充河北前線之邢州（今河北邢台市）兵馬鈐轄，擔任彰信軍節度使、殿前都虞候劉延翰（923～992）的副手，作爲宋軍的後殿，抵禦入寇的遼軍。〔註51〕

端拱元年（988）初，太宗以南郊典禮，群臣均加官，符昭愿也「覃恩」，遷檢校太保，進爵開國公，並益戶封。七月己酉（廿五），符昭愿再以蔡州刺史出知并州兼駐泊馬步軍副都部署。端拱二年（989）四月壬申（廿二），符昭愿母秦國太夫人楊氏（？～989）卒，太宗以他三典太原都很稱職，目下用人要緊，未幾就將他起復爲雲麾將軍，並擢陞爲蔡州團練使。可能在淳化元年初（990），再命他出知西邊重鎮永興軍（即長安，今陝西西安市）兼陝西道都巡檢使。據稱符在長安，「總戎律以按部，領朝政以觀風，關輔之民，如慰飢渴。」〔註52〕符昭愿大概在淳化四年（992）初移知四川的梓州（今四川

玉林市容縣）觀察使充鎮州兵馬部署。參《實錄》，卷四十一，頁 102。

〔註50〕《長編》，卷二十七，雍熙三年六月戊戌朔條，頁 618；《宋史》，卷二百五十七〈李處耘傳附李繼隆傳〉，頁 8965～8966；卷四百六十三〈外戚傳上・劉知信〉，頁 13544；《實錄》，卷四十一，頁 104～105，107～109；卷四十五，頁 148～149。

〔註51〕《實錄》，卷四十一，頁 103，110；《宋史》，卷二百六十〈劉廷（延）翰傳〉，頁 9025；〈符昭愿墓誌銘〉頁 6。按：雍熙四年五月壬午（廿一）太宗以光州刺史王明（？～987 後）知并州，相信是接符昭愿之任。符即在七月底徙邢州。

〔註52〕關於符昭愿出知永興軍之年月，李之亮繫於雍熙二年至三年，在李准之後，范杲（939～994）之前。但李氏沒有弄清楚符昭愿本傳所載的「丁內艱，起復爲本州團練使，連知永興軍」幾句中，「丁內艱」出於何年。據《宋會要》所載，符母楊氏卒於端拱二年四月（按：〈符昭愿墓誌銘〉以楊氏卒於端拱二年五月壬申，惟二年五月無壬申日，墓銘疑誤記，現從《會要》），則符昭愿丁內艱，以至起復任蔡州團練使，而出知永興軍，最早也得在淳化元年初。據李之亮引《金石萃編》所考，在端拱元年知永興軍的是柴禹錫（943～1004）。而據《宋史・田重進傳》及《長編》所載，田重進在淳化四年三月，自眞定尹、成德軍節度使徙京兆尹、永興軍節度使，五年改知延州（今陝西延安市），不久又再

綿陽市三臺縣）兼東川路提轄兵馬橋道事。可是符昭愿在梓州的管治，不但沒能像在太原那樣受到讚賞，反而受到宋廷的嚴厲批評，史稱他在梓州「驕僭不法」。可是，太宗對他的妻舅依舊寬大，並沒有治他的罪，只是「落起復，進階二品，秩封如故，政成受代，遣歸於淮西」，而以張鑑（947～1004）代知梓州。然禍不單行，符昭愿的姊姊周太后也在這一年病逝。符昭愿甫離梓州，王小波（？～994）及李順（？～1017）之亂即在四川爆發。當成都（今四川成都市）、漢州（今四川德陽市廣漢市）及彭州（今四川成都市彭州市）相繼失陷後，惟一能守得住的四川重鎮就是符昭愿曾鎮守的梓州。在他的繼任人張鑑和張雍（938～1008）相繼經營和併力防守下，梓州成為殘餘的四川宋軍及官員的避難所。〔註53〕符昭愿雖避過一劫，但也失去一次建功立業，重振家聲的機會。

符昭愿在蔡州經年，到至道二年（995）正月辛亥（初十），太宗行圓丘之祭禮，符昭愿入陪大禮。這年夏天，據載「天墊潰於北畿」，符昭愿這個治河專家，又馬上受命出守滑州（今河南安陽市滑縣），督治防堤之役。至道三年（996）三月，太宗逝世，真宗繼位，符昭愿入觀。九月，太宗下葬永熙陵。

還鎮，直至至道三年（997）三月辛於永興軍任上。筆者疑符昭愿當在淳化元年接替柴禹錫知永興軍，直至淳化四年三月，當田重進到來後，乃移知梓州。參《實錄》，卷四十五，頁145；卷八十，頁203；《宋會要輯稿》，第三冊，〈禮四十一・輟朝・皇后父母〉，頁1658；〈符昭愿墓誌銘〉，頁6；《宋史》，卷二百五十一〈符彥卿傳附符昭愿傳〉，頁8841；卷二百六十〈田重進傳〉，頁9024；《長編》，卷三十四，淳化四年三月壬子條，頁748；李之亮（編）：《宋川陝大郡守臣易替考》（成都：巴蜀書社，2001年5月），〈京兆府〉，頁240～241。

〔註53〕 李之亮《宋川陝大郡守臣易替考》的〈梓州潼川府〉條，將符昭愿守梓州繫於淳化四年，在馬知節之後，張鑑之前。據〈符昭愿墓誌銘〉所記，符在「淳化中移典梓州」。而據《宋史・張鑑傳》的記載，張鑑在「淳化中，盜起西蜀」時已代知梓州。至於張雍，則在淳化四年底或五年初，已復任梓州。他訓練士卒，悉備守具，結果保住梓州，後以功遷給事中。附帶一談，當時原知成都的外戚東上閣門使吳元載（948～1000），為政苛暴，於王小波李順之亂實難辭其咎。考淳化初年，宗正少卿趙安易（930～1005）請求按昭穆之序，在別廟祭饗時，將淑德尹皇后之神主置於懿德符皇后之上，但太宗不許。顯然在太宗心中，符皇后地位遠高於尹皇后；而愛屋及烏，符氏兄弟也就得到厚待。參李之亮（編）：《宋川陝大郡守臣易替考》，〈梓州潼川府〉，頁62；《長編》，卷三十五，淳化五年正月甲寅至戊午條，頁766～767；卷三十六，淳化五年五月癸丑至丁巳條，頁785；卷四十三，咸平元年三月癸酉條，頁911；《宋史》，卷二百四十二〈后妃上・懿德符皇后傳〉，頁8609；卷二百七十七〈張鑑傳〉，頁9416；卷三百七〈張雍傳〉，頁10120～10121；〈符昭愿墓誌銘〉，頁6。

十月，符昭愿作為外戚的代表，真宗命他率內諸司步騎三千充太宗的山陵巡檢使，這也算得上是對太宗的報答。十一月癸亥（初二），山陵事畢，太宗神主奉至太廟。咸平元年（997）三月，經過眾官集議，真宗又將符昭愿之姊懿德符皇后升配太宗廟，再一次肯定符家的外戚地位。符昭愿也獲賜「推誠佑理功臣」之號，並增戶封。〔註54〕

符昭壽在端拱以後的事蹟記載不多，只知他在端拱二年知洪州（今江西南昌市），到淳化四年改知定州。〔註55〕是時遼軍已無大舉入寇，故符昭壽以庸才守北邊重鎮，僥倖沒有出大事。符家兄弟在太宗朝以外戚身份得到厚待，累典大藩，又多次統軍出征或戍守，但他們都沒有建立甚麼功業。雍熙北伐以後，宋廷對遼對夏的幾番征戰，他們都沒有參與。比起此時屢建功勳的另一外戚李繼隆兄弟，符家兄弟不免相形見絀。當然，太宗所重用的外戚，像符氏兄弟平庸無奇的多，像李繼隆這樣出眾的少。

〔註54〕 據李之亮之考據，符昭愿在淳化五年（994）繼魏羽（944～1001）知滑州，一直在任至真宗咸平二年止。然李之亮未有參證〈符昭愿墓誌銘〉之記載。〈符昭愿墓誌銘〉所稱至道二年「孟夏，天塹潰於北畿」的事，不知指何處河決。考在至道二年六月以後，只有洛陽的瀍、澗、洛三水漲，以及鄆州（今山東荷澤市鄆城縣）河漲，另外在七月壬子（十四）宋州（今河南商丘市）汴河決於宋州穀熟縣（今河南商丘市虞城縣西南三十里穀熟鎮），而在閏七月陝州河漲。但洛陽、鄆州、宋州及陝州等四地都不屬於「天塹北畿」。惟一的解釋是黃河在從西面的洛陽、陝州，到東面的宋州，以至鄆州大範圍地河漲，連帶開封北面的濮州（今山東荷澤市鄆城縣）、滑州一帶都河情告急，故需派符昭愿馬上出守滑州。又按宋廷曾討論應以淑德尹皇后，還是懿德符皇后升配太宗廟，經過集議，主流的意見是「懿德皇后饗封大國，作配先朝，雖不及臨御之期，但凤彰賢懿之美。若以二后之內，則升祔當歸懿德。」於是真宗下詔，以「都省以懿德皇后雖未正位中宮，亦合配饗先帝。」參見〈符昭愿墓誌銘〉，頁6；《宋會要輯稿》，第三冊，〈禮二十九·歷代大行喪禮上·太宗〉，頁1325～1326；《宋史》，卷五〈太宗紀二〉，頁99；卷六十一〈五行志一上·水上〉，頁1323；《實錄》；卷七十八，頁183；《長編》，卷四十三，咸平元年三月癸酉條，頁911～912；李之亮（編）：《北宋京師及東西路大郡守臣考》（成都：巴蜀書社，2001年3月），〈滑州〉，頁109。

〔註55〕 《宋史》，卷二百五十一〈符昭壽傳〉，頁8841。據李之亮的考證，符昭壽任知洪州，在張覃（？～989後）之後，在給事中陳象輿（？～1008後）之前。符昭壽因張齊賢（943～1014）在淳化四年十月以母老，不願赴知定州之任，而改由他充任。他鎮守定州到何年月？李之亮並未能考證明白。參李之亮（編）：《宋河北河東大郡守臣易替考》（成都：巴蜀書社，2001年5月），〈定州·中山府〉，頁178～179；李之亮：《宋兩江郡守易替考》（成都：巴蜀書社，2001年5月），〈洪州·隆興府〉，頁293。

四、家道中落：宋眞宗、仁宗朝的符氏將門

符昭愿在咸平元年（998）任天雄軍鈐轄，二年（999）秋徙邢州鈐轄。從咸平二年七月始，遼軍入寇，眞宗調動大軍，應付遼軍來犯。九月宋遼軍戰於廉良河、遂城（今河北保定市徐水縣西遂城）及定州。十一月，眞宗御駕親征，外戚中劉知信、石保吉從征，石保興扼威虜軍（即廣信軍，今河北保定市徐水縣西遂城）擊走遼軍。在是年北邊的征戰中，符昭愿卻未見有參與。〔註56〕他雖然沒有甚麼勳勞，總算沒有覆師失地。比起乃弟的下場，他就幸運得多。

符昭壽在咸平元年遷鳳州（今陝西寶雞市鳳縣）團練使，並接替有勇有謀的名將馬知節（955～1019）出任益州（即成都）鈐轄。他不像乃兄處事謹厚，只知日事遊宴，史稱他「簡倨自恣，常紗帽素衣，偃息後圃，不理戎務，有所裁決，即令家人傳道。」完全不似一個三代將門之子弟，而是十足一個只知吃喝玩樂的敗家子。他不去訓練士卒，修繕城樓，而常召集成都的錦工就他的廨舍編織纖麗綺帛。每有所需，他就要市人繳納，超過半年還不償付其價，又縱部曲掠取之。他貪得無厭，又遍取黍稻，無論是否成熟。他更蠻橫的是將這些黍糧盡貯於寺觀中，當日久損壞後，他就逼所在的僧道賠償。他欺凌工農商僧道還不夠，更縱容手下凌辱軍校。他沒有乃父符彥卿的本事，卻在聚斂方面遠過其父，結果因御軍無方而惹來殺身之禍。〔註57〕

早在至道三年八月，西川都巡檢使韓景佑（？～1017後）帳下的廣武軍卒劉旴已率眾叛變，連破懷安軍（今四川成都市金堂縣）、漢州、永康軍（今四川成都市都江堰市）及蜀州（今四川成都市崇州市）諸州軍。幸而益州鈐轄馬知節果斷出兵，配合西川招安使上官正（933～1007）出軍圍堵，而知益州張詠（946～1015）居中調度有方，結果宋軍得以在十日內平亂。〔註58〕然而四川軍心不穩，危機仍然未消。

張詠與馬知節在咸平元年相繼離任，由右諫議大夫牛冕（945～1008）和符昭壽接任知州和兵馬鈐轄之職。不幸的是，牛、符這一對是最壞的搭配，

〔註56〕《宋史》，卷二百五十一〈符彥卿傳附符昭愿傳〉，頁8841；《長編》，卷四十四，咸平二年七月壬午條，頁955；卷四十五，咸平二年九月壬寅至癸卯條，頁963～964，十月癸酉條，頁967；十一月乙未至戊申條，頁969；十二月壬戌至丙子條，頁971～973。

〔註57〕《宋史》，卷二百五十一〈符彥卿傳附符昭壽傳〉，頁8841～8842。

〔註58〕《長編》，卷四十一，至道三年八月乙巳至庚申條，頁876～877。

史稱「牛冕緩弛無政，昭壽又不能御軍，人皆怨憤」。連張詠初聞牛冕代己守蜀，也說「冕非撫眾才，其能綏輯乎？」當時駐守於成都的神衛軍有兩指揮，由都虞候王均（？～1000）與董福（？～1000後）分別執掌。董福御眾整肅，故所部優贍。王均縱其下飲博，軍裝都用來花費。咸平二年十二月甲子（十五），牛冕與符昭壽以眞宗駕幸河北，於是大閱部隊於東郊，蜀人來觀甚多。董軍與王軍衣服光鮮與弊殘對比強烈。王均所部皆慚憤，乃發出不遜語。但符昭壽卻不知軍心不穩，是月戊寅（廿九，即是年除夕），牛冕具酒肴犒賞其牙隊，但符昭壽卻對其牙隊（按：牛、符之牙隊均由禁卒編成）毫無賞賜，軍士益忿。王均手下的神衛卒趙延順（？～1000）等八人，早就想起事，只是在等有利機會而已。咸平三年（1000）元日，有中使自峨嵋山經成都還京，符昭壽令軍吏準備鞍馬，打算出門爲他送行。趙延順等乘機將馬廄中的馬韁解開，讓馬匹奔跑跳躍於庭下，而他們就佯裝要將逸馬繫好。符昭壽不虞有詐，不作防備。趙等突然走上符的官廳，將他及兩個僕人殺死，再佔據甲仗庫，奪取兵器。益州兵馬都監得報，急召神衛軍都虞候王均率兵擒捕。趙延順手執符昭壽的人頭，見到王均後，即奉他爲首領，舉兵反。牛冕不能敵，與轉運使張適（？～1000後）逃往漢州。王均奪取成都，僭號大蜀，率眾攻略四川各州軍。據宋人筆記所載，亂軍將符昭壽的屍首丟在成都東門外，頭則不知所蹤，眞的是身首異處。〔註59〕

〔註59〕 據宋人委心子所稱，關於符昭壽身首異處的記載，出自《益部耆舊傳》。據說符昭壽棄屍給觀者認出，說：「此是符太保骨頭。」因爲符昭壽喜親自下廚，特別嗜好羹湯，每當他嫌羹湯味淡，庖者曾多取羊骨熬煉之，說：「勿妄觴此，此是符太保骨頭。」蜀人認爲此竟一語成讖。另專記載宋初幾場蜀亂的筆記小說《茅亭客話》，對符昭壽被殺之事，也有兩則記載。其一是卷七〈哀亡友辭〉，記「咸平庚子歲正元日，神衛卒殺主將，竊據成都。」同卷〈郝逢傳〉亦記：「咸平中，蜀掌兵者失律，兵亂爲賊盜，殺守臣而據郡，自春徂秋，驅老幼以守城。」雖然沒有點符昭壽之名，但指出他失律而致兵變。參見《長編》，卷四十五，咸平二年十二月甲子條，頁 980；卷四十六，咸平三年正月己卯朔條，頁 983；卷四十七，咸平三年四月壬申條，頁 1014；《宋史》，卷二百五十一〈符彥卿傳附符昭壽傳〉，頁 8842；卷二百七十七〈牛冕傳〉，頁 9440；〈張適傳〉，頁 9440；卷二百七十八〈雷有終傳〉，頁 9460；《宋會要輯稿》，第十四冊，〈兵十·出師四·王均〉，頁 8798。參見委心子（撰）：《新編分門古今類事》（北京：中華書局，1987 年 7 月），卷十四〈讖兆門下·符太保骨〉，頁 211；黃休復（撰），趙維國（整理）：《茅亭客話》，收入朱易安等（編）：《全宋筆記》第二編第一冊，（鄭州：大象出版社，2006 年 1 月），卷七，頁 52，54。

宋廷一方面調集大軍平亂，一方面懲處失職官員。四月原知益州的牛冕被削籍流儋州（今海南儋州市西北），原西川轉運使張適削籍授連州（今廣東清遠市連州市）參軍。符昭壽雖已死，但宋廷仍以他死有餘辜，不但沒有恩恤，還在九月戊寅（初四），於遣使招降叛軍時，頒詔指責符的罪過，將叛軍起事歸罪於符昭壽，稱：「昨以符昭壽怠於改塗，昧於綏撫，乃致汝輩陷於匪人。」〔註60〕

符昭愿不知是否傷於手足之慘死，在咸平三年四月稱疾求歸京師。真宗詔內臣及御醫馳傳前往診視。最後真宗讓他還京，並賜以名方御藥。九月，宿將、彰德軍（即相州）節度使張永德卒，真宗就命符昭愿代知相州。據稱「公之良能所至皆理」。據今人的實地考察，相州的修定寺塔現仍留有符昭愿的題記。不過，他並未病愈。咸平四年（1001）春，他告稱疾篤，真宗乃許他肩輿歸京師治理。延至是年五月，雖然真宗遣御醫多方療治，又特別擢陞他為蔡州防禦使，以他的長子符承煦（975～1033）遷左侍禁，次子符承度（？～1001 後）為右班殿直。但到是月乙未（廿四），符昭愿終於病卒於京師（開封府）新昌里之第，年五十七。真宗在符昭愿逝世當日即親臨符宅哭奠，又輟朝二日，稍後又以鹵簿命內臣供備庫副使楊永遵（？～1001 後）及內殿崇班蔡紹恩（？～1001 後）監護喪事，並贈昭愿鎮東軍（即越州，今浙江紹興市）節度使，算得上是生榮死哀，規格隆重。八月庚申（十六），符昭愿歸葬於洛陽縣賢相鄉陶村。〔註61〕符昭愿以皇舅之家，故他的姻親都是王公將相。

〔註60〕《長編》，卷四十七，咸平三年四月壬申條，頁 1014；不著撰人（編），司義祖（點校）：《宋大詔令集》（北京：中華書局，1997 年 12 月第二版），卷二百十七〈政事七十·招諭·遣使諭王均等詔〉（咸平三年九月戊寅），頁 827。

〔註61〕張永德在咸平三年二月復授彰德軍節度使，至同年九月卒於任上。又符昭愿最後刻在墓碑上的官銜是「大宋故推誠佐理功臣、光祿大夫、檢校太保、使持節蔡州諸軍事行蔡州刺史充本州防禦使兼御史大夫、上柱國、武都郡開國公、食邑三千五百戶、贈鎮東軍節度使」。撰墓誌銘的是「前進士陳舜封」，書寫墓誌銘的是符的「元從押衙知客李仁璲」。附帶一談，為符昭愿寫墓誌銘的「前進士陳舜封」是甚麼人？據《宋會要輯稿》及《長編》的記載，淳化五年三月甲寅（初二），太宗將本來是大理評事的陳舜封改為武資的殿直。據載陳舜封的父親出身不好，因善秦聲而隸教坊為伶官，後坐事黥面流海島。陳舜封進士及第，任舒州望江縣（今安徽安慶市望江縣）主簿。轉運使言其通法律，宰相於是補他大理評事之職。他因為奏事，給太宗「頗口諧捷便給，舉止類倡優」之印象。太宗問他家世，陳舜封照實奏報。太宗卻說「此真雜類，豈得任清望官」？馬上令他改秩為武資。筆者懷疑他就是為符昭愿寫墓誌銘的「前進士陳舜封」。符昭愿在太平興國初年，曾任陳、蔡、潁諸州都巡

除了其妻江夏郡君李氏是太祖朝樞密使李崇矩之女外，幼子符承祐（？～1011
後）娶駙馬都尉石保吉之女。長女則適太宗朝樞密使、當時爲「定帥漢南使
相」之王顯（932～1007）之子殿中丞直史館王希逸（？～1009 後），次女嫁
太宗朝宰相李昉（925～996）、「故司空相」之第三子光祿寺丞李宗諒（？～
1023 後）。值得一提的是，符昭愿的兩個女婿，都是有家學或有文名的青年俊
彥，這或與他好讀書及結交文學之士的性情有關。〔註 62〕符昭愿逝世時，符

檢使，也許巡部至舒州（今安徽安慶市潛山縣），賞識過陳舜封。又或許已改
爲武資的陳舜封曾在符昭愿麾下任職，受雅好文學的符賞識，故爲符撰寫墓
誌銘。至於李仁璲的生平不詳。參見《宋史》，卷二百五十一〈符彥卿傳附符
昭愿傳〉，頁 8841；《宋會要輯稿》，第三冊，〈禮四十一‧發哀‧皇舅〉，頁
1633；〈禮四十一‧臨奠〉，頁 1640；〈禮四十一‧輟朝‧皇舅〉，頁 1657；第
七冊，〈職官四十六‧分司〉，頁 4259；第八冊，〈職官六十一‧換官〉，頁 4690；
《長編》，卷三十五，淳化五年三月甲寅條，頁 774～775；〈符昭愿墓誌銘〉，
頁 6。至於安陽修定寺塔門上所題爲：「大功德主、銀青光祿大夫前相州刺史
兼御史中丞、攝相州刺史仍充本州防禦使、上柱國符」。據 1983 年出版的《安
陽修定寺塔》的題記，編者尚不知這道題記的作者及年代，該書刊有符昭愿
的題記拓片。曹汛於 2005 年即考出這位符姓本州防禦使就是符昭愿。參見河
南省文物研究所、安陽地區文物管理委員會等（編）：《安陽修定寺塔》（北京：
文物出版社，1983 年 5 月），四、〈修定寺塔及飾面雕磚的年代‧題記〉，頁
22～23；附錄拓片：一三七〈宋政和丙申王縱等題記〉（包括符昭愿題記）；
曹汛：〈安陽修定寺塔的年代考證〉，《建築師》，2005 年 4 期（總 116 期），2005
年 8 月；曹汛：〈期望修定寺、碑刻考證與建築考古〉，《建築師》，2005 年 5
期（總 117 期），2005 年 10 月。

〔註62〕 李昉最後官至特進、司空致仕，故被稱爲「故司空相」。他有子四人，最爲顯
達的是第三子李宗諤（965～1013）。第四子李宗諒官至主客員外郎判三司度
支勾院，與三兄李宗諤尤其友愛。李宗諤每有覃恩，都先給宗諒。李宗諤於
大中祥符六年（1013）五月逝世，宋廷即以恩恤遷李宗諒官。李宗諒在天聖
元年（1023）七月，以主客員外郎判三司度支勾院上言，爲其親姪國子博士
李昭迪乞恩返洛陽療疾，他以後的事蹟不詳。考李昉的兩位夫人都姓符，卻
與符彥卿一族無關。又王顯在咸平三年春改授山南東道（即襄州）節度使、
同中書門下平章事、定州路行營都部署、河北都轉運使兼知定州。故被稱爲
「定帥漢南使相」。他有兩子，長子王希逸字仲莊，以蔭補供奉官。他雖是將
家子，史稱他好學，尤熟讀唐史，聚書萬餘卷。他後來換秩爲文資，授朝奉
大夫、太子中允。咸平初年改殿中丞、直史館，預修《冊府元龜》，在大中祥
符二年（1009）六月，以直史館負責封彌試卷。他以後的事蹟不詳，只知官
至祠部員外郎卒。他曾撰《地理祕妙歌訣》一卷。另符昭愿的長子符承煦娶
妻馮氏，出身不詳。只知他的第三女出家爲尼，號普濟大師。其幼女則在符
卒時尚未出嫁。參〈符昭愿墓誌銘〉，頁 6；《宋史》，卷二百六〈藝文志五〉，
頁 5259；卷二百六十五〈李昉傳附李宗諤傳〉，頁 9138，9140，9143；卷二
百六十八〈王顯傳附王希逸傳〉，頁 9231～9233；《長編》，卷八十，大中祥符

氏看似風光如昔；然而，曾經聲名顯赫的宛丘符氏將門，此時已開始走向衰敗。

符氏將門第三代可考的還有上文提到的符彥琳的四個兒子。符彥琳的長子符昭文，是符氏將門中第一個改從進士登第，從文臣之途仕進的子弟。不過，據《長編》所記，他早在建隆二年八月己未（廿八），以太子中舍（按：《宋史》作監察御史）因犯過而免官。撰於開寶八年的〈符彥琳墓誌〉稱他爲「前太子中舍」，則在其父亡故前後，早已罷任多時。他的二弟符昭浦，在開寶八年十一月時官東頭供奉官、知桂州（今廣西桂林市）兼巡檢，後官至崇儀副使。三弟符昭惠在開寶八年官宋州虞城縣（今河南商丘市虞城縣），幼弟符昭吉則任亡父所掌的前榻金吾衛長史。另符彥琳有四女，長女適彭城劉氏，次女適周氏，三女適賈氏，四女適馬氏。他們在太宗朝以後的事蹟均不詳。〔註63〕太祖朝翰林學士陶穀（903～970）所撰之《清異錄》曾三處提及一個與他有交名符昭遠的御史。陶穀說他曾以鴨卵及蓮枝一捻紅送給符昭遠。他的小介回來，帶來符的兩句詩，詩云：「聖胎初出赤誌翁，醜杖旁扶赤志翁」。陶亦記符昭遠曾說：「鴨頗類乎鵝，宜謂之減腳鵝」。又稱符昭遠不喜茶，曾經爲御史的同列會茶，但他嘆道：「此物面目嚴冷，了無和美之態，可謂冷面草也。」這個符昭遠很可能是符昭文的訛寫，也可能是符彥卿的族姪。〔註64〕符氏將門第三代可考的人物是官至如京使的符昭矩。據他曾孫符守誠（1041～1104）的墓誌銘所載，他的六世祖是符存審，但沒有說他的五世祖是

六年五月己未條，頁 1827；《宋會要輯稿》，第七冊，〈職官四十六‧分司〉，頁 4261；《全宋文》，第十冊，卷一百九十九〈李宗諤二〉〈石保吉神道碑〉，頁 74；祖士衡（988～1026）：〈文正李公魏國太夫人符氏墓誌‧天禧二年〉，載祖無擇（1006～1085）：《龍學文集》，文淵閣《四庫全書》本，卷十五，葉十六上下；范隱之：〈大宋故監門衛將軍符君墓誌銘‧并序‧景祐元年三月〉（以下簡稱〈符承煦墓誌銘〉），原載羅振玉（校錄）：《芒洛冢墓遺文四編》卷六，收入《宋代石刻文獻全編》，第二冊，頁 603～604。考范隱之生卒年不詳，張方平（1007～1091）曾舉薦他，當時他官太常寺奉禮郎，曾著《春秋五經會義》。參見張方平（撰），鄭涵（點校）：《張方平集》（鄭州：中州古籍出版社，1992 年 10 月），《樂全集》，卷三十〈舉范隱之〉，頁 494～495。

〔註63〕 〈符彥琳墓誌〉，頁 37；〈大宋禮賓副使承遵故夫人武都符氏墓誌銘〉；《宋史》，卷四百四十二〈文苑傳四‧郭忠恕傳〉，頁 13088；《長編》，卷二，建隆二年八月己未條，頁 53。

〔註64〕 陶穀（撰），鄭村聲、俞鋼（整理）：《清異錄》，收入朱易安（主編）：《全宋筆記》，第一編，第二冊，（鄭州：大象出版社，2003 年 10 月），卷上〈赤誌翁〉、〈減腳鵝〉，頁 42，54；卷下〈冷面草〉，頁 100。

符彥卿。似乎符昭矩是符彥卿的族子，而非親子，其父爲誰未詳。符昭矩事蹟不詳，只知他的兒子是後文將會提到的符承訓（？～1014 後）。〔註65〕

符氏將門第四代可考的人物是符昭愿之子符承煦、符承度、符承祐，符昭壽之子符承諒（？～1017 後），符昭矩的兒子符承訓和符昭浦的兒子符承俊。〔註66〕符承煦生於太祖開寶八年，即祖父符彥卿逝世同一年。他和眾多的勳臣子弟一樣，以門蔭授三班使臣的殿直，遷侍禁，授寄內侍班祗候，再補供奉官，徙閣門祗候，最後除大使臣之內殿崇班。他並沒有隨其父參加征戰，只是出使外地，「謹道路，督載置，捕禁盜賊，幹軍旅小事」。二十七歲時父喪，三十四歲時（即大中祥符元年，1008）供職京師，任「管庫、敦匠事、掌馬政」，據稱所幹的差事「悉無有慸闃」。翌年，以病告求閒官。眞宗因授他左千牛衛將軍。此後，他累任判金吾街仗、六軍儀仗事等之差遣，累官至監門衛將軍。不知是優差還是苦差，凡是朝中之大吉凶禮、朝會、祭祀、喪葬，都是其職務所在。符承煦卒於仁宗明道二年（1033）十二月戊戌（初六），年五十九，歸葬其父祖所葬之洛陽。〔註67〕

爲符承煦寫墓誌銘的范隱之，稱他性情「夷順柔緩，能以剛正撐節」，似乎與其父「謹厚謙約」之性格相近。他通好音律，「無事時會家人吹竽彈箏，管絃飲酒自樂」，反而未有記載他有弓馬之能，可見其將家子氣質已越來越淡。范隱之謂「周世宗、我太宗兩朝三后世次皆諸姑」，而符承煦「處勳舊，又外戚，克立身行志，固賢，其宜得大用，而反不得」；他感慨「直矣如君，嗚呼！可嘆也已」。對於符的功業，范隱之坦言「榮不及先，德紹厥素。」他

〔註65〕 北京圖書館金石組（編）：《北京圖書館藏中國歷代石刻拓本匯編》，第四十一冊（北宋），（鄭州：中州古籍出版社，1990 年 2 月），〈誌 3802〉〈宋故供備庫副使致仕符君墓誌銘〉，頁 110。該墓誌銘爲蔡天輔所撰，王萬正書，鄭景平篆蓋，劉友諒所刻，拓片爲原北平圖書館所藏。

〔註66〕 考《長編》在眞宗大中祥符六年（1013）七月乙未（初五）條的小注，稱符承訓是符彥卿的孫，符昭愿之子，但符昭愿的墓誌銘並未載有子名符承訓。而〈宋故供備庫副使致仕符君墓誌銘〉則記載，該墓銘主人符守誠的六世祖爲符存審，其曾祖父爲如京使符昭矩，其祖父爲內殿崇班閣門祗候符承訓，則符承訓並非符昭愿子。《長編》此處所記顯然有誤。另據趙承遵夫人符氏墓誌所載，她的父親是符昭浦的兒子符承俊。參見《長編》，卷八十一，大中祥符六年七月乙未條小注，頁 1839；〈符昭愿墓誌銘〉，頁 6；〈宋故供備庫副使致仕符君墓誌銘〉，頁 110；〈大宋禮賓副使承遵故夫人武都符氏墓誌銘〉。

〔註67〕 〈符承煦墓誌銘〉，頁 603。考符承煦在天聖七年（1029）十月，以左千牛衛將軍與西京左藏庫副使石孝孫等七人分攝左右金吾。參《宋會要輯稿》，第四冊，〈禮五十六・朝會〉，頁 1969。

惟一的運氣是范隱之爲他所寫的墓誌銘今天得以傳世。他的夫人馮氏，暫未考出自何家，因他之故得以封爲河間縣君。他有四子：惟恭、惟讓、惟儉、惟仲。有一女，嫁予侍禁張宗慶（？～1034後）。看符承煦爲兒子的取名，可以猜想到他爲人處事以謹厚謙約爲本。他的四個兒子，在他下葬的時候，即景祐元年（1034）三月時，因蔭而擔任三班使臣的低級武官職位。〔註68〕

符昭愿的諸子中，次子符承度事蹟不詳，只知他在符昭愿病篤時任右班殿直。幼子符承祐則娶石保吉及太祖次女賢靖大長公主（即延慶公主）之女，既出於后家，又屬公主之戚族。他在石保吉下葬時（大中祥符四年，1011）六月官右侍禁。據他孫女的墓誌銘所載，他後來贈左武衛將軍，其餘事蹟不詳。值得注意的是，他的兒子符惟忠卻是符門第五代最傑出的人物。〔註69〕

符氏第四代中，符昭壽的兒子符承諒，一如乃父，以貴家子自居而毫無建樹。他娶眞宗兄楚王元佐（966～1027）的女兒嘉興縣主（？～1017後），故既有外戚身份又娶親王女，他以親貴之身，雖無功無勞，卻得以任大使臣之首的內殿承制兼帶御器械。天禧元年（1017）正月，符承諒向眞宗請求外任。眞宗允其所請，任他爲黃州（今湖北黃岡市黃州區）兵馬都監。但他稍後又後悔，不想離開京師，於是叫妻子在入宮時奏請眞宗讓他留下來。眞宗氣惱他反覆，就將他免職並削一任。他後來的仕歷怎樣，群書不載，《宋史》只記他官至內殿承制。他曾在大中祥符四年二月戊辰（廿四）以西頭供奉官的官位，與另一西頭供奉官何昌齡（？～1011後）及一開封府進士孫回（？～1011）往遊陝西華陰（今陝西渭南市華陰市）華嶽廟，留下題名，而這方題名的拓片今傳世。據他曾孫符世表的墓誌銘所記，他最後官位是內殿承制帶御器械。至於他的兒女情況，現在只知他有子符惟則，即符世表的祖父。〔註70〕

〔註68〕《宋史・符昭愿傳》對符承煦的生平，只提到他任左千牛衛將軍，而不及其他。在符氏第四代的人物中，只有符承煦的墓誌銘傳世，我們藉此得以知道他較詳細的生平事蹟。符承煦的四個兒子，惟恭任侍禁，惟讓任三班奉職，惟儉不仕，惟仲任三班借職。至於他的女婿出身何家，暫未考。符承煦的階勳爵邑如下：階至銀青光祿大夫，檢校、兼官至太子賓客、御史大夫，勳至上騎都尉，爵爲男，食臨沂縣戶三百。參見《宋史》，卷二百五十一〈符彥卿傳附符昭愿傳〉，頁8841；〈符承煦墓誌銘〉，頁603～604。

〔註69〕〈符昭愿墓誌銘〉，頁6，《全宋文》，第十冊，卷一百九十九〈李宗諤二・石保吉神道碑〉，頁74；陳襄：《古靈集》，卷二十〈崇國太夫人符氏墓誌銘〉，葉十七上。

〔註70〕何昌齡爲眞宗朝名將何承矩（946～1006）次子，他也娶楚王（即齊王）元佐女太和縣主，與符承諒是連襟關係，官至內殿崇班。按符世表墓誌銘稱符承

至於符昭矩的兒子符承訓的生卒年亦不詳。據《長編》所載，大中祥符六年（1013）九月，宋廷派內侍、內殿崇班王懷信（？～1025後）爲嘉州（今四川樂山市）、眉州（今四川眉山市）、戎州（今四川宜賓市）、瀘州（今四川瀘州市）等州水陸都巡檢使，率軍九千餘人，會同梓州路轉運使寇瑊（？～1031），討伐劫掠瀘州淯井監（今四川宜賓市長寧縣北）之晏州（今四川宜賓市興文縣）多剛縣之夷人斗望（？～1013），而命供奉官、閤門祇候康訓（？～1013）和符承訓爲同都巡檢使。十一月，王懷信與康、符二將率兵由淯井溪入夷界，連敗蠻兵。十二月，康訓先率兵往淫灘開路，爲蠻兵所邀擊，戰死於山崖。符承訓與寇瑊此時偵知蠻兵打算乘夜襲擊宴江的宋軍，馬上馳報王懷信即時從淫灘拔寨赴宴江。到王懷信軍抵宴江北山時，蠻兵萬餘已自東南合圍王懷信營寨。王軍以強弩環寨射敵，寇瑊與符承訓軍則據高點策援。蠻兵被宋軍合擊，懼而退卻，死傷千餘人。斗望不服輸，再三路來襲，卻被士氣高昂的宋軍擊潰。最後斗望向宋軍投降，亂平。〔註71〕

符承訓立功，理應受賞。據他的孫子符守誠的墓誌銘所載，他最後官至內殿崇班、閤門祇候。〔註72〕他以後的事蹟群書不載。符氏將門第四代中，只有符承訓有行陣經歷，且有戰功。

符承俊是符昭浦的兒子，符彥琳之孫。據他的女兒〈大宋禮賓副使承遵故夫人武都符氏墓誌銘〉所載，他官至右侍禁閤門祇候。符承俊與其父符昭浦一樣，生卒年及事蹟均不詳，其女的墓誌銘只籠統說符昭浦和符承俊父子「皆荷世祿，克守緒業」。〔註73〕

除了上述六人外，《長編》與《宋史》又載有符承翰與符承宗兩人，很有可能是符昭愿或符昭壽的兒子，或是他們的族姪。關於符承翰的仕歷群書

諒妻爲平樂郡主趙氏。參見《長編》，卷八十九，天禧元年正月戊辰條，頁2038；《宋史》，卷二百五十一〈符彥卿傳附符昭壽傳〉，頁8842；卷二百七十三〈何繼筠傳附何承矩傳〉，頁9333；〈大宋故武德大夫致仕符公墓誌銘〉，頁132；《北京圖書館中國歷代石刻拓本匯編》，第三十八冊，〈各430～2〉，〈何夢齡謁廟記〉，頁38。

〔註71〕　《長編》，卷八十一，大中祥符六年七月乙未條，頁1838～1839；十二月壬午條，1855；《宋會要輯稿》，第十四冊，〈兵十・出師四・黎瀘州蠻夷〉，頁8794；第十六冊，〈蕃夷五・西南蕃〉，頁9848～9849；《宋史》，卷三百一〈寇瑊傳〉，頁9989；卷四百九十六〈蠻夷傳四〉，頁14227～14228。按：《宋史・寇瑊傳》將符承訓誤寫作符承「順」。

〔註72〕　〈宋故供備庫副使致仕符君墓誌銘〉，頁110。

〔註73〕　〈大宋禮賓副使承遵故夫人武都符氏墓誌銘〉。

有幾則記載：最早是《宋會要》所載，他在大中祥符四年正月丁酉（廿三），以侍禁閤門祗候的官職，隨從真宗祀汾陰（后土所在，今山西運城市萬榮縣榮河鎮西南廟前村北古城）。而《長編》記他在同年九月己丑（十九），以供奉官、閤門祗候出使遼國，擔任兵部員外郎兼侍御史趙湘（959～1011 後）的副手，為契丹正旦副使。大中祥符七年（1014）三月壬子（廿七），真宗依從鄜延路駐泊部署曹利用（971～1029）的請求，將當時擔任本路都監的符承翰徙往鄜州，治理該處的眾多軍馬。〔註74〕除符承翰外，《宋史・藝文志》又收有《符彥卿家譜》一卷，題為符承宗所撰。〔註75〕這個符承宗當為符氏第四代無疑。惜此書失傳，不然我們當會對符氏將門有更多的了解。

符氏將門第四代人物可考的已見上文。總的來說，他們地位不高，建樹也不突出，符承訓尚能立下戰功，還可算差強人意。符承煦實在平庸；而符承翰能出任西邊重鎮的兵職，也配稱得上是將門子弟。至於符承諒和乃父一樣，都是不長進的外戚子弟。符氏到了這一代，已屬於疏支的外戚。他們不再像父親尚擁有皇舅的身份，真宗和仁宗也不再怎樣優待他們，他們只能靠自身的本事及一點運氣，方可出人頭地。在真宗咸平年間至景德年間的對遼戰爭，以及後來的平亂之戰，除了符承訓得以參預外，其他的符家子弟都沒有機會建功立業，無法維持將門的家聲。

符氏將門的第五代，可考的除了符承煦的四個兒子外，還有符承諒的兒子符惟則，以及符承訓的兒子符惟熙，另外還有不知出於哪一房系的符惟清，以及符承俊的女兒、宗室趙承遵（999～1041）之妻符氏（1001～1027）。符惟則的事蹟不詳，據他孫兒符世表的墓誌銘及其曾孫符佾（1085～1120）

〔註74〕《宋會要輯稿》，第五冊，〈職官四・行在諸司〉，頁 3115；《長編》，卷七十六，大中祥符四年九月己丑條，頁 1736；卷八十二，大中祥符七年三月壬子條，頁 1869；脫脫：《遼史》（北京：中華書局標點本，1974 年 10 月），卷十五〈聖宗紀六〉，頁 170。符承翰出使遼國，《遼史》亦有記載，但將符承翰訛寫作符「成」翰。《遼史》記他與趙湘於遼聖宗開泰元年（即真宗大中祥符五年，1012）正月己巳（初一）來賀正旦。又按李燾在祥符四年九月己丑條下的小注，稱「（薛）惟正、承翰未見」。筆者曾疑符承訓與符承翰是否同一人，但李燾的小注表明他注意到符承翰的出處不明，另符承翰在祥符四年以供奉官閤門祗候出使遼國，覆命後當遷階。而符承訓在祥符六年出征時官職也是供奉官閤門祗候，倘二人其實是一人，則此點不合理。另外，符承翰在祥符七年三月，為鄜延路兵馬都監，而平夷亂的符承訓在是年春尚在蜀，故二人不可能是一人。

〔註75〕《宋史》，卷二百四〈藝文志三〉，頁 5151。

的墓誌銘所載，他官至西頭供奉官贈率府率，後再追贈左領軍衛將軍，妻爲延長縣太君呂氏。他有子名符守正，即符世表之父。符惟熙事蹟也不詳，只知他官至東頭供奉官，累贈左千牛衛大將軍。其妻畢氏，後追贈仙居縣太君。他的兒子就是有墓誌銘傳世的符守誠。至於符惟清是下文所述的符補之父，據其子的墓誌，只知他官「領軍」，即領軍衛將軍，他的生平事蹟亦不詳。
〔註 76〕趙承遵妻符氏是符氏第五代惟一有墓誌銘傳世的女性。她在天禧四年（1020）十月癸未（初六）出嫁秦王廷美（947～984）之孫禮賓副使趙承遵。這場聯姻，據其墓誌銘所述，是「先朝廣親愛之義，敦固於本支。求勳烈之門，作儷於英戚，繇是夫人被茲嘉選」。墓誌銘稱許她「得婦道之順，爲邦族之媛」。可惜她在天聖五年（1027）六月庚寅（初四），便短命病逝，得年才二十七，七月祔葬於汝州（今河南平頂山市汝州市）梁縣新豐鄉行春里秦王廷美一房之塋。〔註 77〕

　　最值得注意的符氏第五代人物，是符承祐的兒子符惟忠。符惟忠字正臣，在符氏各代的族人中，因具有多重的外戚身份，而得以名列《宋史・外戚傳》。他除了是符彥卿的曾孫，屬后族外戚外，外祖母又是太祖次女賢靖大長公主（即延慶公主），即公主族的外戚；而他本人又娶太宗駙馬吳元扆及燕國英惠大長公主（？～994）（即韓魏國大長公主，？～994）之女長樂

〔註 76〕〈大宋故武德大夫致仕符公墓誌銘〉，頁 132；〈宋故供備副使致仕符君墓誌銘〉，頁 110；《北京圖書館藏中國歷代石刻拓本匯編》，第四十冊（北宋），〈誌 3783〉，〈符補之墓誌〉，頁 125；第四十二冊（北宋），〈章 1308〉，〈宋故忠翊郎符侯（符佾）墓誌銘〉，頁 107。按符補之墓誌自河南洛陽出土，張鈁舊藏，拓片原爲原北平圖書館所藏。另符佾之墓誌銘亦收入《宋代石刻文獻全編》，第三冊，頁 756，〈宋故忠翊郎符侯墓誌銘〉，原載端方（1861～1911）（撰）：《陶齋藏石記》，卷四十。據端方所記，此墓誌銘石高寬各一尺四寸，十三行，行十五字，字徑七分正書。按原碑文之符姓寫作「苻」，又端方不熟譜五代及宋代歷史，故他在墓誌後之箋記中，考查不出符佾及其家族之來歷。

〔註 77〕〈大宋禮賓副使承遵故夫人武都符氏墓誌銘〉。按符氏稱爲武都符氏，大概因其曾祖符彥琳爵爲武都郡國公，故以此稱其籍里。參見註 30。考趙承遵是秦王廷美第六子、贈雲中觀察使，追封雲中侯趙德欽（969～1004）之子。趙承遵也有墓誌銘傳世，官至左領軍衛大將軍、高州（廣東茂名市高州市）團練使。參見《宋史》，卷二百四十四〈宗室傳一・魏王廷美附趙德欽〉，頁 8670，8674；《全宋文》，第二十九冊，卷六百十五〈吳育・宋宗室故左領軍衛大將軍高州團練使贈青州觀察使樂安侯墓誌銘・并序・康定二年五月〉，頁 134～135。

郡太君吳氏。他的女兒後來嫁給事中張宗雅，其外孫張敦禮（？～1109）後來又是英宗（1032～1067，1063～1067 在位）第三女冀國大長公主（即祁國長公主，？～1123）的駙馬。符惟忠一家數代分屬不同之戚里之家，可算是北宋一個特例。他的母親石氏，是石保吉的女兒。他即以外祖母之蔭，授三班奉職出身。〔註 78〕他雖是戚里子弟，但仕途也算不上一帆風順，因為像他這樣的疏支外戚子弟數目實在太多。他在天聖五年五月乙卯（十六），以左侍禁閤門祗候上言，稱他轉遷班行已五年，前因任祗候失儀罷職，但不曾停官，現已復舊制，請給他磨勘。宋廷特許之，惟不得為例。到了天聖七年（1029）三月癸亥（初四），以任閤門通事舍人勾當東排岸司。當時三司使寇瑊御下甚苛，漕糧數目不足，負責運輸的綱吏都以自盜論罪。符惟忠雖然官小職低，但大概有外戚身份作護身符，還敢為那些綱吏請命，向寇瑊力爭。他指出：「在法，欠不滿四百石者不坐。若以自盜論，則計直八百即當坐徒矣。」寇瑊聽後大怒，問符「敢抗三司使耶？」符惟忠仍力爭說：「職有當辨，非抗也。」寇瑊聽後更怒，但符惟忠仍力爭不已，直到寇瑊接受他的意見才罷休。自然，為他寫傳的史臣都以此事稱許他克盡厥職。〔註 79〕

符惟忠在明道二年八月前已擢為西染院副使，仍兼閤門通事舍人。他在

〔註78〕《宋史》，卷六〈眞宗紀一〉，頁 103～105；卷七〈眞宗紀二〉，頁 142～143；卷二百四十八〈公主傳·魯國大長公主、徐國大長公主、韓魏國大長公主〉，頁 8772～8773，8780；卷四百六十三〈外戚傳上·符惟忠〉，頁 13555；卷四百六十四〈外戚傳中·張敦禮〉，頁 13582～13583；《長編》，卷一百七，天聖七年三月癸亥條，頁 2502；《宋會要輯稿》，第一冊，〈帝系八·駙馬都尉雜錄〉，頁 204；第三冊，〈禮三十五·請舉樂〉，頁 1529；第九冊，〈選舉九·賜出身、賜同出身〉，頁 5437；《宋大詔令集》，卷一百四十六〈晉國賢靖大長公主喪罷聖節上壽詔〉，頁 534；陳襄：《古靈集》，卷二十〈崇國太夫人符氏墓誌銘〉，葉十六下至十七上。又賢靖大長公主逝於大中祥符二年（1009）十一月庚辰（廿九），眞宗於是年十二月辛巳（初一），以其堂姊之喪，下詔罷其生辰承天節上壽（眞宗生於十二月二日）。可能符惟忠在此時因外祖母之逝而獲恩蔭授職。又符惟忠的外祖父石保吉於翌年（大中祥符三年，1010）四月壬子（初三）逝世。張宗雅的生卒年不詳，他於寶元元年（1038）五月甲辰（初八）以說書進士，獲賜同進士出身，史稱他是「國子監說書，經義通」，故命之。他後官至屯田郎中。其子張敦禮（初名張玘），在熙寧二年（1069）十一月戊寅（十五）選尚祁國長公主時，他已逝世。

〔註79〕《長編》，卷一百七，天聖七年三月癸亥條，頁 2502；《宋史》，卷四百六十三〈外戚傳上·符惟忠〉，頁 13555；《宋會要輯稿》，第六冊，〈職官十一·磨勘〉，頁 3312。

是年八月使遼，回謝遼國母及國主遣使來弔慰祭奠在是年三月逝世的章獻劉太后（970～1033，1022～1033 攝政）。〔註80〕他在景祐二年（1035）五月壬辰（初九），權提舉倉草場，又兼任同提點開封府界縣鎮公事。據載當時開封縣（今河南開封市開封縣）主簿樂詰（？～1035 後），恃仗是宰相王曾（978～1038）的外孫，暗中叫符惟忠推薦他。符不從，並說：「詰無善狀，安可以勢使我。」據《長編》所記，後來樂詰果然貪贓有據而敗。〔註81〕

符惟忠雖是將門之後，但有趣的是，他將兵的本事不顯，卻和祖父符昭愿一樣，是有名的治河專家。當時惠民河（北宋以開封爲中心的漕運四河之一，起自新鄭縣〔今河南鄭州市新鄭市〕導洧、溱諸川東北流入開封城，折東南出城，經陳州入潁水。京西一段本爲閔河，東南一段本爲蔡河。開寶六年改閔河爲惠民河，其後通稱閔河及蔡河爲惠民河。今只有淮陽以南尚殘存蔡河一段），與刁河（疑即刁馬河，在今河南鄭州市中牟縣東南）合流，每年多有決溢，傷害民田。符惟忠自宋樓鎮（北宋置，屬尉氏縣，在今河南許昌市長葛市東北十里鋪）之碾灣、橫隴村置二斗門，目的是減弱水勢，以接鄭河和圭河，從此該地不再有水患。〔註82〕

西夏主李元昊（1003～1048，1032～1048 在位）在寶元二年（1039）初已有叛宋兼侵宋之跡象。到是年五月，宋廷已確知元昊必反，於是在是月丙午（十六），命刑部員外郎、天章閣待制龐籍（988～1063）爲陝西體量安撫

〔註80〕 《長編》，卷一百十二，明道二年三月庚寅至甲午條，頁2609；卷一百十三，明道二年八月甲午至己亥條，頁2631～2632；《宋史》，卷四百八十九〈外國傳五〉，頁 14098；《遼史》，卷十八〈興宗紀一〉，頁 215，223。按遼在明道二年八月甲午（初一），由遼國母及國主遣使來弔慰及祭奠，故仁宗派度支判官刑部郎中劉賽（？～1033 後）、符惟忠、度支判官司封員外郎李昭述（？～1033 後）、東染院副使張茂實（997～1063）出使遼國回謝。同年十月，符惟忠仍以西染院副使閤門通事舍人，假鴻臚少卿之銜，押伴來貢的注輦國使者。據《遼史》所載，符惟忠等要到十一月甲申（廿二），才抵遼國。按《遼史》將符惟忠寫作「符忠」，劉賽寫作「劉寶」。

〔註81〕 《長編》，卷一百十六，景祐二年五月庚戌條，頁2735；《宋史》，卷四百六十三，頁13555。考李燾在是條小注指《國史·符惟忠傳》稱神宗（1048～1085，1067～1085 在位）朝官至參政的吳奎（1010～1067）爲長垣（今河南新鄉市西南司坡村）尉時，符惟忠很厚遇他，向開封府推薦吳。李燾以吳奎從未任長垣尉，疑符傳有誤記，故不取此記載。《宋史》的編者可能沒有參考李燾的考證，在編寫符惟忠傳時，仍沿用《國史·符惟忠傳》這節有問題的記載，稱符惟忠曾舉薦吳奎。

〔註82〕 《宋史》，卷四百六十三〈外戚傳上·符惟忠〉，頁13555。

使，以西上閤門使王克基（？～1045後）副之。又以度支副使、兵部員外郎段少連（994～1039）爲河東體量安撫使，而以符惟忠作爲副手。兩路安撫使的任務，除查探軍情外，還在所至之處，犒賞將校及蕃部首領。〔註83〕

康定元年（1040）正月，宋軍被西夏軍重挫於延州外之三川口（約今陝西延安市西20公里處，即今延安市安塞縣、延安市境的西川河匯入延河處）。仁宗面對元昊洶洶的來勢，二月壬辰（初七），以剛從西川歸來的起居舍人知制誥韓琦（1008～1075）論西兵形勢甚詳，即命他爲陝西安撫使。翌日（初八），再委已擢陞爲西上閤門副使的符惟忠爲陝西安撫副使，擔任韓琦的副手。〔註84〕六月壬寅（十九），西邊的形勢穩定下來，宋廷擔心諸州禁軍因多出戍邊，內地諸城武備不設，怕被盜賊乘機作亂，於是委天章閣待制高若訥（997～1055）爲京西體量安撫使，而命在這方面經驗豐富的符惟忠做他的副手。七月己巳（十六），符另有任用，就改以禮賓副使耿從政（？～1040後）替回符惟忠。〔註85〕宋廷本來打算起用符惟忠爲涇原路兵馬鈐轄兼知涇州（今甘肅平涼市涇川縣），但三司使鄭戩（992～1053）將他奏留爲都大管勾汴河使，要他擔任治河要務，而令他失去統兵一方的機會。他治河確有獨到之處，曾指出渠有廣狹，倘若渠廣水闊，水流就會緩慢，而河水所帶的沙泥就會沉積於河道而不利於行舟。他認爲河道宜窄不宜闊，建議在河道廣闊處束以木岸，將河道收窄。起初鄭戩不以爲然，但經過實踐後確有成效，終於予以採納。他的先進治河理論，後代的水利學者曾加以引述。〔註86〕

慶曆二年（1042）三月，遼以宋新敗於西夏，以關南地（即瓦橋關、益

〔註83〕 《長編》，卷一百二十三，寶元二年正月辛亥至甲寅條，頁2893～2894；三月丙午條，頁2898；三月戊午至四月丁卯條，2901～2902；五月丙午條，頁2907。

〔註84〕 《長編》，卷一百二十六，康定元年正月甲子至癸未條，頁2965～2970；二月壬辰至癸巳條，頁頁2973～2974；《宋會要輯稿》，第十四冊，〈兵八・出師二・夏州〉，頁8766。

〔註85〕 《長編》，卷一百二十七，康定元年六月壬寅條，頁3019。

〔註86〕 據鄭戩的墓誌銘所記，鄭戩於康定元年權三司使，故他奏留符惟忠任都大管勾汴河使當在康定元年。而符惟忠在康定元年七月前均出使在外，可見他返京師當在是年七月。參胡宿（986～1067）：《文恭集》，文淵閣《四庫全書》本，卷三十六〈贈太尉文肅鄭公墓誌銘〉，葉八上；《宋史》，卷四百六十三〈外戚傳上・符惟忠〉，頁13555。現代的水利學者稱符惟忠的治渠理論爲「束水攻沙」。參李可可、黎沛虹：〈簡論我國古代黃河泥沙運動理論及實踐〉，《人民黃河》，第24卷第4期（2002年4月），頁24，「古代治理黃河泥沙的實踐」。

津關、淤口關以南地區，即今河北白洋淀以東的大清河流域至滄州市河間市一帶）所屬為藉口，遣使前來向宋挑戰。四月庚辰（初七），宋廷特別派遣右正言知制誥富弼（1004～1083），為回謝契丹國信使，而以陞任西上閤門使的符惟忠為副使，出使遼國交涉。五月癸丑（十一），當富、符二人行至深州武強縣（今河北衡水市武強縣）時，符惟忠卻以疽發於背，卒於道上。宋廷追贈他為客省使、眉州防禦使，後來再追贈為左屯衛上將軍。〔註87〕

　　在符氏將門的第四、五代的人物中，本來以符惟忠最有中興符氏的機會。雖然符氏到了仁宗之世，以懿德符皇后而成為宋室外戚的關係已很疏淡；但符惟忠憑另外多重的外戚關係，又成為宋初三朝外戚的代表人物。加上他主動親近文臣，又與當時許多具有時望的文臣如韓琦、富弼結交，還有好讀書，又有治郡理政治河的才幹，且有出使遼國之資歷。倘不是英年早逝，他大有機會擔任更重要的職務，重振符氏將門的家聲。符氏將門到了符惟忠這一代，將門的色彩已日漸淡去。符惟忠在宋對夏的連番大戰中，本來有機會統兵一路，從而在沙場上一顯身手，可惜因鄭戩愛他治河之才，以致令他錯過了出任兵職之機會。〔註88〕

　　符惟忠除了嫁給張宗雅的女兒、崇國太夫人符氏（1022～1078）外，尚有多少個兒子不得而知。以此之故，屬符惟忠一房的符氏第六代有甚麼人物，就暫無可考。

　　符氏第六代，即「守」字輩族人，名字可考的有四人，分別是符守規（1028～1100）、符守誠（1041～1104）、符守臣（？～1078 後）與符守正。四人中事蹟較可考的是符守規和符守誠，二人均有墓誌銘傳世。

　　據張仲容（？～1100 後）撰的〈宋故符公墓誌〉所記，符守規字漢公，是符存審的五世孫（按：應為六世孫），墓誌沒有說他是符彥卿的直系子孫，

〔註87〕《宋史》，卷四百六十三〈外戚傳上‧符惟忠〉，頁 13555；《長編》，卷一百三十五，慶曆二年四月庚辰條，頁 3234；卷一百三十六，慶曆二年五月癸丑條，頁 3250；《宋會要輯稿》，第四冊，〈儀制十三‧奉使追贈〉，頁 2571；第八冊，〈職官五十一‧國信使〉，頁 4417；第十六冊，〈蕃夷二‧遼下〉，頁 9745；陳襄：《古靈集》，卷二十〈崇國太夫人符氏墓誌銘〉，葉十六下至十七上。符惟忠的最後官職，《宋史》本傳、《長編》及《宋會要輯稿》書均作西上閤門使；惟〈崇國太夫人符氏墓誌銘〉作西上閤門副使。至於追贈他為客省使的年月，《宋會要》作慶曆三年（1043）五月，疑有誤，當是二年五月符卒時。
〔註88〕據符惟忠女兒的墓誌銘所記，符除了禮遇士人外，又喜讀漢唐史。起初寒士張宗雅應科舉，以文學名動公卿，符惟忠愛其才，即以其女嫁之。到張宗雅登第，人們都稱讚他有知人之明。參〈崇國太夫人符氏墓誌銘〉，葉十七上下。

故他可能是符彥卿兄弟的後代，算是陳州符氏的旁支。從他的生卒年去看，他應和符惟忠的女兒同一個輩份。符守規的出身，和其他符氏子弟一樣，也是「長以世祿之及，俯從武弁」；死後所葬的也是符氏家族墳的河南府洛陽縣賢相鄉陶村原。他的父親是「武衛太傅」，母為「仙居縣太君」，但二人名字均不詳。他最後官至西京左藏庫副使。據載他「仕宦五十年，更十任」，墓誌循例說他「所至皆有治狀」。然而據《長編》所記，他在元豐六年（1083）十月，卻在內殿崇班任上因事受責。另外，在元祐年間，他又曾以過而被責「衝替事理輕」。到元符二年（1099）四月戊寅（初六），宋廷的看詳訴理所卻認為符守規處分過輕，應判他「衝替事理重」，而不是「衝替事理輕」，宋廷接納其議。這反證符守規並非墓誌所說的能吏。據墓誌所述，他因蔭而任武職，「非其好也」。他家藏書萬卷，而無餘貲；又「非賢士大夫不友，教子孫力學，以奉先公遺誨」。從這裡看，他的氣質已與將家子所去甚遠。值得注意的是，他的子孫已棄武就文，長子符世英（？～1100 後）在元祐三年（1088）登進士第並出仕，在符守規卒時（元符三年，1100）任宣德郎。其孫符表（？～1100後）也舉進士。和其他符氏族人相仿，符守規雖然官職不高，也無事功；但他始終出身戚里世家，他的姻親，不是趙宋宗室，就是世家子弟。〔註89〕

〔註89〕《長編》，卷三百四十，元豐六年十月癸巳條，頁 8189；卷五零八，元符二年四月戊辰條，頁 12101；《全宋文》，第九十七冊，卷二千一百八〈張仲容〉〈宋故符公墓誌‧元符三年四月〉，頁 41～42。墓誌稱符守規為「仕五代後唐莊宗為宣武軍節度使、追封秦王諱承審之五世孫」，當係將符存審訛寫為「承審」。符妻周氏，出身不詳。長女適宗室淄州（今山東淄博市）防禦使趙叔峙（1058～1104），次女適宗室合州（今重慶市合川市）防禦使趙仲范，長孫女適左班殿直李沔（？～1100 後）。考趙叔峙有墓誌銘傳世，他也和註77所引述的樂安侯趙承遵一樣，出於太祖三弟秦王廷美之後。趙叔峙是廷美第三子潁川郡王德彝（967～1015）曾孫，卒於崇寧三年（1104）六月，年四十七，追贈高密郡公。按他的墓誌銘提及他的雙親兒女孫兒女，惟獨沒有提到他的妻子是符氏女。至於趙仲范，是太宗長子楚王元佐的曾孫，平陽郡王允升（？～1035）之孫，彭城郡公宗厚之子。仲范後追封嘉國公，諡修簡。蘇轍（1039～1112）《欒城集》卷二十八收有〈仲范遙刺〉一篇告詞，但沒有提到他遙領哪一州的刺史。又這篇墓誌銘的作者張仲容（？～1100 後），在元符三年四月時，以左朝議大夫致仕。《全宋文》的編者據劉攽（1022～1088）《彭城集》卷二十二〈知虢州張仲容可知建昌軍制〉所考，說他嘗知虢州（今河南三門峽市靈寶市）和建昌軍（今江西撫州市南城縣）。王安石（1021～1086）在至和元年（1054）前後所撰的七言律詩〈送張仲容赴杭州孫公辟〉中的張仲容，以及鄭獬（1022～1072）《鄖溪集》卷三〈合州巴川縣令張仲容等二人可大理寺丞制〉的張仲容，當是同一人。又宣德郎在元豐三年（1080）九月，由著作佐郎、大理寺丞階改，為文臣

符守誠與妻秀容縣君趙氏都有墓誌銘傳世。符守誠字亶夫，據蔡天輔（？～1105 後）為他所撰的墓誌銘所載，他幼年喪父，事母畢氏至孝，「有稱於族黨」。他在孩童時不苟於言笑，甚有成人之風，所以「人皆卓然以遠大期之」。不過，符守誠還是靠與趙宋宗室通婚出身，他娶宗室贈定州觀察使趙從質之女，以恩補右班殿直。他起初獲試吏職，但「飭己祗事」，最後仍以年資遷官，由三班小使臣的左班殿直，歷侍禁、供奉官，再遷大使臣的內殿崇班、內殿承制。最後遷供備庫副使，總算擠身諸司副使之列。至於他所擔任的差遣，首先是監洪州武寧縣（今江西九江市武寧縣）酒稅。任滿後，兩浙轉運使以蘇州（今江蘇蘇州市）及越州（今浙江紹興市）之榷沽之利，每年入浙江十餘萬緡，需要有才力的人負責，因推薦符守誠出任。差事完成後，他又被委勾當京東窰務。作為將家子，他下一個差使，總算被任為西京同巡檢陝府兵馬都監，並勾當車營致遠務。但他幹得不久，即以疾請求致仕，返回京師之祥符縣永昌坊正里第休養。他致仕的第二年，即徽宗崇寧三年（1104）十月壬子（十二），便在家中去世，得年六十四。據蔡天輔所稱，符守誠在陝府的政績不凡，在他到任前，「前政貪穢，狼籍之餘，兵籍謬紊，力役之任，更休失次，群情為之洶然。」他到任後，「一皆滌革其弊，眾用之安」。可惜符守誠雖然「所至皆取能譽」，而許多朝臣都論薦其才，但他到老仍無所遇，沒有大作為。據稱他得疾後，便向家人交待後事安排，並囑咐

京朝官三十階中第二十六階。參見龔延明：《宋代官制辭典》（北京：中華書局，1997 年 4 月），頁 573；《宋史》，卷二百二十六〈宗室世系表十二〉，頁 6796～6797；卷二百三十五〈宗室世系表二十一〉，頁 7977；卷二百四十四〈宗室傳一・德彝〉，頁 8673；蘇轍（著），曾棗莊、馬德富（校點）：《欒城集》（上海：上海古籍出版社，1987 年 3 月），卷二十八〈西掖告詞六十一首・仲范遙刺〉，頁 600；慕容彥逢（1067～1117）：《摘文堂集》，文淵閣《四庫全書》本，卷十四〈宗室故金吾衛大將軍淄州防禦使贈安化軍節度觀察留後追封高密郡公（叔峙）墓誌銘〉，葉五上下；鄭獬：《鄖溪集》，文淵閣《四庫全書》本，卷三〈合州巴川縣令張仲容等二人可大理寺丞制〉，葉三上；王安石（著），唐武（標校）：《王文公文集》（上海：上海人民出版社，1974 年 7 月），卷五十六，頁 631；李德身（編著）：《王安石詩文系年》（西安：陝西人民教育出版社，1987 年 9 月），頁 85。又符守規在元祐年間犯何事被判「衝替事理重」？《長編》不載。至於是條所記的所謂「衝替」、「差替」，都是宋代公文用語，是指官員特別是武臣違法犯贓卻罪不至死的一種較輕的處分，而差替又比衝替輕，一般是延長犯官的磨勘期。符守規所定的「衝替事理重」是這等處分的最重者。有關這方面的研究，可參閱王雲裳：〈宋代軍隊經營活動中所涉及的法律刑名與懲處手段〉，《浙江社會科學》，2011 年第 7 期（2011 年 7 月），頁 109，「四、對贓罪不至死者的相關法律與懲處」。

家人，有未葬的族人，要自行致資，襄理其事，故受惠的族人甚多。他有子一人名符世美（？～1114後），在崇寧四年（1105）官右侍禁，到政和四年（1114）七月已任西頭供奉官。有女三人，長適宗室慶遠軍（即宜州，今廣西河池市宜州市）節度使、饒陽侯趙仲沄（？～1114後），封永嘉郡夫人。次適神宗姪建寧軍（即建州，今福建南平市）節度使趙孝騭（？～1114後），再次的適嗣濮王之子右千牛衛將軍趙仲玭（？～1114後）。他另有孫三人，名符思廉（？～1114後）、符思度（？～1114後）及符思廣（？～1114後），以及孫女五人，惟名字不載。他的家人在崇寧四年正月壬午（十三），將他葬於河南府洛陽縣淘牙村先塋之側。〔註90〕

　　符守城妻秀容縣君趙氏（1053～1109），據張植（？～1114後）為其所撰之墓誌銘所述，她「在家時聰慧婉懿，為父母鍾愛」。十八歲時，父母「擇所宜歸」下許配了符守誠，她後封為秀容縣君。據墓誌銘所云，「符氏族大且貴」，趙氏雖是宗室女，但「事舅姑恪恭，左右服勤不怠」，於是「上下胥悅」。當符守城母喪後，趙氏就「主堂奧，奉時祀達三十年」。張植對她相夫教子，治家有方溢美不已，稱許她為賢夫人，說她「卒能以柔順承其夫，母

〔註90〕　〈宋供備庫副使致仕符君墓誌銘〉，頁110；〈宋故秀容縣君墓誌銘〉；頁36。
　　　　　撰寫墓銘的張植自言「余於符氏有葭莩之舊，熟夫人之懿範，其子泣以行狀來請銘，義不獲辭，乃為之銘」。考符守誠的岳父趙從質，是太祖長子燕王趙德昭（951～979）之孫，舒國公趙惟忠（？～1015）之子，官至博陵侯，贈定州觀察使。他的長婿趙仲沄系出太宗子鎮王元偓（977～1018）一房，父為北海郡公宗制，官至慶遠軍節度使、饒陽侯。論起輩份，他是徽宗的叔輩，故墓誌銘稱他為皇叔。根據南宋人衛涇（1155～1226）為他的曾孫趙善悐（字作肅）（1148～1217）所寫的墓誌銘記載，趙仲沄之官職從符守誠死時的坊州（今陝西延安市黃陵縣東北）防禦使，最後遷至慶遠軍節度使饒陽侯，而符氏女則封為永嘉郡夫人。二人所生的兒子名趙士崿，官武節郎、添差南劍州兵馬鈐轄。孫兒名趙不擇，官至修武郎。至於符守誠的次婿趙孝騭是神宗弟益王頵（1056～1088）之子，在崇寧四年官寧武軍（今河北張家口市懷來縣東南）節度觀察留後，到政和四年已拜建寧軍節度使，他是徽宗的族兄，故墓誌銘稱他為皇兄。符守城的幼女在他卒時尚未出嫁，到政和四年符妻卒時，已適趙仲玭。趙仲玭系出太宗子商王趙元份，父為英宗幼弟嗣濮王趙宗漢（？～1109），後官至康州（今廣東肇慶市德慶縣）防禦使。參見《宋史》，卷二百十八〈宗室世系表五〉，頁6095；卷二百三十二〈宗室世系表十八〉，頁7596～7597；卷二百三十三〈宗室世系表十九〉，頁7662；卷二百四十四〈宗室傳一〉，頁8680；卷二百四十五〈宗室傳三〉，頁8713；卷二百四十六〈宗室傳三〉，頁8722；衛涇：《後樂集》，文淵閣《四庫全書》本，卷十八〈故中大夫提舉武夷山沖祐觀祥符縣開國男趙公墓誌銘・嘉定十年十月〉，葉六上。

道訓其子，輯睦親屬，隨事取稱，靡有享薄。御僮使治貲產皆有條序，處尊卑間，無不順適。」而對於符守誠與趙氏的婚配，張植美稱之爲「以天族之榮，歸勳閥之裔」。在張植的筆下，這位出身貴冑之趙氏，卻能「不尚侈靡，而特以儉素爲事。里閭有不洽者，悉賙濟之，惟恐居後。」趙氏比符守誠多活九年，她在大觀三年（1109）三月癸亥（十九）卒於家，得年五十七。她的家人在政和四年七月乙酉（十二）將她葬於河南府洛陽縣淘牙村符氏祖墳，列於其舅姑之旁，大概在其夫符守誠墓側。〔註91〕

符守誠和其族兄符守規一樣，雖然官位不高，也無甚麼特別事功；但他的家族靠著世家門閥的招牌，仍然成爲趙宋宗室聯姻之一個可以選擇的對像。他本人娶宗室女，他的女兒也下嫁趙宋宗室。似乎與趙宋宗室聯姻，是他們的僅餘的社會價值。他的家族與符守規的差別，是他們幾代人並沒有人投身舉業以仕進。

關於符守臣的生平事蹟，據《長編》和《宋會要》所記，元豐元年（1078）五月壬午（十九），神宗「詔內殿承制符守臣先借拱聖營官舍，更許居十年，以守臣敍懿德皇后家故也。」他的父祖是誰，史所未載。〔註92〕至於符守正，他是符惟則之子，符世表之父。據符世表的墓誌銘所記載，他官至內殿崇班贈左千牛衛大將軍，其妻趙氏封令人，相信也是趙宋皇室的宗女。他的生平事蹟不詳。〔註93〕

符氏將門第六代人物可考的，還有符補之（1049～1095）及其妻太原王夫人（？～1097），他們都有墓誌銘傳世。符補之的子姪均以「世」字命名，但他卻不以「守」字排輩，原因待考。他的父親是符惟清，他是其父之季子，惟其兄弟的名字就不載。他以蔭「始補右職」，然後換授文資，官壽州（今安徽六安市壽縣）司法參軍。跟著累任地方，並陞任京官之秩，最後官至保大軍節度推官，紹聖二年（1095）病卒於家，終年四十七歲，同年十一月庚申（廿八）下葬。他的妻子太原王夫人，據載是駙馬都尉之孫，相信出於太宗駙馬王貽永（原名王貽貞，986～1056）之家。她入符家後，「慈仁節儉，則婦道之表儀，順上和下，爲內外之景仰。」她在紹聖四年（1097）八月甲辰

〔註91〕 〈宋故秀容縣君墓誌銘〉，頁36。按墓誌銘說她所下葬的地方是「魏王之塋」，當就是指符彥卿的墳地。

〔註92〕 《長編》，卷二百八十九，元豐元年五月壬午條，頁7075；《宋會要輯稿》，第十冊，〈選舉三十二・憫恤舊族〉，頁5871。

〔註93〕 〈大宋故武德大夫致仕符公墓誌銘〉，頁132；〈宋故忠翊郎符侯墓誌銘〉，頁107。

（廿三）卒，九月丙寅（十六）合葬於符補之墓。符補之夫婦有子五人，長子為符世範，已在符補之過世前以供奉官任上卒。次子世永、三子世美均幼亡，四子符世長（？～1097 後）及五子符世舉（？～1097 後），在符補之夫婦過世時均未出仕。他們有三女，長幼亡，次女適徐鼎（？～1097 後），三女適趙洙（？～1097 後）。他們有孫七人，名字未載。他們二人的墓誌銘均由其姪符世功（？～1097 後）所寫。〔註 94〕

在宋人文集中，又著錄有符拱之（？～1061 後）其人，很有可能是符氏族人。據沈遘（1028～1067）所撰的〈殿中丞符拱之可太常博士制〉云：「今其之爾閥閱來上，請以遷。朕惟爾武功之世，而能卓然自奮於文學，以第雋造之選，既可尚矣。」制文中說符補之來自「閥閱」，又說他出於「武功之世」，筆者懷疑他是符補之的族人。考為他撰寫制文的沈遘於嘉祐六年（1061）初擢知制誥，則他自殿中丞遷太常博士當在嘉祐六年後。他的生卒年不詳，據沈遘前述的制文所記，他「卓然自奮於文學，以第雋造之選」，即登進士第入仕。另據王珪（1019～1085）所撰的〈大理評事符拱之可大理寺丞制〉所記，他入仕後任大理評事，後來因「分治京局，舉有善最」，得以進秩為大理寺丞。據《長編》所載，王珪在至和二年（1055）十月前已任知制誥，而至嘉祐四年（1059）十一月前已改任翰林學士。則符拱之任大理評事當在至和二年前後。他的生存年代與符氏「守」字輩的族人也吻合。他的生平事蹟所載有限，從沈遘的制文，我們只略知他因「出佐西帥之府，而其治行又應吾有司之比」，而獲擢為太常博士。他後來仕途如何，就暫未可考。〔註 95〕

符氏將門的第七代，目前可考的計有符守規的兒子符世英，符守誠的兒

〔註 94〕 〈符補之墓誌〉，頁 125；《北京圖書館藏中國歷代石刻拓本匯編》，第四十冊（北宋），〈誌 3789〉，〈符補之妻王氏墓誌〉，頁 148。考王貽永是太祖朝宰相王溥孫，并州祁人。真宗咸平六年（1003）尚太宗鄭國公主（？～1004），仁宗朝曾任樞密使十五年，是外戚中少數登二府的人。參見《宋史》，卷二百四十八〈公主傳・雍國大長公主〉，頁 8774；卷二百四十九〈王溥傳〉，頁 8799～8801；卷四百六十四〈外戚傳中・王貽永〉，頁 13561～13562。

〔註 95〕 沈遘：《西溪集》，文淵閣《四庫全書》本，卷四〈殿中丞符拱之可太常博士制〉，葉二十下至二十一上。另王珪之《華陽集》亦收有符拱之遷大理寺丞制。參見王珪：《華陽集》，文淵閣《四庫全書》本，卷三十八〈大理評事符拱之可大理寺丞制〉，葉二上。按沈遘擢知制誥之年月考辨，可參閱何冠環：〈北宋楊家將第三代傳人楊文廣（？1074）事蹟新考〉，載何著：《北宋武將研究》，頁 409～410，註 60。另參見《長編》，卷一百八十一，至和二年十月己酉條，頁 4380～4381；卷一百九十，嘉祐四年八月乙酉條，頁 4597。

子符世美，符守正的兒子符世表及其弟符世祚。符世英的事跡，除了上文所記，他在元符三年官宣德郎外，就暫未可考。至於符世美。正如上文所記，他在崇寧四年正月其父下葬時官右侍禁，到政和四年七月其母下葬時已任西頭供奉官，其母之墓誌銘稱他「效官廉勤，所至以幹稱」。〔註96〕

　　符氏將門第七代人物中，以符世表的事蹟所記最多，而在符氏第六代以下，以他的官階和兵職最高。值得一提的是，他與其妻遂寧郡君趙氏（1058～1104）（按：符世表的墓誌銘作永寧郡君），以及長子符份均有墓誌銘傳世。據他的墓誌銘〈大宋故武德大夫致仕符公墓誌銘〉所載，他字子中，初以父符守正遺蔭補三班借職，在崇寧三年十月爲其妻書寫墓誌銘時，已遷文思副使。而前後歷十五遷至武德大夫（按：武德大夫相當於宋初諸司正使前列的宮苑使、左右騏驥使及內藏庫使，在武階官中地位不低）。至於他曾擔任的差遣眾多，先後曾任監蔡州上蔡縣（今河南駐馬店市上蔡縣）酒稅、將作監修營房官、監開封府考城縣倉草場、潼關巡檢禁坑兼巡捉私茶鹽、修蓋皇弟外第受給材料管勾造作。作爲將門之後，他是極少數的符門子弟中能獲委以兵職的人。他先後任開封府咸平縣兵馬都監、製造城隍守具所編排點檢兼都壕寨，然後擢爲眞定府兵馬都監，最後更陞任權發遣恩州（即貝州）、鄧州、青州（今山東青州市）兵馬鈐轄，統兵一方。他晚年請宋廷授他閒職，獲授管勾西京嵩山中嶽廟。據說他甚喜故鄉陳州之風土，特意在陳州西華經營宅舍，爲歸老田園之用。他自言：「西華，吾祖鄉也，有宅一區，可以庇風雨；有田一廛，可以備饘粥。」他又建圃宅東以爲行樂之地，並說：「吾四時寓目於此足矣。」每當暇日，他即與賓客賦詩飲酒，講道自娛，而他持以清儉，用能有常，則甚有乃祖符彥卿晚年在洛陽時之風。宣和二年（1120）三月癸丑（十三），他的長子符份先他而卒。也許受到喪子之痛，宣和三年（1121）夏，他決意致仕。有人對他說，南郊典禮快到，不如等到受了南郊蔭子恩典才休致不遲。但他不肯，馬上上表請求致仕。就在是年秋，他壽終於家，年六十六。他的家人在宣和四年（1122）九月乙酉（廿九），將他與妻趙氏合葬於河南府洛陽縣陶牙村祖墳旁，他的姻家朝奉郎、權通判丹州許光弼（？～1122後）爲他撰寫墓誌銘，他的長婿武德大夫權發遣棣州兵馬鈐轄趙仲橛爲墓銘行書。〔註97〕

〔註96〕　符世英之事蹟，參見註89，另見〈宋故供備庫副使致仕符君墓誌銘〉，頁110；
　　　　　〈宋故秀容縣君墓誌銘〉，頁36。

〔註97〕　《北京圖書館藏中國歷代石刻拓本匯編》，第四十一冊（北宋），〈誌3801〉，〈宋

　　符世表爲官之治績如何？許光弼溢美他「自歷任以廉慎治己，以勤恪奉公，所至多被煩委，被委必著能效。」並舉出他修龍德宮，編點城隍守具，以及建皇弟外第，權外學防護巡檢，監修在京營房等任務，均以勞增秩一等，獲減磨勘十一年。又稱他因此得到掌政之朝臣舉薦凡四十章。雖然許光弼所言，不無誇大之處；不過，符世表能官至武德大夫，兵職至三州鈐轄，他有治事之才是可以確定的。〔註98〕

　　符世表行事既頗有祖風，也竭力維持符門的體面榮光。他除了在晚年對符氏故里陳州宛丘故里著意經營外，他在政和年間任職青州兵馬鈐轄時，就特意用自己的俸錢，募人修繕符彥卿當年在青州城西南所建而破敗多時之佛寺，並且繪畫符彥卿的圖像，置於已修建一新的佛寺別室。另外，原爲周恭帝太后出家之道場洛陽隆慶寺，符世表以它既然靠近符彥卿墳隴，就請求宋廷將它作爲符氏的守冢寺。宋廷允其所請，並許該寺每年度比丘尼二人。他也講究世家之禮節，當他祖母延長縣太君過世時，以其父符守正早卒，祖母無子送終，他作爲長孫，就冒著炎暑，銜恤扶護祖母之靈柩，行數百里至祖墳下葬。時人稱他「哀勞兩盡，行路爲之嗟惻，蓋公以儒雅自將，力稽古制」。〔註99〕總之，符氏盡力維持世家大族之體面。

　　符世表先後兩娶，他初娶的妻子遂寧郡君趙氏，是太宗曾孫、英宗弟南康郡王宗博之女，神宗之族妹，徽宗（1082～1135，1100～1125 在位）之近親。她先封仁壽縣君，父歿，神宗推恩，特進封夫人，授遂寧郡君。她的墓誌銘對她的性情、婦道自然大大溢美，說她「其少時孝友聰明，溫慈令淑，言動有法，謹循婦訓，故父母所偏愛，爲之慎選其歸。及長，適文思副使符世表，即魏王彥卿六世之孫。」她雖出身皇族，但嫁入符家後，「則端順無愛憎之嫌，爲母則齊一無彼己之異。」她入符門時，家翁符守正已逝，她常以不得服侍他爲憾。對於家姑趙氏，則事之至孝，「溫清定省，曾不少懈」。據載她性好慈惠，戒家人不要殘忍，她又「喜誦佛書，樂訓諸子，莊而有仁，儉而有禮」。她天性溫厚，平居即有喜怒，卻未嘗形於色。她對宗族親戚幼而無歸，或貧而不贍的，都加以照拂。她治家有方，差使左右及侍妾辦事，皆不以威責，而教人心悅誠服，盡心辦事，而使「一家之內，不嚴而治，不肅

故遂寧郡君趙氏墓誌銘〉，頁 105；〈大宋故武德大夫致仕符公墓誌銘〉，頁 132；〈宋故忠翊郎符侯墓誌銘〉，頁 107。
〔註98〕　〈大宋故武德大夫致仕符公墓誌銘〉，頁 132。
〔註99〕　〈大宋故武德大夫致仕符公墓誌銘〉，頁 132。

而整」，據稱其宗族親屬爲母爲婦的都願效法她。她育有四子二女，存的有三子兩女，長子即符佾，次子爲符傑，幼子名符備。女二人，長女適宗室左騏驥副使趙仲橄，次女適左侍禁趙令薇。符世表有弟名符世祚，因老而無子，請以兄子符傑爲嗣，雖然符傑尤爲趙氏所愛，但她仍應允其所請。她在崇寧三年八月己巳（廿八）病逝於家，享年四十七。十月壬寅（初二），附葬於河南府河清縣（按：符世表墓誌銘作洛陽縣）陶村先塋。〔註100〕

趙氏亡故後，符世表續娶西京左藏庫副使胡思溫（？～1104 後）之女，胡氏（？～1122 後）封室人，爲符世表育有二子二女，二子爲符伸、符俅，二女分別適承信郎王彭年（？～1122 後）和進士趙敏文（？～1122 後）。胡氏的卒年及生平不詳。〔註101〕

如上文所述，符世表有弟名符世祚，他老而無子，而請得兄子符傑爲嗣。他的生平事蹟待考。至於符氏世字輩姓名可考的其他人物，就包括上文所提到符補之的五個兒子符世範、符世永、符世美、符世長和符世舉，以及符補之姪符世功。符世功在紹聖四年九月爲叔母撰寫墓誌時，官內殿崇班、西京、河陽（即孟州）、汝州都巡檢使，位列中下級的武官，可惜和他幾個堂兄弟一

〔註100〕〈大宋故武德大夫致仕符公墓誌銘〉，頁 132；〈宋故遂寧郡君趙氏墓誌銘〉，頁 105。南康郡王宗博系出太宗子商王元份（968～1004），爲英宗生父濮安懿王允讓（995～1059）子，是英宗親弟和神宗的叔父。政和四年（1114）正月追封蕭王，諡恭僖。論起輩份，他的女兒遂寧郡君爲神宗的堂妹，徽宗的堂姑姐，算得上是徽宗的近親。按遂寧郡君趙氏的墓誌銘爲張璉所撰，由符世表親作行書，而由劉友諒所刊。張璉生平不詳，《長編》卷五百十四，曾記宋廷在元符二年八月戊寅（初八），錄死於王事的供備庫副使張德之子張璉和張琚爲三班借職。未知這個張璉是否撰寫遂寧郡君趙氏墓誌銘的同一人？此碑在洛陽出土，拓片爲張鈁舊藏，後爲原北平圖書館所藏。符世表之長婿趙仲橄也系出商王元份一房，祖父是元份長子信安郡王趙允寧（？～1034），趙仲橄後官至武功大夫復州防禦使。至於符世表之二女婿趙令薇，系出太祖弟秦王廷美一房，父爲洋國公趙世獎，他最後官至武略郎。據龔延明教授的研究，武德大夫屬諸司正使八階列。徽宗政和二年（1112）九月，由宮苑使、左右騏驥使、內藏庫使改，位次於武功大夫，階正七品。至於管勾西京中嶽廟，屬外祠官，若由武臣出任的，就由諸司使副以上充。參見《宋史》，卷二十一〈徽宗紀三〉，頁 393；卷二百二十三〈宗室世系表九〉，頁 6508；卷二百二十九〈宗室世系表十五〉，頁 7178；卷二百三十一〈宗室世系十七〉，頁 7408；龔延明：《宋代官制辭典》，頁 594，611；〈宋故忠翊郎符侯墓誌銘〉，頁 107；《長編》，卷五百十四，元符二年八月戊寅條，頁 12211。

〔註101〕〈大宋故武德大夫致仕符公墓誌銘〉，頁 132。按迄宣和四年九月，符世表的長婿趙仲橄已遷官至武德大夫，次婿趙令薇已遷官至武翼郎。

樣，後來的事蹟不詳。〔註102〕

　　符氏第八代族人名字可考的，除了上文所述符世英之子符袤，以及符世美的兒子符思廉、符思度和符思廣外（按：符思廉兄弟有姐妹五人，惟姓名不可考），目前可見的就惟有符世袤的五個兒子符佾、符傑、符備、符伸和符俅。因符佾有墓誌銘傳世，他的生平事蹟稍多一點記載。在那不足一百三十字的墓誌銘裡，我們知他字子列，爲人「孝友多能，蒞官勤飭」。他先娶宗室趙仲樽女，再娶直龍圖閣趙令誡女，生男二人，分別名符滋、符浩。另有女二人。他初任安州應城縣（今湖北孝感市應城市）監酒，次任淮寧府（即陳州）西華縣（今河南周口市西華縣南）斗門，最後任河南府（即洛陽）福昌縣（今河南洛陽市宜陽縣西）尉，官至忠翊郎（按：此職在政和二年（1112）九月自左侍禁改）。值得注意的是，符佾似乎和他的祖輩符昭愿、符惟忠一樣，都有治河的經驗履歷。他在原籍的陳州西華縣擔任斗門的水官，看來他應當有點治河的本事。可惜他在徽宗宣和二年三月癸丑（十三）卻以疾卒於家，享年才三十二，六月壬申（初三）葬於洛陽的祖墳。相比已棄武從文的符世英、符袤父子，符世表及符佾父子，總算仍維持武官的身份。另外，符世表和符佾父子，和他祖上許多族人相仿，以外戚世家之身份，繼續與趙宋宗室聯姻，並以父祖的恩蔭而得以出任小使臣之低級武官。符佾可惜不壽，連父親的地位也達不到。爲他寫墓誌銘的人，感嘆他「才足以有爲，而位不顯，善足以及人，而止於此」。〔註103〕

〔註102〕〈符補之墓誌〉，頁125；〈符補之妻王氏墓誌〉，頁148。
〔註103〕按：端方據《宋史‧宗室世系表》，考得符佾聯姻的宗室趙仲樽，爵封東平郡王，是眞宗弟商王趙元份的曾孫，蕭王（初封南康郡王）趙宗博之子。參以符佾父母的墓誌銘所載，趙仲樽是符佾的母舅，即是說符佾初娶之妻爲他的表妹。至於直龍圖閣趙令誡出於哪一房？端方就考不出來。另端方也考出西華縣斗門即蔡河斗門。按《宋史‧宗室世系表一》所記，趙令誡出太祖長子燕王德昭房，是太祖五世孫，父爲馮翊侯世覃，卒贈正議大夫，端方失考。參見〈宋故秀容縣君墓誌銘〉，頁36；〈大宋故武德大夫致仕符公墓誌銘〉，頁132；〈宋故遂寧郡君趙氏墓誌銘〉，頁105；〈宋故忠翊郎符侯墓誌銘〉，頁107（按：〈宋故忠翊郎符侯墓誌銘〉，原載端方（1861～1911）（撰）：《陶齋藏石記》，卷四十，現收入《宋代石刻文獻全編》，第三冊，頁756）；《宋史》，卷二百十五〈宗室世系表一〉，頁5682；卷二百三十一〈宗室世系表十七〉，頁7408。又考南宋初年張嵲（1096～1148）之文集收有一篇〈符思㮚爲偷盜官錢擅離職守特降一官制〉，這個符思㮚從名字去看似乎是符氏第八代人。參見張嵲：《紫微集》，文淵閣《四庫全書》本，卷十五〈制‧符思㮚爲偷盜官錢擅離職守特降一官制〉，葉五下。

　　符佾幾個弟弟的事蹟不詳，在符世表逝世時，即宣和四年九月，過繼給叔父符世祚的符傑當時官保義郎，其弟符備、符伸及符俅均為承節郎。他們的事蹟待考。至於符佾三個出嫁的妹妹，事蹟亦不詳。〔註104〕

　　符氏外戚將門的第九代人物，姓名可考的，計有符佾的兩個兒子符滋和符浩，以及符世表的三個孫兒，另有不詳為何人子的符湘（？～1122後）、符況（？～1122後）和符㴙（？～1122後）。符滋和符浩在宣和四年九月，均官承信郎，而符湘等三人則未仕。符佾有女二人，未知名，其長的在宣和四年九月已適進士孔琰（？～1122後）。諸弟另有女四人，亦不載其名，皆以年尚幼未適人，其以後事蹟不詳。〔註105〕

　　符氏外戚將門到了北宋末年，已近於寂寂無聞，比起一百五十多年前之顯赫，實有天壤之別。我們可以說，宛丘符氏到了北宋末年已衰落沉降。而在目前可見的史料中，宛丘符氏在南宋並未出過甚麼有名的人物。〔註106〕考現存的元人的雜劇中，有一齣名為《趙匡義智娶符金定》的愛情雜劇，描述

〔註104〕〈大宋故武德大夫致仕符公墓誌銘〉，頁132。

〔註105〕〈大宋故武德大夫致仕符公墓誌銘〉，頁132；〈宋故忠翊郎符侯墓誌銘〉，頁107。符佾的長子，據其父符世表的墓誌銘作符源；惟符佾的墓誌銘則作符滋，現從後者的記載。據符世表的墓誌銘所載，他共有孫女六人，居長的適進士孔琰。按符世表諸子中，以符佾居長，已出嫁孔氏的當為符佾的長女。又據紹興二年（1132）特奏名狀元石公轍的記載，在紹興二年八月，有諸生名符藻（？～1132後）隨惠州博羅縣尉羅從彥（1072～1135）同行釋菜之禮。這個符藻的名字與符滋、符浩等接近，年代也相近，不知是否符氏第九代人物？參見羅從彥：《豫章文集》，文淵閣《四庫全書》本，卷十七〈外集‧誌釋菜事（教授石公轍）〉，葉二上下。另樓鑰（1137～1213）的一篇遷官制，也提到奉使金國官屬當中，有一人名符溥，官承節郎。他是否也是符氏第九代人物，待考。參見樓鑰：《攻媿集》，文淵閣《四庫全書》本，卷三十四〈外制‧奉使官屬文林郎陳元震……承節郎張達符溥各轉一官制〉，頁十七下至十八上。

〔註106〕筆者所見之史料中，惟有仁宗至哲宗（1076～1100，1085～1100在位）時之宗室、右金吾衛大將軍袁州（今江西宜春市袁州區）防禦使趙世繁（1042～1086）之母襄國夫人符氏，頗有可能出於宛丘符氏一門。至於出現在《宋史》、《宋會要輯稿》、《建炎以來繫年要錄》以及南宋人文集等史書中，南宋初年幾位符姓的文臣武官，沒有資料證明他們與宛丘陳氏有何關係，他們所繫的籍里亦均非陳州宛丘。可能與其有關係的，是哲宗孟皇后（1073～1131）之弟、高宗朝官至樞密使之外戚孟忠厚（？～1157）的侍妾符氏，以及光宗（1147～1200，1189～1194在位）的婕妤符氏。參見范祖禹（1041～1098）：《范太史集》，文淵閣《四庫全書》本，卷四十六〈右金吾衛大將軍袁州防禦使贈安武軍節度觀察留後信都郡公墓誌銘‧元祐九年二月〉，葉十三上；《宋史》，卷二百四十三〈后妃傳下‧光宗黃貴妃〉，頁8655。

少年宋太宗愛慕及追求開封府尹符彥卿之女符金定（即符皇后）的故事。此齣雜劇的情節自然與史實相距甚遠，然而故事原型及來源是否與符氏在南宋以至元代的後人有關，就有待他日詳考。〔註107〕

五、餘　論

在五代及宋初的外戚將門中，陳州宛丘符氏可說最爲顯赫：符存審、符彥卿兩代父子名將；周世宗宣懿皇后、周恭帝太后、宋太宗懿德皇后一門三后。然符氏到了第三代的符昭愿、符昭壽兄弟，雖以皇舅之親，將門之後，不但無克紹箕裘之榮光，反而有失職喪身，沾辱家聲之恥。古人說富不過三

〔註107〕據吳敢的研究，明萬曆二十六年（1598）刊本的《息機子元人雜劇選》所收的元雜劇二十六種中，有孤本《符金錠》一種，此即是《趙匡義智娶符金錠》。按這齣雜劇收入隋樹森所編的《元曲選外編》第三冊，亦簡稱《符金錠》，原題目是「強風情韓松搶繡毬，趙匡義智娶符金錠」。這齣雜劇共有四折，內容與歷史出入頗大，例如劇中說符彥卿「祖居京兆長陵人，幼習儒業，頗看詩書。」又說他「自中甲第以來，累蒙柴梁王擢用，頗有政聲」，還說他任汴京府尹之職，只有一女符金錠，年十八歲。至於太宗那一面，則說他當時年十九，父趙弘殷見任殿前都指揮使，兄趙匡胤則往關西練兵。他有鄭恩、張光遠、石守信、王審琦、羅彥威、李漢超等京師十虎義兄弟，姊嫁節度使王朴。此雜劇述說趙匡義因遊符宅花園而遇到符金錠。二人一見傾心，本來符趙二家都樂於結秦晉之好，但中途殺出土豪韓松出來爭奪。最後在趙匡義姊夫王朴的幫助下，二人終成眷屬。這個愛情故事中的人物大部份在歷史上確有其人，但所述說的故事，特別關於符彥卿的部份，卻全是杜撰。此劇將周世宗所倚重，卻爲太祖所畏的樞密使王朴（915～959）變成太宗的姊夫，更是匪夷所思。惟一與歷史事實接近的是太宗與符皇后成婚的年齡，以及二人相當良好的感情。另外，宋人筆記曾記符彥卿知汴州時撰有七言律詩一首，詩云：「全軍十萬擁雄師，正是酬恩報國時。汴水波濤喧鼓角，隋堤楊柳拂旌旗。前驅紅旆關西將，環坐青蛾趙國姬。爲報長安冠蓋道，粗官到底是男兒。」也許這是劇作者以爲符彥卿是曾任汴京府尹儒臣的緣故。又據王萌的比較分析，在《元曲選》和《元曲選外編》所收的戲曲中，以婚戀故事爲主要內容而男主角不是文人的，就只有這一齣。參隋樹森（1906～1989）（編）：《元曲選外編》（北京：中華書局，1959年9月第一版，1987年9月第二版），第三冊，頁981～999；吳敢：《中國古代戲曲選本‧劇本選集》敍錄（下）》，《徐州教育學院學報》，第14卷第3期，1999年9月，頁30；王萌：〈論中國才子佳人文學中的兩性格局與文人心態〉，《中州學刊》，2003年3月第2期（總134期），頁59。有關這齣雜劇的內容及部份唱詞討論，可參見李之亮：〈元雜劇中的宋朝戲〉，《中國戲曲學院學報》，第二十五卷第二期（2004年5月），頁85～86；李源：〈滿園春色關不住——元雜劇中的「後花園」文化現象〉，《藝術百家》，2003年第4期（總第74期），頁43～45；劉斧（？～1094後）（撰輯）：《青瑣高議》（上海：上海古籍出版社，1983年5月），前集卷五，頁46。

代，事實上貴也難過三代。符氏的第四代以降，已無位顯爵高者。一方面第三代的符昭愿兄弟沒有甚麼大勳勞讓子孫得享恩蔭；另一方面，他們與趙宋王室之姻親關係已日漸疏薄。事實上眞宗以下諸帝，與符氏並無直接的血緣關係。即使屬於王室近支的英宗弟蕭王宗博家族，與及其他趙宋宗室，仍屢與符家聯姻，但符氏子弟並未得到英宗以下諸帝的青睞，任以要職。雖然宋室仍按例賜符氏後人予恩蔭出身，但他們與眾多的功臣子弟其實差別不太，若非有特別機遇，他們鮮能出人頭地。從官爵職位而論，符氏將門可說是每況愈下：第一、二代的符存審、符彥卿在沙場上屢建奇功，封王拜相；但到第三代的符昭愿兄弟；雖然因太宗愛屋及烏，給他們統軍出征或鎮守大藩的機會，但他們並未像另一外戚李繼隆那樣，建立顯赫戰功，結果只能位及防禦、團練使，而與三衙管軍、節度使相之高位無緣，雖然符昭愿也爵至國公。第四代的符承煦、符承度、符承祐、符承諒、符承翰、符承訓、符承宗，最高的官位不過是環衛將軍，而多數只位至大使臣，連諸司副使都攀不上，而且除了符承訓還有效命沙場的機會外，其他只是擔任閒職的武階官，說符氏是外戚將門，實在將門已不再，剩下的只有外戚門戶的空架子。倘要問符氏將門還剩下甚麼家風傳統，也許是他們尊重讀書人的家風，以及善於治河之傳統。

符氏以外戚門第的身份，憑著宋人講求門當戶對的世家婚姻關係，曾經造就了第五代惟一有出息的子弟符惟忠，得以在仕途上順利攀陞至橫班使臣之高位，給符氏有中興的希望。可惜一木難支，當符惟忠不幸短命而亡後，符氏就再沒有出過稍有事功及名聲的族人（符世表官至武德大夫算是例外，但他並無過人事功）。而在宋室南渡後，我們幾乎找不到這個曾經顯赫一時的外戚將家的蹤影。雖然到南宋孝宗淳熙九年（1182），宋室仍祭饗懿德符皇后不輟，但未見符氏後人得到恩蔭出仕。〔註108〕教人諷刺的是，符氏將門從第二代符彥卿標榜敬禮士人，喜好讀書，第三代即有子弟捨武從文，到了後來，各代符氏子弟都以棄武習文，以讀書應舉出仕爲常事。〔註109〕

〔註108〕《宋會要輯稿》，第二冊，〈禮十七·郊祀大禮前二日朝獻景靈宮行禮儀注〉，頁939～940。關於宛丘符氏在南宋的情況，參見註106。

〔註109〕外戚將門子弟棄武從文，符氏也不是特例，考太祖母族杜氏早已如此，好像在英宗治平二年三月，杜氏子弟杜常（？～1109）便登高第，後官至龍圖閣學士、宣奉大夫，大觀三年（1109）六月贈太中大夫。另在哲宗元祐三年（1088）三月，杜氏子弟杜藻（？～1088後）也登進士第。參見《宋會要輯稿》，第

　　陳州宛丘符氏將門的興衰軌跡，在眾多宋代將門中是尋常不過的。只是其興也勃，其衰也促，在宋真宗初年已走向衰敗，不像其他的外戚將門如上黨李氏、洛陽王氏、真定曹氏及蒙城高氏能支撐較長的時間。〔註110〕符氏子弟兼有外戚的身份，本來比其他將家子弟較易走入仕途，但這些出身外戚世家之子弟，欠缺在基層的歷練，除非天賦過人，或有特別機遇，他們出人頭地的機會，反而不及行伍出身的草莽英雄。事實上，在宋代以文制武的政治體制下，就算是出身外戚世家的武臣如符氏，他們在政治上的影響力也是每況愈下，無復五代或宋初那樣舉足輕重。從社會流動的角度去看，好像符氏外戚將門這種世家望族，事實上卻貴不過三代，那倒印證宋代的社會是相對的開放和公平的。

　　王善軍教授在他的專著《宋代宗族和宗族制度研究》中，曾綜合分析宋代各種世家形成的過程，指出其中一類的世家，是「武將之家通過軍功獲得

四冊，〈儀制十一・丞郎以下特贈〉，頁2534；第九冊，〈選舉二・貢舉〉，頁5271；《長編》，卷二百七十七，熙寧九年七月乙丑條，頁6770。考宋人筆記以杜常在神宗朝第四人及第，疑有誤。參見張舜民（撰），湯勤福（整理）：《畫墁錄》，收入《全宋筆記》，第二編，第一冊，頁209。

〔註110〕關於上黨李氏，即李繼隆的外戚將家，筆者在2013年5月出版了專著《攀龍附鳳：北宋潞州上黨李氏外戚將門研究》（香港：中華書局，2013年5月）。至於洛陽王氏，即王審琦、王承衍外戚將家的研究，山東大學的王育濟教授及其門人何成氏，數年前曾撰有一篇提綱式的短文。至於真定曹氏，前述（註4）提及臺灣的柳立言氏曾撰有一篇專文，析論真定曹彬父子將家興起的經過；不過柳氏一文並未述及曹氏在仁宗朝成為外戚後的狀況。王善軍在2003年發表的一文〈宋代真定曹氏家族剖析〉就大大補充了柳文的不足。至於蒙城高瓊（935～1006）、高繼勳（959～1036）父子所起家的高氏外戚將家之研究，高路加氏所撰之歷代高氏研究論著，曾有專章討論，並附有高氏譜系，頗有參考價值。另他在同一年發表的「高家將」專文，也可一併參考。參見何冠環：《攀龍附鳳：北宋潞州上黨李氏外戚將門研究》（香港：中華書局，2013年5月）；何成、王育濟：〈宋代王審琦家族興盛原因述論〉，《甘肅社會科學》，2001年第6期，頁69～71；王善軍：〈宋代真定曹氏家族剖析〉，韓國外國語大學歷史文化研究所編：《歷史文化研究》，第十九輯（2003），頁189～209；高路加：《高姓群體的歷史與傳統》（呼和浩特：內蒙古大學出版社，1997年10月），〈二、兩宋高姓〉，頁148～170；高路加：〈聲威顯赫的北宋「高家將」〉，《廣州師院學報》（社會科學版），1997年第4期，頁34～42。附帶一提，柳立言氏在1994年曾發表一篇有關北宋吳越錢氏的研究，重點在錢氏如何利用他們的婚姻關係，特別是與趙宋王室的聯姻，而維持他們外戚世家的地位。不過，錢氏與上述幾個外戚家族不同，他們出身於十國降王之家，而不被人視為外戚將家。參見柳立言：〈北宋吳越錢家婚宦論述〉，《中央研究院歷史語言研究所集刊》，第六十五本第四分（1994年），頁903～955。

較高的政治地位，然後又通過與皇室連姻以及特權世襲等途徑，以保持宗族的權力和地位，從而形成世家。」對於多數的宋代外戚將家或世家的情況，王氏這番分析大概符合事實。不過，具體的個案研究，或會讓我們清楚看出不同的外戚將家，它的形成，及其興起與衰落，既有其相同的軌跡，也存在各種的差異，也許未宜一概而論。〔註111〕

六、後 記

　　本文初稿曾在 2006 年 8 月在上海舉行的中國宋史研究會年會宣讀。本文的多位不具名審稿人除賜予不少寶貴意見，供本人參考外，更賜告北京師範大學游彪教授在《中國史研究》2006 年第 3 期，頁 94，刊出了〈《宋史·符昭愿傳》辨正〉一文，爲筆者撰寫本文初稿時所未引用。按游教授這則約六百字的讀書箚記，同樣根據《芒洛冢墓遺文三編》所收的〈符昭愿墓誌銘〉，考辨《宋史·符昭愿傳》中符昭愿兩處職官繫年之誤及三處官稱之謬。按游氏所考與本文相關地方所述相同，另外，他和筆者的意見一樣，認爲撰寫此則墓誌銘的前進士陳舜封，當是《長編》卷三十五淳化五年三月甲寅條所載「舉止類倡優」之「伶人之子」陳舜封。

　　又筆者本文初校時，偶在網上檢索得「天堂紀念館」Netomb.com 的現代符氏宗族網址，其中有許多篇由現代符氏族人撰寫或編纂的〈符氏家譜〉、〈符氏世系表〉一類的譜牒史料。惜這些譜牒史料均沒有注明來源，筆者暫不打算採用。

2007 年 1 月 12 日

〔註111〕王善軍：《宋代宗族和宗族制度研究》（石家莊：河北教育出版社，2000 年 1月），頁 191。按王氏提出宋王室由於怕其他武人以同樣手法奪取政權，因而採取一種削弱武將軍權而給以種種特權和與之聯姻的手段。高繼勳、王審琦、曹彬等武將的後人，就主要是通過這樣的途徑而形成世家。不過，王氏並未有深究，宋初的幾個外戚世家，例如宛丘符氏、上黨李氏外戚世家的形成過程，卻與他所舉的高、王、曹三家有頗大的分別。在這裡附帶一談，本文不署名的審稿人引述臺灣宋史學者黃寬重最近的意見，認爲宋代家族「個案研究的論文已經夠多了，以後除非有新資料出現，個案研究恐怕不容易有重大的發展，此時應該是做總結的時候。」對於此一觀點，筆者同意以宋代士族作爲研究的個案，可能眞的像黃氏所說已做得夠多；不過，好像陳州宛丘符氏這類外戚世家的個案研究，筆者認爲目前就仍不算太多，還應有進一步探究的空間。參見黃寬重、刁培俊：〈學科整合、國際化趨勢與數位化時代的史學研究與教學——著名學者黃寬重先生訪談錄〉，《歷史教學》2006 年第 4 期，頁 16。

七、修訂後記

　　本文初稿曾在 2006 年 8 月於上海舉行的「中國宋史研究會年會」上宣讀。後初刊於香港中文大學中國文化研究所主編的《中國文化研究所學報》第四十七期（2007 年）（頁 13～50）。付印後，筆者在 2007 年七月檢索《北京圖書館藏中國歷代石刻拓本匯編》時，又看到初稿未有參考的符氏家族墓誌銘拓片七方，分別是〈贈太子太師符君（符彥琳）墓誌銘〉、〈宋故供備庫副使致仕符君（守誠）墓誌銘〉、〈宋故秀容縣君（符守誠妻）墓誌銘〉、〈故保大軍節度推官符府君（符補之）墓誌〉及〈故保大軍節度推官符君妻太原王夫人（符補之妻）墓誌〉、〈大宋故武德大夫致仕符公（世表）墓誌銘〉及〈宋故遂寧郡君趙氏（符世表妻）墓誌銘〉，另加上〈何昌齡謁廟記〉拓片，因據所提供之史料，修正及增補入本文之有關章節。同年十月，又據臺北中央研究院傅斯年圖書館所藏的拓片〈大宋禮賓副使承遵故夫人武都符氏墓誌銘〉，補充了相關章節的內容。同月又自網上檢索出臺灣學者黃寬重教授及邱慧佳女士重要的研究成果，都一一補入本文的修正稿中。

　　筆者閱讀《全宋文》所收的南宋人文集，除了找到一條記載娶符守誠女、永嘉郡夫人之宗室趙仲沄的曾孫墓銘資料外，目前尚未找到確實可信的陳州宛丘符氏後人的新史料，希望將來發現的新史料能有所獲。

　　值得一提的是，由黃寬重教授指導的臺灣清華大學研究生蘇健倫，在 2009 年 6 月提交的碩士論文《晚唐至北宋陳州符氏將門研究》，正好使用了上面提到本文初稿沒有引用的碑銘史料，而且蘇文涵蓋了符氏族人在五代的事蹟，尤其是符氏起家人符存審的將業，值得讀者參考並比較。又本文修訂時，又採用最新出版的《全宋文》、《隆平集》、《宋會要輯稿》、《文獻通考》校注本。

2015 年 4 月 22 日

附錄一：〈五代、北宋時期符氏十代世系表〉（黃寬重編）

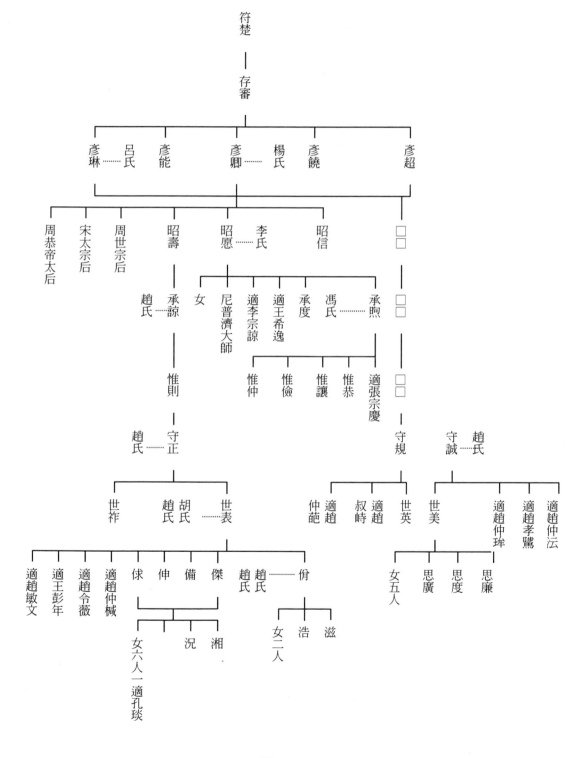

附錄二：〈陳州宛丘符氏世系表補〉（何冠環編）

符存審（862～924），父符楚	符彥超（？～934）					
	符彥饒（？～937）					
	符彥能					
	符彥卿（898～975）（娶秦國太夫人楊氏，？～989）	符昭信（？～954）				
		周世宗宣懿符皇后（930～955）				
		宋太宗懿德符皇后（942～975）				
		恭帝周太后（？～993）				
		符昭愿（945～1001）（娶李崇矩女江夏郡君李氏）	符承煦（975～1033）（娶河間縣君馮氏，？～1034後）	符惟恭（？～1034後）		
				符惟讓（？～1034後）		
				符惟儉（？～1034後）		
				符惟仲（？～1034後）		
				符氏（？～1034後）（適張宗慶，～1034後）		
			符承度（？～1001後）			
			符承祐（？～1011後）（娶石保吉女）	符惟忠（？～1042）（娶吳元扆女長樂郡太君吳氏）	崇國太夫人符氏（1022～1078）（適張宗雅）	張敦禮（尚英宗冀國大長公主，？～1123）

				符氏（？～1001後，適王顯子王希逸（？～1009後）					
				符氏，？～1001後，（適李昉子李宗諒，？～1023後）					
			符昭壽（？～999）	符承諒（？～1017後），娶楚王元佐女平樂郡主（？～1017後）	符惟則（娶延長縣太君呂氏）	符守正（娶令人趙氏）	符世表（1056～1121）（娶南康郡王宗博女遂寧郡君趙氏，～1104），續娶胡氏（？～1122後）	符佾（1085～1120），娶宗室趙仲樽及趙令誠女）	符滋（？～1120後）
									符浩（？～1120後）
									女二人，名不詳，其長適進士孔琰（？～1122後）
								符傑（？～1122後）（後出繼叔父符世祚）	符湘（？～1122後）（父名不詳）
								符備（？～1122後）	符況（？～1122後）（父名不詳）
								符伸（？～1122後）	符瀞（？～1122後）（父名不詳）
								符佅（？～1122後）	符氏女四人，父爲何人不詳
								符氏（？～1122後，適宗室趙仲橚，？～1122後））	
								符氏（？～1122後，適宗室趙令薇，？～1122後）	

							符氏（？～1122後，適王彭年，～1122後）	
							符氏（？～1122後，適趙敏文，？～1122後）	
						符世祚（？～1122後）		
					符守臣（？～1078後）（父名不詳）			
符彥琳（？～972）娶呂氏	符昭文（？～975後）							
	符昭浦（？～975後）	符惟俊	武都符氏（1001～1027，適樂安侯趙承遵，999～1041）					
	符昭惠（？～975後）							
	符昭吉（？～975後）							
	符氏（？～975後，適彭城劉氏）							
	符氏（？～975後，適周氏）							
	符氏（？～975後，適賈氏）							
	符氏（？～975後，適馬氏）							
					符守規（？～1028～1100）（父贈武衛太傅，名不詳，母贈仙居縣太君，姓名不詳），（娶崇德縣君周氏，？～1100後）	符世英（？～1100後）	符表（？～1100後）	
							符氏（？～1100後，適李沔，？～1100後）	

							符氏（?～1100後）
						符氏（?～1100後，適宗室趙叔峙，1058～1104）	
						符氏（?～1100後，適宗室趙仲葩）	
		符昭矩（父不詳）	符承訓（?～1014後）	符惟熙（娶仙居縣太君畢氏）	符守誠（1041～1104）（娶宗室趙從質女秀容縣君趙氏，1053～1109）	符世美（?～1114後）	符思廉（?～1114後）
							符思度～1114後）
							符思廣（?～1114後）
						永嘉郡夫人符氏（?～1109前卒，適宗室慶陽軍節度使饒陽侯趙仲汜，?～1114後）	
						符氏（?～1114後，適宗室趙孝驚，?～1114後）	
						符氏（?～1114後，適宗室趙仲珲，?～1114後）	
			符承翰（父不詳）				
			符承宗（父不詳）				
		符昭遠（父不詳）					
				符惟清（父不詳）	符補之（1049～1095），娶王貽永孫王氏（?～1097）	符世範（?～1095前卒）	

						符世永（？～1095 前卒）		
						符世美（？～1095 前卒）		
						符世長（？～1097 後）		
						符世舉（？～1097 後）		
						符氏（？～1097 後，適徐鼎，～1097 後）		
						符氏（～1097 後，適趙洙，？～1097 後）		
						符世功（？～1097 後，符補之姪）		
					符拱之（？～1161 後）			

曾祖右驍衛上將軍符彥琳 祖崇儀副使符昭浦 父右侍禁閤門祗候符承俊女

藏於臺灣中央研究院歷史語言研究所的〈大宋禮賓副使承遵故夫人武都
符氏墓誌銘〉

北宋保州保塞劉氏外戚將門事蹟考 [註1]

一、導 言

　　本文是筆者研究宋仁宗（1010～1063，1022～1063 在位）外戚政治的一部份，重點在檢視仁宗一朝外戚世家在政治上扮演的角色，與及他們在政治上的影響力。據筆者多年的研究，仁宗朝的政治特色，概而言之，一方面是文臣集團的壯大，另一方面，在仁宗前期攝政的章獻劉太后（970～1033，1022～1033 攝政）和仁宗本人的刻意扶持下，外戚及內臣的影響力大增，成爲帝后反制文臣集團的助力。相較之下，雖有功勳卻非外戚出身的武臣，好像曹利用（971～1029）、王德用（980～1058）及狄青（1008～1057）等人便一直受到排擠打壓，只得在文臣控制下聽令而行。

　　筆者過去曾對北宋幾個外戚世家，包括陳州宛丘符氏、開封浚儀石氏、潞州上黨李氏作過個案研究。[註2] 另外，筆者也對宋太祖（927～976，960～976 在位）、宋太宗（939～997，976～997 在位）朝的外戚問題作過一些討論。[註3] 本文即再以保州保塞外戚將門劉氏作爲個案研究對像，探究從

〔註1〕　本文之撰寫，獲得香港政府教育局之研究資助局（Research Grants Council）資助，研究項目標號爲：Project Number: 543911; Project A/C Code: B～Q29B

〔註2〕　可參閱何冠環：〈北宋陳州宛丘符氏外戚將門考論〉，載本書上篇，頁 3～65；何冠環：〈北宋開封浚儀石氏外戚將門第三代傳人石元孫事蹟考述〉，載本書上篇，頁 113～159；何冠環：《攀龍附鳳：北宋潞州上黨李氏外戚將門研究》（香港：中華書局，2013 年 5 月），以下簡稱《攀龍附鳳》。

〔註3〕　筆者曾撰寫一篇有關宋太祖朝外戚的文章，另外在談宋太宗的外戚名將李繼隆（950～1005）的章節，也論及宋太宗一朝的外戚。可參見何冠環：〈宋太祖朝的外戚武將〉，載何著：《北宋武將研究》（香港：中華書局，2003 年 6

太宗朝開始，他們數代人之事蹟，從而進一步探究外戚世家在北宋中後期政治所扮演的角色。

趙宋王朝的外戚，論輩份最高的，是太祖祖母翼祖簡穆劉皇后的族人保州保塞（今河北保定市清苑縣）劉氏。雖然劉氏到仁宗一朝，與趙宋王室的關係日見疏遠，但仁宗怎樣說也是劉皇后的後人，劉皇后的族人後代始終擁有外戚的身份。保塞劉氏外戚世家，到了仁宗一朝，最有事功的，是屬於第二代官至內園使、連州刺史知代州（今山西忻州市代縣）的劉文質（965～1028），和他三個兒子劉湛（997～1064）、劉渙（998～1078）和劉滬（1000～1047）。值得注意的是，劉氏族人中，劉文質和他的次子劉湛及第四子劉渭子劉師愈均有墓誌銘傳世。〔註4〕

關於保州保塞劉氏外戚將門的研究，亡友曾瑞龍（1960～2003）多年前的〈北宋中葉拓邊活動的開端：慶曆朝水洛城事件發微〉，可說是開山之作。曾氏在該文中除論及水洛城事件的始末外，還談及劉滬的家世，並概述其伯父劉文裕、其父劉文質及其兄劉渙的生平事功。因曾氏沒有看到劉湛和劉師愈的墓誌，就沒有言及二人的生平。〔註5〕另外，河隴史地名家、宋史研究

月），頁 63～85；何冠環：《攀龍附鳳》，第二章，頁 98～105。

〔註4〕 保州保塞劉氏，在太祖建國後即成爲趙宋王室的外戚。第一代爲簡穆劉皇后的姪子劉審琦（？～960），第二代爲劉文裕（944～988）、劉文遠、劉文裔及劉文質兄弟。第三代是劉湛、劉渙及劉滬等兄弟。第四代是劉湛等的兒子劉師旦、劉師愈等。劉文裕兄弟父子的生平事蹟在《宋史》有傳，分別見於《宋史·外戚傳》及《宋史·劉文質傳》。前者記述劉氏第二代主要人物劉文裕的生平，後者則記劉文質及劉渙、劉滬父子的事蹟。劉文質的生平詳見蘇舜欽（1008～1048）所寫的墓誌。他的次子劉湛及四子劉渭子劉師愈均有墓誌傳世。另劉滬生平亦見《隆平集》。參見蘇舜欽（撰），傅平驤、胡問陶（校注）：《蘇舜欽集編年校注》（成都：巴蜀書社，1991 年 3 月），卷七〈內園使連州刺史知代州劉公墓誌〉，頁 450～457；曾鞏（1019～1083）（撰），王瑞來（校證）：《隆平集校證》，（北京：中華書局，2012 年 7 月），卷十九〈武臣傳·劉滬〉，頁 584～586；脫脫（1314～1355）：《宋史》（北京：中華書局點校本，1977 年 11 月），卷三百二十四〈劉文質附劉渙劉滬傳〉，頁 10492～10495；卷四百六十三〈外戚傳上·劉文裕〉，頁 13545～13547；李復（1052～1128 後）：《潏水集》，文淵閣《四庫全書》本，卷八〈禮賓使劉府君墓誌銘〉，葉三下至六下。按〈禮賓使劉府君墓誌銘〉將劉湛寫作「劉諶」，疑是四庫館臣的筆誤；晁補之（1053～1110）：《雞肋集》，文淵閣《四庫全書》本，卷六十五〈四會縣尉劉君墓誌銘〉，葉十三下至十五下。

〔註5〕 此文原撰於 1982 年，後經作者修改，編入其遺作《拓邊西北》的首章。參見曾瑞龍：《拓邊西北：北宋中後期對夏戰爭研究》（香港：中華書局，2006 年 5

前輩陳守忠教授於 1995 年後撰寫的〈劉滬築水洛城及相關事蹟考〉一文更結合了歷史地理具體而微地考論了劉滬築水洛城之始末。〔註6〕此外，顧吉辰教授在 2003 年曾撰〈北宋奉使邈川唃廝囉政權使者劉渙事蹟編年〉一文，將《宋史》、《續資治通鑑長編》、《東都事略》、《宋會要輯稿》等書所載有關劉渙事蹟以編年方式列出，並附有劉渙的生平簡介，對於考論劉渙生平事蹟頗有參考價值。〔註7〕本文將在前人研究的基礎上，考論保州保塞劉氏外戚將門各代的重要人物的事蹟。因劉滬的事蹟前人已多有論述，本文就將他的生平事蹟附於其兄劉渙一節，不單獨列出。

二、西北邊將：劉文質的軍旅事業

保州保塞劉氏族人名列《宋史・外戚傳》的，是第二代的劉文裕。他的曾祖父劉延不仕，祖父劉昌（按：《宋史》作劉正），仕後唐為平州刺史、幽薊墾田使。他看上了太祖祖父翼祖，將幼女下嫁，即太祖的祖母簡穆劉皇后。劉文裕的父親劉審琦（？～960）是劉皇后姪，以輩份論是太祖、太宗兄弟的表叔伯。在太祖創業之初，任為氾水關令（《長編》作武牢關使），在平定李重進（？～960）之役陣亡。至於劉文裕本人與宋太祖、太宗兄弟份屬堂表兄弟，而他又是太宗的藩邸心腹，故一直受到太宗的信任，委以軍旅重任。不過，他的人品及能力都不高，最受詬病的是，在太宗雍熙三年（986）七月陳家谷（今山西朔州市西南）之役，他與王侁（？～994）以監軍之身份，逼名將楊業（935～986）出戰，然後又不加援救，最後令楊業兵敗身死。太宗礙於朝議，將他與王侁革職重貶。不過，太宗稍後又將他自登州沙門島（今山東煙台市長島縣西北廟島）赦還並且復用，雍熙四年（987）五月，以容州觀察使充鎮州都部署。最後他在端拱元年（988）八月前卒於任上。太宗還贈他寧遠軍節度使，制文稱許他「韜略英才，公侯令德，稟直方之器識，茂勳績

月），第一章〈北宋中葉拓邊活動的開端：慶曆朝水洛城事件發微〉，頁15～38。

〔註6〕陳守忠：〈劉滬築水洛城及相關事蹟考〉，載陳著：《宋史論略》（蘭州：甘肅文化出版社，2001 年 12 月），頁100～110。又李強於 2005 年亦發表了一篇談水洛城事件的文章，惟該後出之文，並沒有參考曾、陳兩位的研究成果，而觀點亦未有超越前人。參見李強：〈爭水洛城事的發生及影響〉，《前沿》，2005 年第 11 期，頁258～262。

〔註7〕該文原刊於《西藏研究》1988 年 1 期，經作者修改後收入吳洪澤、尹波（主編）：《宋人年譜叢刊》第二冊（成都：四川大學出版社，2003 年 1 月），頁691～708。

于旂常。自廉問宣風，化條綏遠，賓海著兼襦之詠，佐時圖鏤鼎之名」。惟證諸他一生的行事，太宗這一番褒辭，殊非事實。〔註8〕

劉文裕之兄劉文遠（？～961）早死，事蹟不詳。兩弟劉文嵩和劉文質，其中劉文嵩也早卒且事蹟不顯。劉文裕死後，劉氏第二代的領軍人就是劉文質。劉文質字士彬，以其卒於天聖六年（1028），得年六十四，上推其生年，當生於太祖乾德三年（965）。其母清河郡太夫人張氏常出入宮禁，太宗曾以鄉黨之舊，賜予頗多。太宗有一次問及劉氏後人現時狀況，張氏就提到劉文質。太宗就以外戚之親，特別召用劉文質為供奉官、寄班祗候，入備宿衛。據載劉文質也知道安份，「雅以清慎自持」，慢慢像亡兄一樣得到太宗的信任。遇到外廷的拜除任職，太宗常問他的意見，他也盡心向太宗言其所知所聞，做好他作為太宗耳目的角色。有一次大概劉文質辦好了一件任務，太宗表示滿意，就對近侍的內臣竇神福說：「文質，朕之親舊，言論有足嘉者」，並賞劉文質白金百斤。至道初年，劉文質以供奉官、兩浙轉運使承受公事的身份，往兩浙按察民事，並察舉所在官吏治績。至道三年（997）二月他回朝覆命，他奏報部內官員高輔之、李易直（？～1000後）、艾仲孺（？～1007後）、梅詢（965～1040）、高貽慶（？～1006後）、姜嶼（？～1013後）及戚綸（954～1021）等八人有治績，而數十人當黜降。太宗均准奏，並以他出使之功，特遷他西京作坊副使，自三班小使臣晉為諸司副使。太宗並公開稱許劉文質，說「文質所舉皆良吏也」。〔註9〕

〔註8〕 李燾（1115～1184）：《續資治通鑑長編》（北京：中華書局點校本，1979年8月至1995年4月；以下簡稱《長編》），卷四十一，至道三年二月辛丑條，頁861；《宋史》，卷三百二十四〈劉文質附劉渙劉滬傳〉，頁10492；卷四百六十三〈外戚傳上・劉文裕〉，頁13545；錢若水（960～1003）（撰），燕永成（點校）：《宋太宗實錄》（蘭州：甘肅人民出版社，2005年11月），卷四十一，頁102，107；卷四十五，頁145；田錫（940～1003）（撰），羅國威（校點）：《咸平集》（成都：巴蜀書社，2008年4月），卷二十八〈故容州觀察使劉文裕可贈寧遠軍節度使制〉，頁336。劉文裕卒於端拱元年何月不詳，按郭守文（935～989）在端拱元年八月甲子（初十）以宣徽南院使充鎮州都兵署，接替劉文裕之職，則劉文裕當卒於八月前。關於劉文裕及其先世的事蹟，以及劉氏在太祖及太宗朝的權勢，可參閱何冠環：〈宋太祖朝的外戚武將〉，載何著：《北宋武將研究》，頁65～66及注4；〈論宋太宗朝武將之黨爭〉，頁91～93，100，112～116。

〔註9〕 《蘇舜欽集編年校注》，卷七〈內園使連州刺史知代州劉公墓誌〉，頁450～451；《宋史》，卷三百二十四〈劉文質附劉渙劉滬傳〉，頁10492；《長編》，卷四十一，至道三年二月辛丑條，頁861；《宋史》，卷一百六十〈選舉志六〉，頁3741。按劉文質的墓誌記他自兩浙歸，授左藏庫副使；惟《長編》及《宋

眞宗（968～1022，997～1022 在位）於至道三年三月即位後，劉文質以久任朝廷，上書請效命邊庭。但眞宗不許，並對他說：「陪圖議於中，所報亦大，庸非其人哉！」不過，到咸平元年（998），眞宗終於答應他的請求，將他出爲岢嵐軍（今山西忻州市岢嵐縣）使，圓了他出任邊將之願。不久，眞宗又將他任爲麟州（今陝西榆林市神木縣北）、府州（今陝西榆林市神木縣北）兵馬鈐轄。咸平二年（999）八月，河西羌人黃女族長蒙異保及府州所部啜訛等人聯結西夏李繼遷（963～1004）入寇麟州萬戶谷，進軍至松花寨。知府州折惟昌（978～1014）與其族叔同巡檢使折海超（？～999）、其弟供奉官折惟信（？～999）率兵拒戰於府州城外。李繼遷以眾凌寡，折惟昌力戰受傷突圍得免，然折海超及折惟信卻戰死。九月，李繼遷之黨徒萬保移埋沒再來攻府州之埋井寨，這次劉文質會同駐泊都監洛苑使宋思恭來援，與折惟昌合兵擊敗萬保移埋沒橫陽川，斬獲甚眾，奪得牛馬駱駝弓矢甚多。十一月折惟昌、宋思恭與劉文質再發兵渡河，破契丹界言泥抚黃太尉寨，焚器甲車帳數萬，斬首千餘級，獲所擄生口三百餘。這是劉文質首次建立之邊功。十二月丁卯（十八），府州捷報至京，折惟昌、宋思恭及劉文質立功將士均獲賞賜。劉文質大概這時擢爲西京左藏庫副使。翌年（咸平三年，1000）五月庚辰（初四），劉文質再將入寇麟州濁輪寨（麟州城東南 10 餘里處，遺址在今陝西榆林市神木縣永興鄉所在地北山梁上）的李繼遷部擊退，癸未（初七），眞宗賜詔嘉獎。〔註10〕劉文質再立邊功。

劉文質大概在咸平四年（1001）初調知慶州（今甘肅慶陽市慶陽縣）兼權涇原儀渭兵馬。此時李繼遷不時入寇，劉文質選精兵數百，作爲選鋒。當時守臣畏首畏尾，以詔書無出擊之意，就沒有供給足夠軍需給劉部，劉文質就拿出私財二十萬緡給諸軍均分，於是麾下將士士氣大增，大破敵兵而還。

史》均記他只授比左藏庫副使低十一階的西京作坊副使。按劉文質原官東頭供奉官，擢爲較低階的西京作坊副使較爲合理。

〔註10〕劉文質墓誌對此兩役記載得很籠統，只說「戎人犯順，兵宿塞下，前後俘獲甚眾，獲馬畜鎧甲之類，慮一萬七千三百餘。凡賜金者三，詔獎者五」。參見《長編》，卷四十五，咸平二年九月乙巳條，頁 964～965；十一月丁卯條，頁 971～972；卷四十七，咸平三年五月庚辰至癸未條，頁 1015～1016；《蘇舜欽集編年校注》，卷七〈內園使連州刺史知代州劉公墓誌〉，頁 451；《宋史》，卷二百五十三〈折惟昌傳〉，頁 8863～8864；卷三百二十四〈劉文質附劉渙劉滬傳〉，頁 10492；徐松（1781～1848）（輯），劉琳、刁忠民、舒大剛、尹波等（校點）：《宋會要輯稿》（上海：上海古籍出版社，2014 年 6 月），第十六冊，〈方域二十一·邊州·府州〉，頁 9697；〈蕃夷一·遼上〉，頁 9725。

不久，宋廷將他調充西疆飽受西夏威脅的靈州（今寧夏銀川市靈武市西南，一說在寧夏吳忠市南金積鄉附近）、清遠軍（今甘肅慶陽市環縣甜水堡）等州兵馬都監。他曾與敵軍戰於支子平，將敵軍逐於沙漠外，因此得到眞宗賜璽書褒獎並賜錦袍金帶。咸平四年八月前，他調知涇州（今甘肅平涼市涇川縣），仍任靈州等州軍兵馬都監，充當靈、環、清遠軍等十州副都部署楊瓊（942～1008）的副將。八月丙寅（廿七），李繼遷率眾攻清遠軍，九月庚午（初二），清遠軍都監段義叛降李繼遷，乙亥（初七），清遠軍失陷。當清遠軍被圍危急時，楊瓊聽信鈐轄馮守規和都監張繼能（957～1021）的意見，只派副部署潘璘和劉文質率兵六千赴援，並吩咐潘、劉二人等他大軍前來，最後楊瓊大軍並未前來。閏十二月丁丑（初十），宋廷論楊瓊等之罪，眾將均被重譴，劉文質也以逗留不進致清遠軍失陷之罪，自西京左藏庫副使除名流雷州（今廣東湛江市雷州市）。〔註11〕這是他平生最大之挫折。

劉文質大概要到景德二年（1005）宋遼議和才遇恩赦還，復用爲太子率府副率，他在景德三年（1006）六月以右司御率府率任杭州駐泊都監提舉本路諸州軍馬巡檢公事。稍後回陞內殿崇班。大中祥符元年（1008）八月庚子（十二），眞宗準備封禪泰山，以京東西、陝西、淮南路各州地當要衝者須增加屯兵，命諸司使以下爲駐泊都監。而泰山北面有路抵齊州（今山東濟南市），爲了增加警備，就特別將劉文質以內殿崇班調爲齊州駐泊都監兼青州（今山東濰坊市青州市）、濟州（今山東荷澤市巨野縣南）、淄州（今山東淄博市）、濰州（今山東濰坊市）都巡檢使。此番調動，亦見眞宗對他的信任。劉文質奉命率兵巡護泰山有功，封禪禮成即以功遷禮賓副使。〔註12〕

〔註11〕 《長編》，卷四十九，咸平四年八月丙寅條，頁1071；九月庚午至乙亥條，頁1072；卷五十，咸平四年閏十二月丁丑條，頁1101；《蘇舜欽集編年校注》，卷七〈內園使連州刺史知代州劉公墓誌〉，頁451～452；不著撰人（編），司義祖（校注）：《宋大詔令集》（北京：中華書局，1962年10月），卷九十四〈責楊瓊等詔・咸平四年閏十二月丁丑〉，頁346～347；《宋史》，卷三百二十四〈劉文質附劉渙劉滬傳〉，頁10492；卷二百八十〈楊瓊傳〉，頁9501～9502；《宋會要輯稿》，第八冊，〈職官六十四・黜降官一〉，頁4773。

〔註12〕 劉文質遇赦還之年月不詳，有幾個可能：一是咸平五年（1002）十一月十一日壬寅以祀天地于圜丘之大赦。二是景德元年（1004）正月初一丙戌改元之大赦。三是景德二年正月初一庚戌以與遼議和之大赦。這次大赦天下，詔「非故鬥殺、放火、強盜、偽造符印、犯贓官典、十惡至死者，悉除之」。據《宋史》劉文質本傳所記，他貶雷州後，「久之」，才起爲太子率府率。考劉文質在咸平四年閏十二月被貶，他不大可能在翌年十一月那麼快便獲赦。他在景德二年正月宋遼訂約加恩時才獲赦，較符合「久之」的說法。參見《長編》，

他稍後徙爲石州（今山西離石市）、隰州（今山西臨汾市隰縣）緣邊同都巡檢使，再徙爲秦州（今甘肅天水市）鈐轄。他在秦州任上，約在大中祥符三年（1010）十二月前，親率梟銳軍士版築小落（洛）門寨（今甘肅天水市武山縣洛門鎮），大大開拓了疆土。樞密直學士右司郎中知秦州李濬（？～1013），上奏他築城之功，眞宗就特賞他白金五百兩。李濬卒於大中祥符六年（1013）六月己巳（初九），由左騏驥使張佶（即張志言，950～1018）代其任。天禧二年（1018）六月前由左司郎中、樞密直學士李及（959～1028）繼知秦州時，劉文質大概仍留任秦州，直至天禧中（三年至四年）才徙知代州。〔註13〕

宋廷當時爲了阻止邊上的軍卒逃亡，就以擒獲一逃卒而獎絹二匹、茶五斤的賞格，鼓勵蕃部擒拿逃卒，而拿獲的逃卒都會被處死。劉文質知代州後，在蕃部的協助下，捕得逃卒一百三十九人，劉文質只取二十九人按赦後之律執法，其餘的一百十人只配隸他州，饒過不殺。宋人都稱許他的寬仁。究竟劉文質在甚麼時候對代州的逃卒予以寬大處理？考眞宗在天禧三年（1019）八月丁亥（初三），以天書降於乾祐山而大赦天下，「常赦不原者，咸除之」。到同年十一月辛未（十九），以南郊大典再大赦天下，「非劫殺、鬥殺已殺人，十惡至死，僞造符印，放火，盜官物，官典入己贓，咸除之。鬥殺可閔者，奏裁。」筆者以爲劉文質引用八月初三之大赦恩典，以寬釋代州逃卒的可能性較大，因劉文質很有可能在是年八月中便自代州徙往邠州（今陝西咸陽市彬縣）。〔註14〕

劉文質《宋史》本傳記他後來再遷官爲內園使徙知邠州，並多次隨曹瑋

<hr>

卷六十九，大中祥符元年八月庚子條，頁1555；《蘇舜欽集編年校注》，卷七〈內園使連州刺史知代州劉公墓誌〉，頁452；《宋史》，卷六〈眞宗紀一〉，頁118；卷七〈眞宗紀二〉，頁123，127；卷三百二十四〈劉文質附劉渙劉滬傳〉，頁10492；《宋會要輯稿》，第二冊，〈禮二十二・封禪〉，頁1123；第七冊，〈職官四十九・都監、監押〉，頁4403～4404。

〔註13〕 李濬於大中祥符三年十二月已知秦州，他上言黑谷烘頗有閒田，已召募得寨內三百餘戶，每戶三丁共九百餘人，駐守在小洛門諸寨防邊。可知是年十二月前水洛門寨已築好。又李及在天禧二年六月前已知秦州，李及至天禧四年二月仍知秦州。劉文質徙知代州的年月，《宋史》本傳記「天禧中」，當是二年至三年間。參見《宋史》，卷三百二十四〈劉文質附劉渙劉滬傳〉，頁10492；《蘇舜欽集編年校注》，卷七〈內園使連州刺史知代州劉公墓誌〉，頁452；《長編》，卷七十四，大中祥符三年十二月辛酉條，頁1697；卷八十，大中祥符六年六月己巳至壬申條，頁1830；卷九十二，天禧二年六月己未條，頁2119；卷九十五，天禧四年二月丁酉條，頁2182。

〔註14〕 《宋史》，卷三百二十四〈劉文質附劉渙劉滬傳〉，頁10492；《蘇舜欽集編年校注》，卷七〈內園使連州刺史知代州劉公墓誌〉，頁452；《長編》，卷九十四，天禧三年八月丁亥條，頁2163；十一月辛未條，頁2171。

（973～1030）出戰，並在環州（今甘肅慶陽市環縣）界築堡寨十餘處，屯聚勁兵以禦西夏，到仁宗之世，仍賴以固守。考曹瑋在天禧三年三月壬申（十五），自客省使康州防禦使出為華州觀察使、鄜延路副都部署、環、慶、秦州緣邊巡檢安撫使，主持西邊防務，又據《長編》所載，是年六月己酉（廿四），曹瑋以邠寧、環慶路部署司原本所在的邠州去邊地稍遠，請徙往慶州，宋廷准奏。這就解釋為何知邠州的劉文質會屬於曹瑋麾下。又同年八月至九月間，慶州柔遠寨（今甘肅慶陽市華池縣城所在地柔遠鎮）的蕃部委乞、骨咩、大門等族千餘落相繼來降，劉文質隨曹瑋調知邠州，並隨曹瑋出征及築堡寨，大概就是在這時。〔註15〕

　　大概在天禧四年（1020）正月，當曹瑋被召入充簽署樞密院事後，劉文質以先前築堡之勞績加領連州刺史並復任秦州鈐轄。然後在天禧五年（1021）二月再知代州，直至天聖六年（1028）正月壬子（十六）卒於任內，得年六十四。他正式下葬前，家人就將他權厝於太原（今山西太原市）的一所寺院。仁宗詔厚賻其家，錄其三子：劉渙為將作監主簿，劉滬為三班奉職，劉濟為三班借職。劉文質長期擔任邊將，更任共二十四次。他因性格「忠鯁嫉邪，喜評刺，無所避詘」，對貴近之人都無所遜避，故為當權之人所忌，而不給他擢陞更高的職位。最後只官至內園使領連州刺史。不過，作為趙宋王室的遠親，而且父親劉審琦死於王事，故劉文質所獲賞賜多於諸將。他卒時三子獲錄官職出身，大大高於他官位本來應得的恩典。這顯然是緣於他的外戚身份。按真宗與仁宗父子都對他常有優禮，真宗曾向他詢問翼祖及簡穆皇后在保州的舊事，他就將簡穆皇后的事蹟上聞，並將宣祖（？～956）及太祖賜他家的書札五函呈獻，真宗詔將之編於史籍中。天禧中（1018～19），當真宗不豫時，他懇求入見。真宗許之並與他談問數刻，他請真宗慎用帷幄之臣，據說真宗深嘆其忠。仁宗為太子時，亦賜他書五通，可見親信之意。〔註16〕他的兒子

〔註15〕《宋史》，卷三百二十四〈劉文質附劉渙劉滬傳〉，頁10493；《蘇舜欽集編年校注》，卷七〈內園使連州刺史知代州劉公墓誌〉，頁452；《長編》，卷九十三，天禧三年三月壬申條，頁2139～2140；六月己酉條，頁2153；卷九十四，天禧三年八月乙未條，頁2164；卷九十五，天禧四年正月乙丑條，頁2178。按曹瑋在天禧三年八月乙未（十一），以其兄曹璨（950～1019）卒，請暫赴京師奔喪，但宋廷優詔不許，很有可能這時曹瑋正出師征討慶州的蕃部。而曹瑋在天禧四年正月乙丑（十三）奉召入朝拜簽署樞密院事，可證劉文質隨曹瑋出征蕃部，不會在天禧四年後。

〔註16〕天禧五年二月甲戌（廿九），宋廷以陳堯咨（970～1034）知秦州並加右諫議

劉湛、劉渙和劉滬在仁宗朝得到重用，亦有賴於這重父蔭。

劉文質夫人李氏，是與宣祖及太祖一家關係密切的保順節度使李謙溥（915～976）之女。而李謙溥兩個兒子李允正（961～1011）和李允則（953～1028）是太宗、眞宗朝著名的邊將，劉氏族人大概得益於這種關係，而在擔任邊將時都很稱職。〔註17〕

李夫人早卒，在景祐五年八月（即寶元元年，1038）劉氏諸子正式葬劉文質於開封雍丘縣（今河南開封市杞縣）百家邨先塋時，也以李夫人之櫬合祔。〔註18〕

劉文質有子十五人（《宋史》作十六人），長子劉涓早死，次子劉湛在蘇舜欽撰寫劉文質墓誌時之景祐五年八月任侍禁閤門祗候。第三子劉渙見任屯田員外郎知遼州（今山西晉中市左權縣）。第四子劉渭見任蘇州吳江縣（今江蘇蘇州市吳江市）。第五子劉滬、第六子劉淳、第七子劉淵（？～1053後）和

大夫，劉丞（承）宗爲秦州鈐轄遷西上閤門使。劉文質很有可能在這時自秦州鈐轄徙知代州。又據劉文質墓誌所記，劉文質在「天聖六年正月十六日寢疾，終於位，享年六十四」，但《長編》卻將他之死繫於天聖六年七月乙巳條（七月十二日），現從墓誌之記。又劉文質後來大概因兒子劉渙之故，被追贈東上閤門使、左金吾衛上將軍。參見《蘇舜欽集編年校注》，卷七〈內園使連州刺史知代州劉公墓誌〉，頁452；《長編》，卷九十五，天禧四年正月乙丑條，頁2178；卷九十七，天禧五年二月甲戌條，頁2243；卷一百六，天聖六年七月乙巳條，頁2476～2477；《宋史》，卷三百二十四〈劉文質附劉渙劉滬傳〉，頁10492；《滴水集》，卷八〈禮賓使劉府君墓誌銘〉，葉三下。

〔註17〕蘇舜欽集的校注者失察李氏夫人是保順軍節度使「李溥」之女，而以爲這個「李溥」就是眞宗朝長期主理財賦茶法而素有貪墨之名的計臣、官至宮苑使，後來被貶爲蔡州團練副使，在仁宗朝最後以千牛衛將軍致仕的李溥。李溥一生未拜節度使，而年紀也與劉文質相近，絕不可能是劉的岳父。劉文質的岳父其實是李謙溥。劉文質墓誌顯然漏去了「謙」字。按李謙溥在開寶九年（976）正月卒於京師，他的最後官職是濟州團練使。太祖對他之死甚爲痛惜，「賵贈有加，葬事官給」。又據他的玄孫女、李允正的曾孫女、舒之翰妻李氏（1056～1078）的墓誌銘所記（按：該墓誌當撰於元豐元年（1078）），李謙溥的官職及贈官是「濟州防禦使贈尚書令」。筆者懷疑撰寫該墓誌的張端漏了李謙溥「保順節度使」的贈官，按太祖與李謙溥有深交，他亦有功勳，贈他尚書令的同時當亦加他節度使的。參見《蘇舜欽集編年校注》，卷七〈內園使連州刺史知代州劉公墓誌〉，頁452；《宋史》，卷二百七十三〈李謙溥傳附李允正李允則傳〉，頁9337～9341；卷百九十九〈李溥傳〉，頁9938～9940；《長編》，卷十七，開寶九年正月壬午條，頁363；北京圖書館金石組（編）：《北京圖書館藏中國歷代石刻拓本匯編》（兩宋三），第三十九冊（鄭州：中州古籍出版社，1990年2月），〈舒之翰妻李氏墓誌〉（張端撰），頁112。

〔註18〕《蘇舜欽集編年校注》，卷七〈內園使連州刺史知代州劉公墓誌〉，頁453。

第八子劉濬均任殿直。第九子劉汎，第十子劉沿，第十一子劉潼均未仕，而第十二子劉沐、第十三子劉泳、第十四子劉泌及第十五子劉源均早卒。劉文質有女八人，長適伊世昌，其次五人分別適高日宣、田守德、李智寶、王宥、王豐。其餘兩人早夭。

三、繼爲邊將：劉湛的軍旅生涯

劉湛是劉文質的次子，因長兄劉涓早死，他實際是劉氏第三代的長子。他卒於英宗治平元年（1064），得年六十八，上推其生年，他當生於太宗至道三年。他字公量，作爲將家子，據稱「喜學多聞，篤義樂施，臨事知變，愈劇愈閒暇」。在武技方面，他「尤善射，遇敵奮勇爲士卒先」，故他的部下亦喜爲他用。他以父蔭補右班殿直，五遷至東頭供奉官監開封府陽城、考城縣（今河南開封市蘭考縣東南）酒稅。後出爲延州永平寨（今陝西延安市延川縣永坪鎮）主。永平寨有民與兵結黨爲仇，互相告訐，牽連的人甚多，歲久都不能解決。劉湛到任後，查得眞相，將生事的人械捕，於是訴訟平息。他得到朝臣舉薦，以及仁宗的信任，在寶元元年（1038）前後，擢爲閤門祗候、岢嵐軍（今山西忻州市岢嵐縣）都巡檢使。後來再奉命築保德軍之乳浪寨（今山西忻州市保德縣），以固西面防務，在他督工下，不及十日即畢功。他以此功遷禮賓副使。康定元年（1040）正月，西夏李元昊（1004～1048，1032～1048 在位）來犯延州（今陝西延安市），在三川口（約今陝西延安市西 20 公里處，即今延安市安塞縣、延安市境的西川河匯入延河處）之役大敗宋軍，並執宋將劉平（973～1040 後）及石元孫（993～1064），西疆震動。是年十二月，天章閣待制王沿（？～1044）知渭州（今陝西渭州市）兼涇原部署司事。王沿舉薦劉湛統兵，並遷其秩以重其任。翌年（即慶曆元年，1041）王沿委他充本路兵馬都監，仍擔任本路前鋒。據載劉本部於涇原分路出戰，遇上倍於己軍的敵兵，麾下士卒恐懼欲潰，他就使用疑兵之計，命諸軍解甲佔據高處。夏軍果然以爲劉湛部是宋大軍的魚餌，就沒有發動進攻。這時鄰路的宋軍援至，於是劉部得以解圍。〔註 19〕

〔註 19〕 《蘇舜欽集編年校注》，卷七〈內園使連州刺史知代州劉公墓誌〉，頁 452；李復：《滴水集》，卷八〈禮賓使劉府君墓誌銘〉，葉三下至四下；《長編》，卷一百二十六，康定元年正月癸酉至庚辰條，頁 2965～2969；卷一百二十九，康定元年十二月癸巳條，頁 3059；卷一百三十四，慶曆二年十月甲午條，頁 3191。據劉文質的墓誌所記，在景祐五年（即寶元元年）八月蘇舜欽撰寫墓誌時，劉湛的官職是「侍禁、閤門祗候」。但據劉湛的墓誌，他授閤門祗候時早遷

元昊在慶曆二年（1042）九月揚言入寇，閏九月辛未（初一），王沿命涇原路副都部署、殿前都虞候葛懷敏（？～1042）領兵抵禦。擔任沿邊都巡檢使的劉湛與石州刺史向進（？～1042 後）出任先鋒，率本部來援。葛懷敏於是月庚寅（二十）自鎮戎軍（今寧夏固原市）西南進軍，他不肯聽部將趙珣的持重建議，命諸將分四路前往定川寨（今寧夏固原市中河鄉大營村硝河西北岸黃嘴古城）會師：劉湛與向進出西水口，趙珣出蓮華堡（今寧夏固原市隆德縣城西），曹英（？～1042）、李知和（？～1042）出劉璠堡（今寧夏中衛市海原縣西南），葛懷敏自己出定西堡。翌日（辛卯，廿一），劉湛與向進行至趙福新堡（今寧夏固原市附近），遇上夏軍而敗走向家峽。當日近午時份，葛懷敏大軍進入定川寨後，夏軍即毀掉定川寨後定川河的木橋，斷絕宋軍歸路，夏軍又斷絕定川河的上流。這時環慶都監劉賀（？～1042）所率的蕃兵五千被夏軍擊敗於定川河西，餘部潰去。葛懷敏的孤軍在失援的情況下，給夏軍四面包圍，是夜宋軍向東南方突圍，行至二里許的長城壕邊，卻發現路已斷。葛懷敏麾下曹英、李知和、趙珣、劉賀等十六員將佐均陣亡，餘軍九千四百餘人、馬六百餘匹均陷沒。只有葛懷敏兒子葛宗晟、內臣走馬承受王昭明（？～1064 後）、趙政逃脫，退保定川。當葛懷敏兵敗時，劉湛與向進率軍一千退保向家峽，與率軍三千退保蓮華堡的韓質等均沒有赴援。結果夏軍長驅直抵渭州，幅員達六、七百里，一路焚蕩廬舍，屠掠居民而去。宋廷到十月癸卯（初三）才收到葛懷敏覆師的報告。是月癸丑（十三），宋廷先對陣亡諸將自葛懷敏以下加以恩恤，然後在同月丁卯（廿七），將原涇原經略安撫使王沿降知虢州，由王堯臣（1003～1058）代為涇原帥。到十一月乙丑（二十），宋廷再貶降在定川寨之役失律之將官：與劉湛同率軍退守向家峽的石州刺史向進降為崇儀使、梧州刺史；西京左藏庫副使高惟和降為供備庫副使，李禹珪、吳從周並降為內殿承制；閤門祗候郝從政、內殿崇班閤門祗候趙瑜

至小使臣的最高階東頭供奉官。後來他立功遷禮賓副使就合理得多。疑劉文質墓誌所記劉湛官職有誤。又考劉湛墓誌記「康定初西戎犯邊，朝廷命諸路擇士以聞。天章閣待制王公沿節制涇原，舉統領軍前兵馬，特進秩以重其選。逾年就充本路兵馬都監，仍主前鋒」。按王沿在康定元年十二月以知渭州兼涇原部署司事，他舉薦劉湛領軍前兵馬當在這時。又王沿在慶曆元年十月自樞密直學士、刑部郎中管勾涇原路部署司兼知渭州，擢為右司郎中、龍圖閣直學士，兼本路馬步軍都部署、經略安撫緣邊招討使。他這時所帶的職已從樞密直學士擢龍圖閣直學士，不是劉湛墓誌所記的天章閣待制，故王沿擢用劉湛的年月，當在較早的康定元年底。

（？～1052後）並落職。而劉湛也被奪官降職。〔註20〕

　　早在十一月辛巳（十二），因范仲淹（989～1052）的推薦，滕宗諒（991～1047）自刑部員外郎、直集賢院知涇州擢天章閣待制、環慶路都部署、經略安撫使兼知慶州。滕賞識劉湛之才，稍後辟他爲慶州東路巡檢，又移北路巡檢。劉湛先後與敵三戰：以精甲破道斯楚之眾，於党平谷設伏獲全賊於裴家堡，共獲戈甲牛羊萬計，於是以功復官爲禮賓副使。滕宗諒在慶曆三年（1043）九月丁亥（廿三）自慶州徙知鳳翔府（今陝西寶雞市鳳翔縣）。由宣撫副使田況（1005～1063）權知慶州，十一月己巳（初五），陝西都轉運使孫沔（996～1066）調任環慶路都部署知慶州，劉湛相信仍在孫沔麾下。〔註21〕值得注意的是，慶曆四年（1044）五月己巳（初八），爲興建水洛城之事而與劉湛弟劉滬勢成水火的尹洙（1001～1047），自渭州調知慶州。不過不到一個月，尹洙又徙知晉州，孫沔又復知慶州。〔註22〕

　　皇祐二年（1050）九月宋廷行明堂祀天大典，百官進秩一等，劉湛以恩遷皇城副使。大概在一年後，即皇祐三年（1051）中，涇原路經略使夏安期（？～1056後）辟他爲第七將。是時什壘屬羌結生族以叛，宋廷屢次招撫均無功，劉湛建議乘間出兵誅其首惡，以破眾心。他坐言起行，親引兵前往，蕃部齊諾待率眾來拒，劉麾兵掩擊，獲其首領十三人，於是眾蕃部來降。劉湛以功遷禮賓使。〔註23〕

〔註20〕《長編》，卷一百三十七，慶曆二年閏九月癸巳條，頁3300～3303；卷一百三十八，慶曆二年十月癸卯條，頁3309；癸丑至丁卯條，頁3314～3316；己丑條，頁3325；李復：《潏水集》，卷八〈禮賓使劉府君墓誌銘〉，葉四下。《長編》記劉湛與向進俱不赴援，但劉湛卻免責降，乃李燾失考劉湛墓誌所記他其實也被降官奪職，只是劉湛的墓誌未有具體記載他貶爲何官。

〔註21〕《潏水集》，卷八〈禮賓使劉府君墓誌銘〉，葉四下；《長編》，卷一百三十八，十一月辛巳條，頁3321～3322；卷一百四十三，慶曆三年九月丁亥條，頁3456～3459；卷一百四十五，慶曆三年十一月己巳條，頁3494。滕宗諒在慶曆二年十一月辛巳（十二）任環慶帥，劉湛在同月己丑（二十）責降，他被滕辟爲環慶北路巡檢的年月不詳，當在是年十一月後。滕宗諒在定川寨之戰後，籍定川之役的戰沒者，在佛祠哭祭之，又厚撫其妻兒，令他們各得所欲，於是士卒感動，士氣恢復。劉湛是此役的敗將，滕宗諒起用他，也是收拾人心的一種手段。范仲淹在慶曆三年九月，當滕宗諒被劾在涇州日枉費公用錢時，便上奏爲他辯護，力言他守涇州的功績。

〔註22〕《長編》，卷一百四十九，慶曆四年五月己巳條，頁3609；卷一百五十，慶曆四年六月癸卯條，頁3626。按築水洛城之始末參見下文。

〔註23〕《宋史》，卷十二〈仁宗紀四〉，頁230；李復：《潏水集》，卷八〈禮賓使劉府君墓誌銘〉，葉四下至五上；《長編》，卷一百四十，慶曆三年三月戊子條，頁

夏安期在嘉祐元年（1056）五月以右諫議大夫出知延州，也許是夏的舉薦，劉湛再移鄜延路兵馬都監兼知鄜州（今陝西延安市富縣）。〔註24〕然後大概在嘉祐三年（1058）五月前後再移知威勝軍（今山西長治市沁源縣）。他因該地農田失收而發粟賑饑，他的僚屬曾勸他不要違常規擅放糧。他以職在牧民，怎可任由百姓餓死。他果然被本路監司所劾而移知岢嵐軍。〔註25〕大概在嘉祐四年（1059）十月後，他再被本路監司劾以他事而被責監太原府倉。〔註26〕英宗（1032～1067，1063～1067 在位）繼位後，將他復職移為秦州兵馬都監，但他不赴任，退居於岐山之鳳泉。他卒於治平元年十月己未（廿八），得年六十八。他有子三人，長子劉師旦，任右侍禁；次子劉師中，任盩厔縣令（今陝西西安市周至縣東終南鎮）；三子劉師嚴，任東頭供奉官。〔註27〕在劉家兄弟中，他的官職不如三弟劉渙高，而事功也不如五弟劉滬知名；不過，他在仁宗朝仍算得上是一員稱職的邊將。

四、出入文武：儒將劉渙

劉文質諸子中，官位最高而事功最不凡的，是他的第三子劉渙。劉渙字仲章，他卒於神宗元豐元年（1078），得年八十一，上推其生年，當生於眞宗咸平元年，比其二兄劉湛少一歲。當天聖六年七月劉文質卒時，他已年三

3359；卷一百四十二，慶曆三年八月丙辰條，頁3423；卷一百七十，皇祐三年二月丙午條，頁4081；卷一百七十一，皇祐三年十月庚辰條，頁4111；卷一百七十二，皇祐四年三月丙寅條，頁4140；卷一百八十，至和二年六月辛亥條，頁 4355。夏安期是深悉邊務卻被宋人視為姦佞的樞密使夏竦（985～1051）之子，於皇祐三年二月前已任涇原帥，皇祐四年（1052）三月前已任鄜延帥，到至和二年（1055）六月前已召入為龍圖閣直學士、右諫議大夫、提舉集禧觀兼侍讀。他起用劉湛為涇原路第七將當在皇祐三年至四年間。又據《長編》所記，在皇祐三年十月庚辰（初二），涇原經略司言樊家族蕃密斯噶內附，不知與劉湛墓誌所記的「齊諾待」有何關係，待考。

〔註24〕《長編》，卷一百八十，至和二年六月辛亥條，頁4355；卷一百八十二，嘉祐元年五月丙午條，頁4409；李復：《潏水集》，卷八〈禮賓使劉府君墓誌銘〉，葉五上。

〔註25〕劉湛移知威勝軍年月不詳，考在嘉祐三年五月庚午（初一），同提點京西刑獄石用休（？～1058 後）以過失貶知威勝軍。劉湛可能是他的前任，也可能是他的後任。參見《長編》，卷一百八十七，嘉祐三年五月庚午朔條，頁4509；李復：《潏水集》，卷八〈禮賓使劉府君墓誌銘〉，葉五上。

〔註26〕考嘉祐四年十月癸酉（十二），并州再改為太原府，以此推論，劉湛被責監太原府倉，最早也當在嘉祐四年十月後。參見《長編》，卷一百九十，嘉祐四年十月癸酉條，頁4596；李復：《潏水集》，卷八〈禮賓使劉府君墓誌銘〉，葉五上。

〔註27〕李復：《潏水集》，卷八〈禮賓使劉府君墓誌銘〉，葉五上至六下。

十一,獲特恩錄爲將作監主簿,從文官之途仕進。他之前應該已授武階的三班使臣,這時以特恩轉爲文階的將作監主簿。〔註28〕他出仕之初,也和乃兄劉湛一樣,擔任監并州(即太原)倉的低級職務。與他有交情的蘇舜欽,在其父的墓誌中,稱許他「高遠有識度」,特別贊許他在天聖十年(1032),敢從奉禮郎的小官上疏,請攝政多年的章獻劉太后歸政已成年的仁宗。這是繼范仲淹在天聖七年(1029)十一月上書請劉太后還政仁宗,另一次由小臣上書議論同一敏感政治問題的果敢行動。劉太后得奏自然大爲震怒,要將他黥面隸白州(今廣西玉林市博白縣),幸得宰相呂夷簡(979~1044)和參政薛奎(967~1034)相救,加上劉太后已病重,他才得免被重譴。不過,他的忠梗行爲便「慶之所叢,爲時聞人」。仁宗親政後,以前曾上書請劉太后歸政仁宗的臣僚,從范仲淹、侍御史孫祖德(?~1044後)到布衣林獻可,都獲得仁宗敕回及擢用。劉渙有見於此,就以前奏上言,呂夷簡請仁宗對他加以褒獎,仁宗就在明道二年(1033)十一月戊寅(十六),將他由大理評事擢拜右正言。劉渙上書劉太后請還政仁宗的事,一直得到好評。《宋史》的編者評論劉渙的事功便首說「渙以小官,能抗疏母后,輯暴弭姦,則其餘事也。」他這次冒險上書,也難說不是一番政治投機;最後他押寶成功,一方面得到主流士大夫的欣賞,另一方面也獲得仁宗「簡在帝心」,對他後來的仕途是有利的。〔註29〕

〔註28〕 按將作監主簿在宋初無職事,是文臣寄祿官階,宋初爲從七品下,爲進士、諸科同出身的人所授的官職。劉渙獲特恩授此官前的武階官不詳,很有可能是侍禁、殿直一類之三班使臣。參見龔延明:《宋代職官辭典》(北京:中華書局,1997年4月),頁368「將作監主簿」條。

〔註29〕 劉渙上書的年月,《宋史》本傳記「天聖中」;但《長編》所引《楊氏編年》作天聖九年六月。李燾認爲據《國史‧呂夷簡傳》的說法,劉渙上疏當是天聖末年(十年或明道元年)。據《長編》所記,本來樞密院已準備將劉渙重懲謫放白州,呂夷簡運用權力,讓劉渙這一處分延遲執行。劉太后既死,劉渙先前的重譴收回。當仁宗向呂夷簡提及若非他的相救,劉渙必受責。呂夷簡很巧妙地說:「渙疏外敢言,大臣爲及此,則太后必疑風旨自陛下,使母子不相安矣。」呂這番話,一方面表揚了劉渙的忠,也爲自己過去不言開脫。仁宗聽後大喜,以呂爲忠。繼劉渙上書請劉太后還政的,還有在明道元年上書的布衣林獻可,他上書後就沒有劉渙的運氣而被劉太后竄於嶺南。明道二年四月庚戌(十五),仁宗將他赦還,並特錄爲三班奉職。另外在明道二年二、三月劉太后病重時,侍御史孫祖德也請太后還政。仁宗親政後,孫祖德也獲擢爲兵部員外郎兼起居舍人知諫院。而范仲淹也在同日自太常博士秘閣校理擢爲右司諫。順帶一談,劉渙從將作監主簿遷奉禮郎,再陞大理評事的仕歷,亦同見於與他同時、景祐四年(1037)四月朝拜相的王隨(973~1039)的姪

劉渙獲呂夷簡推薦，為仁宗擢用為言官才一月，同年十二月乙卯（廿三），仁宗與郭皇后（1012～1035）發生衝突，仁宗盛怒之下，在呂夷簡的支持下要將她廢掉。呂夷簡預料臺諫一定抗爭，就敕令有司不得受臺諫章疏。由右司諫范仲淹，及權御史中丞孔道輔（986～1039）領頭，臺諫言官包括知諫院孫祖德、侍御史蔣堂（980～1054）、郭勸（981～1052）、楊偕（980～1049）、馬絳（974～1048）、殿中侍御史段少連（994～1039）、右正言宋郊（即宋庠，996～1066）及新授右正言的劉渙等十人，往垂拱殿門，伏奏郭皇后不當廢，請仁宗賜對，讓他們盡其所言。仁宗不肯接見他們，只下詔由呂夷簡在中書召見眾臺諫，諭以皇后當廢的緣故。孔道輔、范仲淹等與呂據理力爭。孔、范離開中書後，呂就向仁宗奏報，說臺諫伏閣請對為非，建議將孔道輔等貶逐。翌日，仁宗將帶頭的孔道輔和范仲淹貶出朝：孔出知泰州（今江蘇泰州市），范出知睦州（今浙江建德市）。孫祖德及劉渙等人各罰銅二十斤。段少連、郭勸及富弼（1004～1083）再上疏，但仁宗不報。〔註30〕在這次風波中，劉渙倒能站穩眾臺諫的立場，向賞識他的仁宗和對他有恩的呂夷簡據理抗爭，沒有投機地向君相獻媚，實屬難得。他後來得到主流士大夫的認同，這一次的考驗是重要的。他兩番與范仲淹並肩作戰，被視為范的同道人，他的外戚子弟身份反而沒人提起。

翌年（景祐元年，1034）三月丁丑（十七），劉渙又給人翻舊賬：河東路的走馬承受張承震奏告宋廷並附上劉渙的信件，說劉渙離開并州後，仍給營

子王鎰（1023～1070）。據王鎰之墓誌所記，他以伯父蔭，初授將作監主簿，歷奉禮郎遷大理評事、光祿寺丞、大理寺丞、右贊善大夫、殿中丞、國子博士至虞部員外郎。王鎰初授的三官與劉渙相同，這當是從恩蔭出身的高官子弟的仕進途徑。參見《蘇舜欽集編年校注》，卷七〈內園使連州刺史知代州劉公墓誌〉，頁453；《宋史》，卷三百十一〈呂夷簡傳〉，頁10208；卷三百二十四〈劉文質附劉渙劉滬傳〉，頁10493,10497；《長編》，卷一百六，天聖六年七月乙巳條，頁2476；卷一百八，天聖七年十一月癸亥條，頁2526～2527；卷一百十二，明道二年四月庚戌條，頁2611；四月庚申條，頁2614～2615；卷一百十三，明道二年十一月戊寅條，頁2644；北京圖書館金石組（編）：《北京圖書館藏中國歷代石刻拓本匯編》（兩宋四），第四十冊，〈王鎰墓誌〉（孫起撰），頁21。

〔註30〕《長編》，卷一百十三，明道二年十二月甲寅至丙辰條，頁2648～2654；《宋史》，卷三百二十四〈劉文質附劉渙劉滬傳〉，頁10493；《宋史》，卷二百九十七〈孔道輔傳〉，頁9884。關於郭皇后被廢的原因及背景，近期的研究可參閱楊果、劉廣豐：〈宋仁宗郭皇后被廢案探議〉，《史學集刊》，2008年第1期（2008年1月），頁56～60。

妓寫信。劉渙自右正言降爲殿中丞，貶爲磁州（今河北邯鄲市磁縣）通判。〔註31〕

但到了景祐五年（即寶元元年）前，仁宗又授他屯田員外郎知遼州（今山西晉中市左權縣）。到景祐五年八月，他即獲准扶父劉文質靈柩自太原歸葬京師雍丘縣先塋。〔註32〕

劉渙沒有預料，繼六谷部潘羅支（？～1004）統領吐蕃諸部的邈川大首領唃廝囉（997～1065），力主聯宋抗夏的建議給他一次千載難逢的建功立業機會。〔註33〕康定元年宋師覆於三川口後，這年四月癸巳（初九），秦鳳路部署司奏唃廝囉之子瞎氈（一作磨氈角，？～1058）自請出兵擊夏人，請宋廷遣使監護。宋廷對此議動心，就降詔從之，並議派人出使。起初仁宗想派曾出使唃廝囉的左侍禁閤門祗候魯經再次出使，但魯經推辭不去。仁宗下詔募敢出使的人，時任知晉州（今山西臨汾市）的劉渙即上章請纓願往。八月辛丑（十九），宋廷詔命劉渙以屯田員外郎帶「往秦州至邈川以東勾當公事」的職銜出使青唐。癸卯（廿一），劉渙出發往秦州。據陳振孫（1179～1262）《直齋書錄解題》所錄劉渙撰的《劉氏西行錄》的記載，他在十月辛丑（十九）離開宋境。他有否繞道往岢嵐軍與時任岢嵐軍都巡檢使的長兄劉湛見面問計，因《劉氏西行錄》已失傳而不得而知。他爲避過西夏控制的地區，間道出古渭州（今甘肅定西市隴西縣），循木邦山至河州（今甘肅臨夏回族自治州臨夏市）國門寺（即炳靈寺），渡過黃河，經過廓州（今青海黃南藏族自治州尖扎縣北）抵青唐城，據田況《儒林公議》的記載，前後超過四十天。據周煇（1124～1195後）引李復圭（？～1074後）的說法，因根據蕃法，惟有僧人經過方不被拘留和供給飲食，所以劉渙在途中被迫落髮和穿僧衣。這則傳聞受到周煇的質疑，認爲劉渙身爲宋使，且有隨員官屬，他還要給蕃部賜以

〔註31〕 《宋史》，卷三百二十四〈劉文質附劉渙劉滬傳〉，頁10493；《長編》，卷一百十四，景祐元年三月癸未條，頁2672；《宋會要輯稿》，第八冊，〈職官六十四‧黜降官一〉，頁4784。據《宋會要》，劉渙被貶在景祐元年三月十七日，而非《長編》所記的三月癸未（廿三）。

〔註32〕 《蘇舜欽集編年校注》，卷七〈內園使連州刺史知代州劉公墓誌〉，頁453；《宋史》，卷三百二十四〈劉文質附劉渙劉滬傳〉，頁10493；《長編》，卷一百十三，明道二年十二月甲寅至丙辰條，頁2648～2654。

〔註33〕 關於唃斯囉（亦作唃斯羅）及其政權，近期最詳盡的研究，可參閱齊德舜：《唃斯囉家族世系史》，（蘭州大學博士論文，2010年6月），上編〈唃斯囉評傳〉，頁15～90。惟該論文作者對劉渙出使青唐一事僅輕輕帶過，（頁46）並沒有較深入的討論宋聯青唐抗夏的成效。

茶綵禮物，並要面見唃廝囉頒給詔書，怎能祝髮僧衣，不行漢儀？不過，筆者認為劉渙祝髮僧衣，一方面是遵行番俗，另一方面是易容喬裝，避過夏人的耳目。他的同僚左正言孫沔後來說他這番出使，是「仗義入夷狄，去不顧妻子，非慷慨感於君親，豈能身奮死地？」當時任簽署陝西經略安撫判官的太常丞田況也記劉渙此行「道路艱危，非貨不行」。而王闢之（1031～1098後）《澠水燕談錄》也說劉渙在出使途中，「或數日不得食」，只賴「於佩囊中得風藥數粒咀潤咽喉」。〔註34〕這都說明劉渙這次出使帶有很大的冒險成分。

劉渙在慶曆元年正月抵青唐城後，唃廝囉派人迎接的供帳甚厚，又命騎士為先導，引領劉渙一行人等到他的王庭。據宋人的記載，唃廝囉頭戴紫羅氊冠，身穿金線花袍，腰繫黃金帶，腳踏絲履，見到劉渙後，平揖不拜，而延坐勞問，口稱「阿舅天子安否」，又按十二生肖的年序述說舊事。劉渙向他

〔註34〕 周煇質疑李復圭的說法，他還引范鎮《東齋紀事》及王闢之《澠水燕談錄》的說法，稱劉渙此行並沒有祝髮。他又說曾看過劉渙的《劉氏西行錄》，稱此書是劉渙使青唐的日錄，記事詳盡且附有劉多篇的詠詩。他認為劉渙雖然所至必與蕃僧相接，而且要借重他們作為嚮導；但劉渙身為使者，辟有屬官，賜給蕃部茶禮詔書，都需要用漢官威儀，如何可祝髮服僧衣？考今本的《東齋記事》沒有劉渙出使青唐的記載。又楊作山質疑史籍所記載劉渙所走的路線，他認為劉渙由國門寺渡河是走鄯州（即鄯川城，今青海海東地區樂都縣），不會走廓州，他認為記載有誤。參見《宋史》，卷十〈仁宗紀二〉，頁 208；卷三百二十四〈劉文質附劉渙劉滬傳〉，頁 10493；卷四百九十二〈外國傳八‧吐蕃‧唃廝囉〉，頁 14162；《長編》，卷一百二十八，康定元年八月癸卯條，頁 3035；卷一百三十二，慶曆元年五月甲戌條，頁 3129；呂祖謙（1137～1181）（編），齊治平（點校）：《宋文鑑》（北京：中華書局，1992 年 3 月），卷五十一〈奏疏〉〈孫沔‧請罷不管兵節使公用〉，頁 772～773；周煇（撰），劉永翔（校注）：《清波雜志校注》（北京：中華書局點校本，1994 年 9 月），卷十〈唃廝囉〉，頁 426～427；陳振孫（撰），徐小蠻、顧美華（點校）：《直齋書錄解題》（上海：上海古籍出版社，1987 年 12 月），卷七〈劉氏西行錄一卷〉，頁 203；王闢之（1031～1097後）撰，呂友仁（點校）：《澠水燕談錄》（與《歸田錄》合本）（北京：中華書局點校本，1981 年 3 月），卷二〈名臣〉，頁 16～17；司馬光（1019～1086）（撰），鄧廣銘（1907～1998）、張希清（校注）：《涑水記聞》（北京：中華書局點校本，1989 年 9 月），卷十二〈358‧唃廝囉入貢方物〉、〈359‧磨氊角自請擊西夏〉，頁 246；田況（撰），儲玲玲（整理）：《儒林公議》，收入朱易安等（編）：《全宋筆記》第一編第五冊（鄭州：大象出版社，2003 年 10 月），頁 91～92；江少虞（？～1145後）（編）：《宋朝事實類苑》（上海：上海古籍出版社，1981 年 7 月），卷七十八〈安邊禦寇‧唃廝囉〉，頁 1021～1022；沈括（1031～1095）（撰），胡道靜（校注）：《新校正夢溪筆談》（香港：中華書局，1975 年 1 月），卷二十五〈雜誌二〉，頁 260；楊作山：〈北宋時期秦州路考略〉，《寧夏社會科學》，總第 142 期（2007 年 5 月），頁 96。

頒授仁宗的詔書，詔書曰：

> 朕以昊賊猖獗，侵驚邊隅。卿累世稱藩，資忠效順。高牙巨節，保我西陲。憤茲醜羌，嘗議討伐。所宜早興師旅，往襲空城，乘彼未還，據其根本，父子竭力，殄滅兇渠。今也其時，幾不可失，待詔到日，刷領手下軍馬，徑往賊界，同力剪除。如能成功，當授卿銀夏等州節制，宜令腹心人以起發日，關報緣邊經略安撫司，以憑舉兵應援，仍賜對衣帶、絹二萬疋。

劉渙傳達了宋廷想唃廝囉自犄角以攻元昊的意圖後，又賜下另一詔書，加授唃廝囉自保順節度使兼河西節度使，以美言壯語加以籠絡，制文稱讚唃廝囉「志蘊沉雄，性資端亮。稟金方之勁氣，控榆谷之遐區。嚮膺授鉞之征，遂享苴茅之寵。邈川之豪而恩信甚篤，制夏臺之猾而義勇弗回。」由劉渙千辛萬苦帶來這兩道四四六六文縐之詞，唃廝囉究竟懂得多少實是教人疑問。不過，劉渙帶來的二萬疋上等絹，就足教唃廝囉願意舉行盛宴招待劉渙等人。唃廝囉在召集諸部的酋豪大宴上，即對劉渙約誓當會盡力協助宋廷云云。〔註35〕

　　據李華瑞的研究，劉渙很有可能還帶有另一道由宋庠所撰，不載於《宋大詔令集》及《長編》的詔書賜給唃廝囉，該詔書的內容措辭和前面的一道前後呼應，旨在勸誘唃廝囉父子不要接受元昊的招降，而與宋廷合作，對付元昊：

〔註35〕據《長編》所記，宋廷在慶曆元年正月己未（初九）授唃廝囉兼河西節度使，則劉渙當是此時抵青唐。據周煇所記，劉渙出使青唐，青唐的蕃部不懂得如何稱呼宋廷，只說「趙家天子」及「東君趙家阿舅」。周煇的解釋是因吐蕃與唐王室聯姻，故稱中國的天子為阿舅，一直不改。但田況則說唃廝囉見到劉渙後，「倨慢殊無外臣之禮，逼渙拜之」。又說因言語不通，宋廷的朝旨不能悉達，白白花費了金繒而已。又據吳逢箴的考證，劉渙帶往青唐的兩道詔書，現存於《宋大詔令集》卷二百三十九〈政事〉，第一道詔書下注是康定「元」年二月庚□。按：康定元年二月宋廷尚未決定聯絡唃廝囉，疑是康定二年（即慶曆元年）之訛寫。參見《長編》，卷一百二十八，康定元年八月癸卯條，頁3035；卷一百三十，慶曆元年正月己未條，頁3083；《清波雜志校注》，卷六〈外國章表〉，頁250；魏泰（1050～1110）（撰），李裕民（點校）：《東軒筆錄》（北京：中華書局點校本，1983年10月），卷三，頁33；《宋史》，卷四百九十二〈外國傳八·吐蕃·唃廝羅〉，頁14162；《宋大詔令集》，卷二百三十九〈政事九十二〉〈西蕃上·諭邈川首領唃廝羅詔·康定元年二月庚□〉、〈唃廝羅保順河西等軍節度使制·康定二年正月乙未〉，頁935～936；吳逢箴：〈曾鞏《隆平集·唃廝羅傳》箋證〉，《西藏民族學院學報》（哲學社會科學版），第29卷第5期（2008年9月），頁55～56。

近者夏州僭逆，元昊孤背朝恩，竊爲僭制，已詔有司應元昊在身官
爵及所賜舊姓並令除削。詑卿性資忠勇，世嫉仇讎，得此有聞，諒
增同憤。然恐元昊恃其凶狡，妄肆侵凌，卿宜先事爲防，因機伺便，
整揚勁騎，率勵眾心，或躪其空虛，出其不意，以時掩擊，殄滅醜
徒。助天道之福（禍）淫，成王威之禁暴。則崇名厚賞，非卿而誰？
勉建殊勳，副余外禦，兼昨者里玻默里進奉到闕，言卿有男轄戩（瞎
氈）、瑪克占覺（摩氈角）二人。特以卿故，並授團練使，仍支請受，
續據秦州奏得卿文字，知轄戩等各受宗噶爾城（宗哥城）并蘭州住
坐，兼言道不與元昊往來。如元昊入漢界，兄弟二人將兵殺戮，此
蓋卿從來一心向國，致轄戩等如此忠孝，況卿父子至親，義須和協，
與卿同共掩殺僭逆元昊，勿落元昊姦便，致間諜誘引。〔註36〕

是年二月癸巳（十四），當劉渙尚在青唐時，宋軍再在好水川（今寧夏固原市
西吉縣境內之什字路河川）覆師，主將馬軍都虞候、環慶副部署任福（981～
1041）以下十五將陣亡，宋軍近二萬人傷亡，西疆震動。〔註37〕當時邊城日
間都關閉，城外的居民及其畜產都被夏人所略。值得一提的是劉渙的五弟劉
滬，當時以右侍禁擔任渭州瓦亭寨（古蕭關，今寧夏固原市瓦亭鄉）監押、
權靜邊寨主（今甘肅平涼市靜寧縣紅土嘴，又名鮑家嘴頭），就敢開門收納居
民，邊人稱他爲「劉開門」，以功遷左侍禁。他得到韓琦（1008～1075）和范
仲淹的推薦，授閤門祇候。他稍後又破穆寧生氏族。據《隆平集》及《宋史》
劉滬本傳所記，他字子濬，「頗知書傳，深沉寡言，有知略」，他與二兄劉湛
和劉渙在這時各自建立功業。〔註38〕

　　劉渙在青唐達成使命後，就啓程返宋。他在同年三月返回秦州，四月返
抵京師覆命，他呈上宋廷唃厮囉的誓書和他據當地地形所繪的《西州地圖》。
四月庚辰（初二），宋廷授隨劉渙來朝的唃厮囉進奉人蘭章家軍主策拉諾爾（？
～1041後）爲珍州刺史。癸未（初五），宋廷以劉渙出使青唐之功，加直昭文

〔註36〕 李華瑞：〈論北宋與河湟吐蕃的關係〉，《河北青年管理幹部學院學報》，2000
　　　　年第 2 期（總第 46 期），頁 38；宋庠：《元憲集》，文淵閣《四庫全書》本，
　　　　卷二十七〈賜罝勒斯賚（即唃厮囉）詔〉，葉十五下至十六下。
〔註37〕 《長編》，卷一百三十一，慶曆元年二月己丑至丁酉條，頁 3100～3103。
〔註38〕 考劉滬在其父辛時以陰授三班奉職，寶元元年父歸葬京師時官殿直，到康定
　　　　元年時已累遷右侍禁任瓦亭寨監押。參見《長編》，卷一百四十四，慶曆三年
　　　　十月甲子條，頁 3486；《隆平集校證》，卷十九〈武臣傳・劉滬〉，頁 584；《宋
　　　　史》，卷三百二十四〈劉文質附劉渙劉滬傳〉，頁 10494；及注 3。

館之職，並授爲秦隴路招安蕃落使，繼續負責聯絡青唐諸蕃部的工作。乙酉（初七），又自屯田員外郎擢刑部員外郎並特賜紫。庚寅（十二）再改爲陝西轉運副使仍兼秦隴路招撫蕃落使，仍命他曉諭策拉諾爾，約唃廝囉舉兵進攻西夏控制的西涼府。〔註39〕

劉渙這次出使的成效，宋廷有不少人質疑，好像田況在慶曆元年五月所上的奏議，便認爲唃廝囉自被元昊擊敗後，遠竄歷精城，只能偷安苟息；而他二子自相殘殺，尚不能制；他的親信溫逋其之子有眾萬餘，勢力最大，卻與元昊聯姻。唃廝囉早已日益危弱，自顧不暇，如何能幫助宋廷對付元昊，枉自花費了金繒二萬以促其出師，最後是無功而還；〔註40〕田況此說不無偏頗。實情是如齊德舜所論，唃斯囉借與宋結盟爲外援，在青唐穩住局面後，就全力發展自身的經濟，鞏固勢力，在西北地區抗衡西夏。唃斯囉的做法是只選擇地與西夏發生小規模的戰鬥，卻避免與西夏決戰，既討好宋方，又不妨礙本身的發展。〔註41〕宋廷聯青唐的做法，正如李華瑞所論，宋廷刻意籠絡唃廝囉，至少可以防止眾至十萬及勝兵數萬的唃廝囉倒向元昊。〔註42〕作爲劉渙個人的事功，卻是他平生引以爲傲的得意之作。他所呈上的《西州地圖》，他的同僚尹洙便曾上書說「近聞屯田員外郎劉渙曾進西鄙地圖，頗亦周備」，認爲甚有參考作用。〔註43〕

宋人評說劉渙「頗有才智，尚氣放誕，遇事無所顧忌，銳於進取」。〔註44〕

〔註39〕 劉渙所獻的《西州地圖》是否即是周煇所得到的《劉氏西行錄》及陳振孫的記的《劉氏西行錄》，待考。又《宋史・藝文志二》載錄《劉渙西行記》一卷，當是周煇及陳振孫提及的同一書。參見《長編》，卷一百三十一，慶曆元年四月庚辰至壬午條，頁3113～3114；《宋史》，卷二百三〈藝文志二〉，頁5120；卷三百二十四〈劉文質附劉渙劉滬傳〉，頁10493；周煇：《清波雜志校注》，卷十〈唃廝羅〉，頁426～427；王闢之：《澠水燕談錄》，卷二〈名臣〉，頁16；王應麟（1223～1296）：《玉海》，文淵閣《四庫全書》本，卷十六〈景德交州圖〉，葉十四上；《宋會要輯稿》，第八冊，〈職官五十二・遣使〉，頁4449；第十冊，〈選舉三十三・特恩除職〉，頁5882。

〔註40〕 《長編》，卷一百三十二，慶曆元年五月甲戌條，頁3134；《儒林公議》，頁92。田況認爲是劉渙建議聯絡青唐對付西夏的，故他認爲劉渙之策失計。不過，群書都只說劉渙應詔出使，沒說由他提議。

〔註41〕 齊德舜：《唃斯囉家族世系史》，頁46～49。

〔註42〕 李華瑞：〈論北宋與河湟吐蕃的關係〉，頁38。

〔註43〕 尹洙：《河南集》，文淵閣《四庫全書》本，卷二十三〈按地圖〉，葉三下至四下。

〔註44〕 《長編》，卷二百二十八，熙寧四年十二月乙卯條，頁5552；《宋史》，卷三百二十四〈劉文質附劉渙劉滬傳〉，頁10494。

他的作爲近於具有冒險精神的將家子，而不類多數因循保守的文臣，於安於逸樂的多數外戚子弟中，他顯然屬於異類。事實上，他與長兄劉湛及建水洛城（今甘肅平涼市莊浪縣城）知名的五弟劉滬都同屬一類人，只是他多了一重文官士大夫的身份而已。

劉渙在慶曆二年四月前已先遷陝西轉運使，據《韓魏公家傳》的記載，劉渙大概在這時曾向宋廷建議在古渭州立章程，修建城池和招收族帳。他認爲若辦成此事，則洮河一帶的蕃部都會臣服。不過宋廷聽從韓琦的意見，沒有採納劉渙當時的主張。〔註45〕劉渙再自屯田員外郎遷工部郎中，然後調知北疆要地滄州（今河北滄州市），接替被指以賄聞的引進使王克基（？～1045後）。他的兄長劉湛在慶曆元年底充涇原兵馬都監。兄弟二人可能有一段時期同在西疆效命。本來劉渙在文臣中頗有人望，他調知滄州後，不知何故，知諫院張方平（1007～1091）在四月丙申（廿三）前後上奏時，卻點了名批評他和其他幾個河北守臣，包括河陽三城節度使同平章事、眞定府定州路都部署判定州（今河北保定市定州市）的楊崇勳（976～1045）、宣徽南院使、天平節度使、高陽關都部署兼判瀛州（今河北滄州市河間市）夏守贇（977～1042），以及守河陽府（即孟州，今河南焦作市孟州市）的護國節度使兼侍中的張耆（974～1048），張奏稱即使愚夫童子都知他們四人必敗事。〔註46〕值得注意的是，楊、夏、張三人都是官位崇高的宿將元老，而都是劉太后的心

〔註45〕 劉渙向宋廷請求在古渭州修建城池的具體年月，《韓魏公家傳》沒有記載，按是書的編排時序，當是在慶曆元年及二年劉渙任陝西轉運使兼秦隴路招撫蕃落使時。按古渭州距離秦州三百里，中間的啞兒峽地位險要，邊臣包括劉渙屢請修建城寨以防守，但由於經費巨大，宋廷就聽從韓琦的反對意見不允施行。參見韓琦（撰），李之亮、徐正英（箋注）：《安陽集編年箋注》，下冊，〈附錄三〉〈韓魏公家傳〉卷二，頁1772。

〔註46〕 劉渙知滄州的前任，據張方平在慶曆二年十一月丁酉（廿八）上奏所言，是以賄聞的引進使王克基，惟王罷知滄州的月日不詳。又夏守贇在慶曆二年二月丙申（廿二）自眞定府定州路都部署徙高陽關兼判瀛州；楊崇勳則在三月丙辰（十三）判定州兼眞定府定州路都部署。考《宋史》劉渙本傳記他出使青唐回來，「加昭文館，遷陝西轉運使，由工部郎中知滄州」。未記他徙知滄州的年月。又張方平上此奏的年月不詳，李燾將之繫於慶曆二年四月。參見《長編》，卷一百三十五，慶曆二年二月丙申條，頁3226；三月丙辰條，頁3227；四月丙申條，頁3239；卷一百三十六，慶曆二年五月甲寅條，頁3259；卷一百三十八，慶曆二年十一月丁酉條，頁3327；《宋史》，卷三百二十四〈劉文質附劉渙劉滬傳〉，頁10493；張方平（撰），鄭涵（點校）：《張方平集》（鄭州：中州古籍出版社，1992年10月），《樂全集》，卷二十二〈論西北將帥事〉，頁321。

腹親信；劉渙一方面地位尚不高，且曾反對劉太后。張方平這次上奏卻將劉與楊崇勳等三人相提並論。

因朝臣的物議，宋廷在慶曆二年五月丙寅（廿四），將老不任事的楊崇勳自判定州徙判成德軍（即眞定府），改由宿將宣徽南院使王德用判定州兼三路都部署。這時夏守贇病重，宋廷另委西上閤門使高陽關路鈐轄張亢（994～1056）權知瀛州兼本路部署司事，代替夏的職務。到六月丙子（初五），夏卒於瀛州任上。而張耆也在月底爲侍御史魚周詢（？～1048）嚴劾去職，召返京師養病。〔註47〕給張方平奏劾的四人已去其三，只剩下劉渙。

九月乙丑（廿五），宋廷好不容易在富弼成功的出使下，與遼訂下關南誓書，化解了北疆的危機；但在閏九月癸巳（廿三），正如前文所記，宋軍又爲元昊擊敗於定川寨，劉渙的兄長劉湛在此役中失律，在戰後被重貶。幸而不久得到環慶帥滕宗諒的賞識，擔任本路北面巡檢。〔註48〕

劉渙在滄州一任三年，其間在慶曆三年八月前，曾因杖責一逃軍，此人不服，就將他處斬以戒衆軍。河北轉運使張沔以他擅殺恣暴，向宋廷奏劾，劉於是被降知密州（今山東濰坊市諸城市）。先前批評他才庸的張方平，就再向宋廷說「切以滄州河北重地，劉渙周行常材，器識驕輕，志慮浮近，方面之寄，物論所薄。」張方平雖然也公道地說「今茲邊壘當精推擇，渙雖謹廉自守，克保無咎」，但以爲「量才揆用，猶須遷置，移守高密，於體爲宜」。張方平認爲劉渙處置滄州軍卒之事失當，將他移知密州恰當，「且使邊臣知劉渙移郡，朝廷不特坐以專殺之罪，抑由爲方面而擇人也」。幸而他仍得到諫官右正言余靖（1000～1064）和太常博士、通判慶州尹源（996～1045）上奏爲他辯護，他很快又復知滄州。〔註49〕

〔註47〕 《長編》，卷一百三十六，慶曆二年五月丙寅條，頁3267～3269；卷一百三十七，慶曆二年六月丙子條，頁3276～3277；六月己亥條，頁3280～3281；卷一百三十八，慶曆二年十二月辛丑條，頁3328。又張耆在七月（按《長編》作丁亥，惟七月無丁亥）徙知陳州（今河南周口市淮陽縣），到閏九月甲申（十四）再判壽州（今安徽六安市壽縣），而楊崇勳在十二月辛丑（初二）再自判成德軍徙判鄭州（今河南鄭州市）。

〔註48〕 《長編》，卷一百三十七，慶曆二年九月癸亥至閏九月庚辰條，頁3291～3296；閏九月癸巳條，頁3300～3303；

〔註49〕 劾奏劉渙的河北轉運使，據歐陽修所記，是張沔，後來他再劾奏劉渙在保州擅殺麾下將校。劉渙被責降知密州在慶曆三年哪月日不詳，考余靖上奏爲他辯護在慶曆三年八月廿九（癸亥），他當在是年八月前被責。爲他辯護的尹源是尹洙之兄。據尹源上書的說法，劉渙所笞的部卒，被打即呼萬歲，志在誣

當劉渙仍任滄州時，其五弟劉滬在是年十月，得到陝西四路經略安撫招討使鄭戩（？～1049）的支持，率兵千人，招收鐸廝那等蕃部，接收在略陽西南二百里的水洛城。劉滬膽識過人，雖然前後數百里無援，但仍能指揮本部，擊退氐族至石門（今甘肅平涼市莊浪縣城西南水洛河的峽谷），將其餘部收歸麾下，又擊敗臨洮氏於水洛城下。他以功遷內殿崇班。〔註50〕他的才能深受陝西宣撫使韓琦的欣賞，十二月，韓請宋廷任劉為涇原路巡檢。但韓琦在翌年（慶曆四年）正月上奏，不同意劉滬修築水洛城。然劉滬這時已奉鄭戩之命動工修城，卻引來後來一場大風波。〔註51〕二月甲寅（廿一），支持劉滬修水洛城的鄭戩罷陝西四路都部署，徙為永興軍都部署知永興軍。但鄭仍認為該修水洛城，命劉滬及董士廉繼續修城。這時知渭州尹洙及涇原副都部署狄青均認為修城有害無利，命劉、董二人停役，並召還他們。但劉滬以可自備財力修城，且修城是當地蕃部的意願，就抗命不從。尹洙大怒，命狄青領兵巡邊至德順軍（今寧夏固原市隆德縣城關），令閤門祇候崔宣和指揮使謝能至水洛城拘拿二人。二人沒有反抗，被械送至德順軍司理院。初時尹洙派德順軍監酒周頌審問，又差平涼知縣李元規代審。這時鹽鐵副使魚周詢與內臣宮苑使周惟德奉命查究此事，魚因蕃部的申訴，詔釋放劉、董二人，並令劉滬等繼續修城。時任參知政事的范仲淹也在三月上言為劉滬說話，指修城是鄭戩的原意，他們只求立功，非有他意。又稱許劉滬「是沿邊有名將佐，最有戰功，國家且須愛惜，不可輕棄。」主張將劉滬等送邠州拘管，聽候旨

陷劉渙。故尹源認為劉渙斬之不為過。他認為不從嚴治軍，邊兵會越驕，輕視主將，影響非輕。不過，張方平批評劉渙的重點是他擅殺軍人是「情實凶悖」。他認為議者擔心處分了劉渙，邊城守帥就會「望風自沮，怯於戰下，威令不震」。他認為轉運司不體察軍興之際，應該對屬下長吏多給自主的權柄，而不是死守舊章。他認為今次的事件後，宋廷應該明降指揮，下河北各路屯軍所在之處，若有類似滄州軍人情狀凶狡者，又令械送都部署司，據情處分，而不應像劉渙這樣自行處置。參見《長編》，卷一百四十二，慶曆三年八月癸亥條，頁3425；歐陽修（1007～1072）（撰），李逸安（點校），《歐陽修全集》（北京：中華書局，2001年3月），第二冊，卷三十〈太常博士尹君墓誌并序〉，頁451；第五冊，卷一百十七〈乞不詰問劉渙斬人箚子〉，頁1788；《張方平集》，《樂全集》卷二十五〈論劉渙移郡奏〉，頁382～383；《宋史》，卷四百四十二〈文苑傳四‧尹源〉，頁13081～13082。

〔註50〕《長編》，卷一百四十四，慶曆三年十月甲子條，頁3486～3487。

〔註51〕《長編》，卷一百四十五，慶曆三年十二月辛丑條，頁3512～3513；卷一百四十六，慶曆四年正月戊辰條，頁3527；《安陽集編年箋注》（成都：巴蜀書社，2000年10月），下冊，〈附錄三〉〈韓魏公家傳〉卷四，頁1794。

意，既保全劉滬，又維護了尹洙及狄青的顏面。〔註52〕諫官孫甫（998～1057）
在四月丙申（初五）也爲劉滬說公道話，稱劉滬等「入生蕃界，服其眾，漸
立城堡，朝廷已賞其功」，而劉滬「本以一方利害，初稟朝廷之命，領千餘人
在數萬生蕃中，亦嘗戰鬥獲獲，而終使之服屬，亦其勇略之可尚也」，他不同
意因主帥之言而加罪於劉。另右正言余靖也上言稱許劉滬「一戰而服數百千
戶，因其勢而城之，雖留援兵，不足爲罪」。歐陽修也上言稱許「劉滬經營水
洛之初，先以奮身力戰，然後誘而服從，乃是諸蕃族畏滬之威信」。又稱水洛
城是曹瑋及韓琦想取而未得到的，「今滬奮然力取，其功垂就，而中道獲罪，
後誰肯於邊防立事者」？數天後，劉滬的原上司鄭戩也上奏爲他申理，並批
評尹洙處理不當，存心陷害劉滬等。同月丙辰（廿五），歐陽修上奏宋廷，認
爲劉滬有功無罪，稱劉滬能以恩信服彼一方，既然朝廷知水洛城之利而不欲
廢之，就非由劉滬守城不可。他稱許劉滬築水洛城，其功不在范仲淹築大順
城（今甘肅慶陽市華池縣山莊鄉二將城遺址）、种世衡（985～1045）築青澗
城（今陝西榆林市清澗縣城）之下，而且尤爲艱難。他主張寧可徙尹洙於他
地，也不要罷劉滬水洛城之任。余靖稍後上奏，也贊同歐陽修的主張。〔註53〕
五月己巳（初八），仁宗接受歐陽修的建議，將尹洙調知慶州，而將原知慶州
的孫沔調知渭州。不過，尹洙在慶州才一個月，又徙往晉州。孫沔復任慶州。
〔註54〕

　　六月甲辰（十四），水洛城修畢。而與劉滬失和的狄青，也在較早前徙權
并代部署，免得再與劉滬發生衝突。七月乙酉（廿六），宋廷也將劉滬薄責，
將他自渭州西路巡檢、內殿崇班、閤門祗候降爲東頭供奉官，他的副手著作
佐郎董士廉亦罰銅八斤。〔註55〕這次劉滬與上司尹洙及狄青之爭，宋廷文臣

〔註52〕《長編》，卷一百四十六，慶曆四年二月甲寅條，頁3542～3544；卷一百四十
　　　　七，慶曆四年三月甲戌條，頁3556～3558；卷一百四十八，慶曆四年四月甲
　　　　寅條，頁3590；卷一百五十一，慶曆四年七月戊申條，頁3686；《宋史》，卷
　　　　二百九十五〈尹洙傳〉，頁9837。
〔註53〕《長編》，卷一百四十八，慶曆四年四月丙申條，頁3575～3578；四月庚子條，
　　　　頁3583；四月甲寅條，頁3590～3591。關於大順城今日正確的位置及宋軍以
　　　　之爲中心所建立的防禦系統的考論，可參閱張多勇：〈宋代大順城址與大順城
　　　　防禦系統〉，載《西夏學》第7輯（2011年10月），頁46～56。
〔註54〕《長編》，卷一百四十九，慶曆四年五月己巳條，頁3609；卷一百五十，慶曆
　　　　四年六月癸卯條，頁3626；《宋史》，卷二百九十五〈孫甫傳〉，頁9841。
〔註55〕《長編》，卷一百五十，慶曆四年六月癸卯至甲辰條，頁3632～3633；卷一百
　　　　五十一，慶曆四年七月乙酉條，頁3670；《宋會要輯稿》，第八冊，〈職官六十

幾乎一面倒的維護劉滬，稱許他的守邊治理蕃部的才華。就是尹洙回答文彥博（1006～1097）有問時，也公道地說他「樂功名，有膽要，亦可惜」。他和長兄劉湛一樣，是典型的邊將。不過，他卻有外戚世家子弟及將家子的傲氣，據余靖所言，劉滬曾罵尹洙爲「乳臭」，狄青爲「一介」。〔註56〕看來他頗自恃爲將家子及外戚之後，而瞧不起文臣的尹洙及行伍出身的狄青。值得注意的是，其兄劉渙與尹洙交情不錯，他卻和尹洙水火不容。他的武將氣質看來頗類其父劉文質，而不像已成爲文臣的兄長劉渙。

八月甲午（初五），保州發生兵變，知州如京使、興州刺史劉繼宗、通判秘書丞石待舉、走馬承受劉宗言（？～1045 後）、緣邊巡檢都監王守一均被殺，兵馬都監韋貴據城以叛。鄰近保州的知廣信軍劉貽孫（？～1049 後）與走馬承受入內西頭供奉官宋有言首先趕到保州城下勸諭叛兵，但叛兵拒降。當諸路大軍陸續到來時，叛兵於是決定固守拒命。癸卯（十四），宋廷派右正言知制誥田況充眞定府定州路安撫使，前往保州平亂。甲寅（廿五），在田況、知定州皇城使王果、眞定府路都部署步軍副都指揮使李昭亮（993～1063）、入內內侍押班、緣邊都巡檢楊懷敏（？～1050）等既剿且撫的策略下，保州叛兵開門投降，亂事平定。早在癸丑（廿四），宋廷已將劉渙自滄州調知保州，並加吉州刺史。保州是劉渙的家鄉，宋廷調他來鎮守，大概認爲他熟知該地人情。他果然不負眾望，處事果斷。他到任才一月，雲翼軍十又謀反，保州民惶恐。劉渙單騎而至，擊殺其首惡，軍變平息。〔註57〕他治軍嚴整，有一次檢查軍資庫，虞候張吉無禮及擅開金銀籠子，不服從他的指揮，他就立時將張吉處斬。時任河北都轉運按察使的歐陽修，支持劉渙的做法，認爲保州新經兵亂，河北士卒素來驕慢，劉渙處置從嚴，正是對症下藥，就請宋廷對

四・黜降官一〉，頁4791。按：《宋會要》將劉滬降一官的事繫於慶曆四年五月九日。

〔註56〕歐陽修在慶曆五年三月的上奏指出，在水洛城之事件中，當時的朝臣只有韓琦支持尹洙，而范仲淹就支持劉滬。參見《長編》，卷一百五十，慶曆四年六月癸卯條，頁3630；卷一百五十五，慶曆五年三月丙戌條，頁3764；尹洙：《河南集》，卷九〈書啓・答秦鳳路招討使文龍圖書二〉，葉一下至二下。又曹家齊曾以余靖的角度論述這次水洛城事件，他認爲余靖後來一面倒的支持劉滬而批評狄青。參見曹家齊：《北宋名臣余靖》（廣州：廣東人民出版社，2006年8月），第四章，頁56～63。

〔註57〕《長編》，卷一百五十一，慶曆四年八月甲午條，頁3676～3677；庚子至癸卯條，頁3683～3684；八月甲寅條，頁3688～3699；卷一百五十二，慶曆四年九月辛酉至乙丑條，頁3696～3697。

此事不予追究；不過，當劉渙請宋廷酌量減免保州緣邊兩輸地的人戶的州縣
色役，宋廷令轉運司提出意見時，歐陽修卻反對劉渙這一建議。〔註58〕這裡
值得一提，劉渙知保州而遙領吉州刺史，他就從文階官轉為武階官，他此後
的官職就從刺史、團練使、防禦使、觀察使的階梯上陞。他本來是將家子，
從武臣蔭補出身，後以特恩轉為文階，現在又轉回武階。

十一月甲子（初七），劉渙好友、曾為其父劉文質撰寫墓誌的名士大理評
事集賢校理蘇舜欽，被御史中丞王拱辰（1012～1085）指使下屬魚周詢、劉
元瑜（？～1059後）劾奏宴會中謗訕聖人，結果被除名勒停。蘇及同被貶責
的王益柔（1015～1086）均是范仲淹所推薦，范的政敵王拱辰與張方平等均
想利用此案攻倒范仲淹，幸而韓琦向仁宗進言，才不致有更大的牽連。〔註59〕
劉渙身在北疆，對好友受枉被貶，卻是鞭長莫及，愛莫能助。

慶曆五年（1045）正月廿八（乙酉）、廿九（丙戌），慶曆新政的三員主
將杜衍（978～1057）、范仲淹及富弼分別罷政出朝。〔註60〕劉渙沒有入朝參
與慶曆新政也許是明智的選擇。四月庚戌（廿四），當劉渙尚在保州任上，河
北經略安撫都監、文思副使桑宗望（？～1059後）上言宋廷，指出他的女婿
供奉官劉淵是劉渙之弟，另緣界河同巡檢王令問又是他的親家，他應當迴避。
宋廷於是將他徙為河東路安撫都監。〔註61〕不過，桑宗望這次走得太快，因
為就在翌月（五月）丁丑（廿二），劉渙就從保州徙知近海的登州（今山東蓬
萊市）。登州以前用刀魚船防備海賊，後來守臣鬆弛了防務，以致海盜復多。
劉渙到任後，馬上修繕船備，並多設禦賊方略，於是海盜不敢犯境。仁宗得
報，即下手詔褒獎。劉渙不愧能吏。〔註62〕

慶曆六年（1046）五月壬辰（十三），臣僚上奏稱京東地區的屯兵武衛、

〔註58〕《歐陽修全集》，第五冊，卷一百十七〈乞不詰問劉渙斬人箚子〉，頁1788；
卷一百十八〈乞不免兩地供輸人役〉，頁1807。
〔註59〕《長編》，卷一百五十三，慶曆四年十一月甲子條，頁3715～3717。
〔註60〕《長編》，卷一百五十四，慶曆五年正月乙酉至丙戌條，頁3740～3741。
〔註61〕劉渙的姻親桑宗望的生平不詳，他自西京左藏庫副使升任文思副使充河北沿
邊安撫都監時，余靖所撰的制文說他乃「將家之子，膽略過人，屢經煩使，
頗聞勤蓋」。他在嘉祐四年八月乙酉（廿三），以六宅使梅州刺史出使遼國，
擔任契丹國母生辰副使。參見余靖：《武溪集》，文淵閣《四庫全書》本，卷
十〈西京左藏庫副使桑宗望可文思副使充河北沿邊安撫都監制〉，葉十四上
下；《宋會要輯稿》，第八冊，〈職官六十三·避親嫌〉，頁4755；《長編》，卷
一百九十，嘉祐四年八月乙酉條，頁4587。
〔註62〕《長編》，卷一百五十五，慶曆五年五月丁丑條，頁3772。

宣毅軍都是土人，而兇悍者不少，請求選置青州、鄆州路分都監各一員，定時訓練管束這兩支屯兵。仁宗准奏，以劉渙有武幹，就命他以知登州、吉州刺史兼青州路兵馬都監，另以內殿崇班竇舜卿（985～1072）為鄆州路都監。〔註63〕同月丁未（廿八），當遼夏議和後，仁宗恐怕三韓和女眞被遼吞併後，遼會出其不意從海上的方向進攻京東諸郡，就對輔臣說新羅、高麗諸國往年進貢，其舟船都從登州海岸往還，並指令樞密院下旨登州，查訪海外諸國道里遠近的事。九月辛丑（廿四），樞密院回奏，稱新羅國近年不來進貢，請派遣德州（今山東德州市）軍事推官高師說前往登州，與知州劉渙密切商議，如有新羅國的商客將返本國，就託他們致意。又提出通貢的事需要愼密進行，不宜漏泄。仁宗准奏。〔註64〕劉渙這次承擔近似刺探新羅、高麗情報的事務，他幹得如何，暫未可考。惟登州海上發生的事，他就很注意。同月甲辰（廿七），劉渙即奏上朝廷，稱登州有巨木浮海而出者三千餘條。仁宗得報後，在十月甲戌（廿八）對輔臣說，山東連年地震，現在忽然有巨木浮海而出，恐怕會有甚麼變故。他下詔劉渙，命登州嚴飭武備，並命他具奏登州所儲存的兵械數目。〔註65〕據《明一統志》的記載，劉渙在知登州日，曾在州城北海濱建有「納川亭」，取海受百川之義。〔註66〕他大概常到此亭觀海。

慶曆七年（1047）五月己丑（十五），劉渙的五弟劉滬以水洛城都監、內殿崇班、閤門祗候以頭疾卒於任上，得年四十八。其七弟劉淵護喪東歸。水洛城的居民遮道哭泣，請留葬劉滬於水洛城，並立祠城中，歲時祭祀。宋廷允准水洛城民的請求。劉滬在慶曆三年十月築水洛城，守水洛城前後近四年，甚得民心。本路經略司奏報宋廷，稱熟戶蕃官牛獎遍等請由劉滬的子弟繼續

〔註63〕《長編》，卷一百五十八，慶曆六年五月壬辰條，頁3828；《宋會要輯稿》，第七冊，〈職官四十九・都監、監押〉，頁4406。

〔註64〕《長編》，卷一百五十八，慶曆六年五月丁未條，頁3829；《宋會要輯稿》，第十六冊，〈蕃夷七・朝貢〉，頁9952。關於宋仁宗這次派人往登州研究如何自高麗在登州的商人刺探相關的情報的事，可參閱孫建民、顧宏義：〈熙豐時期「東聯高麗」戰略研究〉，《齊魯學刊》，1996年第6期，頁39；孫建民：〈地方政府與宋、麗外交〉，《殷都學刊》，1997年，頁37。

〔註65〕《長編》，卷一百五十九，慶曆六年九月甲辰條，頁3846；十月甲戌條，頁3848。據時任御史中丞的張方平所奏，當時山東的登州和萊州確如仁宗所說，因地震造成山崖摧圮。

〔註66〕李賢（1408～1466）：《明一統志》，文淵閣《四庫全書》本，卷二十五，〈納川亭〉，葉九下。

守水洛城。宋廷准奏,特命劉滬的六弟劉淳繼任爲水洛城都監。〔註 67〕宋人
對劉滬的功業一直稱譽,張舜民(?~1112 後)曾有詩〈劉將軍墳廟詩〉稱
頌之,云:「生前毀譽豈堪聽,身後功名始汗青」。〔註 68〕而他的水洛城的祠
廟一直爲蕃漢居民所供奉。因知德順軍水洛城騎都尉王碩的奏請,宋廷在徽
宗(1082~1135,1100~1125 在位)崇寧四年(1105)閏二月戊子(二十),
禮部牒下陝西都轉運司,以「水洛城故劉將軍名滬,有功民社,自來累有靈
應,未經封爵,乞敷奏加封爵」,就賜額爲忠勇廟。到大觀元年(1107)八月
己巳(十六),宋廷以劉滬於忠勇廟「聰明正直,有功德於民而載在祀典」,
就加封他爲忠烈侯。〔註 69〕此祠廟在南宋一直存在,並載在祀典。〔註 70〕據
陳守忠教授在 1995 年 11 月往水洛城的考察,劉滬的墓就在水洛城北山之陽。
城內有劉將軍廟,當是徽宗朝賜額的忠勇廟。據當地父老所言,至今每逢劉
將軍生辰,當地人民仍有紀念活動。可惜《隴右金石錄》所錄的兩道宋碑已
不存。〔註 71〕劉滬如此得人心,具見他是一員極超卓的邊將。雖然他一生功
業只在修建水洛城一事,但也看到他的將家子弟良好的風範。他可惜得年不

〔註 67〕 梅堯臣(1002~1060)在慶曆八年撰有一七言絕句,題爲〈贈劉謀閣副〉,詩
云:「聲名赫赫在窮塞,眉宇堂堂眞丈夫,腰劍臂弓軼赴敵,無人不伏魏黃鬚。」
筆者懷疑此詩可能是送給劉渙之弟代守水洛城的劉淳。又《隆平集》及《宋
史》以劉淳的職位爲水洛城兵馬監押,較兵馬都監爲低。參見《長編》,卷一
百六十,慶曆七年五月己丑條,頁 3875;《隆平集校證》,卷十九〈武臣傳·
劉滬〉,頁 585;《宋史》,卷三百二十四〈劉文質附劉渙劉滬傳〉,頁 10495;
梅堯臣(撰),朱東潤(校注):《梅堯臣集編年校注》(上海:上海古籍出版
社,1980 年 11 月),中冊,卷十八,〈贈劉謀閣副〉,頁 458。
〔註 68〕 據周必大(1126~1204)所記,張舜民這首詩雖載於他的《畫墁集》,但張沒
有標出劉滬之名。在慶元四年(1198)六月,張舜民的曾孫張繼民攜來此詩,
周必大於是加上這篇題字。又考今人李之亮所輯校的《張舜民詩集校箋》亦
收有這首只有兩句的詩。參見周必大:《文忠集》,文淵閣《四庫全書》本,
卷四十八《平園續稿》,卷八〈跋張芸叟劉滬詩〉,葉十下;張舜民(著),李
之亮(校箋):《張舜民詩集校箋》(哈爾濱:黑龍江人民出版社,1989 年 1
月),頁 186。
〔註 69〕 國家圖書館善本金石組(編):《宋代石刻文獻全編》第四冊,(北京:北京圖
書館出版社,2003 年 3 月),《隴右金石錄·宋上》〈忠勇廟牒〉、〈忠勇廟敕誥〉,
頁 793;《宋會要輯稿》,第二冊,〈禮二十·諸祠廟·歷代帝王名臣祠·劉滬
祠〉,頁 1008。
〔註 70〕 陸游(1125~1209):《陸游集》(北京:中華書局,1976 年 11 月),第五冊《渭
南文集》,卷二十一〈盧帥田侯生祠記〉,頁 2174~2175。
〔註 71〕 陳守忠:〈劉滬築水洛城及相關事蹟考〉,頁 109~110。

永，無法進一步發揚保州劉氏外戚將門的將業。

劉渙在知登州後，接著移知邢州（今河北邢台市）和恩州（即貝州，今河北邢台市清河縣）。〔註 72〕然調任的年月不詳。考劉渙在慶曆五年五月從保州移知登州，假定一任三年，劉渙應該在慶曆八年（1048）五月移知邢州。而恩州是在慶曆八年閏正月甲辰（初五），在王則之亂平定後，才由貝州改名。是時的新知恩州的是平亂有功的引進使、陵州團練使高繼隆（？～1048後）充任，〔註 73〕則劉渙自邢州調知恩州，最快也要到是年中。劉渙知邢州的表現不詳，而恩州遭王則之亂的蹂躪，劉渙到任後，「經理繕葺有敘，兵民犯法，一切用重典，威令大振」。〔註 74〕皇祐元年（1049）二月辛巳（十八），權三司使葉清臣（1000～1049）上奏論備禦之策，並評論具方面之才的臣子時，就以「剛果無顧避者，莫如劉渙」。〔註 75〕相信葉清臣作出此番評論時，劉正知恩州。宋祁（998～1061）在皇祐五年（1053）四月後致書時任皇城使、涇原路兵馬都鈐轄知涇州的劉几（1008～1088）時，便曾稱：「縣官革五代流弊，擢儒將與武夫參用，自劉平以來，未有赫然為國柱石者。今所瞻望，惟足下與劉恩州耳。」將劉几與曾任恩州的劉渙相提並論，譽為儒將。〔註 76〕

劉渙大概在皇祐二年或皇祐三年自恩州徙知冀州（今河北衡水市冀州

〔註 72〕 《宋史》，卷三百二十四〈劉文質附劉渙劉滬傳〉，頁 10494。
〔註 73〕 《長編》，卷一百六十二，慶曆八年閏正月甲辰至戊申條，頁 3906～3907。
〔註 74〕 考高繼隆是高瓊（935～1006）子，他在慶曆八年三月以後的事蹟不詳，據《宋會要》的記載，他最後的官職也止於引進使陵州團練使，很有可能他在知恩州不久即卒於任上，而由劉渙接知恩州。按皇祐元年三月己亥（初七），外戚邢州觀察使李端愿（？～1091）坐私其父婢及殺驢以享客，為人所告而奪一官。則此時邢州已由李端愿以本州觀察使執掌，而劉渙已離任。參見《宋史》，卷三百二十四〈劉文質附劉渙劉滬傳〉，頁 10494；《長編》，卷一百六十六，皇祐元年三月己亥條，頁 3991；《宋會要輯稿》，第四冊，〈儀制十二‧外戚追贈〉，頁 2554。
〔註 75〕 《長編》，卷一百六十六，皇祐元年二月辛巳條，頁 3989。
〔註 76〕 宋祁此封覆劉几的書信的撰寫年月不詳，惟劉几擢皇城使及都鈐（涇原路都鈐轄）知涇州，據其墓誌銘所記，要在皇祐五年四月狄青平儂智高還朝而仁宗賞功之後。其時劉渙已調離恩州多時，擔任秦鳳路部署。宋祁仍稱他為劉恩州，相信是因他經理恩州善後之事為人所稱譽。參見宋祁：《景文集》，文淵閣《四庫全書》本，卷五十〈回劉皇城書〉，葉十二下至十三上；張應橋：〈北宋劉几墓志考釋〉，《四川文物》，2011 年第 3 期，頁 69；《長編》，卷一百七十四，皇祐五年二月癸未條，頁 4197；乙酉至乙卯條，頁 4199～4202；四月壬申至壬午條，頁 4204～4205。

市）。皇祐三年五月庚戌（初一），因恩州和冀州等州發生旱災，宋廷下詔兩州的長吏「精虔禱雨，決繫囚無或淹滯」。並令轉運司體量這年的夏稅奏聞。劉渙這年不論知恩州抑知冀州，都得處理旱災帶來的問題。上文引述《宋史》本傳稱他治理恩州時「經理繕葺有敘，兵民犯法，一切用重典，威令大振」，大概亦是他治理恩、冀州在災餘的宗旨與果效。〔註77〕

皇祐四年（1052）五月乙巳（初一），廣源儂智高（？～1055）反宋，攻破邕州（今廣西南寧市），並建大南國。兩廣的州縣連續被儂軍攻陷。宋廷尚未作出對策時，同月丁卯（廿三），劉渙的盟友范仲淹卒於徐州（今江蘇徐州市）。〔註78〕宋廷先後命武臣崇儀使知韶州（今廣東韶州市）陳曙（？～1052）及兩員知兵的文臣秘書監知潭州（今湖南長沙市）余靖、屯田員外郎直史館楊畋（1007～1062）統兵抵禦。〔註79〕同樣被視爲有武幹的劉渙身在河北，其二兄劉湛身在西邊的涇原，他們這次沒有被選中南征的任務。被選中統兵征伐的西邊將領則有北作坊使知坊州（今陝西延安市黃陵縣東北）的蔣偕（？～1052）。〔註80〕當余靖、楊畋無功，蔣偕及另一驍將張忠（？～1052）戰死後，宋廷再調原知秦州而有武幹的孫沔爲荊湖南路、江南西路安撫使、廣南東西路安撫使，應付儂智高。然而孫沔亦無法平亂，最後仁宗委任樞密副使狄青擔任平亂的大任。〔註81〕

狄青所率領的平南大軍，不乏西邊的將吏；不過劉湛、劉渙兄弟並沒有受到狄青的青睞而從征。《宋史》劉渙本傳記他在知冀州後知涇州，但年月不詳。正如本文第三節所述，劉渙二兄劉湛在皇祐三年後任涇原第七將，他們兄弟會否同在涇原，不能確知。劉渙有可能在皇祐四年自冀州徙爲秦鳳路部署，後來在皇祐五年十二月才徙涇原部署兼知涇州。〔註82〕

〔註77〕 《長編》，卷一百七十，皇祐三年五月庚戌條，頁4091；《宋史》，卷十二〈仁宗紀四〉，頁231。

〔註78〕 《長編》，卷一百七十二，皇祐四年五月乙巳至丁卯條，頁4142～4147。

〔註79〕 《長編》，卷一百七十二，皇祐四年五月壬申至六月乙亥條，頁4147～4148；卷一百七十三，皇祐四年七月丙午條，頁4162。

〔註80〕 《長編》，卷一百七十二，皇祐四年六月丙申條，頁4154。

〔註81〕 《長編》，卷一百七十三，皇祐四年七月丁巳至八月辛卯條，頁4163～4169；九月戊申至十月辛巳條，頁4171～4175。

〔註82〕 劉几在皇祐五年四月出知涇州，劉渙知涇州要在同年十二月後。參見《宋史》，卷三百二十四〈劉文質附劉渙劉滬傳〉，頁10494；《長編》，卷一百七十五，皇祐五年十二月庚子條，頁4240；張應橋：〈北宋劉几墓志考釋〉，《四川文物》，2011年第3期，頁69。

　　儂智高之亂在皇祐五年正月爲狄青所平定。〔註83〕南疆安定後，宋廷再將精神放在西疆。三月丁巳（十七），劉渙以秦鳳路部署，奉命率兵征討攻破廣吳嶺堡，並進圍在秦州及古渭州之間的啞兒峽寨，征討曾殺宋軍千餘人的青唐族羌。秦州至古渭州一帶是劉渙當年出使青唐經過的道路，這裡的蕃部人情，他相當熟悉，由他統兵征伐，可說人地相宜。這次劉渙得到宋廷專任，自然如魚得水，一任無辭。宋廷特別下令這次堅持要築啞兒峽寨而引出事端的陝西轉運使范祥（？～1060），只負責糧餉，而不得干預軍事。同月壬戌（廿二），宋廷再派內臣衛克勤前往古渭州查察來犯的蕃部眾寡，並令已到任的秦鳳經略使兼知秦州張昇（992～1077）以及任秦鳳路部署的劉渙對這些蕃部先作招撫，勿深入輕率出戰。張昇這時提出放棄古渭州勿城（即古渭寨），宋廷即命戶部副使傅求（？～1073）兼秦鳳路制置糧草，順便察視情況。〔註84〕

　　宋廷先在五月辛丑（初二），以古渭州的蕃族之亂未平，而令知渭州王素（1007～1073）及秦鳳路各城寨嚴備。另外又在同月庚申（十六），賜古渭州軍士及弓箭手寨戶緡錢。閏七月辛未（初四），宋廷又將反對建城古渭州的張昇徙知青州，而由原知青州的文彥博調知秦州。〔註85〕同月庚辰（十三），秦鳳路經略安撫司奏上宋廷劉渙等擊破蕃部，斬首二千餘級的功勞：劉渙以秦

〔註83〕《長編》，卷一百七十四，皇祐五年正月丁巳至庚申條，頁4192～4193。

〔註84〕宋廷在皇祐四年十一月委知慶州天章閣待制張昇代知秦州，因張尚未到任，時任陝西轉運使的范祥就權知秦州。范也和劉渙一樣主張修城，他就趁這機會，不待宋廷的批准，也不和同僚商議，就興役修建啞兒峽寨，名古渭勿城。城修好後，范祥委劉渙的七弟劉淵知城。劉淵與秦州商賈及居民二千餘家皆在城中，范祥亦親至其地，犒賞其族。這樣的結果引來青唐族羌的不滿，他們相約出兵攻殺范祥和劉淵。范祥偵知有變，在犒宴當晚即返回文盈關。羌族第二日出兵而不獲范祥，於是在中路築城，只截殺商賈及修城民兵五六十人。因羌兵阻斷道路，糧道斷絕，城中無食。宋廷在四月庚午（初一），將范祥降職，並另委陝西轉運使李參（？～1068後）代領解州鹽事宜。張昇到任後，主張棄古渭勿城，但傅求察視後，上奏宋廷不應棄城而令夏人得益，他又與蕃部立約，將城四分三給予蕃族，於是蕃族喜而罷兵。參見《長編》，卷一百七十三，皇祐四年十一月己酉條，頁4180；卷一百七十四，皇祐五年三月乙卯至丁巳條，頁4202～4203；四月庚午條，頁4204；四月丁酉條，頁4206；卷一百七十五，皇祐五年閏七月己丑條，頁4225～4226；蘇轍（撰），俞宗憲（點校）：《龍川別志》（與《龍川略志》合本），（北京：中華書局，1982年4月），卷下，頁94，頁102，註21。

〔註85〕《長編》，卷一百七十四，皇祐五年五月辛丑條，頁4206；五月乙卯條，頁4210；卷一百七十五，皇祐五年閏七月辛未條，頁4222。

鳳路部署爲中軍，鈐轄劉溫潤、都監郭恩（？～1057）爲先鋒，知鎮戎軍郭
逵（1022～1088）爲策先鋒，都監吳賁、崔懿爲殿後，擊破蕃部。劉渙得敵
首二百四級，劉溫潤得五百六十五級，郭恩得九百二十五級，郭逵得四百五
十九級，吳賁得二十八級，走馬承受周世昌得二十七級。據蘇轍（1039～1112）
的記載，劉渙與郭恩等領兵苦戰，才攻破羌人的中路城，救回劉渙的七弟、
知古渭寨劉淵和一眾軍民。辛巳（十四），宋廷賞功，劉渙自澤州團練使遷憲
州防禦使，劉溫潤以下皆獲擢陞。知制誥胡宿（996～1067）爲劉渙撰寫制文，
稱許他「汝以沈敏之才，得拊循之術，擢升軍禦，董治戎昭，亦緣端治之辰，
併有效率之貢。載懷勤叩，良用歡嘉。」〔註86〕

　　八月己酉（十三），宋廷接受傅求的意見，以古渭寨剛才發兵戍守，不宜
更易主將。於是將已徙知青州的張昇又調回秦州。傅求沒有想到，這番調動
卻引來日後張、劉二人的爭端。〔註87〕辛酉（廿五），宋廷詔劉渙每半年一巡
古渭寨，以撫輯蕃部。〔註88〕而古渭寨到翌年（至和元年，1054）十一月終
於建城完畢，除築城費一百萬緡外，每年又費十萬緡於戍兵的開支上。劉渙
的七弟劉淵大概留任古渭寨，古渭寨是否如水洛城一樣，由劉氏子弟世任知
寨，就文獻無徵。〔註89〕

　　十二月甲午（初五），劉渙自秦鳳部署徙涇原部署兼知涇州。他徙離秦州
的原因，是與知秦州張昇不和。當初張昇命他討伐青唐族羌時，張昇以他逗

〔註86〕《長編》，卷一百七十五，皇祐五年閏七月庚辰至辛巳條，頁 4224～4225；八月
　　　　甲寅條，頁 4230；《龍川別志》，卷下，頁 94，頁 102，註21；胡宿：《文恭集》，
　　　　文淵閣《四庫全書》本，卷二十六〈賜新授憲州防禦使劉渙敕書〉，葉五下至六
　　　　上；《宋史》，卷十二〈仁宗紀四〉，頁 235；彭百川（？～1209 後）：《太平治蹟
　　　　統類》（揚州：江蘇廣陵古籍刻印社影印適園叢書本，1999 年 12 月），卷九〈仁
　　　　宗築古渭寨〉，葉二十七下至二十九下。劉渙甚麼時候自吉州刺史遷澤州團練
　　　　使？史所不載。至於他這次立功遷防禦使，胡宿曾撰〈賜新授憲州防禦使劉渙
　　　　敕書〉，按憲州是中等州，劉渙由團練使陞防禦使，從中等州的憲州開始合理，
　　　　故他這次擢防禦使，當爲憲州防禦使。又胡宿擔任知制誥，從皇祐二年十二月
　　　　至皇祐五年八月他陞任翰林學士前，這篇制文的撰寫時間亦符合事實。
〔註87〕《長編》，卷一百七十五，皇祐五年八月己酉條，頁 4228。
〔註88〕《長編》，卷一百七十五，皇祐五年八月辛酉條，頁 4230。
〔註89〕《長編》，卷一百七十七，至和元年十一月己巳條，頁 4291。關於宋仁宗時期
　　　　宋朝在秦州古渭寨以東建城及招納蕃部的情況，以及這次築古渭寨的經過，
　　　　可參考陳守忠：〈北宋時期分布於秦隴地區的吐蕃各部族及其居地考〉，載陳
　　　　著：《宋史論略》，頁 140～143。另外關於古渭寨（神宗朝改名通遠軍）對北
　　　　宋從仁宗到神宗朝防禦西夏的重要性，可參閱李永磊：〈從古渭寨到通遠軍—
　　　　—北宋禦夏政策轉變的個案分析〉，《西夏研究》，2011 年第 1 期，頁 78～83。

留不進，奏上宋廷以郭恩取代他的職務，二人遂生嫌隙。後來劉渙又奏告郭恩所殺其實是老稚的蕃族，又指張昇維護郭恩。宋廷於兩人的紛爭，就決定將兩人罷職，調回內地，而由翰林侍讀學士張方平代知秦州。一向對劉渙有意見的張方平為張昇說話，結果張昇得以留在秦州，而張方平稍後改知滑州（今河南安陽市滑縣）。〔註90〕關於張昇與劉渙之爭，筆者以為張昇奏劾劉渙逗留不進，恐非事實，蓋守古渭寨的劉淵是劉渙親弟，劉渙那有置親弟安危於不顧而逗留不進？應該是蘇轍所記劉渙與郭恩在中路城苦戰，才延誤了進軍。宋廷大概接受了劉渙的解釋，知道張昇的劾奏不實，但為了維持張昇的面子，才有將二人同時罷職的處置。

劉渙留在涇原的日子似乎不長，他的政績也似乎不佳。許多年後，當他再獲知涇州時，涇原路經略使蔡挺（1020～1079）便翻他的舊賬，說他先前知涇州時，「貪殘不公，軍民怨苦」，〔註91〕他在至和二年（1055）二月前，又回任知恩州。二月乙卯（廿七），同知諫院范鎮（1008～1089）與內殿承制閤門祗候勾當京東排岸司王光祖等上言，指出恩州自皇祐五年秋至至和元年冬，已換知州七人，而河北諸州也大體如此，這樣頻頻更換守臣，而希望能訓練好兵馬，實在不易。他們指出知雄州馬懷德（1009～1064）、知恩州劉渙和知冀州王德恭（？～1059後），都是武臣中有材勇而智慮可以辦治州事的，

〔註90〕關於張昇與劉渙之爭，王鞏（1048～1117）所撰的張方平行狀和蘇軾所撰的張方平墓誌銘都有相同的記載，而王鞏所記較詳。王、蘇均記當秦州羌族阻斷古渭路，張昇於是發兵進討，但劉渙不受命，二人互有論奏，結果宋廷將二人罷職並內徙。據王鞏所記，張方平獲授知秦州而得請對時，向仁宗力陳：「邊有邊事，即合用典法，昇與劉渙自有階級，今乃更相論奏，又兩罷之，昇既自失帥主之體，渙有不稟節制之罪，較量輕重，律令具之，臣往代之，何以御偏裨！」張方平論列再三，終不受命，最後宋廷徙劉渙而留下張昇。按王鞏和蘇軾所撰的兩篇張方平行狀和墓誌銘都右張昇而以劉渙為非，這亦是張方平一向對劉渙的立場。另外《東都事略》和《宋史》都沿襲王鞏和蘇軾的說法，指劉渙率兵不以時進擊，於是張昇以郭恩取代劉渙。又說劉渙因取得中路城不是他的功勞，故誣奏郭恩所殺的都只是老弱。李燾對此番歧異的記載，已作了考證，不全採用蘇軾和王鞏右張貶劉的說法。參見《長編》，卷一百七十五，皇祐五年閏七月辛未條，頁4222；十二月庚子條，頁4239～4240；《張方平集》，〈附錄・狀誌傳記〉〈張方平行狀〉（王鞏撰），頁796；蘇軾（1037～1101）（撰），孔凡禮（點校）：《蘇軾文集》（北京：中華書局，1986年3月），第二冊，卷十四〈墓誌銘〉〈張文定公墓誌銘〉，頁450；《宋史》，卷三百十八〈張昇傳〉，頁10362～10363；王稱（？～1200後）：《東都事略》，收入趙鐵寒（1908～1976）主編：《宋史資料萃編第一輯》（臺北：文海出版社，1967年1月），卷七十一〈張昇傳〉，葉一下。

〔註91〕《長編》，卷二百二十四，熙寧四年六月庚申條，頁5444。

就請仁宗久任之。仁宗准奏。〔註92〕

仁宗在翌年（1056）改元嘉祐，惟仁宗在是年正月甲寅（初一）即得病，後來甚至胡言亂語，弄得人心惶惶。〔註93〕從五月開始，廷臣紛紛上疏請仁宗立早養於宮中的宗室宗實（即英宗），但仁宗始終不允。〔註94〕劉渙倘若尚在朝廷，也許會像二十三年前與眾言官聯合上書。不過，他轉爲武臣多年，就不知朝中文臣如何看待他。弄得不好，隨時像王德用和狄青一樣，受到他的文臣同僚的無理攻擊。就在這年七月，宋廷文臣爲了仁宗有病卻不肯立儲的危機，竟將矛頭轉向兩員安份守紀的樞密使王德用和狄青，要將二人罷免。八月癸亥（十四），狄青被罷樞密使出判陳州（今河南周口市淮陽縣）。十一月辛巳（初三），王德用也被罷樞。也許劉渙稍爲告慰的消息是，因韓琦的請求，十月戊辰（二十），他的亡友蘇舜欽獲追復爲大理評事集賢校理。〔註95〕

劉渙在嘉祐初年相信仍在恩州。當年在西疆與他爭功的郭恩，在嘉祐二年（1057）五月庚辰（初五），以輕敵故被夏人擊死於屈野河（今陝西境窟野河）西的斷道塢。〔註96〕而當時和他相手的張昇則在嘉祐三年六月丙午（初七）陞任樞密副使，〔註97〕對於劉渙的仕途也許有一定的影響。劉渙在嘉祐初年的事蹟不詳，只知他曾任眞定路副都部署。據劉敞（1019～1068）和梅堯臣（1002～1060）題材相同的兩首詩所載，在嘉祐三年劉涇州（即劉渙）以他所得到的李士衡（959～1032）家所藏的蟾蜍唐硯出示。詩題稱劉渙爲「劉涇州」，不知他是否在這一年又移知涇州，還是劉、梅二人沿用劉渙的舊職相稱？暫未可考。〔註98〕到嘉祐五年（1060）劉渙已陞任虔州觀察使，

〔註92〕《長編》，卷一百七十八，至和二年二月乙卯條，頁4319；《宋會要輯稿》，第八冊，〈職官六十・久任官〉，頁4675。

〔註93〕《長編》，卷一百八十二，嘉祐元年正月甲寅至壬申條，頁4394～4396。

〔註94〕《長編》，卷一百八十二，嘉祐元年五月甲申至己丑條，頁4406～4408；六月己未至己卯條，頁4410～4416。

〔註95〕《長編》，卷一百八十三，嘉祐元年七月丙戌條，頁4424～4428；八月庚戌至癸亥條，頁4430～4435；卷一百八十四，嘉祐元年十月戊辰至十一月辛巳條，頁4450～4452。

〔註96〕《長編》，卷一百八十五，嘉祐二年五月庚辰條，頁4476。

〔註97〕按張昇在嘉祐五年十一月辛丑（十六）再擢參知政事。參見《長編》，卷一百八十七，嘉祐三年六月丙午條，頁4512；卷一百九十二，嘉祐五年十一月辛丑條，頁4651。

〔註98〕據朱東潤所考，梅堯臣這首詩當撰於嘉祐三年。考當時知永興軍（即長安）的劉敞獲劉渙出示這硯時，他與梅堯臣（聖俞）及韓縝（玉汝）（1019～1097）同觀後即題一詩以辨硯之僞，梅詩乃和劉詩之作。關於劉涇州即是劉渙，可

任定州路副都部署。他在是年六月甲戌（十七）及十一月兩度向宋廷進馬，得到宋廷的嘉許。他的上司先後是在嘉祐三年十月知定州的前宰相龐籍（988～1063），和在嘉祐五年三月徙判定州並充定州路都部署兼安撫使的另一外戚泰寧軍節度使李昭亮。〔註99〕

　　嘉祐六年（1061）四月庚辰（廿七），樞密副使陳旭（1011～1079）罷樞出知定州，〔註100〕劉渙又換了上司。值得一提的一件事，在八月乙丑（十五），雄、霸等路的走馬承受林伸上言，稱宋室的上世陵寢在保州保塞縣東，現時仍存有「天子巷」和「御城莊」。該地與邊吳淀相接不到數十里，頗為塘水所浸壞，他請求命當地政府加以維修。仁宗自然准奏。〔註101〕這件關於劉渙故里的事，仁宗有否訪查過劉的意見，因文獻無徵，暫難確定。然據范鎮所記，劉渙卻曾告訴他宣祖因避雪保塞杜家莊（即御城莊），而為昭憲杜太后（902～961）父看中，並招為東床的佚聞。〔註102〕可知劉渙曾向相

參見註110之考證。參見《梅堯臣集編年校注》，卷二十八〈劉涇州以所得李士衡觀察家號蟾蜍硯其下刻云天寶八年冬端州刺史李元德靈卯石造示劉原甫方與予飲辨云天寶稱載此稱年偽也遂作詩予與江鄰幾諸君和之〉，頁993,1058～1059；劉敞：《公是集》，文淵閣《四庫全書》本，卷十八〈七言古詩〉〈劉涇州以所得李士衡觀察家寶硯相示與聖俞玉汝同觀戲作此歌〉，葉九下。

〔註99〕據《宋史》劉渙本傳所載，他擔任定州路總管（即副部署，以英宗諱才改稱總管）前，先任真定路副部署。但他何時自知恩州遷真定路副部署不詳。又考龐籍從嘉祐三年十月以觀文殿大學士、户部侍郎知定州，到嘉祐五年三月自定州召還京師，五月甲午（初七）以太子太保致仕。劉渙任定州副都部署的年月不詳，但應有一段時間在龐籍的麾下。又宋廷任命李昭亮判定州在二月甲戌（十五），李到任則在三月。至於劉渙第一次進馬的日期，歐陽修所撰的詔書寫得明白，是嘉祐五年六月甲戌（十七）。而王珪（1019～1085）所撰的一道詔書，就只說是「孟冬之良，合食太廟」。此詔書之前一詔書是王珪奉命賜四方館使知相州曹偕（？～1061後）賀南郊進馬。據《長編》所記，曹偕進馬賀南郊之事繫於嘉祐五年十一月戊子（初三），則劉渙進馬獲賜詔書當在十一月後。參見《宋史》，卷三百二十四〈劉文質附劉渙劉滬傳〉，頁10494；《長編》，卷一百八十九，嘉祐四年三月己未條，頁4558～4559；卷一百九十一，嘉祐五年二月甲午條，頁4624～4625；卷一百九十二，嘉祐五年十一月戊子條，頁4648；《歐陽修全集》，第四冊，《歐陽修全集》，卷八十九〈内制集卷八·除李昭亮檢校太保判定州制·二月十五日〉，頁1298～1299；〈内制集卷八·賜虔州觀察使定州路副都部署劉渙進奉謝恩馬詔·嘉祐五年六月十七日〉，頁1305；王珪：《華陽集》，文淵閣《四庫全書》本，卷十九〈賜四方館使知相州曹偕賀南郊進馬詔〉、〈賜虔州觀察使劉渙賀祫享進馬詔〉，葉十一上至下。

〔註100〕《長編》，卷一百九十三，嘉祐六年四月庚辰條，頁4666。

〔註101〕《長編》，卷一百九十四，嘉祐六年八月乙丑條，頁4699。

〔註102〕范鎮（撰），汝沛（點校）：《東齋記事》（與《春明退朝錄》合本）（北京：中

熟的廷臣談過保塞宋室皇家的事。仁宗及廷臣向劉渙查問此事，也是合情合
理的。

劉渙在嘉祐晚年的事蹟不詳，他官至虔州觀察使擔任定州路的副都部
署，也算得上是官高職重。不過，他並未被委以更高的職位，如三衙管軍或
樞密副使，也是一點遺憾。相反，與他不協的張昇卻在六年閏八月庚子（二
十），進拜樞密使，執掌兵符。〔註 103〕也許對劉渙的進用，有所阻滯。

仁宗於嘉祐七年（1062）八月己卯（初五）終於立英宗爲皇子，確立他
的王儲身份。並賜名曙。〔註 104〕翌年（嘉祐八年，1063）三月辛未（廿九），
仁宗即駕崩，翌日（四月壬申，初一），英宗繼位。在仁宗逝世前，三名元老
重臣田況、龐籍及李昭亮也先後逝世，其中官拜昭德軍節度使同平章事的李
昭亮還是官位最高的外戚。〔註 105〕英宗在四月癸酉（初二）大赦天下，百官
進位一等。劉渙大概以此恩典晉爲鄆州觀察使。他的長兄劉湛也獲恩典復職
並任秦州兵馬都監。這年劉渙已六十六歲。〔註 106〕

在韓琦秉政下，劉渙終於獲得重新入朝的機會，並用爲掌管馬政的群牧
副使。治平元年八月乙巳（十二），劉渙上言他所管御馬至少，請下令負責買
馬的州軍用心添價向蕃部收買。他據群牧司的紀錄，勘會到嘉祐四年，下陝
西河東路都總管司揀選少嫩迭格尺堪充御馬者，其中鄜延環慶涇原河東路十
一匹，秦鳳路三十匹。劉渙長期爲邊臣，買馬的事情他充份認識。他的建議
爲英宗接納，下詔令揀選及收買仍依嘉祐四年匹數下逐路都總管司。〔註 107〕

華書局點校本，1980 年 9 月），卷一，頁 1。考范鎮這條源於劉渙口碑的有關
太祖父母結緣的記載，王育濟與范學輝合寫一篇短文曾有所論述，並且留意
到劉渙的外戚身份。可參閱王育濟、范學輝：〈宋太祖父母結緣傳奇的考實與
解讀──宋太祖趙匡胤連載之二〉，《文史知識》，2010 年 7 期，頁 71～75。

〔註 103〕《長編》，卷一百九十五，嘉祐六年閏八月庚子條，頁 4718。

〔註 104〕《長編》，卷一百九十七，嘉祐七年八月己卯至癸未條，頁 4773～4774。

〔註 105〕《長編》，卷一百九十八，嘉祐八年二月乙酉至四月壬申條，頁 4790～4793。

〔註 106〕考劉渙在神宗即位時由鄆州觀察使晉陝州觀察使，他從虔州觀察使晉爲鄆州
觀察使，相信是在英宗即位時所加的。參見《長編》，卷一百九十八，嘉祐八
年四月癸酉條，頁 4794；韓維（1017～1098）：《南陽集》，文淵閣《四庫全
書》本，卷十八〈澶州觀察使王素可檢校司徒充青州觀察使加食邑五百戶實
封二百戶鄆州觀察使劉渙可檢校司空充陝州觀察使加食邑五百戶食實封二百
戶〉，葉十六下；《滴水集》，卷八〈禮賓使劉府君墓誌銘〉，葉五上。

〔註 107〕嘉祐七年五月，擔任群牧使是工部侍郎李參。到治平元年李參是否仍爲群牧
使，待考。參見《長編》，卷一百九十六，嘉祐七年五月己未條，頁 4761；《宋
會要輯稿》，第十五冊，〈兵二十二·馬政·買馬上〉，頁 9072。

十月己未（廿八），劉渙長兄劉湛卒，劉渙成為劉氏第三代的最尊長的人。

治平二年（1065）劉渙出知澶州。是年河北地震，又逢荒年，民無粟糧，都賤賣耕牛以求苟活。劉渙見此，就盡出公家錢收買耕牛。翌年地震停止，逃民返鄉，卻無耕牛可供耕作，牛價大增十倍。劉渙即把買回來的耕牛以原價賣回農民，他此項德政令澶州農民不致流離失所，而整個河北也只有澶州避過災荒。宋人對他這項權宜之措施一直稱道不已。〔註108〕順帶一提的是，與劉渙不協的張昇在七月庚辰（廿二）以久病罷樞密使。〔註109〕

治平三年（1066）劉渙又徙知涇州，與他相識多年的翰林侍讀學士劉敞有詩相送，詩云：

> 劉侯之弓三百斤，壯氣可以摧浮雲。不忍區區事狐兔，自請治郡當胡塵。天子外家異恩禮，私廟舊鼎多邊勳。少雖侍中貴省士，匈奴宜避飛將軍。

> 憶昔汝南始相得，十年見君我髮白。可憐日月如過翼，我誠儒生猶恨惜。腰間寶刀手中策，馳驚萬里須努力。〔註110〕

他到涇州後，是年八月庚戌（廿八），他上言陝西自夏天開始一直沒有不雨，秋收大有問題。而這年的十一月初本來要起教義勇，他以現時正在饑寒之際，請求今年暫時停止上教。宋廷准奏，凡秦隴儀渭涇原邠寧環慶鄜延十二州有受災傷的，只令今年於逐縣教閱，每人日並特支口食二升半。〔註111〕劉渙這番體察實情的陳奏，也看出他是認真辦事的人。

〔註108〕 好像南宋時的樓鑰（1137～1213），便稱許劉渙收買奉耕牛之法，認為可以推廣至收糴糧米，以備賑糶。參見樓鑰：《攻媿集》，文淵閣《四庫全書》本，卷八十八〈敷文閣學士宣奉大夫致仕贈特進汪公行狀〉，葉七下；《宋史》，卷三百二十四〈劉文質附劉渙劉滬傳〉，頁10494；《東軒筆錄》，卷四，頁44。

〔註109〕 《長編》，卷二百五，治平二年七月庚辰條，頁4979。

〔註110〕 劉渙多次出知涇州，而劉敞這首詩說這個劉涇州是「天子外家異恩禮，私廟舊鼎多邊勳」，又說他「少雖侍中貴省士，匈奴宜避飛將軍」，那完全吻合劉渙既是外戚，又早年任朝士的身份。故可以確定這首詩的劉涇州就是劉渙。按劉敞卒於熙寧元年（1068），故此首詩當撰於治平三年劉渙再知涇州之時，亦吻合詩中所說「不忍區區事狐兔，自請治郡當胡塵」，劉渙沒有回朝擔任群牧副使的工作。又二劉的相識，詩中說「憶昔汝南始相得」。按劉敞在慶曆年間登第後，通判蔡州（即汝南，今河南駐馬店市汝南縣），不過劉渙從未任官蔡州，未知二人怎樣在蔡州相識。參見劉敞：《公是集》，文淵閣《四庫全書》本，卷十八〈七言古詩〉〈送劉涇州〉，葉一上下；《宋史》，卷三百十九〈劉敞傳〉，頁10383～10386。

〔註111〕 《宋會要輯稿》，第十四冊，〈兵二‧義勇保甲〉，頁8621。

英宗在治平四年（1067）正月丁巳（初八）逝世，神宗（1048～1085，1067～1085 在位）繼位。戊午（初九）大赦天下，百官進官一等。劉渙又以此恩典再遷官陝州觀察使並加食邑。〔註112〕四月丙寅（十九），神宗派內臣王中正（1029～1099）等視事陝西、河北各路。王中正回朝後，劉渙再獲得擢陞。八月，他卻被時任御史中丞的司馬光（1019～1086）上奏批評他因諂事王中正而獲得擢陞。〔註113〕

熙寧四年（1071）六月庚寅（初七），劉渙又調知涇州。但涇原路經略使蔡挺反對，他指劉渙前知涇州時，「貪殘不公，軍民怨苦，今聞渙再至，無不憂懼。」宋廷於是將劉渙徙知澶州。〔註114〕七月辛卯（初八），河決於大名府的第五埽。八月，河又決於澶州的曹村。劉渙走運的是，在熙寧三年（1070）四月辛未（十一）因反對新法而罷權監察御史裏行而徙爲簽書鎮寧軍（即澶州）節度判官事程顥，正是治河的能臣。當曹村埽決時，程顥正在防護離曹村埽百里的小吳埽。劉渙急召程顥到來商議，程顥一夜馳至澶州。劉渙在德勝口的浮梁河橋迎接並問計於他。程對劉渙說，倘若曹村河決，京城堪虞。他說臣子之份，就是以身塞河也理所當爲。他請求劉渙盡遣廂軍給他治河，倘或事仍不成，就請劉渙親率禁軍以繼。劉渙從善如流，用人不疑，

〔註112〕《長編》，卷二百六，治平二年八月乙卯條，頁 4995；卷二百七，治平三年正月壬申條，頁 5020；二月乙酉條，頁 5039；卷二百八，七月乙丑條，頁 5057；卷二百九，治平四年正月丁巳至戊午條，頁 5073；二月乙酉條，頁 5077；《南陽集》，卷十八〈澶州觀察使王素可檢校司徒充青州觀察使加食邑五百戶實封二百戶鄆州觀察使劉渙可檢校司空充陝州觀察使加食邑五百戶食實封二百戶〉，葉十六下；李埴（1161～1238）（撰），燕永成（校正）：《皇宋十朝綱要校正》（北京：中華書局，2013 年 6 月），卷七〈英宗〉〈舍人院十二人〉，頁 240；卷八〈神宗〉〈知制誥四十五人〉，頁 267。考韓維在治平二年八月乙卯（廿八）前後始拜知制誥，而一直任此職至治平四年二月後。而據《皇宋十朝綱要》，韓維在神宗初年仍任知制誥，加上制文說「敕朕獲以眇躬嗣守宗廟之重」，則它當是神宗即位時所撰。

〔註113〕《蘇軾文集》，第二冊，卷十六〈行狀〉〈司馬溫公行狀〉，頁 482；司馬光（撰），李之亮（箋注）：《司馬溫公集編年箋注》（成都：巴蜀書社，2009 年 2 月），第三冊，卷三十七〈章奏二十二〉〈王中正第二札子〉，頁 504；《宋史》，卷十四〈神宗紀一〉，頁 265。據《宋史》，神宗於治平四年四月丙寅（十九）「遣使循行陝西、河北、京東、京西路體量安撫」。以此推之，司馬光所奏王中正奉命出使陝西當在治平四年四月。又劉渙擢陞何職？史所未載，他最後的武階爲鎮寧軍節度觀察留後，很有可能就是擢升此職。

〔註114〕《長編》，卷二百十四，熙寧四年六月庚申條，頁 5444；卷二百二十七，熙寧四年十月庚申條，頁 5525。考劉渙調知澶州後，到十月始由祠部郎中權陝西轉運副使趙瞻代知涇州。

即將帥印交付程顥，讓他便宜行事。程顥得印，不暇入城省親，馬上前往河決之處，激勵士卒。當時議者以為河決勢不可塞，程顥所做，只會徒勞無功。但程顥並未動搖，他派善泳的人銜細繩先渡至決口，牽引巨索讓眾人得渡過河，然後兩岸並進，晝夜不停地動工，數日後，決口將合之時，有大木自中流而下，而且橫流入決口，於是決口合攏。〔註115〕

劉渙這次在澶州塞河成功，不過在四個月後，於是年十二月乙卯（初五），劉渙便請求致仕。神宗允許，劉渙於是以知澶州、鎮寧軍節度觀察留後晉一階為工部尚書致仕。這年他已七十四歲。〔註116〕

劉渙得以恢復文階致仕並入朝謝恩後，卻又後悔。他自問筋力未衰，仍想有一番作為。他致仕後住在開封雍丘原籍，抑在洛陽，史所不載。當神宗

〔註115〕《長編》，卷二百十，熙寧三年四月癸未條，頁5111；卷二百二十五，熙寧四年七月辛卯條，頁5475；卷二百二十六，熙寧四年八月己卯條，頁5510；《宋史》，卷十五〈神宗紀二〉，頁276；卷四百二十七〈道學傳一·程顥〉，頁12715～12716；程顥、程頤（1033～1107）（著），（王孝魚校點）：《二程集》，（北京：中華書局，1981年7月），第三冊《河南程氏遺書》卷十一〈伊川先生文七〉〈明道先生行狀〉，頁635；朱熹（1130～1200）（編撰），戴揚本（校點）：《伊洛淵源錄》，載朱傑人、嚴佐之、劉永翔（主編）：《朱子全書》第十二冊（上海：上海古籍出版社，2002年），卷二，頁934～935；茅星來（1678～1748）：《近思錄集註附說》，文淵閣《四庫全書》本，葉二十六上至二十七下；韓維：《南陽集》，卷二十九〈程伯純墓誌銘〉，葉三十三下；呂祖謙（1137～1181）（編），齊治平（點校）：《宋文鑑》（北京：中華書局，1992年3月），下冊，卷一百四十三〈墓誌·程伯淳墓誌銘〉（韓維撰），頁1996。（按：《宋文鑑》所收的程顥墓誌銘比《四庫全書》本《南陽集》完整無缺）。據程頤所撰的〈明道先生行狀〉所記，當程顥擔任簽書鎮寧軍節度判官事時，「為守者嚴刻多忌，通判而下，莫敢與辯事。始意先生嘗任臺憲，必不盡力職事，而又慮其慢己。既而先生事之甚恭，雖筦庫細務，無不盡心，事小未安，必與之辨，遂無不從者，相與甚歡。」程顥這位嚴刻多忌的上司，是否就是劉渙？朱熹沒有清楚言及。從後來治河時劉渙對程顥的信任看來，似乎又很相似。又程頤記其兄治河畢功後，要求授監務以便歸家，於是獲授西京洛河竹木務。後來薦舉他的人以他未曾敘年勞，就請宋廷給他遷官，神宗同意其請，就特授程顥太常丞，優遷其官。推薦程顥的人是誰？程頤沒有說，筆者認為很有可能就是劉渙。又茅星來的《近思錄集註附說》認為程顥墓誌銘所提到「曹村決，驚動京師」的「京師」，是指北京大名府，是非東京開封府。而劉渙迎接程顥的河橋，是後晉天福六年（941）在黃河德勝口所建之浮梁。

〔註116〕考熙寧四年二月初五，端明殿學士尚書左丞王素請致仕，神宗許之，並晉他一階為工部尚書仍帶端明殿學士。劉渙從鎮寧軍留後轉文階為工部尚書致仕，相信是援引王素的例子。參見《長編》，卷二百二十，熙寧四年二年辛酉條，頁5338；卷二百二十八，熙寧四年十二月乙卯條，頁5552；《宋會要輯稿》，第九冊，〈職官七十七·致仕上〉，頁5167。

在熙寧四年八月派王韶（1030～1081）主持開邊河湟的軍事行動時，熟悉西邊的劉渙並未被神宗及當政的王安石（1021～1086）所諮詢。到熙寧八年（1075）十二月宋廷命郭逵等討伐交趾時，他雖年已近八十，但仍不甘寂寞，上章請自效。惟神宗及宋廷不報。元豐元年八月乙卯（十四），劉渙以工部尚書致仕卒，得年八十一。據其姪劉師愈之墓誌所記，劉渙諡曰「毅」。〔註117〕

劉渙在他的昆仲中，經歷最爲不凡。宋人對劉渙的評價是「頗有才智，尚氣放誕，遇事無所顧忌，然銳於進取」。〔註118〕他本以父蔭補武職，後以特恩轉爲文階。因上書請求劉太后還政仁宗，於是在仁宗親政後得到信用擢爲言官，而他卻又不懼君相的不悅，與范仲淹等上奏反對仁宗廢后。以此他博得主流的士大夫的欣賞，視爲同志，而並未計較他本來的外戚子弟、武臣的身份。例如劉敞便說他是「天子外家異恩禮，秋廟舊鼎多邊勳」，雖言及他的戚里身份，卻突顯他的邊功。〔註119〕劉渙志不在朝中供職，與范仲淹等革新朝政，反而自請出使青唐絕域，然後又屢任邊臣，從東海濱的登州到北疆的保州，以至到西邊的涇州。他一輩子多數時間都在外擔任邊臣疆吏，在朝廷的時間反而不長。他後來又從文階轉爲武階，官至節度觀察留後，到致仕時才回復文階，可說是出入文武。據他的知交劉敞的說法，他挽弓三百斤，「壯氣可以摧浮雲」；而他「腰間寶刀手中策」，實在是文武全才，宋祁譽之爲儒將，也非完全是客氣恭維。〔註120〕劉渙的主要事功是邊功，與他的父親及幾個兄弟其實相差不大，只是他多了一番文臣的經歷，而又得享高壽。不過，

〔註117〕 劉渙父劉文質葬於開封雍丘縣，而劉渙姪劉師愈的墓誌銘也稱劉氏後徙雍丘縣，則劉氏在入宋後已以雍丘爲里籍。參見《長編》，卷二百二十八，熙寧四年十二月乙卯條，頁5552；卷二百九十一，元豐元年八月乙卯條，頁7121；《宋會要輯稿》，第九冊，〈職官七十七・致仕上〉，頁5167；《宋史》，卷十五〈神宗紀二〉，頁280～286，289～290。《蘇舜欽集編年校注》，卷七〈內園使連州刺史知代州劉公墓誌〉，頁453；《雞肋集》，卷六十五〈四會縣尉劉君墓誌銘〉，葉十三下至十四上。又宋與交趾李朝在神宗熙寧年間發生戰爭之始末分析，可參閱鄧廣銘（1907～1998）：〈論十一世紀七十年代中葉北宋王朝與交趾李朝的戰爭〉（未完成稿），收入《鄧廣銘全集》第七卷（石家莊：河北教育出版社，2005年7月），頁362～385。該文雖在鄧氏過世前尚未完成，但取材豐贍，立論得當，是這一課題目前最有參考價值的一篇專文。
〔註118〕 《長編》，卷二百二十八，熙寧四年十二月乙卯條，頁5552。
〔註119〕 《公是集》，文淵閣《四庫全書》本，卷十八〈七言古詩〉〈送劉涇州〉，葉一上下。
〔註120〕 《公是集》，卷十八〈七言古詩〉〈送劉涇州〉，葉一上下；《景文集》，卷五十〈回劉皇城書〉，葉十二下至十三上。

從他一生行事的作風而言，他雖有文臣的資歷，又與眾多文臣交往，且會詩文，然他仍脫不了將家子的氣質。〔註121〕他治軍管民，剛猛進取，不畏人言，都是一派武臣的本色。宋廷文臣對他的作風及行事毀譽參半，有譽爲儒將，有貶爲貪暴不仁而平庸的。值得注意的是，宋廷文臣卻從來沒有像批評其他外戚子弟般評說他。至於仁宗怎樣看這位保州保塞劉氏後人，史所不載。筆者認爲仁宗除了欣賞他敢於在任小官時冒死上書之忠外，還因他的戚里出身而另眼相看，只是君臣之間心照不宣而已。比起其他在仁宗朝位至將相的外戚如李用和（989～1050）、李昭亮、王貽永（986～1056）甚至石元孫（993～1064）等，劉渙的官職雖略有不如，他卻是有作爲有事功的外戚子弟，而非光憑戚里身份混得高職。劉渙昆仲知道，他們劉氏與趙宋王室關係日疏，憑自己的本事建立邊功，取得功名才是力爭上游，維持將門家聲於不墜的正道。這方面劉渙的表現毎疑是差強人意的。

五、將門餘緒：劉氏第四代的事跡

劉氏外戚將門的第四代名字可考的，計有劉湛的三子劉師旦、劉師中和劉師嚴。在元祐四年（1089）李復應劉師旦兄弟爲劉湛撰寫墓誌銘時，劉師旦見任右侍禁，劉師中見任螯屋縣令，劉師嚴見任東頭供奉官。〔註122〕他們三人都仍維持武臣的身份。然他們以後的事蹟不詳，他們這一房後來似乎

〔註121〕《全宋詩》從《金石萃編》卷一百三十三輯得劉渙所撰七律一首，題爲「興慶池禊宴」，詩云：清明佳節屬良辰，行樂東郊宴席賓。風柳不勝春氣力，露花無奈曉精神。管絲遠近青堤上，樓閣高低漾水濱。多少艤舟何所用。府公便是濟川人。此詩作於何年清明不詳。參見傅璇琮等（編）：《全宋詩》（北京：北京大學出版社，1991 年 8 月），第四冊，卷二百二十六〈劉渙‧興慶池禊宴〉，頁 2624～2625。

〔註122〕李復：《潏水集》，卷八〈禮賓使劉府君墓誌銘〉，葉五上至六上。據《宋會要》所載，於紹聖四年（1097）閏二月壬子（廿七），哲宗御崇政殿，軍頭司引見武舉人試武藝，劉師中以下二十三人與三班借職減五年磨勘。這個劉師中可能就是劉湛的第二子，但他們以後的事蹟不詳。參見《宋會要輯稿》，第九冊，〈選舉十七‧武舉一〉，頁 5595。另外在 2000 年 10 月在洛陽市伊川縣彭婆鄉出土的《范埴墓誌》，墓誌撰寫於皇祐四年十二月，撰寫人題爲「前寧州軍事推官、承奉郎試秘書省校書郎劉師旦」。而據《長編》，在熙寧八年六月辛丑，有都官員外郎劉師旦上奏言事。這兩個劉師旦似乎是同一人，卻似乎不是在治平元年官右侍禁的劉師旦，除非在皇祐四年擔任文階的劉師旦，不按常理地轉爲武階的右侍禁。參見《長編》，卷二百六十五，熙寧八年六月辛丑條，頁 6486；趙振華：《洛陽古代銘刻文獻研究》（西安：三秦出版社，2009 年 12 月），第六篇〈五代宋金元碑志研究篇〉，〈六、宋代《范埴墓誌》跋〉，頁 680～682。

沒有出過有大事功的子弟。

劉渙的墓誌銘不傳，《宋史》本傳也沒有記載他兒女的名字，故他一房的劉氏第四代後人不詳。劉氏第四代後人惟一有墓誌銘傳世的是劉渙四弟劉渭的兒子劉師愈。值得注意的是，劉渭父子都從文臣的路途仕進，沒有像其他劉氏子弟從武臣，特別是邊將的方向建功立業。劉渭在寶元元年時任蘇州吳江縣令，最後官至比部員外郎。劉師愈生母趙氏，封天水縣君；繼母晁氏封金華縣君，是墓誌銘作者晁補之的姑母。晁補之稱劉師愈「幼爽悟」，得到翰林學士李淑（1003～1059）的喜愛。不過，他屢應進士試不中，最後以伯父劉渙之恩蔭，補爲將作監主簿，與劉渙所得恩蔭相同。〔註123〕

劉師愈初任某縣尉時，有民劉豬兒凶悍屢犯法，欺壓里人。劉剛署任縣令，就將劉豬兒拘拿，數他的罪便將他杖責。然後警戒他說，若再被拘拿，就不會容忍。劉豬兒知道厲害，就改邪歸正。他的治民剛猛，頗有劉渙之風。他稍後調爲醴陵縣（今湖南株州市醴陵市）尉，他在一件失牛的案件，又審理得明白，爲民所信服。他再調爲增城（今廣東廣州市增城市）縣尉，又審得葉氏兄殺弟奪財之案件。歷任三縣尉後，他調陞爲廣州司理參軍。據他的墓誌銘所記，這時廣南東路的經略使與轉運使爭私忿，數次影響了廣州的刑獄。劉師愈沒有附從上司，只秉公處理獄事，他的兩位上司都無法對付他。後來廣州發生大獄，宋廷將經略使及轉運使責降，官吏牽連的多被貶責，只有劉師愈沒到受影響。按晁補之沒有具體說出此次大獄的年月，也沒有言及受責的官員名字。筆者自《長編》所考，疑晁補之所指之廣南制獄，就是指在元豐七年（1084）四月丙戌（十七）條所記的一次牽連甚多官員的大獄：廣南東路經略使兼知廣州王臨（？～1095後），坐鞫問廣南東路轉運副使孫迥時受賕，不去檢舉轄下兵替換優重差遣，以及失出入鄧滿之罪，而被落寶文閣待制並貶知濠州（今安徽滁州市鳳陽縣）。他的副手廣州通判畢居卿、管勾文字連希元也以附從王臨而被貶降；另提舉常平等事的朱伯虎也坐奏事不實降一官。〔註124〕

劉師愈後來又調爲端州四會縣（今廣東肇慶市四會市）尉兼主簿。當地有民散妖言，自稱何巡檢，能致人禍福，所至的地方都具幡蓋威儀迎導，民

〔註123〕《蘇舜欽集編年校注》，卷七〈內園使連州刺史知代州劉公墓誌〉，頁453；《雞肋集》，卷六十五〈四會縣尉劉君墓誌銘〉，葉十三下至十四上。

〔註124〕《長編》，卷三百四十五，元豐七年四月丙戌條，頁8276～8277；《雞肋集》，卷六十五〈四會縣尉劉君墓誌銘〉，葉十三下至十五上。

眾都出錢米供奉。劉師愈在路上遇到這個何巡檢，即將他捕送縣衙，焚燒其儀仗，妖言於是止息。劉爲官敢於任事，可見一斑。他以在南方任官已久，而母晁夫人在北方，不能奉養，感慨成疾而卒，年五十六。晁補之沒有記載他的葬地，也沒有記他卒於何年，故他的生卒年無考。惟劉師愈墓誌銘言及其子劉寂從端州以書寄晁夫人，請晁補之作銘一節，可知劉之卒，當在元符三年（1100）十月乙卯（廿二）端州升爲興慶軍前。他娶錢氏，有三子，長名劉寂，也舉進士業，餘兩人早夭。有女六人也皆夭亡。〔註125〕

劉氏第五代除了劉師愈之子劉寂外，據《長編》所載，劉滬有孫名劉全壽（？～1077 後），熙寧十年（1077）六月丙申（十八），因涇原路經略使蔡延慶（1029～1090）上言，稱許「劉滬在慶曆中有勞於邊，邊人至今奉祠，保其家如滬猶在」，而劉全壽卻爲白丁，非可以鼓舞邊將用力。於是宋廷錄劉全壽爲三班借職。〔註126〕惟劉全壽以後的事蹟亦不詳。其餘劉氏後人暫不可考，有待新出土的碑銘資料加以發明。

六、結　論

保州保塞劉氏外戚將門，從第一代的劉審琦，第二代的劉文裕、劉文質兄弟，到第三代的劉湛、劉滬、劉淵、劉淳兄弟，都從武臣之途仕進，特別是競立邊功之邊臣疆吏之途。另一方面，第三代的劉渙和劉渭兄弟，與第四代的劉師愈卻改從文臣之途仕進。其中最特別的是劉渙，他先從武臣蔭補出身，然後以特恩轉爲文臣，再因緣際會，被擢用爲視爲文臣清流的言官，先供職朝廷，然後出守外郡，擔任疆臣，而且出使青唐。他徙知保州後，從文階易爲武階，從刺史陞至節度觀察留後的武階，累任邊將，直至晚年致仕，才恢復文階爲工部尚書。他在仁宗朝出入文武，享有儒將之令譽。劉氏父子兄弟一方面維持將門的家風，多以武臣之途仕進，但亦有少數子弟順應時勢，走文臣之途。不過，改任文臣的劉家子弟如劉渙或劉師愈，仍保持他們尚武果敢的將家門風。

《宋史》的編者，對劉文質父子的評價整體而言是正面的：「劉文質以私錢給軍，且脫人於死，仕雖偃蹇，聲名俱章章矣。渙以小官，能抗疏母后，輯暴弭姦，則其餘事也。滬，水洛之戰，從容退師，滬之才略，其最優者歟？」

〔註125〕《雞肋集》，卷六十五〈四會縣尉劉君墓誌銘〉，葉十五上；《宋史》，卷十九〈徽宗紀一〉，頁 360。
〔註126〕《長編》，卷二百八十三，熙寧十年六月丙申條，頁 6925～6926。

〔註 127〕劉氏作爲趙宋王室的遠房外戚，第二代的劉文裕兄弟論輩份是太祖、太宗兄弟的堂表兄弟；但到了眞宗以至仁宗朝，劉湛、劉煥兄弟就和趙宋王室的關係日見疏遠。宋廷多次頒詔錄用昭憲杜太后（902～961）等外戚族人，但簡穆劉太后的族人保州保塞劉氏卻不在這些恩詔錄用之列。〔註 128〕事實上，他們不像太宗的駙馬李遵勗（988～1038）、幼女魏國（後追封荊國）獻穆大長公主（988～1051）和其子李端懿（1013～1060）、李端愿（？～1091）、李端愨（？～1098）是仁宗近親的姑父、姑母和親表弟，也不如李用和（989～1050）、李璋（1021～1073）父子是仁宗的至親舅父和表弟，甚至及不上太宗另一駙馬王貽永（986～1056）份屬仁宗姑父而得擢用爲樞密使。劉氏子弟要出人頭地，就要像另外兩位外戚子弟李昭亮及石元孫一樣要憑本事及一點運氣才可獲仁宗的信任和重用。〔註 129〕劉氏兄弟完全清楚他們的自身條件，他們的優勢在於累代將門的進取家風，能征善戰的武幹以及

〔註 127〕《宋史》，卷三百二十四〈劉文質附劉煥劉湜傳〉，頁 10497。

〔註 128〕例如仁宗在嘉祐六年七月戊子（初七），宋廷便下詔錄用昭憲杜太后、太祖的孝明王皇后（942～963）、孝惠賀皇后（929～958）、孝章宋皇后（952～995）及太宗的淑德尹皇后家子孫進秩授官十九人，同年十一月癸酉（廿四），又特賜昭憲杜太后家信陵坊第。到嘉祐七年六月，又再錄太宗懿德符皇后（942～975）的曾孫二人。這次恩典，簡穆劉皇后的族人卻榜上無名，雖說劉煥當時尚居高位。到神宗熙寧九年（1076）七月乙丑（十一），因杜氏後人提舉永興軍常平路杜常（？～1109）奉上杜氏家譜世裔及諸房世次圖，神宗又詔自今遇大禮推恩，昭憲太后族人諸房輪一人給與恩澤。這次簡穆劉太后族人也沒有沐恩。宋廷在政和五年（1115）十一月癸酉（初八），又下詔訪錄昭憲杜皇后之裔，卻未見同時訪錄簡穆劉皇后之裔。到南渡後，宋廷又於紹興二十七年（1157）十月乙巳（十三）詔給昭憲杜后外家子孫孤遺者錢米，確是親疏有別。參見《長編》，卷一百九十四，嘉祐六年七月戊子條，頁 4690；卷二百七十七，熙寧九年七月乙丑條，頁 6770；《宋史》，卷十二〈仁宗紀四〉，頁 247～248；卷十五〈神宗紀二〉，頁 291；王安石（1021～1086）撰，李之亮（箋注）：《王荊公文集箋注》（成都：巴蜀書社，2005 年 5 月），上冊，卷十五〈外制·覃恩昭憲杜皇后孝惠賀皇后淑德尹皇后孫姪等轉官制·嘉祐八年〉，頁 559；《宋會要輯稿》，第一冊，〈后妃一·皇后皇太后雜錄〉，頁 270；李心傳（1166～1243）（編撰），胡坤（點校）：《建炎以來繫年要錄》（北京：中華書局，2013 年 12 月），卷一百七十八，紹興二十七年十月乙巳條，頁 3404。

〔註 129〕關於石元孫在仁宗朝得到擢用爲殿前都虞候之要職的情況，以及他仕途逆轉的始末，可參閱何冠環：〈北宋開封浚儀石氏外戚將門第三代傳人石元孫事蹟考述〉，載本書上篇，頁 113～159。至於李昭亮的情況，可參閱何冠環：《攀龍附鳳》，第五章〈三代爲將〉，頁 281～385。按石元孫在輩份來說，是仁宗的堂表兄，而李昭亮則是仁宗的表伯，都比劉煥兄弟與仁宗的關係親近。

熟悉邊事的能力，是故他們選擇以建立邊功來出人頭地，而仁宗朝爲抵禦西夏而開拓西北，正給他們有廣闊的空間和機會。劉渙出使青唐和劉滬築水洛城，正是時勢造英雄。劉渙並且善用他得自恩蔭的文臣身份，除了在劉太后攝政後期冒險上書而博得仁宗好感外，還善用他一度的言官身份，成爲范仲淹等人的同志，獲得主流文臣的認可，成功地從武臣子弟轉型爲主導朝政的文臣。而他得自將家子弟的卓越武幹，也令他成爲文臣眼中的儒將模楷。雖然他後來又復爲武階，出守大藩；但他在文臣集團中所建立的人脈關係，又使他的長期疆臣生涯得到朝中許多主政文臣的襄助。雖爲黨同伐異之故，他也曾爲不少文臣所打擊，但他在仕途上仍是大體順利，官至節度觀察留後，而最後獲復授文階的工部尚書致仕，且得享高壽。他的兄長劉湛雖然功業大有不如，仍算得上一員稱職的邊將。至於其弟劉滬以建水洛城而得享大名，雖然享壽不永而無法在仕途及功業上更上一層樓；〔註130〕但他們兄弟三人之成就，在眾外戚將門子弟中可說是出類拔萃的。

　　劉渙父子兄弟如何看待他們的外戚身份？現存的劉文質、劉湛及劉師愈的三篇墓誌銘中，墓誌的撰寫人顯然都根據劉氏族人的意願，備言他們與趙宋王室的淵源。從這一角度去看，劉氏一門仍然以宋室戚里爲榮。據范鎮所撰的《東齋記事》，劉渙便告訴范鎮有關宣祖因避雪杜家莊，而爲昭憲杜太后父招爲東床的佚聞。〔註131〕范鎮這條記載，間接反映劉渙樂於透露他出於戚里之家的身份。然而，他們清楚認識到日久而越疏的外戚身份終不可恃。值得注意的一點，是在現存的史料去看，劉氏和其他的外戚世家不同：他們絕少和趙宋王室或宗室聯姻，亦很有可能是這些貴家也不以他們爲聯姻的對像。劉氏將門的明智選擇是，與其靠戚里的關係沾恩，不如憑將門子弟的身份和本事建立邊功以出人頭地。曾瑞龍評論劉滬的功業時說：「劉滬熱衷邊功，是勳舊之貴日久褪色的結果。他憑著出色的指揮才幹和過人的威信，收復蕃部，開拓生界，終於在靜邊寨和水洛城一帶重建了自己的勢力，世世受蕃人擁護，歷北宋一代而不衰。」〔註132〕其實劉渙等的仕途取向與所建的功業也與劉滬相仿，曾氏評論劉滬的話也適用於劉渙等。保州保塞劉氏可以說

〔註130〕據《宋史‧藝文志》的記載，劉滬曾撰有《備邊機要》一卷，可惜不傳，教人無從悉他的備邊韜略。參見《宋史》，卷二百七〈藝文志六〉，頁5283。

〔註131〕參見註102。

〔註132〕曾瑞龍：《拓邊西北：北宋中後期對夏戰爭研究》，第一章〈北宋中葉拓邊活動的開端：慶曆朝水洛城事件發微〉，頁31。

是仁宗朝另類的外戚將家。

　　因文獻匱乏，特別是劉渙兄弟的墓誌銘尚未發現，我們對劉氏第四代的情況所知不多，劉氏後人有否繼任邊將，特別是神宗以後拓邊西北的軍事行動再立新功。僅憑現存的資料，我們只能暫時推論保州保塞劉氏外戚將門到第四代已走向衰落，現時可考的人物如長房的劉師旦兄弟及四房的劉師愈，都沉滯下僚，沒有建立甚麼事功。古語說富不過三代，實在貴也難過三代。劉氏將門即使第三代有劉渙、劉滬這等出色的人物，憑建立邊功而中興其家，卻保證不了後代能克紹箕裘。

（原刊《新亞學報》，第 31 卷（下）（2013 年 6 月），頁 249～311）

北宋開封浚儀石氏外戚將門
第三代傳人石元孫事蹟考述

一、導　言

　　筆者多年前曾撰〈敗軍之將劉平（973～1040 後）——兼論宋代的儒將〉一文，考論在宋仁宗（1010～1063，1022～1063 在位）朝被稱爲「詩書之將」、「儒將」，卻在康定元年（1040）正月宋夏三川口（約今陝西延安市西 20 公里處，即今延安市安塞縣、延安市境的西川河匯入延河處）之役兵敗被俘的敗將劉平的生平事蹟。〔註 1〕因篇幅所限，以及該文重點旨在探討宋代儒將的問題，故筆者沒有一併考索與劉平同時被俘，在五年後，即慶曆五年（1045）五月被夏人釋回的敗將邠州觀察使、鄜延路副都部署石元孫（992～1063）的事蹟。正如該文所提到，石元孫家世顯赫，祖父石守信（928～984）是宋太祖（927～976，960～976 在位）黃袍加身的從龍大功臣，父親石保興（945～1002）是石守信長子，是宋太宗（939～997，976～997 在位）及宋眞宗（968～1022，997～1022 在位）朝一員頗稱職的邊將，而他的叔父石保吉（954～1010）在開寶五年（972）閏二月尙太祖次女延慶公主（？～1009），讓開封浚儀（今河南開封市）石氏將門早在太祖朝已兼有外戚的身份。〔註 2〕石

〔註 1〕　參見何冠環：〈敗軍之將劉平（973～1040 後）——兼論宋代的儒將〉，載何冠環：《北宋武將研究》（香港：中華書局，2003 年 6 月），頁 283～339。

〔註 2〕　延慶公主即魯國賢靖大長公主（在眞宗朝封晉國賢靖長公主），生年不詳，她卒於大中祥符二年（1009），比石保吉早死一年。《隆平集・石保吉傳》稱她是太祖的第五女，據《皇宋十朝綱要》及《宋史》，太祖共育六女，惟最長的

元孫是石守信的嫡孫，石氏外戚將門的第三代傳人。他在三川口之役兵敗被俘前，官至三衙管軍位列第四的殿前都虞候，領邕州觀察使而出任鄜延路副都部署的兵職。本來他是中興開封石氏將門的耀目將星，卻不幸敗在一代軍事天才夏主元昊（1003～1048，1032～1048 在位）之手，而他被俘後卻和劉平同樣沒有「守節而死」，獲釋歸宋後雖得仁宗寬宥不殺，但不見諒於大部份的宋廷文臣。他被削奪所有官爵，其子弟先前獲得之恩恤也收回。他餘生二十載，先被編管全州（今廣西桂林市全州縣），後移襄州（今湖北襄樊市）和許州（今河南許昌市），逝世前六載獲准返回京師居住，他雖向仁宗請求再效命沙場，然終被投閒置散，罷廢終身。開封浚儀石氏，在石元孫罷廢後，雖然仍挾外戚勳臣之家，爲宗室名門所青睞，與之聯姻；但石氏子弟既沒有出類拔萃的人才，也似乎受石元孫之連累，不再獲得趙宋皇室的寵用。石氏外戚將門從此一蹶不振。

　　石元孫的父親石保興及叔父石保吉之神道碑銘均傳世，而二碑現仍轟立於洛陽市孟津縣常代鄉石碑凹村西北二里許的壙野上。〔註3〕值得一提的是，

三人中國大長公主、成國大長公主及永國大長公主均未成年而夭亡。故延慶公主實際上是太祖的次女。參見曾鞏（1019～1083）（撰），王瑞來（校證）：《隆平集校證》，（北京：中華書局，2012 年 7 月），卷十八〈武臣傳・石保吉〉，頁 540～541；李埴（1161～1238）（撰），燕永成（校正）：《皇宋十朝綱要校正》（北京：中華書局，2013 年 6 月），卷一〈太祖〉，〈公主六・魯國大長公主〉，頁 4～5；脫脫（1314～1355）：《宋史》（北京：中華書局，1977 年 11月），卷二百四十八〈公主傳・太祖六女・魯國大長公主〉，頁 8772。關於石保吉尚主之事，可參見何冠環：〈宋太祖朝的外戚武將〉，載何冠環：《北宋武將研究》，頁 79～81。

〔註3〕石保興碑的碑首篆刻「大宋故贈□州觀察□石公碑」，石保吉碑之碑首篆則刻「大宋西平石公神道碑」。對此二碑的相關問題，最近期的著作是洛陽古代藝術館的兩位研究員吳建華和鄭衛在 2003 年所撰的專文。而二碑的拓片，最早收錄於清代金石家王昶（1724～1806）所編的《金石萃編》卷一百二十九〈宋七〉，現亦收錄於國家圖書館善本金石組（編）的《宋代石刻文獻全編》第三冊。另亦收入《全宋文》，爲方便一般讀者，本文使用現代標點的《全宋文》版本。參見吳建華、鄭衛：〈北宋石保興兄弟神道碑及相關問題辨析〉，載洛陽市文物局編：《耕耘論叢》（二）（北京：科學出版社，2003 年 2 月），頁 272～275；國家圖書館善本金石組（編）：《宋代石刻文獻全編》（北京：北京圖書館出版社，2003 年 3 月），第三冊，《金石萃編》卷一百二十九〈宋七〉〈石保吉神道碑〉、〈石保興神道碑〉，頁 140～151；曾棗莊・劉琳（編）：《全宋文》（上海：上海辭書出版社，2006 年 8 月），第十冊，卷一九九〈李宗諤二〉〈大宋故推忠保節同德守正翊戴功臣鎮安軍節□陳州管內觀察□□□使開府儀同三司檢校太師同中書門下平章事使持節陳州諸軍事行□□刺史兼管內勸農使

筆者最近從 2007 年出版的《河洛墓刻拾零》，又得見重新發現的〈石元孫墓誌〉（全文參見本文附錄一），這對研究石元孫生平，以及開封浚儀石氏外戚將門均甚有重大的史料價值。另該書又收錄另一則〈宋石宗永妻趙氏乳母徐氏墓誌〉（全文參見本文附錄二），該碑文提供了石元孫幼子石宗永（？～1092 後）的四個兒子的名字，而石宗永幼子石澈（？～1109 後），據《宋會要》的一條關鍵的記載，他是哲宗（1077～1100，1086～1100 在位）第三女陳國公主（？～1117）駙馬石端禮（？～1143）之父。這讓我們知道開封浚儀石氏在兩宋之交仍可以憑著石端禮尚主，而得在石元孫兵敗被貶後稍得以復振，或是餘燄一吐。〔註4〕筆者近期研究北宋另一外戚將門上黨李氏的第三代傳人李昭亮（993～1063），而石元孫在生卒年、家世仕歷以至最初的名字都與李昭

上柱國駙馬都尉西平郡開國公食邑一萬三千九百戶石保吉神道碑・大中祥符三年四月〉（以下簡稱〈石保吉神道碑銘〉），頁69～75；第十五冊，卷二九九〈楊億十八〉〈大宋故棣州防禦使光祿大夫檢校□□□持節棣州諸軍事行棣州刺史兼御史大夫上柱國西平郡開國公食邑三千四百戶食實封二百戶贈貝州觀察使石公神道碑銘〉（以下簡稱〈石保興神道碑銘〉，頁39～45。

〔註4〕趙君平、趙文成（編）：《河洛墓刻拾零》（北京：北京圖書館出版社，2007年7月），下冊〈四九一・宋石元孫墓誌〉，頁672；〈四九七・宋石宗永妻趙氏乳母徐氏墓誌〉，頁679。〈石元孫墓誌〉原題作〈宋故前忠果雄勇功臣殿前都虞侯邕州管內觀察使金紫光祿大夫檢校左散騎常侍使持節邕州兼軍事邕州刺史兼御史大夫上輕車都尉太原郡開國公食邑二千六百戶食實封肆百戶石公墓誌銘并序〉（以下簡稱〈石元孫墓誌〉）。據編者所述，〈石元孫墓誌〉在新中國建國初年在河南省洛陽市孟津縣出土，不久卻遺失，近年再被發現。該碑文共49行，滿行60字。大小為900×900×175。碑文記石元孫的卒年字跡並不清楚，惟該書的編者認為是嘉祐「九」年，但仁宗在嘉祐八年（1063）三月崩，英宗在翌年（1064）正月乙酉（初一）已改元治平。在任何情況下，宋人不應將治平元年寫作嘉祐九年，何況石元孫在治平二年（1065）五月庚申（初一）下葬。碑文這時由比部員外郎李端卿（？～1074後）撰，不應該有寫作嘉祐九年的錯誤。筆者認為石元孫應卒於嘉祐八年八月丙戌（十七），而非「九」年八月十七日。又該墓誌由著名書家比部郎中薛仲孺（？～1064後）書寫，享有盛名的金石家屯田員外郎楊南仲（？～1066）篆蓋，王克明（？～1064後）鐫。按李、薛、楊三人的簡歷在後文交待。本書編者將此方拓片縮小刊印在書上，閱讀異常困難。筆者將之影印放大一倍，勉強認讀墓誌大部份文字。請參看本文〈附錄一：石元孫墓誌〉。至於〈石宗永妻趙氏乳母徐氏墓誌〉，據本書編者所記，此碑誌無首題，共14行，滿行14字460×460。該碑在1994年9月在河南洛陽市孟津縣常代鄉石碑凹村，即石保興碑和石保吉碑所在地，為農民澆地塌方發現，它先歸村民某氏。2004年4月，孟津謝光林先生拓贈。該拓片十分清晰，閱讀無問題。碑文參見〈本文附錄二〉。關於石端禮是石元孫曾孫的考證，參看下文。

亮很相近，這於是引起筆者的興趣，把擱置多年的課題，以新尋得的關鍵史料，作一番論述，並作爲研究北宋外戚將門興衰問題另一可供學人參照的個案。〔註5〕

二、華胄恭人：石元孫早年仕歷

據〈石元孫墓誌〉所記，石元孫原名石有慶，字善長。後避章獻劉太后（970～1033，1022～1033 攝政）祖劉延慶名而改名元孫。嫡母南陽郡太夫人楊氏，是五代宋初大藩保大軍節度使楊廷璋（912～971）女，他的生母廣陵郡太君南宮氏，家世不詳。他是石氏將門的第三代長子嫡孫，「少明敏，有立志」，因而得到叔嬸齊國賢靖大長公主（初封晉國，即石保吉妻延慶公主）的器重而「愛養甚優」。〔註6〕

〔註5〕 據〈石元孫墓誌〉及上注的考證，石元孫卒於嘉祐八年八月丙戌（十七），得年七十二（按：《隆平集》及《東都事略》也記石得年七十二）。上推石的生年，他即生於太宗淳化三年（992）。至於李昭亮，他生於淳化四年（993），比石元孫少一歲，卻同卒於仁宗嘉祐八年，得年七十一（按：《隆平集》及《東都事略》均記李昭亮得年七十一，而據《長編》，李昭亮卒於仁宗嘉祐八年三月，則上推李之生年當爲太宗淳化四年（993））。又石元孫原名石有慶、石慶孫，李昭亮原名李昭慶，他們都是避章獻劉太后祖父劉延慶的名而改今名。參見《宋史》，卷二百四十二〈后妃傳上・章獻明肅劉皇后〉，頁 8612；卷二百五十〈石守信傳附石元孫傳〉，頁 8814～8815；卷四百六十三〈外戚傳上・劉美〉，頁 13548～13549；卷四百六十四〈外戚傳中・李昭亮〉，頁 13563；《隆平集校證》，卷九〈李處耘傳附李昭亮傳〉，頁 276；卷十九〈武臣傳・石元孫〉，葉六上至七下；王稱（？～1200 後）：《東都事略》收入《宋史資料萃編》第一輯（臺北：文海出版社，1967 年 1 月），卷十九〈石守信傳附石元孫傳〉，葉二下至三上；卷二十〈李處耘附李昭亮傳〉，葉 5 上；李燾（1115～1184）：《續資治通鑑長編》（以下簡稱《長編》）（北京：中華書局點校本，1979 年 8 月至 1995 年 4 月），卷一百九十八，嘉祐八年二月甲寅條，頁 4791；本文〈附錄一：石元孫墓誌〉。

〔註6〕 據《宋史・石元孫傳》及〈石保吉神道碑〉所載，石元孫原名石慶孫。今以〈石元孫墓誌〉所記爲準，他初名有慶。按他的二弟名懿孫，他的堂弟（石保吉諸子）名貽孫、孝孫。很有可能他後來又改名慶孫，與諸弟聯名。考他的叔父石保吉在大中祥符四年（1011）十一月立神道碑時，記有有姪二人：長曰「崇儀副使慶孫」。據此，石元孫在大中祥符四年仍名石慶孫。他當在仁宗初年劉太后臨朝時才改名石元孫。至於他的別字，《隆平集》及《東都事略》均作「善長」，惟《宋史》作「善良」。《宋史》的點校者據《隆平集》及《東都事略》在後注中也校作「善長」，現有〈石元孫墓誌〉拓文之證，知《隆平集》及《東都事略》所記正確。附帶一談，清代的著名金石家王昶在編纂《金石萃編》時，收載了由李宗諤（964～1012）所撰的〈石

石元孫父石保興在咸平五年（1002）八月甲戌（十一）病卒於京師，得年五十八。眞宗得報，「嗟悼良久」，又特派中使守護喪事，喪事的費用都由官給。作爲遺孤的石元孫，這年才十一歲。在叔父石保吉等至親的扶持下，於咸平六年（1003）八月，奉亡父的棺槨歸葬於河南洛陽縣平樂鄉宣武村梓澤原的先塋，與早逝的嫡母弘農縣君楊氏夫人合葬。〔註7〕

因賢靖大長公主的上奏，歷數石氏一門的勳勞，並稱許石元孫之賢，故此眞宗賞給元孫特恩，讓他承受其祖石守信的使相級別恩蔭，優授東頭供奉官。石元孫「居喪，孝自夙成，毀慟過禮。」〔註8〕景德元年（1004）十一月戊辰（十八），眞宗決定親征，迎擊來犯的遼國大軍。眞宗除了任命外戚

保吉神道碑〉和楊億（974～1020）所撰的〈石保興神道碑銘〉，他在兩碑的考異中，引〈石保吉神道碑銘〉所載石保吉有二姪，長姪爲崇儀副使石慶孫的説法，而誤以爲石慶孫是石元孫的長兄，而不知石慶孫即是石元孫。參見《宋史》，卷二百四十二〈后妃傳上·章獻明肅劉皇后〉，頁 8612；卷二百五十〈石守信傳附石元孫傳〉，頁 8814，8830（注1）；《隆平集校證》，卷十九〈武臣傳·石元孫〉，頁 562；《東都事略》，卷十九〈石守信傳附石元孫傳〉，葉二下；《全宋文》，第十册，卷一九九〈石保吉神道碑銘〉，頁 74；第十五册，卷二九九〈石保興神道碑銘〉，頁 43；國家圖書館善本金石組（編）：《宋代石刻文獻全編》，第三册《金石萃編》卷一百二十九〈宋七〉〈石保吉神道碑〉、〈石保興神道碑〉，頁 140～151；本文〈附錄一：石元孫墓誌〉。

〔註7〕《全宋文》，第十五册，卷二九九〈石保興神道碑銘〉，頁 43；《宋史》，卷二百五十〈石守信傳附石保興傳〉，頁 8812。

〔註8〕論輩份，賢靖大長公主是眞宗的堂姊（按：賢靖大長公主生年不詳，她於開寶五年出閣，若女子十六歲出嫁，她當生於後周世宗顯德四年（957），長於生於開寶元年（968）的眞宗。眞宗在至道三年（997）五月丙戌（廿三），「封姊秦國、晉國（按：即賢靖大長公主）二公主並爲長公主」，可知她長於眞宗。又眞宗在大中祥符二年（1009）正月晉封她爲晉國大長公主時，也稱她爲「皇姊」，是故她的進言當甚有份量。另外她與叔父太宗的關係當不錯，據《宋會要》的記載，在至道二年（996）太宗病重時，她往開封城北、相傳主幽冥事的崔府君祠禱告有靈應，就回奏太宗，太宗即命内侍修廟並賜名護國顯應公廟。又按石保興官至棣州防禦使，他的兒子受蔭補官，最高只是侍禁一級。只有宰相、樞密使及使相一級之子弟，才得補東頭供奉官。石元孫獲授東頭供奉官，是用石守信之恩蔭。參見《宋史》，卷六〈眞宗紀一〉，頁 105；卷二百五十〈石守信傳附石元孫傳〉，頁 8814；《隆平集校證》，卷十九〈武臣傳·石元孫〉，頁 562；《東都事略》，卷十九〈石守信傳附石元孫傳〉，葉二下；本文〈附錄一：石元孫墓誌〉；《長編》，卷七十一，大中祥符二年正月己巳條，頁 1588；徐松（1781～1848）（輯），劉琳、习忠民、舒大剛、尹波等（校點）：《宋會要輯稿》（上海：上海古籍出版社，2014 年 6 月），第二册，〈禮二十一·諸神廟·護國顯應公廟〉，頁 1088。

宿將山南東道節度使同平章事李繼隆（950～1005）爲駕前東面排陣使外，又委石元孫叔父石保吉以武寧軍節度使同平章事充駕前西面排陣使，分別統率眞宗駕前的禁軍。〔註9〕石元孫因尚在服中，就無法像與他同齡的外戚子弟李昭亮一樣，有機會參預這場大戰，從而得到寶貴的大征戰經驗。〔註10〕石保吉在這次澶州（今河南濮陽市）之役中，其實並無甚麼功勞，都是因人成事。〔註11〕是年十二月戊子（初九），宋遼和議達成後，眞宗往澶州北寨勞軍，與李繼隆及石保吉等諸將宴射於行宮亭。在宴上，石保吉一方面知趣地將一切榮耀歸於主子，另一方面又大大推許李繼隆的功勞。他謙卑地說「臣受命禦寇，雖上稟宸略，至於戎人侵突之際，分布行陣，指揮方略，皆出於繼隆。」石駙馬爺如斯禮讓，李國舅爺也就投桃報李，反過來大大恭維了他一番，稱「契丹之敗，並出聖謀，然宣力用心，躬率將士，臣不及保吉。」眞宗心情極佳之餘，自然對石、李二人都褒獎一番，賜襲衣、金帶、雕鞍、名馬。景德二年（1005）正月丙寅（十七），眞宗賞功，石保吉除加封邑外，又移鎮鎮安軍節度使（即陳州，今河南周口市淮陽縣）。〔註12〕石保吉在澶

〔註9〕《長編》，卷五十八，景德元年十一月戊辰條，頁1282。

〔註10〕李昭亮奉眞宗之命，持詔往其父李繼隆軍中，問李的方略及宋遼雙方陣營兵力眾寡的情勢。他覆奏稱旨，得到眞宗的嘉許。參見《宋史》，卷四百六十四〈外戚傳中‧李昭亮〉，頁13563。

〔註11〕仁宗朝的廷臣尹洙（1001～1047）上奏討論備禦遼國時，曾提及澶州之役，他把射殺遼將蕭撻覽（？～1004）的周文質（？～1026後）等人視爲石保吉的部將，而間接將功勞歸給石保吉。大概周文質的上司秦翰（952～1015）屬石保吉麾下，故尹洙有此說法。據群書所記，周文質獲得蕭撻覽行蹤情報後，馬上稟報秦翰和李繼隆，而由二人下令部署以伏弩襲殺蕭，似乎與石保吉無關。石保吉的下屬立功，他不過是因人成事。參見《全宋文》，第二十七冊，卷五八三〈尹洙三〉〈備北狄議〉，頁301～302。

〔註12〕《長編》，卷五十八，景德元年十二月戊子條，頁1293～1294；卷五十九，景德二年正月丙寅條，頁1312；《全宋文》，卷一九九〈石保吉神道碑銘〉，頁71～72；《宋史》，卷四百六十三〈外戚傳上‧劉美〉，頁13548。據〈石保吉神道碑銘〉的說法，石保吉「總精銳之旅，軍于澶淵北門之外。一旦戎騎數萬，徑及城下。公不俟擐甲，獨當其鋒」。關於眞宗在行在亭的宴射的經過，〈石保吉神道碑銘〉則記眞宗連射均中，而石保吉及「襄帥」（按：即李繼隆，以李爲山南東道（襄州）節度使之故）次第中焉。石保吉那番老練面面俱到的陳詞，碑文所記與《長編》所記略有出入，稱石保吉「慷慨自陳曰：臣無鷹犬之材，蒙被驅策，仰資廟勝，獲覿諡寧。誠賴繼隆，共申□海，逃曠敗以期幸，媿勤勞而蔑聞。」究竟石保吉眞的在御前文縐縐地說出這番令眞宗及李繼隆都大慰的話，還是翰林學士李宗諤的大手筆潤飾而成，也無須深究。總的來說，石駙馬爺打仗不行，做官是在行的。不過，石駙馬爺在陳州就有

州之役，因緣際會立功受賞，石家也沾光不少。這對石元孫日後的仕宦，有相當助力。是年石元孫三年守孝服終。據〈石元孫墓誌〉所記，他服終後眞宗授他勾當內物料庫的差遣。是年石元孫才十四歲，似乎未到出仕的年齡，他出仕最早也應到景德三年（1006）以後。〔註13〕

石元孫在景德以後，「繼歷西染院、禮賓、右騏驥院、南／北作坊、東／西八作、御前忠佐軍頭引見司官。」從內廷諸司到禁軍的御前忠佐司，他都獲委不同的差遣。至於他的武選官，他的墓誌稱「覃慶改內殿崇班」。相信是在大中祥符元年（1008）十月癸丑（廿六）泰山封禪大典完成後，在眞宗詔「大赦天下」，「內外諸軍將士，比南郊例特與加給。文武官並進秩」；然後在是年十二月癸卯（十七），「群臣並以次覃恩」之時，得以從東頭供奉官遷一階至大使臣的內殿崇班。然後再遷內殿承制加閤門祗候（按：此職在大中祥符二年（1009）正月乙丑（初九）新置）。〔註14〕

大中祥符二年正月己巳（十三），一直器重石元孫的晉國長公主獲眞宗封爲晉國大長公主。〔註15〕但公主在是年十月病重，眞宗雖從十月庚戌（廿九）到十一月乙卯（初四），命內侍張永和赴華山西嶽廟，爲她設醮祈福；但公主仍舊藥石無靈，延至十一月庚辰（廿九）病逝。〔註16〕禍不單行，已抱病在身的石保吉從陳州力疾赴京，料理亡妻的喪事。他抵京後病益沉重。眞宗急命太醫到其府第治理，並且親臨視疾。但延至大中祥符三年（1010）四月辛亥（初二），石保吉終於病卒於京師的豐義坊之私第，得年五十七。眞宗得報，馬上命入內內侍省都都知秦翰（952～1015）往石家，督視其喪事。眞宗特廢朝三日，贈保吉中書令，諡莊武。並親臨其家致哀。是年六月癸酉（廿六），

點得意忘形，他大治廨舍，修築城壁，並不上奏，他的僮奴輩又假威擾民，給人向眞宗告了一狀，眞宗疑石有別情，就派他的心腹右侍禁、自京至陳、潁州（今安徽阜陽市）巡檢的劉美（962～1021）前往查察。幸而劉美回奏石保吉「世受國恩，擁高貲，列藩閫，營繕過度，拙於檢下，誠或有之，自餘保無他患。」眞宗才釋疑，沒有追究。

〔註13〕 本文〈附錄一：石元孫墓誌〉。
〔註14〕 本文〈附錄一：石元孫墓誌〉；《宋史》，卷七〈眞宗紀二〉，頁 138，140；《長編》，卷七十，大中祥符元年十月癸丑條，頁 1572；十二月癸卯條，頁 1581；卷七十一，大中祥符二年正月乙丑條，頁 1587。按內殿承制在崇班之上，是大使臣之首，秩比文官的殿中丞。石元孫遷內殿承制年月不詳，當在二年正月後。
〔註15〕 《長編》，卷七十一，大中祥符二年正月己巳條，頁 1588。
〔註16〕 《長編》，卷七十二，大中祥符二年十一月庚辰條，頁 1643；《宋代石刻文獻全編》，第三冊，《金石萃編》卷一百二十七〈宋五〉〈晉國大長公主設醮題記〉，頁 111。

石家子弟奉石保吉靈柩歸葬於河南府洛陽縣平樂鄉宣武原先塋，與晉國大長公主合葬。翌年（即大中祥符四年，1011）十一月癸酉（初四），石家子弟又爲石保吉立神道碑，並請得翰林學士李宗諤爲石保吉撰寫神道碑銘。相信是石元孫的主意，在叔父立碑的翌月十二月庚戌（十一），他又爲亡父石保興立碑，並請得翰林學士楊億爲亡父撰寫神道碑銘。〔註17〕

　　開封浚儀石氏外戚將門在短短數月內，失去了族中第二代最尊最貴的石保吉夫婦二人。〔註18〕雖然眞宗照例給予石家很厚的恩恤，但對石元孫兄弟的仕途卻大有影響，他們以後要靠自身的本事才可望出人頭地。石氏的第三代除了石元孫兄弟外，石保吉有子十人，最長的是當時官崇儀副使的石貽孫（？～1027後）和禮賓副使石孝孫（？～1029後）。因他們的生卒年均不詳，暫難確定石元孫的行第，筆者傾向石元孫居長。身爲石氏長子嫡孫的石元孫，在大中祥符四年十一月，不過二十歲，已自大使臣的內殿承制擢至諸司副使第四等第四階的崇儀副使。相信他是沾了叔父的恩澤而得到超擢。他爲官的表現如何？爲他父親石保興撰寫神道碑銘的楊億曾泛泛地說他「嘗爲小相，角巾東道，方庇大宗，實華冑之恭人，鍾高閎之積慶」〔註19〕石元孫顯然因家世貴冑才獲得諸司副使的官位，並非有甚麼功勞。

　　終眞宗之世，石元孫的事蹟不詳，只知他稍後再遷一階爲如京副使。他的最後差遣當是御前忠佐軍頭引見司官，任職於禁軍。〔註20〕

三、差強人意：出任邊將的石元孫

　　眞宗於乾興元年（1022）二月病逝，仁宗以沖齡嗣位，由章獻劉太后臨朝攝政。〔註21〕石元孫以戚里子弟獲任爲在京舊城內同巡檢。不久，遷三階爲文思副使，並受差遣爲勾當法酒庫。這次他卻失職，因屬吏盜酒，坐失察

〔註17〕《全宋文》，第十冊，卷一九九〈石保吉神道碑銘〉，頁72～75；第十五冊，卷二九九〈石保興神道碑銘〉，頁44～45；《長編》，卷七十二，大中祥符二年十月庚寅條，頁1636；卷七十三，大中祥符三年四月壬子條，頁1662～1663。石保吉在大中祥符二年十月尚在陳州，他在概在是年底才從陳州赴京奔喪。

〔註18〕石保吉有弟一人名石保從，但早在大中祥符三年四月石保吉逝世前已過世，終於東頭供奉官、閤門祗候。參見《全宋文》，第十冊，卷一九九〈石保吉神道碑銘〉，頁73。

〔註19〕本文〈附錄一：石元孫墓誌〉；《全宋文》，第十冊，卷一九九〈石保吉神道碑銘〉，頁73～74；第十五冊，卷二九九〈石保興神道碑銘〉，頁43。

〔註20〕本文〈附錄一：石元孫墓誌〉。

〔註21〕《宋史》，卷九〈仁宗紀一〉，頁175～176。

之罪而被貶二官。〔註22〕

　　天聖五年（1027）九月庚子（初三），宋廷如常遣使往遼，賀遼主生辰及正旦。這次石元孫的堂弟石貽孫中選，以崇儀使獲委爲契丹主賀生辰（千齡節）副使。宋廷對石氏一門也頗恩待，給予貽孫這份優差。〔註23〕就在石貽孫等抵遼邦不久，十一月癸丑（十七），宋廷祀天地於圜丘，並大赦天下。十二月辛未（初五），加恩百官。石元孫也在此時覃恩復官爲如京副使，〔註24〕並獲差遣充任澶州在城巡檢兼管勾駐泊軍馬的兵職。這是石元孫首次獲委邊任。這年他三十六歲，已有豐富的治事經驗。他的墓誌稱譽他馭軍嚴謹，訓練無忒。知澶州楊嶠（？～1028 後）對他的才能甚爲賞識，向宋廷推薦他可任邊將。宋廷稍後接納楊之推薦，將石元孫移知莫州（今河北滄州市任丘市北）。值得一提的是，其父石保興也先任澶州駐泊都監，再知莫州。〔註25〕

〔註22〕 本文〈附錄一：石元孫墓誌〉;《宋史》，卷二百五十〈石守信傳附石元孫傳〉，頁 8814。他被追二官，當指貶官二等，即由諸司副使第三等的文思副使貶爲第五等的西京作坊副使。又法酒庫隸光祿寺專門供應御用、祠祭和賜給臣僚的法酒。勾當法酒庫的差遣參用文武臣僚，除了委任石元孫這類武臣外，也委任文臣，好像宋仁宗朝都官員外郎鄭熹，及神宗朝的虞部員外郎陳世卿均曾任勾當法酒庫。據陳世卿在熙寧三年（1070）六月的上奏，法酒庫的吏人仍多作弊倖，偷減藏酒，甚至勾收空瓶作弊。是故石元孫失察吏人盜酒的事，一直並未禁絕。參見沈遘（1028～1067）:《西溪集》，文淵閣《四庫全書》本，卷五〈都官員外郎勾當法酒庫鄭熹可職方員外郎〉，葉十七上;鄭獬（1022～1072）:《郎溪集》，文淵閣《四庫全書》本，卷六〈虞部員外郎陳世卿等六人轉官制〉，葉三上;《宋會要輯稿》，第六冊，〈職官二十一·光祿寺〉，頁 3606;第十二冊，〈食貨五十二·法酒庫〉，頁 7169。

〔註23〕 《長編》，卷一百五，天聖五年九月庚子條，頁 2447;脫脫:《遼史》，（北京:中華書局，1974 年 10 月），卷十七〈聖宗紀八〉，頁 201;《宋史》，卷二百五十〈石守信傳附石保吉傳〉，頁 8814。宋廷擔任契丹主賀生辰使的是吏部郎中、知制誥石中立（972～1049）。據《遼史》所記，石中立和石貽孫等在是年十一月初抵遼。《宋史》記石貽孫官至崇儀使帶御器械，坐事免官。不知是否與這次出使有關。

〔註24〕 據〈石元孫墓誌〉所記，「天聖中，上郊赦，復如京副使」。按天聖中當爲天聖四年（1026）至六年（1028）。而宋廷舉行南郊大典在天聖五年十一月。故推斷石元孫當在天聖五年十二月因南郊恩典復官如京副使。參見《宋史》，卷九〈仁宗紀一〉，頁 184。

〔註25〕 楊嶠是宋朝第一榜狀元、眞宗初年官至樞密副使楊礪（931～999）的長子。他的生平只在《長編》及《宋會要輯稿》有零星的記載。他在眞宗天禧四年（1020）正月，在屯田員外郎任上，請於秦州（今甘肅天水市）入中，商賈芻糧就四川界人見錢。到天聖六年三月己酉（十四），當他獲授京西轉運使時，又上言澶州浮橋用船四十九隻，自溫州（今浙江溫州市）歷梁堰二十餘重，

石元孫出知莫州，正逢該地的大水患。據〈石元孫墓誌〉所記，當時河北的水患，以莫州最甚。水患造成「桑土蕩壞，民悉飢殍」。石元孫到任後，就加大力量修護河堤，並且盡力做好周濟災民的工作。因為天雨不止，莫州的城垣均被浸壞。石元孫顧念時逢凶歲，不想在此時興役，但又擔憂邊疆之防，最後仍不得已調發州民修理城垣。幸而莫州民都甘願應役修城，並且相告說：「公愛人甚，而為公家之事。吾等何憚耶？」於是修築城垣的工程，很快便竣工。本路監司、剛陞任河北轉運使的楊嶠對石元孫的工作大為嘉許，並奏報宋廷。仁宗即賜詔獎諭。石元孫守莫州的表現，其墓誌所記難免有溢美之處。不過，《宋史・石元孫傳》也記他守莫州「有治蹟」。據此，若說石元孫是一員能幹稱職的邊將，當不會距離事實太遠。〔註26〕

天聖七年（1029）正月癸卯（十三），一直權勢薰天的樞密使曹利用（971～1029），因長期開罪了章獻劉太后、貴戚內臣及文臣集團而不自知，給政敵抓著姪兒曹汭不法的把柄，坐失察之罪而遭罷職遠貶。閏二月辛卯（初二），他更被押解的內臣楊懷敏（？～1050）謀殺於路上。一大批被指為曹黨的文武臣僚均被貶黜，邊將中的知瀛州（今河北滄州市河間市）禮賓使魏正，即

經兩三年才抵達澶州。他請從今在秦、隴及同州（今陝西渭南市大荔縣）伐木，從磁州（今河北邯鄲市磁縣）及相州（今河南安陽市）取鐵及石炭，在澶州造船。同月辛亥（十六）他又上言，指出澶州每年檢視河堤，每春徵民夫數萬，並由濮州（今山東荷澤市鄄城縣）、鄆州（今山東荷澤市鄆城縣）差往。他認為這樣做擾民勞民甚。因請求只於外州抽兵五、七千人，與負責清河的兵士同修。宋廷接納他兩次上奏的意見。從他連番上奏討論澶州修河的問題，可推論他改授京西轉運使前的職位當是知澶州。這正吻合〈石元孫墓誌〉所載，石元孫在天聖五年底充澶州在城巡檢兼管勾駐泊兵馬時，「太守楊公嶠雅知公」。考駙馬都尉、宣州觀察使李遵勗（988～1038）在天聖六年四月壬申（初七）出知澶州，顯然他是接在三月己酉（十四）遷京西轉運使楊嶠知澶州之任。按楊嶠在是年九月又徙河北轉運使，並上奏論富豪之家趁旱災生利盤剝小民之弊。他官至祠部郎中，天聖六年以後的事蹟待考。參見本文〈附錄一：石元孫墓誌〉；《宋史》，卷二百八十七〈楊礪傳〉，頁 9643～9644；《長編》，卷一百六，天聖六年三月己酉條，頁 2467；四月壬申條，頁 2470；《宋會要輯稿》，第十冊，〈食貨一・檢田雜錄〉，頁 5954～5955；第十一冊，〈食貨三十六・榷易〉，頁 6793；第十三冊，〈食貨六十三・農田雜錄〉，頁 7706；第十六冊，〈方域十四・治河上〉，頁 9558；《全宋文》，第十五冊，卷二九九〈石保興神道碑銘〉，頁 41。

〔註26〕本文〈附錄一：石元孫墓誌〉；《宋史》，卷二百五十〈石守信傳附石元孫傳〉，頁 8814。按〈墓誌〉記河北路按察使嘉許石元孫的治績，並申報宋廷。石元孫澶州的上司楊嶠在天聖六年九月徙河北轉運使。他應該就是石元孫的本路按察使。參見註25。

被指為曹黨而被罷。〔註27〕同為邊將的石元孫一門既屬於貴戚，也與曹利用無甚交情，這次就沒有受到牽連，仍舊得到劉太后的信任。

這年三月，遼邦遭遇大饑，遼民越過界河。宋廷下令邊臣予以賑濟。四月，輪到河北大水。宋廷下詔大赦天下，免河北被水之民戶賦租。六月，河北又發生大水，將澶州的浮橋摧毀。宋廷於七月戊午（初一），命戶部副使鍾離瑾為河北安撫使，作坊使范宗古為副使往河北諸州郡賑撫災民，並命他們將邊防事機、民間疾苦，盡行經畫奏聞。據〈石元孫墓誌〉所記，因當時邊郡多事，石元孫於是向宋廷提出守邊的謀議。石元孫大概就在這時上奏。他勇於任事，得到宋廷的欣賞。大概在這年中，仁宗召他入朝，讓他面奏其禦邊的謀議。據載仁宗很滿意他對邊事利害的分析。〔註28〕大概為了酬獎他，仁宗於八月癸卯（十七），給他一份優差，選派他以如京副使擔任契丹主正旦副使，出使遼國。十二月丁未（廿三），宋使團抵遼都。據〈石元孫墓誌〉所載，宋使團抵達遼邦後，遼廷賜宴款待，宴會上雙方使臣比射，石元孫被邀落場比試。他從容不迫，揖讓一番後施射，結果矢無虛發，大大為宋使團掙得面子。他的同僚和隨從都相顧歎服。因出使遼邦，不辱使命，結果他獲超擢為禮賓使，進入諸司正使的行列。〔註29〕

大概在天聖八年（1030）初，宋廷以石元孫熟悉邊事，就再任他知莫州。據〈石元孫墓誌〉所載，莫州民都歡迎他重來。在他管治下，州民都守法。據載有一日，莫州邊陲的民戶傳言遼軍入寇，民眾驚恐失措之下，紛紛攜挈老幼，爭相走入莫州州城躲避。石元孫得報，怡然無懼色。他判斷這番傳言必屬虛妄。這時莫州首縣任丘縣（今河北滄州市任丘市）令亦帶同其家人逃

〔註27〕《長編》，卷一百七，天聖七年正月癸卯至閏二月辛卯條，頁2491～2499。
〔註28〕本文〈附錄一：石元孫墓誌〉；《長編》，卷一百七，天聖七年三月庚辰條，頁2504；四月庚寅條，頁2506；卷一百八，天聖七年六月甲寅條至七月戊午條，頁2518。
〔註29〕本文〈附錄一：石元孫墓誌〉；《宋史》，卷二百五十〈石守信傳附石元孫傳〉，頁8814；《長編》，卷一百八，天聖七年八月癸卯條，頁2521；《遼史》，卷十七〈聖宗紀八〉，頁205，208～209，註18，21。按擔任契丹主正旦使的是職方員外郎、判三司理欠司的張群。關於這次宋方的使團，《遼史》記他們在遼太平九年（即宋天聖七年）十二月丁未抵達，但《遼史》只著錄賀遼主生辰使的禮部員外郎鞠永（按：《遼史》訛寫為「仇」永）和副使供奉官王永錫（按：《遼史》訛寫為「韓」永錫），而沒有著錄同時使遼的張群、石元孫，以及擔任賀遼皇后正旦使戶部判官蘇耆（987～1035）及副使內殿承制王德明之名字。又禮賓使為諸司正使第五等第四階，高於最低的供備庫使之上。不過，石元孫由諸司副使第四等第三階的如京副使逕遷禮賓使，已是超擢了。

入州城躲避。石元孫見狀，即派人訓斥他：「君，民帥也。既不能安民，而又挈屬先之，何以儀民？宜促屬以歸，無重民駭。」任丘令於是遣回家屬，莫州民情就得以安定下來。本路監司後來知道此事，原本打算處分任丘令。石元孫卻為屬下說情，使他免受責罰。〔註30〕

石元孫不久移知保州（今河北保定市），加領廉州刺史，充保州、廣信軍（今河北保定市徐水縣西遂城鎮）、安肅軍（今河北保定市徐水縣）沿邊都巡檢使，負責守禦北邊。宋廷整飭邊備，就命他審議在保州城西開屯田及鑿塘水的可能。石元孫經過查察研究後，認為此一方案可行。不過，他亦向僚屬表示：「民樂久安，難以慮始。役興必有訟者。」他所料不差，不久果然有保州民班化等人前往開封，擊登聞鼓訟告石元孫「擅污民田」。宋廷於是遣官前往保州查究。可幸的是，使者的覆奏指出石元孫的墾田開水塘的工程實在利國利民，訟告人因此承認誣告。仁宗特賜璽書獎諭，並賜白金五百兩以旌美之。石元孫上表謝恩之餘，卻很厚道地請求寬恕原告人的罪責。他的容人器量及謀事遠慮，贏得其他邊吏的佩服，尤其是他「不以小沮而廢大功」的識見。〔註31〕

天聖八年十一月戊辰（十九），宋廷舉行祀天地於圜丘的大典，大赦天下。十二月癸未（初五），宋廷加恩百官。石元孫得以從禮賓使遷三階為西京作坊使。〔註32〕天聖十年（1032）十一月甲戌（初六），仁宗改元明道，大赦天下，百官均進官一等。大概在此時，石元孫再優遷為橫班使臣的西上閤門使，依舊領廉州刺史。〔註33〕翌年（明道二年，1033）三月甲午（廿九）

〔註30〕 本文〈附錄一：石元孫墓誌〉。考宋廷在石元孫未復任莫州前，在天聖七年十一月，特賜莫州修城卒緡錢。這對石元孫重來莫州，是一項支持。又石元孫的本路監司、當時的河北轉運使很有可能是明察秋毫，不畏權勢，在天聖八年四月自京西轉運使徙河北路轉運使的工部郎中王彬。參見《長編》，卷一百八，天聖七年十一月庚辰條，頁2528；卷一百九，天聖八年四月甲午條，頁2539。

〔註31〕 《宋史》，卷二百五十〈石守信傳附石元孫傳〉，頁8814；本文〈附錄一：石元孫墓誌〉。

〔註32〕 本文〈附錄一：石元孫墓誌〉；《宋史》，卷九〈仁宗紀一〉，頁188～189。〈石元孫墓誌〉記石元孫「上籍田慶成，恩加西京作坊使」。這裡的「籍田慶成」當指天聖八年十一月的一次南郊大典。

〔註33〕 本文〈附錄一：石元孫墓誌〉；《長編》，卷一百十一，明道元年十一月甲戌條，頁2591。石元孫自西京作坊使超擢西上閤門使的年月不詳，相信是明道改元百官加恩的時候。按西上閤門使是橫班正使的最低一階。

劉太后病逝，仁宗親政。四月丙辰（廿一）劉太后所親信的一班內臣被貶逐出朝廷。其中入內副都知江德明（？～1037）被出爲并州（即太原，今山西太原市）、代州（今山西忻州市代縣）路鈐轄。半年後，即同年十月乙巳（十三），江德明再被解除副都知之職，並徙爲潞州（今山西長治市）鈐轄。石元孫大概在這時接江德明之缺，調充并州、代州路管內馬步軍鈐轄專管勾麟州（今陝西榆林市神木縣）、府州（今陝西榆林市府谷縣）路駐泊軍馬。石保興曾任過麟州、府州故關都巡檢使。石元孫這回又步亡父後塵鎮守河東路。據他的墓誌所記，他曉得邊鄙久安，守軍不習知戰鬥。一旦有事需要出征，實不知如何應戰。他於是將守軍嚴加訓練。經他的訓練後，河外的邊兵，號爲精兵。〔註34〕石元孫在邊將中，當時已享有令譽。他被擢陞更高的職位，已是指日可待。

四、榮辱無常：從三衙管軍到敗軍之將

仁宗在翌年改元景祐（1034）。這年正月，元昊開始進犯府州。閏六月，石元孫所管轄的府州上奏宋廷，稱元昊自正月後數次入寇。仁宗馬上命并代部署司發兵嚴備。宋廷以石元孫守邊的功績昭著，就在半年後，即是年十二月，因原龍神衛四廂都指揮使、永州防禦使劉平擢陞步軍都虞候，就特除石元孫龍神衛四廂都指揮使、榮州防禦使，接替劉平的遺缺。石元孫從此進入三衙管軍的行列，位列將帥。這一年石元孫已四十三歲，終於出人頭地，得到武臣所冀求的三衙管軍高位。〔註35〕他守邊的勞績、資歷，再加上他是開國功臣之後，以及戚里世家子弟的身份，自然是喜歡重用外戚子弟的仁宗所垂青的。公道而論，他倒是靠自己的本事獲得管軍高位的。他的擢陞，並未有受到文臣們的批評與反對。三川口兵敗前，文臣們並沒有對他的能力有負

〔註34〕《長編》，卷一百十二，明道二年四月丙辰條，頁 2612；卷一百十三，明道二年十月乙巳條，頁 2639；《全宋文》，卷二九九〈石保興神道碑銘〉，頁 41；本文〈附錄一：石元孫墓誌〉；《宋史》，卷二百五十〈石守信傳附石元孫傳〉，頁 8814。

〔註35〕《長編》，卷一百十四，景祐元年正月戊辰、庚寅條，頁 2659，2662；閏六月乙丑條，頁 2682；本文〈附錄一：石元孫墓誌〉。石元孫原遙領廉州刺史，現在越過團練使一級，逕授榮州防禦使。關於劉平爲何在景祐元年十二月，能越過捧日天武四廂都指揮使，連陞兩級，陞任步軍都虞候的緣故，以及當時三衙管軍人事升降的情況，可參閱何冠環，〈敗軍之將劉平（973～1040 後）——兼論宋代的儒將〉，頁 303～305 及注 40。

面的批評。仁宗拔用他，倒不算是用人惟親。事實上，石元孫雖屬外戚，但他和另一外戚子弟李昭亮一樣，與仁宗並沒有直接的血緣關係。他得到仁宗的擢用，倒是靠自己的本事居多。

　　景祐二年（1035）十一月乙未（十五），宋廷再舉行南郊大典，仁宗以石元孫獲授管軍職位已久，應該入朝輪流擔任宿衛之任，就特召他赴闕，命他權在京舊城內都巡檢使。〔註36〕

　　石元孫在京擔任宿衛才半年多，仁宗在景祐三年（1036）五月，以他熟知澶州修河工程，任他為知澶州兼修河部署。他尚未赴任，又改授真定府（今河北石家莊市正定縣）、定州（今河北保定市定州市）等路駐泊馬步軍副都部署，並陞一級軍職為捧日天武四廂都指揮使。不久，又被調返澶州，任知澶州兼兵馬部署。〔註37〕

　　景祐四年（1037）閏四月，因殿前都指揮使夏守贇（977～1042）被罷，三衙管軍人事調動，石元孫就得以依次補為步軍都虞候。〔註38〕宋廷並且賜給石元孫與新陞殿帥的鄭守忠（？～1042）和馬帥高化（969～1048）特恩：三人的母親獲得追封，妻子獲得晉封郡君。〔註39〕石元孫同年十一月再陞任

〔註36〕《長編》，卷一百十七，景祐二年十一月己丑至丙午條，頁2762～2763。

〔註37〕考〈石元孫墓誌〉未記石元孫出守澶州的月日。據《長編》，仁宗在景祐三年五月辛卯（十四），以內侍副都知王守忠（？～1054）為澶州修河鈐轄，當是代替石元孫本來的任命。據此，仁宗出石元孫澶州，然後改真定府，當在景祐三年五月前後。又石元孫擢陞捧日天武四廂都指揮使，也當在他出守真定府同時。參見《長編》，卷一百十八，景祐三年五月辛卯條，頁2785；本文〈附錄一：石元孫墓誌〉。

〔註38〕本文〈附錄一：石元孫墓誌〉；參見周應合（？～1275後）（纂），王曉波（點校）：《景定建康志》，收入《宋元珍稀地方志叢刊・甲編》，第二冊（成都：四川大學出版社，2007年6月），卷二十六〈侍衛馬軍司題名記〉，頁1241～1242（以下簡稱〈侍衛馬軍司題名記〉）。關於景祐四年閏四月三衙管軍拜罷的情況，參閱何冠環：〈敗軍之將劉平（973～1040後）——兼論宋代的儒將〉，頁307及注46。接替夏守贇任殿帥的，是原馬帥鄭守忠。原步帥高化陞任馬帥，原馬軍都虞候劉平則次補為殿前都虞候。

〔註39〕宋庠（996～1066）：《元憲集》，文淵閣《四庫全書》本，卷二十六〈外制・授鄭守忠光祿大夫依前檢校戶部尚書寧遠軍節度使殿前副都指揮使加食邑實封制〉，葉十三下至十四上；〈帥臣鄭守忠高化石元孫追封母制〉，葉十九下；〈帥臣鄭守忠高化石元孫妻進封郡君制〉，葉廿二上。宋庠（本名宋郊）這兩道制文的撰寫年月不詳，也沒有具體列明三人母妻的姓氏。按宋庠在景祐元年閏六月前已任知制誥，到寶元元年三月戊戌（初一）自知制誥陞任翰林學士。他撰寫這兩篇制文當在景祐元年閏六月至寶元元年三月前。在兩篇加封

馬軍都虞候，大概在寶元元年（1038）初，移任高陽關路駐泊馬步軍副都部署，接替調往環慶路的殿前都虞候劉平。他在任內曾推薦其門客、明法出身的顏雅言官職。仁宗對他眷寵正隆，就特授顏雅言將作監主簿。〔註40〕客觀而論，石元孫任邊將多年，其實沒有立過甚麼像樣的汗馬功勞，爲何仁宗如此看重石元孫？〈石元孫墓誌〉說石元孫「凡履歷文安、麟、府、澶淵、高陽，皆先德□治，仁啓德化之愛，浹民深厚，人皆相慶。公履事仍循舊規，民亦稱治。」〔註41〕雖有溢美之嫌，不過石元孫是一員懂得治理地方，算得上是稱職的邊臣，則宋人並無異議。倘沒有後來三川口兵敗一劫，他可能會無災無難到公卿，成爲中興石氏一門的大功臣。

元昊在寶元元年正月已開始計劃侵宋，〔註42〕宋廷卻仍不察覺他的動靜。三月戊戌（初一），仁宗因言官的交相論奏，將不孚眾望的宰相王隨（973～1039）、陳堯佐（963～1044），參政韓億（972～1044）、石中立（972～1049）同時罷免。然新任的宰執大臣自張士遜（964～1049）、章得象（978～1048）、盛度（970～1040）以下，都不給人能挽救時艱的信心。諷刺的是，剛被擢爲同知樞密院事王博文（969～1038），做不了一個月便病卒於任上。據說仁宗因爲可憐他，才在他病重之時陞他官的。〔註43〕這樣的一個爛班子偏偏要

三人母、妻的制文之前，同卷還收有另一篇授鄭守忠殿帥的制文。據此推論，筆者認爲宋庠最有可能在景祐四年閏四月，當鄭、高二人拜殿帥及馬帥，而石元孫同時陞步候的時候奉命撰寫這兩篇加封三人母妻的制文。至於宋庠的制文的受益的人，爲何沒有包括其他管軍，例如當時陞任帥的張濬（？～1039）及殿候的劉平，原因待考。關於宋庠拜罷知制誥年月的記載，可參見《長編》，卷一百一十四，景祐元年閏六月辛酉條，頁 2681；卷一百一十八，景祐三年二月壬戌條，頁 2777；卷一百一十九，八月丙辰條，頁 2799；（按景祐三年二月及八月兩條，《長編》均將宋庠訛寫爲其弟宋祁）；卷一百二十一，寶元元年三月戊戌條，頁 2866。

〔註40〕 〈侍衛馬軍司題名記〉，頁 1242；《宋史》，卷三百二十五〈劉平傳〉，頁 10500；《長編》，卷一百二十二，寶元元年十二月辛未條，頁 2887；《全宋文》，第二十冊，卷四二五〈宋庠十〉〈侍衛親軍馬軍都虞候高陽關部署石元孫門客顏雅言可踐將作監主簿制〉，頁 347。按宋庠這篇制文不載《四庫全書》本的《元憲集》，《全宋文》編者從《永樂大典》卷一四六零八輯出。又劉平先任高陽關路副部署，再徙環慶路，然後在寶元元年徙鄜延路。至於他從高陽關路徙環慶路的確實年月不詳。他是石元孫高陽關路副部署的前任則可確定。筆者認爲石元孫可能在寶元元年初接劉平的缺，任高陽關路副部署。

〔註41〕 本文〈附錄一：石元孫墓誌〉。

〔註42〕 《長編》，卷一百二十一，寶元元年正月癸卯條，頁 2849。

〔註43〕 《長編》，卷一百二十一，寶元元年三月戊戌條，頁 2864～2866；卷一百二十

應付元昊入侵的危機。十月甲戌（十一），元昊稱帝兼改元。十二月丙寅（初四），鄜延路都鈐轄司奏報元昊反宋的消息。五天後，宋廷即徙宿將環慶路副部署、殿前都虞候、邕州觀察使劉平爲鄜延路副部署。兩天後，再任三司使、戶部尚書夏竦（985～1051）知永興軍（今陝西西安市）兼本路都部署兼提舉乾州（今陝西咸陽市乾縣）、耀州（今陝西銅川市耀縣）等軍馬，吏部侍郎知河南府（今河南洛陽市）范雍（979～1046）徙知延州兼涇原秦鳳路安撫使兼鄜延路都部署、鄜延環慶路安撫使，以應付元昊的入侵。〔註44〕

夏竦和范雍奉命經略西邊，應付元昊的入侵。他們都著意尋找得力的助手。夏竦在寶元二年（1039）正月丁酉（初六）推薦度支員外郎張昇（992～1077）可用，宋廷就將他自文階轉爲武階的六宅使，任他爲涇原秦鳳路安撫都監。九天後，相信是范雍的推薦，劉平再兼鄜延環慶路安撫副使，統率兩路的兵馬。至於被指不察敵情的原知延州郭勸（981～1052）及原鄜延鈐轄兼知鄜州的李渭（979～1041），在同月甲寅（廿三）就被降職調離西邊。〔註45〕四月乙丑（初五），相信是仁宗本人的主意，他特任曹皇后（1016～1079）的叔父同州觀察使、秦鳳路都部署曹琮（？～1045）兼本路安撫使。另外，他又擢陞另一員外戚子弟李昭亮爲殿前都虞候，並將他從定州徙爲秦鳳路副都部署、經略招討副使，擔任曹琮的副手。據李昭亮的神道碑所記，仁宗召見他，授以方略，並厚賜而遣。〔註46〕六月辛未（十二），仁宗再擢用石元孫爲鄜延路副都部署兼沿邊巡檢安撫使。將他從北邊的高陽關路徙往西邊的鄜延路，協助范雍和劉平。據〈石元孫墓誌〉所載，他取道京師，得到仁宗召見偏殿，並諭以西事。他在仁宗面前議事慷慨激昂，而所陳的方略清楚明白，於是得到仁宗的讚賞。仁宗於是將他從榮州防禦使擢爲邕州觀察使，厚贈以遣他就道。〔註47〕

二，寶元元年四月癸酉條，頁2871。

〔註44〕《長編》，卷一百二十二，寶元元年十月甲戌條，頁2882～2883；十二月丙寅至癸酉至甲申條，頁2887～2888。

〔註45〕《長編》，卷一百二十三，寶元二年正月丁酉至丙午條，頁2892；正月甲寅條，頁2894。按寶元二年正月甲寅（廿三）郭勸自工部郎中、天章閣待制被落職徙知齊州（今山東濟南市）。而李渭就自四方館使、惠州刺史被降授尚食使徙知汝州（今河南平頂山市汝州市）。

〔註46〕《長編》，卷一百二十三，寶元二年乙丑條，頁2902；蘇健：〈宋中書令李昭亮神道碑調查〉，《中原文物》，1995年第2期，頁99；《宋史》，卷四百六十四〈外戚傳中·李昭亮〉，頁13563。

〔註47〕石元孫何時遷殿前都虞候，《長編》記他在寶元二年六月所繫的軍職爲殿前都

　　這年七月癸卯（十四），宋廷再命劉平兼勾管涇原路兵馬事，讓他統率三路兵馬，統一事權應付元昊，稍後又將夏竦從永興軍調知前線的涇州（今甘肅平涼市涇川縣）。〔註48〕九月，直集賢院富弼（1004～1083）卻上奏批評宋廷對范雍及劉平的支持不足，賞功太薄。〔註49〕然而，鄜延一路的真正問題，是士卒的戰鬥力不足。據〈石元孫墓誌〉所載，石元孫抵延州，點閱部隊後，發現延州的守軍因久無戰事，教之不足，不習戰鬥。他對范雍表示，宋軍恐怕難以抵禦元昊入侵。他主張向宋廷請求增援，並且盡速採取主動，在敵軍主力尚未集結時主動出擊，或有勝望。〔註50〕

　　康定元年正月，宋廷將石元孫再陞為殿前都虞候。這是石元孫軍旅生涯所得到的最高軍職。據他的墓誌銘所記，他一生最高的官職差遣、階勳爵邑是：忠果雄勇功臣、殿前都虞候、邕州管內觀察使、金紫光祿大夫、檢校左散騎常侍、使持節邕州諸軍事、邕州刺史兼御史大夫、上輕車都尉、太原郡開國公、食邑二千六百戶、食實封肆百戶。這是三川口之役前他擁有的所有官職頭銜。他這年四十九歲，正當盛年，不幸卻是他一生從順轉蹇的轉折點。〔註51〕

　　石元孫向宋廷請援及從速進攻元昊的意見，尚未獲宋廷回應，元昊已在是年正月壬申（十七）親領兵十萬騎大舉侵宋。夏軍首先攻破延州外圍要塞金明寨（約今陝西延安市安塞縣南碟子溝、延安市西北約 50 里、延河與杏子河交匯處東側河谷中），擒守將李士彬，然後揮軍進攻延州。元昊其實使

　　　　虞候，但〈石元孫墓誌〉卻記他擢為邕州觀察使時，「軍政如故」。而據〈侍衛馬軍司題名記〉所記，石從馬候遷殿候，要到康定元年（1040）正月。按原步軍副都指揮使張潛卒於寶元二年五月，很有可能就在此時劉平由殿前都虞候陞補步軍副都指揮使，而石元孫就由馬軍都虞候依次陞任殿前都虞候。然而石元孫陞殿候的時間，究竟是寶元二年五月或六月，抑或是康定元年正月，暫難確定。現從〈侍衛馬軍司題名記〉的說法。參見本文〈附錄一：石元孫墓誌〉；《長編》，卷一百二十三，寶元二年六月辛未條，頁 2909；〈侍衛馬軍司題名記〉，頁 1242；《宋會要輯稿》，第三冊，〈禮四十一‧報朝‧管軍觀察使〉，頁 1665；第四冊，〈儀制十一‧武臣追贈‧軍職觀察使〉，頁 2541。

〔註48〕　《長編》，卷一百二十三，寶元二年六月壬午、乙酉條，頁 2913；卷一百二十四，寶元二年七月癸卯、戊午條，頁 2918～2919。宋廷在是年六月廿三日，下詔削奪元昊官爵，並懸重賞求其首。廿六日，又命勇將劉謙（？～1040）為環慶路副部署兼知邠州（今陝西咸陽市彬縣），加強環慶路的防衛。

〔註49〕　《長編》，卷一百二十四，寶元二年九月丁巳條，頁 2931。

〔註50〕　本文〈附錄一：石元孫墓誌〉。

〔註51〕　〈侍衛馬軍司題名記〉，頁 1242；本文〈附錄一：石元孫墓誌〉。

用圍點打援的戰術，但知延州范雍不察，大恐之餘，急命在慶州（今甘肅慶陽市慶陽縣）的劉平，在保安軍（今陝西延安市志丹縣）的石元孫，在保安軍北的碎金谷的鄜延都監黃德和（？～1040）、慶州東路都巡檢万俟政（？～1040）、延州西路都巡檢郭遵（？～1040）率本部合軍萬人來援。劉平等五將所率的宋軍，在急行軍的情況下，戊寅（廿三），於延州北的三川口（按：〈石元孫墓誌〉作五龍川）遇敵。宋軍本來就眾寡懸殊，又掉進元昊預設的陷阱。雖然拚死作戰多日，仍然不敵。統率後軍的內臣黃德和見勢危，就率本部二千人先遁。到己卯（廿九），夏軍發動總攻，擊破殘餘宋軍的陣地，劉平與石元孫均在陣東被俘。〔註52〕

石元孫在三川口之役擔任宋軍的副將，聽命於比他年長二十歲、號稱儒將的步軍副都指揮使劉平。他在此場惡戰之前，雖然久任邊將，但並沒有真正的戰鬥經驗。據他的墓誌所述，他「力戰於延城北五龍川累日，矢鏃殆盡」。當黃德和引兵先遁時，他並沒有跟隨逃遁。他最後被俘，仍「堅守漢節，無少變矣」。墓誌的作者顯然要為他開脫兵敗之責。客觀而論，石元孫在這一場惡戰中，算是盡了力，不該苛責。真要怪責的，應該是庸儒無謀的范雍〔註53〕和自以為是，只會紙上談兵的主帥劉平。真的要責備石元孫，則要責他雖然治理邊郡頗有成績，也似乎懂得一點練兵，但沒有自知之明，不知道自己其實並不具有打硬仗的真本事。他雖是將家子，卻一輩子沒有機會隨父、叔出征，以及追隨好像曹瑋（973～1030）這些名將上陣。三川口之戰前，他從未經歷真正的戰鬥，受過沙場兵凶戰危的考驗和洗禮。他在仁宗前慷慨陳詞，議論邊事，其實和劉平一樣，犯上高估自己能力，而低

〔註52〕據關於三川口之役的過程及分析，可參閱何冠環，〈敗軍之將劉平（973～1040後）──兼論宋代的儒將〉，頁312～314。又劉平、石元孫覆師之地，《仁宗實錄》的〈文忠烈公彥博傳〉和魏泰（1050～1100）的《東軒筆錄》都寫作五龍川。據魏泰的說法，設謀打敗劉平和石元孫，是元昊兩員大將剛浪峻和野利遇乞。二人既能用兵，夏人又善戰，故宋軍連戰均北。參見杜大珪（？～1194後）（編）：《名臣碑傳琬琰之集下》，文淵閣《四庫全書》本，卷十三〈文忠烈公彥博傳〉，葉一下；魏泰（撰），李裕民（點校）：《東軒筆錄》（北京：中華書局，1983年10月），卷八，頁94～95；卷十五，頁173。

〔註53〕《宋會要》所記，當劉平和石元孫戰沒，而延州及慶州告急時，范雍卻只知往神祠在延州膚施縣的嘉嶺山神禱告，求神靈打救，據說當晚天降大雪，延州城頭上隱若出現鬼神披甲之狀，於是夏軍「遂驚而退」，延州得以不失。范雍將此番鬼話奏報宋廷，宋廷在康定元年三月下詔加封嘉嶺山神為威顯公。參見《宋會要輯稿》，第二冊，〈禮二十一・諸神廟・徽美顯靈王廟〉，頁1085。

估對手實力的嚴重錯誤，結果將自己送上三川口之覆師之路。他也許立功心切，而自薦出守西邊，然不料到對手元昊卻是百年不遇的軍事天才，於是招致覆師，成為敗軍之將。石元孫算不算咎由自取，就見仁見智了。〔註54〕

五、忍辱偷生：石元孫的餘生

三川口之戰後，劉平和石元孫首先被臨陣逃脫的內臣都監黃德和誣告降敵。起初仁宗相信誣告，甚至發兵包圍二人之家，準備收捕二人之家屬。繼而文臣一面倒地為二人辯護，力證劉、石二人沒有降敵，而是兵敗被俘後罵賊不食而死。仁宗一方面命殿中侍御史文彥博（1006～1097）、天章閣待制龐籍（988～1063）及內臣入內供奉官梁致誠（？～1040後）往河中府（今山西運城市永濟市西）置獄審訊黃德和等，查證黃所指控是否屬實。另一方面釋放二人家屬，並各賜二家絹五百疋、錢五百貫、布五百端。〔註55〕四月乙巳（廿一），文彥博等審結黃德和指控劉平降敵一案，上奏宋廷，判定黃實屬誣告，指他退怯當誅，而劉平等力戰而沒，子孫宜加賞卹。仁宗准奏，丙午（廿二），腰斬黃德和於河中府，梟首於延州城下。翌日（廿三），追贈劉平為忠武軍節度使兼侍中，石元孫為忠正軍節度使兼太傅。另賜劉家信陵城第，封劉平妻趙氏為南陽郡太夫人，劉平子孫及諸弟都獲優遷，而也錄石元孫子孫七人官。至於在延州不敢出戰的內臣盧守懃等均被貶官。八月戊子（初六），改贈劉平為朔方軍節度使，石元孫為定難軍節度使。〔註56〕宋廷給予這些恩

〔註54〕李端卿將三川口之敗，既歸罪於黃德和臨陣逃遁，又歸過於屯兵延州承平寨（後改綏平寨，今陝西榆林市子洲縣西南何家集南面山上，鄉政府所在地）不肯來援的宋將。這員宋將是誰？李端卿沒有明言，後來他再提到此事，並且認定在慶曆五年五月石元孫歸來時，也是這員宋將妒忌石，而影響言官，要誅殺石元孫。筆者認為這員宋將，很有可能是在承平寨擊敗來攻夏軍的鄜延副部署許懷德（978～1061）。據《宋史・許懷德傳》所記，許在三川口戰後，便「坐夏人破塞門砦不赴援，降寧州刺史」。他也就沒有進援延州。本文稍後談到石元孫歸來時會再論許懷德的問題。李又說石元孫「雖武，儒武之將而與之並進，而御烏合不素教之兵，以禦蓄銳猖狌十倍不敵之悍虜，而求幸必勝，雖古之孫、吳、衛、霍，愚未見其可也。」參見本文〈附錄一：石元孫墓誌〉。關於許懷德屯守承平寨，後來涉嫌不肯出援劉石二人的記載，參見《長編》，卷一百二十五，寶元二年十一月辛亥條，頁2944；卷一百二十六，康定元年正月癸酉條，頁2966；二月戊寅條，頁2988；卷一百二十七，康定元年六月壬寅條，頁3019；《宋史》，卷三百二十四〈許懷德傳〉，頁10477。
〔註55〕《長編》，卷一百二十六，康定元年二月丙戌條，頁2971；二月戊寅條，頁2989～2992。
〔註56〕《長編》，卷一百二十七，康定元年四月乙巳條，頁3007～3008；卷一百二十

岬，因認定劉平及石元孫二人力戰被俘，盡忠不降而死，堪爲臣子盡忠的表率。

宋廷文臣營造的劉、石忠貞不屈而死的典範，卻被無情的事實粉碎。新任陝西安撫使韓琦（1008～1075）所稱許「極一時之選」的劉平，及「委任次焉」的石元孫，〔註57〕其實沒有盡節而死，而是偷生於夏邦。宋廷爲了顏面，一直不承認，也不去尋證劉平其實尙在人間的傳聞。〔註58〕據《宋史・劉平傳》的記載，後來降羌多有傳言劉平被俘至興州（即夏都興慶府，今寧夏銀川市）未死，而且在六十八歲的高齡還「生子於賊」中。他後來死在興慶府，卒年不詳。另亦有傳聞被追贈果州團練使之勇將左侍禁郭遵也並非戰死，而是敗走東原大崖下，稍後逃往環州（今甘肅慶陽市環縣）。後來聞知黃德和被斬，死事者（包括他自己）都得到封岬，就藏匿不敢還。至於石元孫在興慶府的五年是如何度過的，他的墓誌銘就簡略地記「及觀西賊，因困公而節守，無屈其爲忠也，亦已至矣。居數年，豈昊賊納款而歸公于朝。」〔註59〕他似乎沒有向西夏投降，也沒有像劉平一樣在敵邦娶妻生子。

三川口之戰後，元昊再在慶曆元年（1041）二月及慶曆二年（1042）閏九月重創宋軍於好水川（今寧夏固原市西吉縣境內之什字路河川）和定川寨（今寧夏固原市中河鄉大營村硝河西北岸黃嘴古城）。宋西邊面臨空前的危機。經韓琦及范仲淹等艱苦經營，才轉危爲安。元昊亦因連年征戰，民窮財竭，也願與宋議和。慶曆三年（1043）四月，宋夏議和。宋廷冊元昊爲夏國主，歲賜絹十萬疋，茶三萬斤。這年八月，范仲淹內召爲參政，韓琦及富弼爲樞密副使，開始推行有名的慶曆新政。雖然范、韓等人所推行的新政最終無功，但在慶曆五年正月范、富等相繼被罷政時，宋西邊已回復安寧，宋廷

八，康定元年八月戊子條，頁 3032。
〔註57〕《長編》，卷一百二十六，康定元年三月癸未條，頁 2994。
〔註58〕關於宋廷對劉平尚在人間的傳聞的反應，以及宋人對此事的相關官私記載的討論，可參閱何冠環，〈敗軍之將劉平（973～1040 後）——兼論宋代的儒將〉，頁 317～329。
〔註59〕《宋史》，卷三百二十五〈劉平傳〉，頁 10503～10504；《隆平集校證》，卷十九〈武臣傳・石元孫傳〉，頁 562～563；本文〈附錄一：石元孫墓誌〉；《長編》，卷一百二十六，康定元年二月癸酉條，頁 2986。據《隆平集》所記，劉平兵敗「遇害」時年六十八。又郭遵不死的說法來自宋人王回（1023～1065）所撰的〈記客言〉的說法。李燾對王回之說法加以考證，表示未必俱可信。又郭遵因死事而家人子弟均得到錄用及遷陞，他的弟弟就是後來官至簽書樞密院事的英宗、神宗朝名將郭逵（1022～1088）。

且罷河東、陝西諸路招討使。〔註60〕就在這時，西夏忽然釋放被囚五載的石元孫。五月壬戌（初七），石元孫從興慶府返至延州。據〈石元孫墓誌〉所記，當時知延州梁適（1000～1070）收到石元孫獲釋的稟狀後，馬上奏上宋廷，等候宋廷對石元孫歸來的處置。當時朝議仍批評石元孫當日以輕敵致敗。石元孫回到延州，聽到這番批評後，就為自己申辯。他指出當時夏軍已兵臨延州城下，延州危逼。他並非不知眾寡難敵，但認為宋軍若能趁敵兵尚未盡至時速戰，或可以遏制敵勢，而保全延州。他感憤為何有人如此厚誣他？延州的百姓，對他歸來則與朝臣持完全不同的態度。當石元孫抵保安軍界，延州眾至千百的蕃漢父老，出境數十里，攜酒餚迎接他歸來。他們對石表示，當年夏軍攻延州，延城之百姓，都因為石元孫的力戰而得以保全，不致被敵軍所擄。倘若當日石元孫等以兵少而畏敵，不敢來援，延州城就會不保。故延州民實受了石元孫大恩惠。現在他平安回來，當然既歡喜而且感謝。〔註61〕

　　仁宗接到梁適的奏報後，據說本來深深憐憫石元孫的情況，因為石本來是他賞識的外戚子弟；但言官除了侍御史王平（983～1045）外，都不放過石元孫，紛紛上奏，以石元孫軍敗不死，是國家的恥辱，請斬石於塞上（按指延州），以示威於夏人。其中侍御史梅摯（995～1059）便兩度上奏，奏論石元孫「不死行陣，係縲以還，國之辱也，不斬無以屬邊臣。」次相陳執中（990～1059）請如御史和諫官所奏，誅殺石元孫。幸而首相賈昌朝（998～1065）力排眾議，覆奏「在春秋時，晉獲楚將穀臣，楚獲晉將知罃，亦還其國不誅。」賈昌朝在單獨入對時再取出《魏志・于禁傳》，向仁宗奏說：「前代將臣敗覆而還，多不加罪。」在賈昌朝的力保下，仁宗就寬貸了石元孫死罪。是月癸亥（初八），仁宗削除石元孫所有官爵，編管全州，他的子弟先前受他「陣亡」而得的恩卹，都被追奪。據〈石元孫墓誌〉所說，仁宗對石的處置，是「固以法不得已」。石元孫得生還漢邦之年，才五十四歲，正如李端卿（？～1074後）所說，他「較李陵終恨於溯漠耶」的劉平已是好一點。〔註62〕

〔註60〕　《宋史》，卷十一〈仁宗紀三〉，頁211，214～216，218～219。

〔註61〕　本文〈附錄一：石元孫墓誌〉；《長編》，卷一百五十五，慶曆五年五月壬戌條，頁3771；卷一百五十七，慶曆五年八月庚辰條，頁3799。按梁適在慶曆五年八月仍任知延州。

〔註62〕　本文〈附錄一：石元孫墓誌〉；《長編》，卷一百五十五，慶曆五年四月戊申條、五月壬戌條，頁3770～3771；《宋史》，卷十一〈仁宗紀三〉，頁220；卷二百五十〈梅摯傳〉，頁9901～9902；《東都事略》，卷七十五〈梅摯傳〉，葉五上；胡宿（986～1067）：《文恭集》，文淵閣《四庫全書》本，卷三十七〈宋故奉

　　對於如何處置歸來的敗將，其實仁宗早有前例可援。早在慶曆四年（1044）九月癸未（廿五），即石元孫回來前大半年，前鎮戎軍（今寧夏固原市）巡檢、右班殿直、閤門祗候李良臣在定川寨之役被俘而被送至遼邦，這時逃歸。當年宋廷以爲李良臣已死，曾贈他左千牛衛將軍、梅州刺史。仁宗後來聽聞他尚在，仍接受諫官田況（1005～1063）之請，存恤其家，封其母妻，而錄其二子官。當李良臣逃回宋境後，仁宗就特赦他罪，並且擢他爲內殿承制、閤門祗候，用爲鄆州（今山東荷澤市鄆城縣）都監，並令他更名李泰。仁宗對這員歸來的敗將的寬大，引起御史中丞王拱辰（1012～1085）的意見。王認爲李良臣雖能逃歸，但他之前不能死戰而成爲俘虜，實在有罪。現時卻超陞他六官，恢復舊職，實在無以示後人。他又引用漢朝處置兵敗被俘，陷身匈奴後得還的李廣（？～前119），和被拘不屈，白首而歸的蘇武（前140～60）的先例，認爲不應這樣寬恕李良臣。但仁宗不聽。〔註63〕此事之處置已反映仁宗與言官的態度之分歧。所不同的是，石元孫的地位比李良臣高太多，影響也大，也就不易爲言官所放過。

　　對於石元孫幾乎被宋廷斬於塞上的問題，李端卿提出一個過去沒有人道及的理由：他說「向引兵先遁者被刑者黨與方熾。總兵逗遛不救者已著顯位，由是內外忌公還朝，而言者未悉之，論疏交上，乞正典刑。」前文已提到李端卿曾指出三川口之敗，原因之一是屯兵承平寨的宋將不肯出兵增援。在這裡，李氏又指出正是這時「已著顯位」的同一宋將，忌石元孫還朝，於是伙同黃德和的同黨散播不利石的謠言，影響了那些不知底蘊的言官，從而論奏，

直郎守侍御史王公墓誌銘〉，葉四上下。據爲王平撰寫墓誌的胡宿所記，當一眾言官責備石元孫不能死節，請戮之以勵後人時，王平卻上言説：「西戎比年犯塞，將校覆歿幾何？甫歸元孫，隨而見戮，是堅降者之志而絕內顧之望，非計之便。」胡宿於是説，「元孫卒得不誅」。按仁宗本來沒有殺石元孫之意，當首相賈昌朝力排眾議，主張寬宥石時，仁宗自然接納。王平能持平爲石説話是可貴的；不過，石元孫得以不死，卻非因他一番話而能扭轉乾坤。又賈昌朝及陳執中均在慶曆五年四月戊申（廿二）拜首相及次相。關於宋廷對如何處置石元孫的爭議，可參閱何冠環，〈敗軍之將劉平（973～1040後）——兼論宋代的儒將〉，頁317～318。又研究三衙管軍制度的范學輝，在他的近作以半頁的篇幅評論劉平和石元孫的將才；不過，范氏將賈昌朝引用《魏志·于禁傳》爲石元孫説情的話誤作石本人自辯的話，進而批評他「毫無軍人應有剛烈英武之氣」。其實石元孫並未獲仁宗召見，也未有爲他兵敗不死自辯。參見范學輝：《宋代三衙管軍制度研究》（北京：中華書局，2015年4月），下冊，第十九章〈三衙管軍的質素狀況〉，頁1136。

〔註63〕　《長編》，卷一百五十二，慶曆四年九月癸未條，頁3703～3704。

一定要置石元孫於死地。李端卿呼之欲出的兩人，筆者認爲正是三川口之役任鄜延都監、黃德用的死黨內臣盧守懃，和當時任鄜延副部署、屯守承平寨的許懷德（978～1061）。按盧守懃在三川口之役後雖被貶，但後來又得到復用，官至利州觀察使，並先後出任眞定府、定州和北京路鈐轄，最後以左衛大將軍致仕，卒贈保順軍節度使，賜諡安恪。而他的兒子盧昭序（？～1061後）在康定元年任御藥，是仁宗寵信的近侍內臣，到仁宗晚年官至崇儀使、康州刺史內侍押班，後獲贈正任刺史。可知他們父子二人均是仁宗一直寵信的內臣。至於許懷德在慶曆五年初已擢殿前都虞候，閏五月再遷馬軍副都揮使晉觀察使，那與李端卿所說的「已著顯位」的身份很吻合。〔註64〕李端卿對盧、許二人的指控，究竟純屬主觀的猜測，還是確有其事，暫難確定。筆者以爲，石元孫覆軍被俘而不死，許多帶有偏見的文臣，是接受不來的，倒不見得純因內臣或其他武臣的教唆或影響。

〔註64〕 《宋史》，卷四百六十七〈宦者傳二・盧守懃〉，頁 13637；《長編》，卷一百二十六，康定元年二月戊寅條，頁 2990～2992；卷一百五十九，慶曆六年七月癸卯條，頁 3841～3842；〈侍衛馬軍司題名記〉，頁 1242；《宋會要輯稿》，第四冊，〈禮五十八・群臣諡〉，頁 2067；歐陽修（1007～1072）（撰），李逸安（點校）：《歐陽修全集》（北京：中華書局，2001 年 3 月），第三冊，卷八十一〈外制集卷三〉〈盧守勤致仕制〉，頁 1177；嚴杰：《歐陽修年譜》（南京：南京出版社，1993 年 11 月），頁 112，124，131，151；王安石（1021～1086）（撰），李之亮（箋注）：《王荊公文集箋注》（成都：巴蜀書社，2005 年 5 月），卷十七〈外制・故崇儀使康州刺史內侍押班盧昭序贈正刺史制〉，頁 679；蔡上翔（1717～1810）撰，裴汝誠（點校）：《王荊公年譜考略》，收入《王安石年譜三種》（北京：中華書局，1994 年 1 月），卷九，頁 351～355。考慶曆六年七月，許懷德自遂州觀察使陞安靜軍留後，御史中丞張方平（1007～1091）對他陞官大有保留，批評他「在邊城爲將領，素乏勞效，比諸儕輩，尤無材譽」，又指他與殿帥李昭亮失和堪虞。而張方平的奏議也提到許在慶曆五年初已陞任殿前都虞候。關於盧守懃後來的仕歷確切年月，群書均不載，歐陽修曾奉命爲他撰寫〈盧守勤致仕制〉。據《歐陽修年譜》，歐陽修在慶曆三年十二月初任知制誥，至慶曆四年八月，然後到慶曆八年（1048）閏正月再任知制誥，二月徙知揚州。他這篇制文現收在慶慶五年三月自編的〈外制集〉卷三，則它較大可能在慶曆三年底至四年中寫的。若所推論不差，則盧守懃應在慶曆四年已致仕。不過，他在宋廷內外的影響力不一定就消失，特別是他的兒子盧昭序已逐步上陞。石元孫在慶曆五年回來時，倘眞的像李端卿所說，他曾影響言官攻擊石元孫失節，也並非不可能。按他的養子盧昭序的具體仕歷亦不詳，宋廷在嘉祐末年將他自崇儀使康州刺史內侍押班追贈爲正任刺史（按：李之亮以王安石在嘉祐八年撰寫這篇制文，未知何所據）。據《王荊公年譜考略》所考，王安石在嘉祐六年（1061）六月任知制誥，直至嘉祐八年八月），這篇制文最早撰於嘉祐六年六月，最晚不過嘉祐八年八月。盧昭序相信是這段期間病卒的。

　　罷政後出知邠州（今陝西咸陽市彬縣）的范仲淹，在這年九月上奏仁宗，總算替石元孫說了一番公道話。他首先說「素不與元孫相識，亦不知本人善惡。」然後稱他出守延州時，就聽當地官民說「劉平、石元孫部領軍馬救護延州，同戰拒賊，日夜血戰，兵少食盡，力屈被擒，即不曾退走，亦非不戰而降，但有不死于王事之罪。」他稱現時正逢上大赦（按：指在是年十月因升祔章獻劉太后及章懿李太后（987～1032）神主於太廟的大赦），而石元孫怎樣仍有救存延州之勞。縱使認爲石不堪再用，也宜免其黥辱，略加以存恤。范仲淹建議授石元孫「一南班近下名目，於近州安置」。范認爲這樣處置石元孫，可以「使陷蕃將校聞之，未絕向漢之心，不怨朝廷，不助夷狄，此禦戎一策也。」范仲淹的話，看來產生了良好的效果。仁宗在慶曆六年（1041）初，已打算以五年十月的赦書恩典，給石元孫從偏遠的全州遷移到近州的襄州去。可惜朝臣不是人人都像范仲淹那樣通情達理，是年二月丁卯（十六），侍御史劉湜便對量移石元孫的恩典提出反對，以「元孫失軍辱命，朝廷貸而不誅，今若例從量移，何以勸用命之士？」他請仁宗收回成命，仍舊將石元孫編管全州。仁宗礙於朝議，只好依從。〔註65〕

　　「千古艱難惟一死」，許多文臣苛責別人之餘，不見得就能做到以身殉國。宋人對石元孫偷生的評論，最嚴苛要算是南宋人尹起莘（？～1208後）。他以「元孫之事當以台諫之言爲是，而以宰相之言爲非。是時元昊反叛，邊城未復，正宜明君臣之義，辨順逆之理。今石元孫以總管敗沒於賊，不能死義，罪逆當誅。況台諫論奏，尤爲明切。」他又認爲「仁宗乃惑賈昌朝之言，從而赦之，是使偷生之徒橫行於天下，而誅亂討逆之法亦不必立矣。故《綱目》於此書：夏人歸石元孫以深貶之。」最後他再重重地說：「嗚呼！失節之臣猶且赦之，況下於失節者乎？《綱目》不書赦免，猶爲中國諱之也。」在他眼中，石元孫是偷生失節，不能死義，該殺的逆臣，賈昌朝保他是錯的，仁宗也不該放過他。〔註66〕

　　明人于慎行（1545～1607）也認爲不殺石元孫，是姑息，是失法。他惋惜當時富弼、韓琦、范仲淹及杜衍同時罷政，「而昌朝獨當國柄，故元孫得

〔註65〕　《宋史》，卷十一〈仁宗紀三〉，頁 221；《長編》，卷一百五十八，慶曆六年二月丁卯條，頁3820～3821；范仲淹（撰），李勇先、王蓉貴（校點）：《范仲淹全集》（成都：四川大學出版社，2002 年 9 月），中冊，〈范文正公集續補卷第一〉，〈乞寬宥石元孫奏・慶曆五年九月〉，頁 784。

〔註66〕　宋犖（1634～1714）等（編）：《御批續資治通鑑綱目》，文淵閣《四庫全書》本，卷五〈發明〉，葉十四上。

從輕典。若使諸賢在位，必能明正典刑，以存國威，何至姑息乃爾？」于愼行甚至無限上綱，認爲不殺石元孫，「失法甚矣！後至苗、劉、張邦昌親爲大逆，亦未嘗正其罪，使膏齋斧，即挺刃無別，而刑書遂廢，蓋自元孫之貸啓之也。國無刑賞，綱紐已絕，即有富強之勢，自立猶難，況以宋之積弱哉？」〔註67〕按明人多喜論史評史，于愼行既不察范仲淹其實爲石元孫說過公道話，而他將石元孫之失律，與苗傅（？～1129）、劉正彥（？～1129）及張邦昌（1081～1127）之事相比，實在不倫不類。從宋廷不殺石元孫而扯到宋之「積弱」，更顯出明人之議論之空疏。

據〈石元孫墓誌〉所載，石元孫「後恩籍襄、許」。他大概最後還得以離開全州，移居襄州和許州。然後到他晚年的最後六載，才得以返回京師，回到他們石氏在京師的老家度其餘生。〔註68〕考石元孫在慶曆五年五月返宋，然後被編管全州，到嘉祐八年八月卒於京師，足足罷廢了十八年。他是怎樣度過這悠長歲月的？據李端卿所描述，石元孫「賦性惇愿，倜儻大度，與人言未始不及誠，疏財樂施，以義自高。而又精騎射，善琴阮，游心禪理，通曉氣術。居常所處，尤好學書，晚年筆法愈高，如□水墨山石，草聖之妙，往往世有傳者，每開閱書史，有寓則必賦詠，令兒孫輩賡酬唱。公故家集有松齋之編，即公所著詩也。」正如李氏所說，因石元孫的個性平和，與及他擁有多樣的興趣，特別是書畫詩文的愛好，以及術數禪理的信仰，於是令他閒居有所寄託，而能淡泊自處，而沒有心生不平而憤恨而終。這未嘗不是他的福氣。〔註69〕

據〈石元孫墓誌〉所記，仁宗在嘉祐二年（1057）因「嘗念之，俾還都下」。石元孫終於在垂暮之年的六十六歲，返回京師老家。石元孫在京師閒居六載，到嘉祐八年（1063）八月丙戌（十七）壽終於家，享年七十二。石元孫雖然最終能返回京師，但復出戎行，再在沙場立功以雪前恥的願望，終不能得償。作爲一員頗想有一番作爲的將家子，石元孫無疑是抱憾而歿的。值得一提的是，李昭亮及仁宗，則早在同年的三月先後逝世。英宗（1032～1067，1063～1067在位）知道石的死訊，據說爲之嗟悼，特遣中使賜束帛賻

〔註67〕 于愼行（著）、黃恩彤（1801～1883）（參訂），李念孔等（點校）：《讀史漫錄》（濟南：齊魯書社，1996年8月），卷十一〈宋藝祖至英宗〉，頁410～411。

〔註68〕 《宋史》，卷二百五十〈石守信傳附石元孫傳〉，頁8815；本文〈附錄一：石元孫墓誌〉。

〔註69〕 本文〈附錄一：石元孫墓誌〉。

贈，以恤他的遺孤。〔註70〕

　　石元孫死後，他的家人將其棺槨暫時厝於開封城東的法濟佛舍。到治平二年（1065）五月庚申（初一），其家人將他卜葬於河南府洛陽縣平樂鄉宣武村之梓澤原，以他的元配夫人崔氏祔葬，並請得與石氏有累世交誼，而又曾與石元孫有往來的比部員外郎判吏部南曹的李端卿，為石元孫撰寫墓誌。〔註71〕石氏始終是外戚閥閱之家，又請得朝臣中的石書名家比部郎中通判汝州薛仲孺（？～1065後）〔註72〕和篆蓋名家屯田員外郎、知國子監書學權同判吏

〔註70〕 本文〈附錄一：石元孫墓誌〉；《宋史》，卷二百五十〈石守信傳附石元孫傳〉，頁8815；《長編》，卷一百九十八，嘉祐八年三月甲寅、辛未條，頁4791～4792。

〔註71〕 李端卿的家世及里籍不詳，《長編》、《宋會要輯稿》及宋人文集於其生平事蹟有零星的記載。他的事蹟，最早見於皇祐四年（1052）。他在是年五月壬子（初八），以太子左贊善大夫集賢院校書，與屯田員外郎孫琳（？～1064後）、殿中丞司馬光（1019～1086）及大理寺丞李杲卿（？～1087後）及前通州（今江蘇南通市）推官楚楷一同致祭侍讀學士郭勸。到嘉祐七年（1062）或八年初，他以服親喪畢復官。到治平二年為石元孫撰寫墓誌時，他所繫之官職已累遷至比部員外郎判吏部南曹。在熙寧元年（1068）四月己酉（初八）以群牧判官上奏言事。約在熙寧六年（1073）前後，文彥博曾向宋廷舉薦他，稱「群牧判官李端卿累經本司任使，詳知城監利害，兼資序已深，乞差充河北監牧使。」又說最近知道李端卿家貧累重，請給他外任。不過，他在熙寧七年（1074）九月前，卻任鹽鐵判官，沒有外任。是年九月甲寅（十九），他自鹽鐵判官、金部郎中坐失職降為虞部郎中。他以後的仕歷就不詳。參見司馬光（撰），李文澤、霞紹暉（校點）：《司馬光集》（成都：四川大學出版社，2010年2月），第三冊，卷八十〈祭文·祭郭侍讀文〉，頁1614；《王荊公文集箋注》，上冊，卷十五〈外制·李端卿等舊官服闋制〉，頁560～561；《宋會要輯稿》，第八冊，〈職官六十五·黜降官二〉，頁4819；第十五冊，〈兵二十一·馬政·涼棚〉，頁9067；《長編》，卷二百五十六，熙寧七年九月乙卯條，頁6261；文彥博：《潞公文集》，文淵閣《四庫全書》本，卷三十八〈舉李端卿等〉，葉五上下。

〔註72〕 薛仲孺是真宗、仁宗朝名臣、歐陽修妻父，官拜參政的薛奎（967～1034）的姪兒，絳州正平（今山西運城市新絳縣）人。據《宋史·薛奎傳》所記，薛奎因無子，就以他為嗣。他以薛奎之恩蔭出仕。他的元配妻子李氏，是太宗朝名相李昉（925～996）之姪、翰林學士李宗諤之從弟、右諫議大夫知相州李宗詠（982～1047）的長女。他約在慶曆三年十二月至慶曆四年八月前，自大理寺丞陞太子右贊善大夫。當制的正是他伯父的女婿歐陽修。歐陽修勉他「惟爾伯父之行，有司考法，易以一德不懈，執心決斷之名，可謂美爾。守爾家法，克勤厥官。」他在慶曆四年秋，以贊善大夫受韓琦之邀，為韓琦父韓國華（957～1011）墓誌石書。同年九月庚申（初二），他的堂妹、薛奎第八女、王拱辰妻宜芳縣君（1013～1036）下葬，他義不容辭負責書寫，他在該墓誌的署銜是「朝奉郎守太子右贊善大夫雲騎尉」。到慶曆八年妻父下葬時他已遷官至殿中丞。嘉祐五年（1060）中已任駕部員外郎，曾奉命專管軍器

部南曹楊南仲書寫誌文和篆寫墓蓋。〔註73〕石元孫雖然生不能榮，死尙可哀。

庫的排埗。到嘉祐七年，他再自駕部員外郎超擢虞部郎中。當制的是王安石，在制文裡稱許他「悉心爲吏，才敏見稱，嘗所踐更，咸有功最。」他在治平元年八月甲辰（十一），以提點在京倉草場、比部郎中坐擅越界支軍糧之過失，降授爲通判汝州。他在治平二年五月爲石元孫書寫墓誌時的官銜，正與治平元年八月時同。他在治平二年以後的事蹟無考。參見《宋史》，卷二百八十六〈薛奎傳〉，頁 9629～9632；《歐陽修全集》，第三冊，卷八十一〈外制集卷三〉〈大理寺丞薛仲孺可太子右贊善大夫制〉，頁 1169；韓琦（撰），李之亮、徐正英（箋注），《安陽集編年箋注》（成都：巴蜀書社，2000 年 10 月），卷二十二〈韓氏家集序〉，頁 728；張方平（撰），鄭涵（點校）：《張方平集》（鄭州：中州古籍出版社，1992 年 10 月），《樂全集》，卷三十九〈朝散大夫右諫議大夫知相州軍州同群牧事上柱國賜紫金魚袋趙郡李公墓誌銘并序〉，頁 690～693；《王荊公文集箋注》，上冊，卷十三〈外制・駕部員外郎薛仲孺可虞部郎中制〉，頁 475；《宋會要輯稿》，第六冊，〈職官二十六・司農寺・提點倉草場所〉，頁 3702；第八冊，〈職官六十五・黜降官二〉，頁 4811；第十二冊，〈食貨五十二・軍器庫〉，頁 7184；中國國家圖書館及中央研究院合編：《宋代碑拓精華》（網上資料庫），墓誌 6653〈宋故宜芳縣君薛氏墓誌銘并序〉。附帶一談，這方〈宋故宜芳縣君薛氏墓誌銘并序〉的中書玉冊官逯靈龜王克明，與〈石元孫墓誌〉的中書省玉冊官王克明同名，當是同一人。

〔註73〕 本文〈附錄一：石元孫墓誌〉。楊南仲是仁宗、英宗朝的古文篆籀名家及書學名家，他至今仍被奉爲宋代金石學領域創釋古文的第一人。他的生平事蹟，詳見 2012 年出版的張典友之《宋代書制論略》一書的考證。據張氏的考證，他是盧州合肥人（今安徽合肥市），他自署「豫章楊南仲」，只是他籍貫的古郡望。他是晏殊（991～1055）的外孫，名元明，南仲是他的字。他本名楊庶（按《隆平集》作楊登），過繼給叔父三司使楊察（1011～1056）才易名楊元明。《宋史》無傳，惟《宋史・藝文志》著錄他著《石經》七十五卷（按即歐陽修所稱的《嘉祐石經》）。他生年不詳，大概在治平三年（1066）卒。他與歐陽修交好，歐集中的〈集古錄跋尾〉很多地方都提到他。他一直爲歐陽修解讀三代的古器銘。他在皇祐年間（1049～1053），任天平軍節度（即鄆州，今山東荷澤市鄆城縣）掌書記。據趙抃（1008～1084）在皇祐末年到至和元年（1054）所寫一篇奏狀提到，「近年王沖、楊南仲、楊織葦皆以罪廢近二十年」（按：該狀提到任御史中丞的孫抃任中丞在皇祐五年中到至和二年（1055）中，因推論此文撰於此段時間）。似乎楊南仲在皇祐以前很不得意。他要到皇祐二年（1050）至四年（1052）中方獲擢爲大理寺丞知國子監書學兼篆石經。擔任石經之篆書工作。當制的胡宿（按：胡宿在皇祐二年十二月已知制誥，四年九月遷翰林侍讀學士，則這制文當寫於二年至四年間），在制文稱許楊南仲之才能，說「爾爾被薦，延入預刊，正見稱篆籀之學，頗整字書之訛，亦既肆勤，宜有開勸。進丞，大理之屬，關知小學之私，勿替爾勞。」嘉祐三年（1058）五月甲申（十五），因刻國子監石經有功，爲判國子監王洙（997～1058）所薦，召試學士院後，自大理寺丞賜同進士出身。嘉祐四年（1059）四月癸未（十九），當年力主誅殺石元孫的原宰相司徒致仕陳執中卒。楊南仲又以判尚書考功之差遣，負責覆議太常禮院給他訂的諡號，他建議給陳「恭襄」之美諡。爲此，他曾被人批評只記陳之功而不記

六、將門餘緒：石元孫的後人

　　據〈石元孫墓誌〉，石元孫有二妻：先娶清河崔氏夫人，再娶河南陸氏夫人，她們都卒在石元孫前。她們的家世身份，墓誌沒有交待。崔氏、陸氏及其他姬妾共爲石元孫生育有十一子：長子宗道，官左侍禁；次子宗易，官右班殿直；三子黑頭、四子宗奭和五子黑哥都早死。六子宗尹，在治平二年見任內殿崇班、閣門祗候；七子宗亮，見任西頭供奉官；八子宗廣，見任右侍禁；九子得壽幼亡；十子宗度，官至右班殿直，亦早亡。幼子宗永，見任左侍禁。《隆平集・石元孫傳》記石元孫有子六人：宗道、宗易、宗尹、宗亮、宗廣、宗求（按：疑爲宗永之訛寫）。相信是記在治平二年五月石元孫下葬時仍在生的六個兒子。〔註74〕李端卿說石元孫諸子皆善士好學，卻說不出他們

他之過。他在七年十月前已官太常博士知國子監書學。他擢太常博士時，當制的王安石稱他「文學藝能，見稱於世，服官惟謹，克以有勞」。楊在治平元年七月已官屯田員外郎，與二年時爲石元孫墓篆蓋時之官職相同。據歐陽修所記，楊南仲在治平三年七月前已歿，歐陽修感慨楊南仲及章友直死後，古文奇字世罕識者，而三代之器銘亦不復得。楊南仲除以篆隸書寫《嘉祐石經》，又爲許多名公巨卿書寫墓誌或篆蓋，包括在嘉祐八年十二月爲馮京（1021～1094）兩位夫人王氏（1031～1050）、富氏（1033～1055）書寫墓誌，他所繫之官銜與〈石元孫墓誌〉完全相同。參見張典友：《宋代書制論略》（北京：文物出版社，2012年8月），第四章第二節〈宋仁宗時期的知國子監書學學官〉，頁296～308；《歐陽修全集》，第五冊，卷一百三十四〈集古錄跋尾卷一〉〈城鼎銘〉，頁2067～2069；〈古器銘二〉，頁2071～2072；卷一百四十一〈集古錄跋尾卷八〉〈唐虞城李令去思頌・元和四年〉，頁2276～2277；卷一百四十三〈集古錄跋尾卷十〉〈王文秉紫陽石磬銘〉，頁2322；《宋史》，卷二百二〈藝文志一〉，頁5076；王應麟（1223～1296）：《玉海》，（上海：上海書店據清光緒九年浙江書本刊本影印，1988年3月），卷四十三〈嘉祐石經〉，葉二十一上下（頁816）；魏了翁（1178～1237）：《鶴山集》，卷一百八，葉二十上；《宋會要輯稿》，第二冊，〈禮十八・祈穀〉，頁954；〈禮二十・諸祠廟・雜錄〉，頁988；第九冊，〈選舉九・賜出身、賜同出身〉，頁5439；《王荊公文集箋注》，卷十四〈外制・楊南仲太常博士制〉，頁509；胡宿：《文恭集》，文淵閣《四庫全書》本，卷十四〈楊南仲可大理寺丞知國子監書學兼篆石經制〉，葉十上；《長編》，卷一百七十三，皇祐四年九月甲寅條，頁4171；卷一百八十九，嘉祐四年四月癸未條，頁4562；徐度（？～1138後）：《卻掃編》，文淵閣《四庫全書》本，卷中，葉廿九下至三十上；趙抃：《清獻集》，文淵閣《四庫全書》本，卷八〈奏狀乞依刑部定奪除落葛閎陸經罪名・六月十一日〉，葉十六上至十七上；中國文物研究所、河南省文物研究所（合編）：《新中國出土墓誌》（河南・一）下冊（北京：文物出版社，1994年），〈三八八・王文淑墓誌〉、〈三八九・富氏墓誌〉，頁347～349。

〔註74〕　本文〈附錄一：石元孫墓誌〉；《隆平集校注》，卷十九〈武臣・石元孫傳〉，頁563。

有甚麼政績。目前能見到石元孫諸子的事蹟，只有他的第六子石宗尹（？～1067後）兩條記載，和他的幼子石宗永一條記載。

石宗尹在慶曆三年底至四年中，自小使臣之首的東頭供奉官閤門祗候擢陞大使臣的內殿崇班。當制的歐陽修稱石宗尹「陳力效官，積有歲月。會其課最，來上有司，按於舊文，當得敘進，升之朝列，可謂寵榮，往服新章，益勤後效。」〔註75〕據歐陽修的制文，石宗尹只是論資升級，並非有甚麼特別功勞。這時宋廷尚未知石元孫未死，沒有取回授給石宗尹的恩卹。到慶曆五年石元孫歸來，宋廷收回五年前給予石家子弟的恩典，大概石宗尹為此被降職。到治平二年父葬時，石宗尹仍只是內殿崇班、閤門祗候，經歷二十二年竟只遷階半級，只多了一個閤門祗候，一方面可能他本身沒有過人才幹，另一方面也可能受父親的蹇運的連累。他在父下葬後，運氣好轉，連陞數級，已由大使臣的內殿崇班、內殿承制擢至亡父擔任過的諸司副使的如京副使通事舍人。而可能在治平四年（1067）神宗即位前後，他更自如京副使超擢七階為南作坊副使。當制的鄭獬（1022～1072）說：「大昕而朝，臚傳乎紫庭之下，俾予之列辟，進退拜立，翼而有儀者，維爾之能。樞府會其課，閱歲而遷，維使介於武爵，差高仍職上閤，俾宿業焉。」看來他任事也算稱職，於是得到陞遷。在石元孫諸子中，他的官位已算最高。〔註76〕

《河洛墓刻拾零》除了收錄〈石元孫墓誌〉的碑文外，又收錄了一篇石元孫幼子石宗永妻趙氏乳母徐氏（1004～1085）的墓誌，提供了我們有關石

〔註75〕 《歐陽修全集》，卷八十一〈外制集卷三〉〈東頭供奉官閤門祗候石宗尹可內殿崇班制〉，頁1167。

〔註76〕 考鄭獬任知制誥，由嘉祐八年底至治平四年九月，從英宗繼位到神宗繼位。這篇制文當是治平二年五月至治平四年九月前寫的，而石宗尹在這時已自內殿崇班遷至為如京副使，應該是治平四年正月神宗繼位之後，百官再加恩之時。又南北作坊使副在熙寧三年十二月戊辰（十二）改東西作坊使副。此亦旁證此篇制文不會在熙寧三年十二月後寫的。參見《長編》，卷二百十八，熙寧三年十二月戊辰條，頁5303；鄭獬：《鄖溪集》，卷四〈如京副使閤門通事舍人石宗尹可南作坊副使制〉，葉十二上；卷十二〈薦錢公輔狀〉，葉十九上下；卷十八〈紀事〉，葉十四上下；《皇宋十朝綱要校正》，卷四〈仁宗〉，〈知制誥七十五人〉，頁158～160。考鄭獬在〈薦錢公輔狀〉中，自言在「嘉祐八年內與天章閣待制兵部員外郎知鄧州錢公輔同日知制誥」，但未言於嘉祐八年何月何日，考《皇宋十朝綱要》沒有將鄭獬列為仁宗朝的知制誥，推知他所言在嘉祐八年內拜知制誥，當是在嘉祐八年三月後，英宗繼位時。又他在〈紀事〉一文中，記他在治平四年九月庚子（廿五）當制，兩天後，神宗面授以翰林學士。

宗永一家的珍貴資料。這篇碑文讓我們知道，在至和元年（甲午，1054），即石元孫獲釋回的第九年，他的幼子石宗永娶同屬趙宋開國元勳的趙普（922～992）之曾孫女瑞安縣君趙氏。而到元祐七年（1092），石宗永已自供備庫副使擢至文思副使。有趣的是，石妻的乳母死後也得以下葬石氏的祖塋。這篇碑文也提供了石宗永四個兒子的名字，補充了〈石元孫墓誌〉對石氏第五代的記載。〔註77〕

石氏是開國功臣兼戚里之家，雖然石元孫兵敗蒙羞，但石家仍是趙宋宗室、勳臣名卿門當戶對的通婚對象。上文提到石宗永娶趙普的曾孫女，石元孫的四個女兒均婚配名門：他的長女嫁另一大功臣外戚世家曹氏的第四代子弟、左侍禁曹謂。曹謂家世顯赫，他的曾祖父是太祖、太宗、眞宗三朝的勳臣、官至樞相的曹彬（931～999），祖父是曹彬長子、官至殿前都指揮使拜使相的曹璨（950～1019），父曹儀（982～1036）官至耀州觀察使、步軍都虞候。曹謂是曹儀之次子，論輩份，他是曹太后的從姪。可惜石元孫這位出身貴冑的長婿卻早逝，官僅至左侍禁。〔註78〕

石元孫的次女嫁給眞宗及劉太后的寵臣、仁宗朝官至樞密使侍中的張耆（974～1048）的第十三子內殿承制張正一，可惜他也是早逝。〔註79〕第三女則嫁皇城使、勤州團練使帶御器械劉贊明（？～1021後）的第十子左侍禁劉永正。劉永正的祖父是太宗朝名將、官至殿前都指揮使、天雄軍節度使的劉

〔註77〕 參見《河洛墓刻拾零》，下冊，〈四九七・宋石宗永妻趙氏乳母徐氏墓誌〉，頁679。碑文參見附錄二。又據《長編》的記載，石宗永在元祐元年（1086）四月，以供備庫副使出任東南第十三副將。到元祐七年已擢至文思副使。參見《長編》，卷三百七十四，元祐元年四月辛卯條，頁9063。

〔註78〕 《宋史》，卷二百五十八〈曹彬傳附曹璨傳〉，頁8984；《長編》，卷一百十五，景祐元年十二月己未條，頁2707。

〔註79〕 《宋史・張耆傳》記張耆有子二十四人，惟僅列張希一、張得一、張可一、張利一及張誠一五人之名。《隆平集・張耆傳》則記張耆有子二十三人：惟一、忠一、抱一、守一、如一、禮一、得一、繼一、希一、歸一、昭一、純一、奉一、正一、志一、平一、利一、元一、本一、舉一、誠一、宗一、可一。張正一列於第十四，與〈石元孫墓誌〉排第十三不同。可能因張耆第七子張得一在慶曆七年（1047）知貝州，同年十一月軍賊王則據城叛，他不能拒敵，卻降賊。慶曆八年閏正月，王則之亂被平定，他亦以降賊而被誅。以此之故，他被除名，大概張耆就將他這個逆子之名別除於張氏一門之外，於是本來排第十四的張正一，後來在官方文書變爲張耆的第十三子。參見《宋史》，卷十一〈仁宗紀三〉，頁224～225；卷二百九十〈張耆傳附張希一張利一傳〉，頁9709～9712；《隆平集校證》，卷十〈樞密・張耆傳〉，頁318。

延翰（923～992）。值得注意的是，劉永正的一個女兒彭城郡君（1041～1079）（不知是否石氏所出），後來嫁給宗室右羽林大將軍沂州防禦使仲伋（1039～1077）。而他們的兒子士鄧，又娶了石保吉的曾孫女崇安縣君石氏（1056～1088）。劉永正這位將家子也比石元孫早逝。〔註80〕石的幼女則嫁給文思使夏陽。他是石元孫逝世後尚存的石家東床。這位石家的四姑爺的家世，頗值得一提。其父夏守恩（？～1037）和叔父夏守贇，和張耆一樣，同是眞宗藩邸親信又是劉太后心腹。夏守恩在仁宗朝官至步軍副都指揮使、武寧軍節度使。夏守贇官至同知樞密院事、宣徽南院使、天平軍節度使。夏守贇對石元孫有恩，三川口兵敗時，夏守贇極力爲劉石二人辯護，力證二人沒有降敵。夏守恩的行爲卻很不當，後來與子夏元吉（？～1046 後）共爲不法，被重貶除名連州（今廣東清遠市連州市）編管，最後卒於貶所。夏陽是他的第四子，不

〔註80〕劉延翰《宋史》作劉「廷」翰，據現存多種墓誌銘，應該是劉延翰。他在太平興國四年（979）九月大破遼軍於滿城（今河北保定市滿城縣）。歷任內外，淳化三年以病解還京，未幾卒，年七十，贈侍中。劉贊明是他的次子。〈石元孫墓誌〉只記他「帶御器械」之職，沒記他官至皇城使勤州團練使。劉贊明的其他事蹟，只有《宋會要輯稿》有三條的記載。他在大中祥符四年正月丁酉（廿三），以莊宅使扈從眞宗祀汾陰（后土所在，今山西運城市萬榮縣榮河鎮西南廟前村北古城），擔任車駕前後攔前收後巡檢。到大中祥符六年（1013）十二月己巳（十二），再以內藏庫使、羅州刺史扈從眞宗祀亳州（今安徽亳州市）太清宮，與宮苑使郭崇仁等任都同巡檢。到天禧五年（1021）正月，他仍以內藏庫使同管勾修葺諸班營舍。他以後的事蹟不詳。至於劉永正的事蹟，據章惇（1035～1105）所撰其女〈彭城縣君劉氏墓誌銘〉所載，劉永正官至右侍禁。他的其他事蹟就不見於群書。又《宋會要輯稿‧職官四十一》記在天聖四年六月，仁宗遣太常博士直史館高辣及閤門祗候劉永証往淮南及兩浙體量安撫。這個劉永証是否即是石元孫的女婿劉永正？從他的職位及任事的年月來看，頗有可能。關於劉永正婿宗室仲伋之子士鄧娶石保吉曾孫女之事，詳見下文。參見《宋史》，卷二百六十〈劉廷翰傳〉，頁 9025～9026；《宋會要輯稿》，第三冊，〈禮五十一‧徽號‧朝謁太清宮〉，頁 1883；第五冊，〈職官四‧行在諸司〉，頁 3115；第七冊，〈職官四十一‧安撫使〉，頁 4044；第十四冊，〈兵六‧營壘〉，頁 8723（按：《宋會要》校點本此條將劉贊明寫作劉贊元，未作更正）；章惇：〈宋宗室贈定武軍節度觀察留後博陵郡公仲伋夫人彭城縣君劉氏墓誌銘〉，收入《宋代碑拓精華》資料庫 519 號（原拓文收藏於中國國家圖書館「章專 1939」；蔡確（1037～1093）：〈宋宗室故金紫光祿大夫檢校右散騎常侍右羽林軍大將軍使持節沂州諸軍事沂州刺史充本州防禦使兼御史大夫上柱國天水郡開國公食邑三千七百戶食實封陸百戶贈定武軍節度觀察留後博陵郡公墓誌銘〉，收入《宋代碑拓精華》資料庫 508 號（（原拓文收藏於中國國家圖書館「章專 1249」）。

幸的是，他的父親與妻父都是從高位被貶，編管終身而死。〔註81〕

　　據〈石元孫墓誌〉，治平二年五月時，石元孫共有孫男十五人：最長之孫男名石繼勛，已出仕並見任左侍禁，他之下的諸弟均未授官及出仕。石元孫次長的四個孫男石曖、石暲、石繼祖、石曦，其中石曦早世。再次的爲石繼英、石昕、石暉、石暐、石㦟、石晦、石繼顏、石煦、石昞和石曄。上文提到，〈石宗永妻趙氏乳母徐氏墓誌〉記在元祐七年九月，石宗尹已有子四人，分別是石況、石演、石濬（？～1126 後）和石澈，四人都已出仕。即是說石元孫至少有孫男十九人。石氏第五代這十多人的事蹟大部份都暫不可考，目前只知石繼祖是宗室相州觀察使宗景（1032～1097）次女寧德縣君的夫婿，石繼祖在元豐四年（1081）九月時官右班殿直。而據《三朝北盟會編》所載，石濬在靖康元年（1126）二月丁酉（初一）夜，曾以右軍統制率部參預姚平仲夜劫圍困京師之金兵營寨之行動。他兵敗而沒有戰死，惟以後的事蹟不詳。作爲開國元勳石守信的後人，石濬總算在北宋滅亡之靖康之役以武將身份守土參戰，雖然無功，也算得對祖宗有所交待。〔註82〕

　　最值得一談的是石宗永的幼子石澈。據《宋會要・帝系》的記載，徽宗

〔註81〕　《宋史》，卷二百九十〈夏守恩、夏守贇傳〉，頁 9714～9718。考夏守恩之弟夏守贇，當劉平、石元孫兵敗時，他一力爲他們辯護，堅信他們沒有降敵。夏陽是夏守贇的親姪，與石元孫一家有這樣的因緣。

〔註82〕　石繼祖的岳父宗室相州觀察使宗景，在紹聖四年（1079）十月辛時官至彰信軍節度使、開府儀同三司、濟陰郡王。他是太宗第六子鎮王元偓（977～1018）長子相王允弼（1008～1069）第四子，石妻寧德縣君之母是另一外戚李端懿（1013～1060）第三女同安郡君李氏（1030～1081）。又《長編》卷四百三十七記神宗弟徐王顥（最後追封吳王，1050～1096）有女婿名石激，在元祐五年（1090）正月任供奉官，他的名字及所任的職位，與石宗永諸子名字很近似，然《長編》卷五百十九，則記石宗永幼子石澈爲徐王女婿，懷疑「石激」與「石澈」其實同爲一人，只是《長編》卷四百三十七誤書。參見《長編》，卷四百三十七，元祐五年正月丁亥條，頁 10529；卷四百九十三，紹聖四年十月戊戌條，頁 11687；卷五百十九，元符二年十二月己亥條，頁 12343；《宋史》，卷十八〈哲宗二〉，頁 345；卷二百四十五〈宗室傳二・鎮王元偓附允弼、宗景〉，頁 8702～8704；卷二百四十六〈宗室傳三・吳榮王顥〉，頁 8720～8721。參見〈附錄一・石元孫墓誌〉、〈附錄二・石宗永妻趙氏乳母徐氏墓誌〉；《歐陽修全集》，第二冊，卷三十三〈鎮潼軍節度觀察留後李公（端懿）墓誌銘〉，頁 493；王安禮（1034～1095）：《王魏公集》，文淵閣《四庫全書》本，卷七〈相州觀察使宗景夫人同安郡君李氏墓銘〉，葉四上下；徐夢莘（1126～1207）：《三朝北盟會編》（上海：上海古籍出版社，1987 年 10 月據清光緒 34 年（1908）許涵度刻本影印），上冊，卷三十三〈靖康中帙八〉，葉一上至二上（總頁 244）。

（1082～1135，1100～1125 在位）在大觀四年（1109）七月甲子（廿七），「以西京左藏庫副使石澈男石端禮（？～1127 後）爲左衛將軍駙馬都尉選尙瀛國長公主」。這條資料所記的石澈，筆者認爲很有可能就是石宗永的幼子、石元孫的曾孫。因爲倘不是他的家世顯赫，徽宗沒有理由將姪女、哲宗第三女陳國公主許配給他的兒子石端禮。石澈在大觀三年官至左藏庫副使，他以後的事蹟待考。〔註83〕

石元孫在治平二年五月時共有孫女十二人，其中最長的嫁趙普的曾孫內殿承制趙思明。連同石宗永娶趙普的曾孫女，石氏與趙氏這兩大開國元勳世家的第四代與第五代已至少聯姻兩次。〔註84〕

〔註83〕《長編》，卷五百十九，元符二年十二月己亥條，頁 12343；《宋會要輯稿》，第一冊，〈帝系八‧哲宗四女、駙馬都尉雜錄〉，頁 194，207；《宋史》，卷二百四十八〈公主傳‧哲宗陳國公主〉，頁 8781；《皇宋十朝綱要校正》，卷十一〈哲宗〉，〈公主四‧陳國公主〉，頁 324；不著撰人（編），司義祖（校點）：《宋大詔令集》（北京：中華書局，1962 年 10 月），卷三十九〈瀛國公主進封陳國公主制‧大觀四年三月四日〉，頁 236～237；〈陳國公主特改封淑和帝姬制〉，頁 209。據《長編》的記載，石澈在元符二年（1099）十二月己亥（初二），爲樞密院擬授京師東面巡檢。但哲宗不同意，只允他再任騏驥院。另據《宋會要‧帝系》另一條的記載，以及《皇宋十朝綱要》所載，陳國公主要在大觀四年二月才尚石端禮，三年七月大概是徽宗下詔的日期，成婚要到翌年二月。根據《宋大詔令集》的記載，瀛國公主在大觀四年三月壬寅（初四）進封陳國公主。到政和三年（1113）四月，改封淑和帝姬。她卒於政和七年（1117）正月，追封靖懿帝姬。到建炎元年（1127）八月，復封陳國長公主。

〔註84〕據李心傳（1166～1243）所撰的〈趙韓王六世小譜〉，趙思明的祖父是趙普次子趙承煦。趙承煦先後兩娶均爲後蜀主孟昶（919～965）女。趙承煦生子趙從約，即趙思明之父。趙從約字元禮，官至東上閣門使、象州防禦使、贈建寧軍節度使。趙從約妻曹氏，是曹彬之女同安郡夫人。趙從約有子十四人，長子趙思齊，官至左藏庫使、榮州刺史，贈華州觀察使。石宗永妻父「觀察」很有可能就是指趙思齊。趙思明是趙從約的第三子，官至引進使。趙從約、趙思明父子的事蹟，略見載於《長編》及《蘇軾文集》。按慶曆七年（1047）九月庚辰（初九），趙從約以洛苑使、嘉州團練使上奏太宗所御製及書的其祖趙普碑。同月丙戌（十五），仁宗加趙從約爲眉州防禦使。到慶曆八年（1048）閏正月甲子（廿五），趙從約以崇政殿親從官顏秀四人在禁中生變，他坐失職被降爲陵州團練使出爲濮州（今山東荷澤市鄄城縣）都監。他以後的事蹟不詳。趙思明在治平二年五月時爲大使臣的內殿承制，到元豐六年（1083）八月乙酉（十二）以供備庫使任遼主正旦副使，十多年間已陞爲諸司使臣。到元祐元年（1086）三月以後出知永靜軍（今河北滄州市東光縣），當制的中書舍人蘇軾（1037～1101）（按：蘇軾在元祐元年三月辛未（十四）拜中書舍人，至九月丁卯（十二日）擢翰林學士。故他的外制文當寫於元祐元年三月至九月），在給趙思明任知永靜軍的制文中，提醒他「武吏之進，以守土扞城爲高

　　石元孫另外三個孫女，都嫁與趙宋宗室：次長的永安縣君，嫁給輩份屬英宗姪的右武衛大將軍、簡州刺史趙仲論（？～1089）（按：趙仲論最後官崇信軍節度觀察留後，贈開府儀同三司英國公）。趙仲論屬英宗近支宗室，是英宗本生父、尊爲皇伯濮王允讓（995～1059）之孫，英宗親兄右驍衛大將軍、洺州防禦使趙宗誼（？～1078）（按：趙宗誼最後爵封濮國公、追封廣陵郡王）的長子。可惜這位永安縣君早世。〔註85〕

選；而戎墨之政，以平徭決獄爲餘事。汝以財用，往分使符。知高選之未易得，而餘事之不可忽。」言下之意，似乎怕這位世家子弟不能任邊事。這道制文沒有提到趙思明當時的官位。不久，宋廷又將趙思明擢升爲橫班副使的初階的西上閤門副使。這次又是蘇軾當制，制文就點出宋廷因眷念他是趙普的後代，所以得到陞官。制文云：「敕具官趙思明。國之宗臣，義同休戚。故文終之後，配漢並隆；而梁公之孫，與唐無極。國家佐命，元老獨高。韓王銘勳太常，侑食清廟。爰及近歲。歎其中微。乃眷裔孫，尚有遺烈。宜因近侍之請，進陞上閤之貳。勉蹈祖武，副朕懷人追遠之心。」趙思明後來的仕歷不詳。參見本文〈附錄一：石元孫墓誌〉、〈附錄二：石宗永妻趙氏乳母徐氏墓誌〉；李心傳（撰），徐規（點校）：《建炎以來朝野雜記》（北京：中華書局，2000 年 7 月），乙集卷十二〈雜事·趙韓王六世小譜〉，頁 686～687；《長編》，卷一百六十一，慶曆七年九月庚辰至丙戌條，頁 3887；卷一百六十二，慶曆八年閏正月甲子條，頁 3909；卷三百三十八，元豐六年八月乙酉條，頁 8144；蘇軾（撰），孔凡禮（點校）：《蘇軾文集》（北京：中華書局，1986 年 3 月），卷三十九〈制敕〉〈趙思明知永靜軍〉，頁 1104；〈趙思明西上閤門副使〉，頁 1121～1122；孔凡禮：《蘇軾年譜》（北京：中華書局，1998 年 2 月），中冊，卷二十五，頁 711，738。

〔註85〕趙宗誼和趙仲論父子的事蹟略載於《宋史·宗室傳》、《宋史·神宗紀一》、《宋會要輯稿》及一些宋人文集。趙宗誼於英宗治平二年五月後自右驍衛大將軍、洺州防禦使晉爲明州觀察使（按：當制的韓維要在治平年間較後的時間任知制誥，疑這道制文撰於治平三年）。到神宗熙寧十年（1077）十月癸巳（十六），因其兄濮國公宗樸（？～1077）卒，甲午（十七）他便除昭化軍節度使加同平章事襲封濮國公，但四個多月後，即元豐元年（1078）二月庚戌（初五），他便病逝，神宗輟朝三日。三月辛未（初二），神宗親臨其第爲他發哀。二年（1079）二月贈太師、中書令、廣陵郡王，諡莊孝。到政和四年（1114）正月辛丑（廿四），徽宗又追封宗誼爲祁王。趙仲論的生平事蹟，群書亦多不見載。從他一個兒子右侍禁趙士爐（1070～1089）的墓誌銘，得知趙仲論在永安縣君石氏卒後，續娶了建安郡君杜氏，而生了兒子趙士爐。趙仲論卒於元祐四年（1098），最後爵封英國公，而其父趙宗誼最後獲追贈爲廣陵郡王。考《宋會要·帝系》則記趙仲論在元符三年閏十二月，以崇信軍節度觀察留後，贈開府儀同三司英國公，所記趙仲論卒年及追贈官爵與范祖禹之碑記有出入。按追贈官爵不一定在受封人剛卒之年，趙仲論之卒年，現從范祖禹的說法。參見本文〈附錄一：石元孫墓誌〉；韓維（1017～1098）：《南陽集》，文淵閣《四庫全書》本，卷十七〈皇兄右驍衛大將軍洺州防禦使宗誼可明州觀

　　石元孫另一個孫女延安郡君，則嫁給輩份屬英宗從弟、在治平二年官右驍衛大將軍峽州刺史宗絳。趙宗絳是真宗幼弟、著名的「八大王」周王元儼（985～1044）之孫。他的父親是元儼次子（按：《宋會要輯稿》作第四子，以長子及第三子早夭不名）、輩份屬英宗皇叔的襄陽郡王允良（？～1067）。宗絳是允良的長子，在熙寧中嗣封吳國公。石元孫的這個孫女延安縣君，嫁入這樣顯赫的宗室貴家，可惜她也是早逝。〔註86〕

察使〉，葉十一上；《宋史》，卷十五〈神宗紀二〉，頁294；卷二百四十五〈宗室傳二‧濮王允讓附宗誼傳〉，頁8708，8711；范祖禹（1041～1098）：《范太史集》，文淵閣《四庫全書》本，卷四十九〈右侍禁墓誌銘〉，葉十五上下；《宋會要輯稿》，第一冊，〈帝系二‧濮秀二王雜錄‧濮王〉，頁58；〈帝系三‧追封郡王、贈使相〉，頁83，85；〈帝系四‧宗室雜錄一〉，頁116；〈帝系五‧宗室雜錄二〉，頁134；第三冊，〈禮四十一‧發哀、輟朝〉，頁1631，1650；第四冊，〈禮五十八‧王謚〉，頁2058；〈儀制三‧朝儀班序〉，頁2351。

〔註86〕　據《宋會要輯稿》，趙允良在天禧四年閏十二月初封右千牛衛將軍。乾興元年仁宗即位後，進右千牛衛大將軍領舒州刺史。天聖五年二月進泰州刺史。天聖七年九月進穎州團練使。明道二年十月進鄭州防禦使。景祐二年十一月進安州觀察使。寶元二年二月進鎮國軍節度觀察留後。慶曆四年七月乙亥（十六）封華原郡王，八月進安德軍節度使。至和二年六月戊子（初一），授同知大宗正事，本來大宗正司只有知事兩員，允良以其父周王遺表自陳，於是仁宗特添置同知一員以授允良。但御史指允良起居日夜顛倒，不堪作大宗正。同月乙未（初八），仁宗特遷他奉寧軍節度使而罷他同知大宗正事。嘉祐元年（1056）九月辛卯（十二），仁宗祀天地於大慶殿，加允良同平章事，並以他攝右衛上將軍充三獻。嘉祐五年十二月改彰信軍節度使兼侍中。嘉祐七年九月辛亥（初七），仁宗祀天地，大饗於明堂，允良以親貴之尊，獲委為三獻。嘉祐八年英宗繼位後，進兼中書令改封襄陽郡王。這亦是〈石元孫墓誌〉他所繫之銜。治平元年五月丙辰（廿一），英宗下詔，特許允弼和允良免常朝，只需五日一次朝請。治平二年十一月壬申（十六），英宗舉行南郊大典，原再以允良為三獻，但他以疾辭。治平四年正月神宗繼位後，加守太保、寧江軍、平江軍兩節度使。同月丙寅（十七），神宗特旨他與東平郡王允弼許每月朔望才朝謁。二人即上表懇辭這恩典，請依英宗朝之例，五日一朝。但神宗在二月丙申（十七）下詔不允所請。他在同年三月甲戌（廿六）卒，因神宗正在守孝期間，不能親往祭奠，即命輔臣代往允良府第祭奠，並輟朝五日。閏三月贈太師尚書令兼中書令追封定王謚榮易。因他的長兄博平侯允熙早卒，他在慶曆四年以後就成為周王元儼一房最尊長的，他是仁宗至神宗朝的近支親貴。正如前文提到，他有一個怪脾氣，就是好晝寢，以日為夜，於是他一宮的人都晝睡夕作。他卒贈定王。有司以他「反易晦明」，就謚曰「榮易」。參見本文〈附錄一：石元孫墓誌〉；《宋會要輯稿》，第一冊，〈帝系一‧皇子諸王‧定王允良〉，頁24，36；〈帝系三‧宗室封建‧元儼六子之五、追封王〉，頁75，80；〈帝系四‧宗室雜錄一〉，頁102，104，107；〈禮一‧郊祀儀注〉，頁508；第二冊，〈禮二十四‧明堂御札〉，頁1157；第三冊，〈禮二十五‧郊

　　石元孫再次的孫女仁和縣君（？～1090後），則嫁給英宗從姪，在治平二年官右羽林軍大將軍、施州刺史的趙仲防（？～1094）。趙仲防的祖父右神武將軍濮州防禦使追贈中書令趙允成（？～1025），是太宗長子、眞宗同母兄楚王元佐（966～1027）之第三子。他的父親右羽林軍大將軍慶州防禦使趙宗嚴（1013～1065）則是趙允成的第四子（按：其墓誌銘稱他是允成第五子），而趙仲防就是趙宗嚴之長子。趙仲防卒於紹聖元年（1094）。〔註87〕石元孫這位

祀恭謝〉，頁1223；〈禮四十一・親臨宗戚大臣喪・雜錄、輟朝〉，頁1648，1650；〈禮四十七・優禮大臣〉，頁1765；〈禮五十八・王謚〉，頁2058；〈儀制二・常參起居〉，頁2323；《宋史》，卷二百四十五〈宗室傳三・周恭肅王元儼傳附允良傳〉，頁8705～8706。

〔註87〕據《宋會要輯稿》的記載，趙允成在至道三年四月眞宗即位後授右千牛衛將軍。大中祥符元年十二月遷右屯衛將軍，再三遷至右驍衛將軍。大中祥符七年（1014）十二月領綿州刺史。天禧二年（1018）八月進汝州團練使。乾興元年仁宗即位後，進濮州防禦使。天聖三年（1025）五月癸卯（廿二）卒，贈安化軍節度使、郇國公，仁宗輟朝三日。明道二年十一月，再加贈鎮江軍節度使兼侍中。嘉祐八年四月，英宗即位贈兼中書令。到治平元年閏五月再贈太尉。他的輩份屬英宗的從伯父，故〈石元孫墓誌〉稱他爲「皇伯故中令」。趙宗嚴及其母霍國夫人康氏（999～1065）均有墓誌銘傳世，他字子莊，母爲霍國夫人康氏。他初授右侍禁，歷東頭供奉官、內殿承制，慶曆元年換右屯衛將軍。但二年，他連喪二女，先是八月喪第七女，閏九月折第五女。遷右武衛將軍領簡州刺史，又領鳳州團練使。英宗即位以爲右羽林大將軍慶州防禦使，封華陰侯。治平二年六月，霍國夫人卒，他亦得病不起，同年十二月戊申（廿三）卒，得年五十三。故寫於治平二年的〈石元孫墓誌〉稱他爲「皇兄故右羽林大將軍慶州防禦使」。英宗追封他武寧軍節度觀察留後彭城郡公。治平四年八月癸酉（廿七）葬河南永安縣三陵旁。他有子十六人，長仲虞及仲新均早夭，故行三的趙仲防成爲長子。按趙仲防在治平二年五月時官右羽林大將軍施州刺史，到四年八月祖母霍國夫人下葬時改單州刺史。元祐五年九月，其子左班殿直士專之妻吳氏卒時，他官原州防禦使。紹聖元年五月，他獲追贈武康軍節度使洋國公。疑他卒於是年。參見本文〈附錄一：石元孫墓誌〉；《宋史》，卷二百二十七〈表十八・宗室世系十三〉，頁6958：卷二百四十五〈宗室傳二・漢王元佐附允成傳〉，頁8693～8697；《宋會要輯稿》，第一冊，〈帝系一・皇子諸王〉，頁23；〈帝系三・宗室封建・元佐四子，贈節度使追封國公、贈留後追封郡公〉，頁74，86～88；〈帝系四・宗室雜錄之一、三〉，頁99～100；第三冊，〈禮四十一・輟朝〉，頁1652～1653；第四冊，〈儀制十二・再贈官〉，頁2565；王珪（1019～1085）：《華陽集》，文淵閣《四庫全書》本，卷五十五〈宗室金紫光祿大夫檢校右散騎常侍右羽林軍大將軍使持節慶州諸軍事慶州刺史充本州防禦使大夫上柱國天水郡開國公食邑三千戶實封六百戶贈武寧軍節度觀察留後追封彭城郡公墓誌銘〉，葉十一上至十三下；鄭獬：《鄖溪集》卷二十二〈霍國夫人康氏墓誌銘〉，葉一上至四下；范祖禹：《范太史集》，卷四十八〈左班殿直妻吳氏墓誌銘〉，葉七下至八上；張方平：《張方平集》，卷三十八〈宗室右屯衛將

孫女仁和縣君，後晉封爲齊安郡君，約在元祐三年（1088）至五年（1090）間從應召入宮謁見宣仁高太后（1032～1093），她和陪同進見的媳婦吳氏（1069～1090）均獲賜霞帔。她至少育有兩男，分別是左班殿直士專（？～1090後）和右監門率府率士覲（1068～1087）。她以後的事蹟暫不考。〔註88〕石元孫其餘的孫女，在治平二時以尚幼未出嫁。〔註89〕

石元孫的曾孫、石氏將門第六代的子孫，最值得一提的當然是繼石保吉之後，在一百三十九年後石氏將門子弟居然再獲垂青，再得攀龍附鳳成爲主婿的石端禮。石端禮沒有被收入《宋史・外戚傳》，他的事蹟群書也記載不多。他在政和初年以德州團練使提舉醴泉觀擢爲復州防禦使。他的制文稱許他「不事綺紈，深尚儒素。早緣推擇，袛奉禁嚴。備殫夙夜之勤，寖歷歲月之久。」似乎他沒有貴家子弟的驕氣，而頗有儒士之風，也許與他們石氏早已衰落有關。〔註90〕徽宗對他這個堂姊夫恩禮不薄，每逢天寧節都特賜香酒果品。政和七年（1117）二月，陳國公主病逝，徽宗仍舊待之以親貴之禮。〔註91〕他最幸運的是能逃過靖康之難一劫。在建炎元年（1127）八月丙子（十九），高宗（1107～1187，1127～1162 在位）應石端禮之請，將陳國公主從

軍宗嚴第七女石記文〉、〈宗室右屯衛將軍宗嚴第五女石記文〉，頁 672～673。

〔註88〕 范祖禹，《范太史集》，卷四十八〈左班殿直妻吳氏墓誌銘〉，葉七下至八上；卷五十〈贈左領軍衛將軍主墓誌銘〉，葉九上下。趙士覲卒於元祐二年（1087）七月，年二十二。而趙士專之妻吳氏卒於元祐五年九月，年二十二。按吳氏年二十入門，年二十二卒。則她就當在元祐三年至五年陪同石氏入宮。

〔註89〕 本文〈附錄一：石元孫墓誌〉。

〔註90〕 劉安上（1069～1128）：《給事集》，文淵閣《四庫全書》本，卷二〈德州團練使提舉醴泉觀駙馬都尉石端禮爲復州防禦使〉，葉二上下；卷五〈附錄・劉安上行狀〉，葉十五上下；陸心源（輯）：《宋史翼》（北京：中華書局，1991 年 12 月），卷七〈劉安上傳〉，葉七上。據新任通判舒州、承議郎薛嘉言在建炎二年（1128）十一月爲劉安上寫的行狀所記，劉安上在政和元年（1111）冬服闋以中書舍人召還，到政和三年除給事中。故這篇制文當是寫於政和元年底至三年間。

〔註91〕 《皇宋十朝綱要校正》，卷十一〈哲宗〉，〈公主四・陳國公主〉，頁 324；慕容彥逢（1067～1117）：《摛文堂集》，文淵閣《四庫全書》本，卷九〈賜駙馬都尉石端禮等罷散天寧節道場香酒果口宣〉，葉十一上。慕容彥逢在政和元年還朝任翰林學士，至七年卒。而這道賜石端禮的制文編在賜都指揮使高俅（？～1126）天寧節香果制文之後，顯然兩道制文都寫在同一時間。天寧節是徽宗誕辰，在每年十月。據筆者考證高俅仕歷一文所得，這兩道制文當寫於政和六年十月。參見何冠環：〈水滸傳第一反派高俅（？～1126）事蹟新考〉，載《北宋武將研究》，頁 531，註 59。

靖懿帝姬改封爲陳國長公主。〔註92〕他南渡後居於蘇州（今江蘇蘇州市），與當時不少士大夫都有往來，好像名士、號鴻慶居士、官至吏、戶部尚書的孫覿（1081～1169）便與他多有往來。〔註93〕石端禮卒於紹興十三年（1143）八月乙酉（初一），他最後的官位是武寧軍承宣使提舉醴泉觀公事駙馬都尉。〔註94〕他的家人將他和陳國公主葬於蘇州吳縣董山法華寺堂上。〔註95〕

石端禮至少有一親弟，在紹興十年（1140）二月，曾任單州（今山東荷澤市單縣東南）監酒使臣。〔註96〕他另有一堂妹，許配與他賞識的知通州右朝請大夫董時敏（1089～1157）爲繼室。據董時敏的墓誌所記，當董氏尚在太學上舍時，石端禮知其名，就以堂妹嫁之。董氏於是「用戚里恩，及貢登進士第，銓衡爲選首，授迪功郎」。董時敏後來以軍功改宣義郎。當金兵進攻湖州烏程縣（今浙江湖州市）時，他竭力防守，得以保全湖州。他後來屢經州郡，歷忠州（今重慶市忠縣）及通州（今江蘇南通市）守，與叛兵多有戰鬥而受傷。他屬於有軍功能戰鬥的士大夫。難怪石端禮賞識他。他的墓誌特別提到他的繼室、駙馬都尉石端禮之堂妹「再娶石氏，西秦王之七世孫」。這就旁證了石端禮的確是石守信的苗裔。〔註97〕

〔註92〕《宋會要輯稿》，第一冊，〈帝系八・公主・哲宗四女〉，頁194；李心傳（編撰），胡坤（點校）：《建炎以來繫年要錄》（北京：中華書局，2013年12月），卷六，建炎元年六月甲子條，頁173。

〔註93〕在孫覿的文集裡，收有他與石端禮的三封小帖。第一封說「吳門報聞，即日就道」。可知石端禮居於吳門（即蘇州）。孫覿曾知平江府（即蘇州），第二封帖說「專介惠誨・審問隱居無恙。殊慰望思，守藩無由往拜門下，臨書悵望。」可知石端禮當是隱居蘇州，而當時孫覿正爲蘇州知府。又這三封小帖沒有收在《四庫全書》本的《鴻慶居士集》。參見《全宋文》，第一百五十九冊，卷三四四五〈孫覿二八〉〈與石都尉帖一〉、〈與石都尉帖二〉、〈與石都尉帖三〉，頁304～305。

〔註94〕《建炎以來繫年要錄》，卷一百四十九，紹興十三年八月己酉條，頁2826。

〔註95〕周必大（1126～1204）：《文忠集》，文淵閣《四庫全書》本，卷一百六十七〈泛舟游山錄一〉，乾道元年五月己卯條，葉廿三上。據明人王鏊（1450～1524）所記，常熟縣（今江蘇蘇州市常熟市）東七十二里有靖懿帝姬（即陳國公主諡號）殯，旁有襃親崇惠寺，有政和七年賜額，王氏認爲當時以之權厝陳國公主，後來改葬。參見王鏊：《姑蘇志》，文淵閣《四庫全書》本，卷三十四〈塚墓〉，葉十八下至十九上

〔註96〕徐夢莘（1126～1207）：《三朝北盟會編》（上海：上海古籍出版社，1987年10月），卷一百九十九〈炎興下帙九十九〉，葉十下至十一上（頁1437～1438）。

〔註97〕《全宋文》，第二百十二冊，卷四七零二〈宋故朝請大夫通州大守董公墓誌・畢豫（撰）〉，頁112～113。

　　石元孫一房的後人的事蹟可考的已如上述。至於他的弟弟石懿孫及其後人的事蹟暫亦不詳。據《宋史‧石保興傳》所載，石保興本來「世豪貴，累財鉅萬」，但給他的幼弟石保從之子所敗。〔註98〕這大概也是令石元孫一族後來家道中落的一個原因。當然，石元孫兵敗被俘，卻又不能死節，被釋回後遭宋廷投閒置散，才是石氏一門由盛轉衰的轉捩點。至於石氏一門後來因石端禮獲選尚主而展餘暉，也許是徽宗顧念石氏一門乃勳臣之後，而石元孫也沒有太大的過惡吧。

　　至於石保吉一房的後人，和石元孫一房也相近。雖然沒有出過好像石端禮的貴戚，但後人仍不乏與名公巨卿及宗室聯姻。石保吉共有十個兒子，最長的石貽孫和石孝孫的事功遠不及石元孫。石貽孫官至內園使資州刺史，石孝孫官至西京左藏庫使。〔註99〕他們的後代目前事蹟可考的有二則，一是石貽孫的一個女兒、嫁予王咸融（？～1071）為妻的萬年縣君石氏（1019～1071）。王咸融是太宗、真宗朝庸將王超（951～1012）之孫，仁宗朝樞密使王德用（980～1058）子。官至左藏庫使眉州防禦使。石氏的墓誌銘自然大大誇耀她的婦德，稱許她「生貴戚，其歸又大族，驕侈華美，勢固宜為」。她卻「能自抑損，志於靜閒。當她嫁王咸融後，「益能修飭以盡婦道，閨門之譽，內外藹然」。另說她事翁姑至孝，與王咸融也伉儷情深。夫婦二人均於熙寧四年（1071）四月先後病逝，她得年五十三，有男二人，女六人。〔註100〕倘石氏墓誌銘所述沒有誇大太多，石貽孫這位女兒倒能維持石氏的名門風範。另一個則是石保吉的曾孫女、嫁與宗室右監門衛大將軍士鄑的崇安縣君石氏

〔註98〕《宋史》，卷二百五十〈石守信附石保興傳〉，頁8812。

〔註99〕石孝孫在天聖七年十月以冬至仁宗御殿，他以西京左藏庫使，與另一外戚子弟左千牛衛將軍符承煦（975～1033）等七人，分攝左右金吾衛。參見《宋史》，卷二百五十〈石守信附石保吉傳〉，頁8814；《宋會要輯稿》，第四冊，〈禮五十六‧朝會〉，頁1969；〈禮五十七‧朝賀〉，頁1975～1976；中國文物研究所、河南省文物研究所（合編），《新中國出土墓誌》（河南‧一）下冊〈三七七‧宋故左藏庫使眉州防禦使王公夫人萬年縣君贈蓬萊縣太君石氏墓誌銘并序〉（程伯孫撰），頁332～333。據石保吉孫女萬年縣君石氏墓誌銘所載，其父石貽孫官至內園使資州刺史，而非《宋史‧石保吉傳》所說的崇儀使帶御器械。

〔註100〕〈宋故左藏庫使眉州防禦使王公夫人萬年縣君贈蓬萊縣太君石氏墓誌銘并序〉，頁333；《宋史》，卷二百七十八〈王超傳附王德用傳〉，頁9469。據《宋史‧王德用傳》所載，王德用諸子中，他最鍾愛王咸融，晚年更頗縱容他，教他所為多不法。後來王咸融才折節自飭，不知是否受夫人石氏的影響。

（1056～1088）。據她的墓誌銘所載，她的父親是左藏庫副使石繼勳，祖父是石保吉神道碑沒有著錄的另一個兒子、光州團練使石先普。墓誌銘毫無例外地稱美她「幼奇警，能讀班大家《女戒》。及笄，聰明和靜，歸右監門衛大將軍士鄄，事皇姑彭城郡君盡婦道。執姑喪毀瘠。性不妒忌，能和其族人。」她卒於元祐三年七月，年三十三。范祖禹在她的墓銘特別點出石氏將門與趙宋宗室聯姻的情況，稱「石氏近世，昏姻天屬，以及其孫，來嫁公族。朱輪煌煌，彤管煒煒。」〔註 101〕

七、餘　論

為石元孫撰寫墓誌的李端卿，給石元孫寫上以下的銘文：

> 犖犖偉才，時推賢曹，有耀勳門，名服群醜。忠義許國，一節同守。器業未宣兮，良木遽壞。令問無玷兮，有初有終。從先兆兮永久，

〔註 101〕石保吉有子十人，最長的是石貽孫和石孝孫，其他的八子卻沒有著錄在他的神道碑上。石先普大概是石保吉的幼子，但他之名字，與石貽孫、石孝孫甚至石元孫、懿孫的都不同，未知何故。石繼勳的名字倒與石元孫之幾個孫兒繼字輩的相近。石先普及石繼勳的事蹟均不可考。考石氏之夫婿士鄄，是右羽林大將軍、沂州防禦使仲伋和彭城郡君劉氏的第三子。仲伋是太宗子商王元份（968～1004）之曾孫，元份長子信安郡王允寧（？～1034）之孫，允寧次子會稽侯宗敏之子。他與夫人彭城郡君劉氏均有墓誌銘傳世。仲伋字希魯，康定元年初授右監門衛率府副率，累遷右武衛大將軍黎州刺史。神宗即位後遷右羽林軍大將軍漢州團練使。他曾要求補外職，但不獲准。熙寧八年（1075）二月乙亥（十三）授沂州防禦使，熙寧十年九月卒。按元份的第三子正是英宗本生父濮王允讓，故仲伋及士鄄父子算是近支親貴。士鄄在元豐三年母下葬時官太子右監門率府率，到元祐三年其妻石氏卒時已遷至右監門衛大將軍。據崇安縣君石氏的墓誌所說，她事皇姑彭城郡君盡孝，彭城郡君就是指石元孫三婿劉永正之女劉氏。彭城縣君劉氏卒於元豐二年（1079），墓誌說石氏執姑喪毀瘠，即是指此事。附帶一提，劉氏墓誌的中書玉冊官又同是石元孫墓誌的王克明。參見范祖禹：《范太史集》，卷四十八〈右監門衛大將軍妻崇安縣君石氏墓誌銘〉，葉七上下；《宋會要輯稿》，第一冊，〈帝系四・宗室雜錄一〉，頁 114；第四冊，〈禮四十一・輟朝・皇三從兄弟〉，頁 1657；《全宋文》，第十冊，卷一九九〈石保吉神道碑銘〉，頁 73～74；《宋史》，卷二百四十五〈宗室傳三・商恭靖王元份傳〉，頁 8699～8700；章惇：〈宋宗室贈定武軍節度觀察留後博陵郡公仲伋夫人彭城縣君劉氏墓誌銘〉，收入《宋代碑拓精華》資料庫 519 號（原拓文收藏於中國國家圖書館「章專 1939」；蔡確（1037～1093）：〈宋宗室故金紫光祿大夫檢校右散騎常侍右羽林軍大將軍使持節沂州諸軍事沂州刺史充本州防禦使兼御史大夫上柱國天水郡開國公食邑三千七百户食實封陸百户贈定武軍節度觀察留後博陵郡公墓誌銘〉，收入《宋代碑拓精華》資料庫 508 號（（原拓文收藏於中國國家圖書館「章專 1249」）。

　　貽嘉謀兮匪窮。〔註102〕

我們都能理解，替人寫墓誌銘，只能隱惡揚善。客觀而言，石元孫也算得上一員能辦邊事的「賢曹」。在三川口之戰發生前，他也勉強稱得上「有耀勳門，名服群醜」的出眾的外戚世家子弟。至於他是否「忠義許國，一節同守」？不少士大夫是持異議的，爲的是他不能死節。他獲釋後近二十年都被投閒置散，對他來說，倒是「器業未宣兮，良木遽瓌」的抱憾。韓琦的親信強至（1022～1076）在石元孫卒後，曾寫過一首詩悼念他，詩題作「石太保挽詞」，詩中顯然表達了石元孫欲再效命沙場而不可得的遺憾：

　　許國三朝老，傳家萬石君。乞骸章未報，沒齒訃先聞。挽鐸搖秋露，

　　銘旌卷暮雲。龍岡逢吉壤，馬鬣寄高墳。〔註103〕

從早期爲石元孫說公道話的王平和范仲淹，一力維護他的賈昌朝，爲他寫墓誌銘的的李端卿和寫挽詩的強至，宋廷的文臣對石元孫的整體觀感及評價其實並不太壞，石元孫的謙恭性格與及他較高的文化修養，也許讓他贏得不少朝臣的好感。考仁宗一朝，從章獻劉太后到仁宗本人，都喜歡起用外戚擔任要職。宋廷不少梗直的文臣對這種任人惟親的做法大加反對，不惜開罪帝后，抗爭不斷。仁宗礙於清議，許多時也就妥協，罷免他寵用的外戚。石元孫本來屬於外戚子弟，他受到仁宗的重用，官拜三衙管軍，執掌禁旅。但我們檢視史實，在三川口之役前，文臣從沒有對石元孫的陞遷有何異議，還覺得他是守邊良將，對付元昊的必然選擇。

　　作爲開封浚儀石氏外戚將門的第三代長子嫡孫和傳人，在三川口之役前，他的表現是教人滿意的。他雖然沒有耀目的戰功，卻是稱職的邊臣，頗有乃父石保興的遺風。他若非調往元昊入侵的鄜延一線，可能就會和當時守秦鳳路的另一外戚將門第三代傳人李昭亮一樣，後來「無災無難到公卿」，陞殿帥拜節度，最後像他叔父一樣官拜使相，功名令終。

　　歷史當然沒有假如這回事，石元孫的本領，就是經不了考驗。他射藝大概不錯，也頗懂得練兵，也知道怎樣管理邊郡。然即使他是一員稱職或良好的軍事行政管理人才，卻不一定是一員能征慣戰，可以打硬仗的優秀戰場指揮官。事實證明，一生沒有參預任何大戰的石元孫，第一仗出師遇上軍事天才的元昊，就優勝劣敗。他被俘而不死，獲釋後仁宗礙於眾議，雖然寬宥不

〔註102〕本文〈附錄一：石元孫墓誌〉。
〔註103〕強至：《祠部集》，文淵閣《四庫全書》本，卷六〈石太保挽詞〉，葉十九下。

殺，但終生不獲起用。他背負著敗將之名的恥辱而死，不幸的是，他的後代均是庸碌之輩，沒有人再立新功爲祖先雪恥，並重振石氏將門的家聲。事實上石氏將門在石元孫兵敗時，已步向衰落。石氏雖然憑著開國功臣兼外戚世家的招牌，仍然成爲宗室世家名卿婚配的對像，但這個曾在宋初顯赫一時的將門，到了石元孫這一代已沒落，對宋廷的政治軍事不再產生任何的影響力。雖然他的曾孫石端禮因緣際會，在徽宗朝被選尚哲宗女陳國公主，而又能逃過靖康之難，在南渡後仍擁有貴戚身份；不過，他絲毫不見有任何影響力。說得不好，石端禮的撐起石氏外戚之門，只是迴光返照。他故世後，石氏將門再次湮沒無聞。

在本文的前言，筆者提到上黨李氏外戚將門的情況，值得與開封浚儀石氏外戚將門作一比較：李氏的第一代起家者李處耘（920～966），和石氏的起家者石守信都是太祖最得力的從龍之臣。故早在太祖時，李處耘之女明德皇后（960～1004）及石守信之子石保吉，均分別成爲太宗夫人及太祖的乘龍快婿，而李、石兩家在太祖開國之初，已成爲宋室的國戚。李氏的第二代傳人李繼隆和李繼和（963～1008）兄弟，在太宗和眞宗兩朝多建功勳，是外戚中的龍鳳；反之石氏第二代傳人石保興及石保吉兄弟，比較李氏兄弟的戰功，就相對尋常。景德之役，李繼隆與石保吉分別統率眞宗駕前禁軍，抵禦來犯遼軍。但二人賢與不肖，有目共睹。李氏第三代傳人李昭亮及石元孫，年紀相若，而都靠祖蔭平步青雲。在三川口之役前，二人的官位和爲官的政績其實相差無幾。也許李昭亮眞是洪福齊天，元昊擊破宋軍的三役，李昭亮居然都避過；相反石元孫卻在首戰即敗北遇厄。於是二人後來的命運就有如天壤之別：李昭亮擢拜殿帥，官至使相，功名令終，連他的兒孫也蒙恩蔭遷官；石元孫卻蒙羞歸宋，罷廢終身，他的兒孫也被奪回先前授予的恩恤。惟一相同的是，李氏、石氏兩門，第四代以後均再沒有出過甚麼出類拔萃的人才，雖然仍是宗室名卿巨公婚配的名門世家，但在政治軍事上已沒有甚麼影響力了。

北宋開國的功臣世家名門，其實絕大部份都好像李、石二家，到了第三代以後，都慢慢走上沒落的境地。石氏一門因石端禮再次成爲主婿，而留下一點風光，已算是幸運的了。

二零一一年十月十二日香港理工大學

附錄一：石元孫墓誌

宋故前忠果雄勇功臣殿前都虞候邕州管內觀察使金紫光祿大夫檢校左散
騎常侍使持節邕州諸軍事邕州刺史兼御史大夫上輕車都尉太原郡開國公食邑
二千六百戶食實封肆伯戶石公墓誌銘并序

  宣德郎守尚書比部員外郎判吏部南曹騎都尉賜緋魚袋李端卿撰

  朝奉郎守比部郎中通判汝州軍州兼管內堤堰橋道勸農事上輕車都尉

  賜紫金魚袋薛仲孺書

  朝奉郎尚書屯田員外郎知國子監書學權同判吏部南曹上騎都尉賜緋

  魚袋楊南仲篆蓋

公諱元孫，字善長，世爲大梁人。始名有慶，避章獻大父諱，因改是焉。
曾祖銳，贈太師中書令齊國公。祖守信，封秦王。考保興，贈尚書令。藝祖
建極，秦王居佐輔功第一，遂世以簪組顯映於時。曾祖妣董氏，魏國太夫人。
祖妣魏氏，秦國太夫人。妣楊氏，南陽郡太夫人。南宮氏，廣陵郡太君，即
公之育母也。公少明敏，有立志。季父相國楊國公保吉，藝祖朝尚齊國賢靖
大長公主。賢靖檢視諸姪，常器公而愛養甚優。

先令公任棣州防禦使薨，賢靖因抗章敘世勳，以公賢聞。上特授公東頭
供奉官。公居喪，孝自夙成。毀慟過禮。服終，勾當內物料庫。繼歷西染院、
禮賓、右騏驥院、南／北作坊、東／西八作、御前忠佐軍頭引見司官。以覃
慶改內殿崇班，遷承制、閤門祇候、崇儀、如京副使。

仁宗臨御，以公繼世勳舊，詔充在京舊城裡同巡檢。未幾，遷文思副使
勾當法酒庫。失察吏盜，連茹降削。天聖中，上郊赦，復如京副使，差充澶
州在城巡檢兼管句駐泊軍馬。馭士嚴謹，訓練無怠。太守楊公崏雅知公，才
薦堪將，願廼就移。公知莫州，先是河朔水害，莫最爲甚，桑土蕩壞，民悉
飢殍。公護河加意，修濟廣救，眾賴蒙生，感德思報。會久雨，莫城四壞。
公念凶歲，憂邊疉之防，而苦興役。不得已調民，其民樂趨，相謂曰：公愛
人甚，而爲公家之事。吾等何憚耶？築錘既濟，不日而完。按察使嘉之，聞
于朝，就賜獎諭。時邊郡多事，設謀來上。天子特詔公赴闕，面論其狀，廼
伸利害益聞，上意□□。充賀北朝正旦副使。虜廷方錫宴，以射命公。公揖
讓從容，矢無虛發。左右竊相目歎服。歸遷禮賓使。

朝廷以公詳練邊事，遂再任知莫州。民悅其來，曠時無犯。一日，封陲
民輒相驚，揚言虜寇將入境，攜挈老稚，爭趨城以求避。公怡然無畏色，知

其必妄。既而任丘宰亦令挈家入郡。公廼使人謂曰：君，民帥也。既不能安民，而又挈屬先之，何以儀民？宜促屬以歸，無重民駭。及宰屬歸，民遂安堵。後監司聞之，且將發責其宰。公周旋委曲，力爲言之，宰遂獲免。自是移知保州，加領廉州刺史，充保州、廣信、安肅軍沿邊都巡檢。朝廷審飭邊備，俾度郡西墾屯田塘水事，公周爰究，度知頗爲便。閒謂僚屬曰：民樂久安，難以慮始。役興必有訟者，俄而土民班化等果詣朝，聲鼓告公鑿田不當。朝廷遣使按視，言甚爲利。上特賜璽書獎諭，副以白金五百兩以旌美之。公表謝，仍逭訴者之責，邊吏尤服公器宏慮遠，不以小沮而廢大功也。

上籍田慶成，恩加西京作坊使，復加西上閤門使，依舊廉州刺史，充并、代州管內馬步軍鈐轄專管勾麟府路駐泊軍馬。公嘗以邊鄙久安，兵不知戰，一旦征行，將何應敵？廼勵加簡習，由是河外邊兵，號爲精兵。朝廷以公望實著，每□以功□□聞，特除龍神衛四廂都指揮使、榮州防禦使。上將郊祀，以公簡在滋久，宜備宿衛，特召赴闕，權在京舊城內都巡檢使。明年命公知澶州兼修河總管。未即往中罷，改授眞定府定州等路駐泊馬步軍副都總管。再遷捧日天武四廂都指揮使，復移知澶州兼駐泊兵馬總管。景祐四年，遷侍衛親軍步軍都虞候。俄轉馬軍都虞候，移高陽關路駐泊馬步軍副都總管。公凡履歷文安、麟、府、澶淵、高陽，皆先德□治，仁啓德化之愛，浹民深厚，人皆相慶。公履事仍循舊規，民亦稱治。

寶元中，昊賊背盟，西陲用兵，擇公爲鄜延路駐泊馬步軍副都總管兼沿邊巡檢安撫使。道出都下，召見偏殿，以諭西事。公憤激論敘，方略明甚。天子嘉之，改邠州充觀察使，軍政如故，恩遣甚厚。及抵延安，公點閱按視而謂大帥范雍曰：天下久無事，守戍士卒教之不素。今西賊侵警，此何異駈市人而戰乎，宜速圖之，以益精銳。未報，昊賊親領番兵數十萬騎，自金明奔衝延州。公亟與步軍副都指揮使劉平、鄜延路兵馬都監黃德和聚兵共數千人接賊，力戰於延城北五龍川累日。矢鏃殆盡，復德和引兵先遁。他將總兵駐延之東路承平寨，知賊眾已入漢界，故逗遛不來救援，以此公陷重圍，爲賊黨固執，益加挫曆，而公堅守漢節，無少變矣。嗚呼！戎之所以靜者，以有將也。將之所以勝者，以有兵也。使夫雖武，儒武之將而與之並進，而御烏合不素教之兵，以禦蓄銳猖獗十倍不敵之悍虜，而求幸必勝，雖古之孫、吳、衛、霍，愚未見其可也。及觀西賊，因困公而節守，無屈其爲忠也，亦已至矣。居數年，豈昊賊納款而歸公于朝。

慶曆中，初公之歸，議者猶謂公當時輕敵。公聞之曰：是時賊兵已至延州，城壁危逼，予非不知眾寡難敵。同速戰庶幾可制賊勢，全護一州。何見誣之重歟？公歸至保安軍界，延之蕃漢父老千百計，越數十里攜酒餚迎公。執□謂公曰：始賊來，延城之生聚，向藉公戰不為賊虜。苟當日以我兵少畏敵玩寇，何延城之有乎？荷公之賜實大，今公還且喜且謝。時丞相梁公適領延帥，得公狀甚詳，具所敷奏。上從而詔書，舊知公本末，蓋深憫憐。公既歸國，向引兵先遁者被刑者黨與方熾。總兵逗遛不救者已著顯位，由是內外忌公還朝，而言者未悉之，論疏交上，乞正典刑，是不以眾宜之，較李陵終恨於溯漠耶！天子固以法不得已，竄黜西全，後恩籍襄、許。上嘗念之，俾還都下，居六載，感疾薨於正寢，乃嘉祐八年八月十七日也，享年七十二。天子聞之嗟悼，特遣中使賜束帛賻贈，以恤諸孤。

公賦性惇愿，倜儻大度，與人言未始不及誠，疏財樂施，以義自高。而又精騎射，善琴阮，游心禪理，通曉氣術。居常所處，尤好學書，晚年筆法愈高，如□水墨山石，草聖之妙，往往世有傳者，每開閱書史，有寓則必賦詠，令兒孫輩賡酬唱。公故家集有松齋之編，即公所著詩也。

公積階金紫光祿大夫，勳上輕車都尉，爵開國公，食邑二千六百戶，食實封肆伯戶。公娶清河崔氏夫人，再娶河南陸氏夫人，皆先公終。男一十一人：長宗道，左侍禁；次宗易，右班殿直；次黑頭，次宗奭，三班借職；次黑哥，並早世。次宗尹，見任內殿崇班、閤門祗候；次宗亮，見任西頭供奉官；次宗廣，見任右侍禁；次得壽，幼亡；次宗度，右班殿直，亦亡。次宗永，見任左侍禁。諸令嗣皆善士好學。女四人：長適故左侍禁曹謂，今長樂之姪，故耀州觀察使儀之次子也。次適故內殿承制張正一，故侍中耆之第十三子也。次適故左侍禁劉永正，故帶御器械贊明之第十子也。次適文思使夏陽，故武寧軍節度使守恩之第四子也。孫男一十五人：長繼勳，見任左侍禁。次曖、次暗、次繼祖、次曦，早世。次繼英、次昕、次暉、次暐、次暕、次晦、次繼顏、次煦、次昞、次曄。孫女一十二人：長適內殿承制趙思明，故相國韓王普之曾孫，故閤門使從約之第三子也。次永安縣君，適皇姪右武衛大將軍簡州刺史仲論，乃皇伯故濮王之孫，即皇兄右驍衛大將軍洺州防禦使宗誼之長子也。次延安郡君，適皇弟右驍衛大將軍峽州刺史宗絳，即皇叔襄陽郡王允良之長子也，並早世。次仁和縣君，適皇姪右羽林軍大將軍施州刺史仲防，乃皇伯故中令允成之孫，即皇兄故右羽林軍大將軍慶州防禦使宗嚴

之長子也。餘未出適。

　　始公之薨，權厝於都城東法濟之佛舍，以治平二年夏五月一日卜葬於河南府洛陽縣平樂鄉宣武村之梓澤原，以夫人崔氏祔焉，從先王兆也。公幼從仕，席寵先烈，為當世顯族，揚歷中外，承天子眷遇，不次遭際；然所蘊甚遠而未及大用，以罹否難繼天。端卿游公門，下有累世之舊，故懿行善譽，聞之詳矣。諸孫見託，義不當讓，謹系而銘曰：

> 犖犖偉才，時推賢曹，有耀勳門，名服群醜。忠義許國，一節同守。
> 器業未宣兮，良木遽壞。令問無玷兮，有初有終。從先兆兮永久，
> 貽嘉謀兮匪窮。

中書省玉冊官王克明鐫

附錄二：宋石宗永妻趙氏乳母徐氏墓誌

　　乳母徐氏，景祐四年丁丑歲，入趙韓王宅，乳觀察第七女。迨至和甲午歲，女適石秦王宅太原公第九男宗永。久隨之官六任，享年八十二。元豐八年乙丑歲四月二十四日，以壽終。元祐七年壬申歲九月十九日己亥，葬於洛陽宣武村梓澤原秦武烈王故塋之西南。謹誌所乳女，韓王重孫、瑞安縣君趙氏。女夫秦王重孫，文思副使石宗永。孫男況、演、潽、澈，四人並皆祿仕。孫女二人，已聘仕流。重孫男女十人尚幼。

崇德院主、賜紫　惠遇書丹

八、後　記

　　本文初刊於《新亞學報》第三十卷（2012 年 5 月）時，將宋祁所撰的〈代石太尉謝令安州照管表〉的「石太尉」，誤認作石元孫。後來參閱文津閣《四庫全書》本之《景文集》卷三十五所收之〈代石太尉謝宣妻入內狀〉、〈代石太尉謝移蔡州安置狀〉二文，再參以《宋史·石普傳》所記，〔註104〕乃知請宋祁代撰表文的人，其實是宋初著名邊將石普（961～1035），而非石元孫，故本文之修訂本將有關宋祁為石元孫寫表的論述刪去。另外，又補上了石元

〔註104〕楊訥、李曉明（編）：《文淵閣四庫全書補遺——據文津閣四庫全書補》，（北京：北京圖書館出版社，1997 年 4 月），第二冊，《五·宋別集一（續）》，《景文集》，卷三十五〈代石太尉謝宣妻入內狀〉、〈代石太尉謝移蔡州安置狀〉，頁 83～86；《宋史》，卷三百二十四〈石普傳〉，頁 10471～10475。

孫的孫子石繼祖的一條資料。

2013 年 3 月 11 日

（原刊於《新亞學報》，第 30 卷（2012 年 5 月），頁 99～161。）

四九一　宋石元孫墓誌

首題："宋故前忠果雄勇功臣殿前都虞侯邕州管內觀察使
金紫光祿大夫檢校左散騎常侍使持節邕州兼軍事邕州刺史兼御
史大夫上輕車都尉太原郡開國公食邑二千六百戶食實封肆佰戶
石公墓誌銘并序"

北宋公主之楷模：
李遵勗妻獻穆大長公主

一、導　言

　　宋代的公主一向給人的印象較爲模糊，不像好幾個曾垂簾聽政的太后性格形象鮮明地顯露於政治的前台。同爲外戚，公主的夫族爲也較后妃的父族在政治上的影響力爲少。

　　宋史學者過去對宋代公主的研究多是宏觀式、整體的論述，而主要論及宋代公主的制度。早期最有代表性的研究是張邦煒教授在 1993 年於其專著《宋代皇親與政治》相關的章節。〔註1〕游彪教授在 2001 年在其專著《宋代蔭補制度研究》亦有一章專論宋代公主的蔭補制度。〔註2〕至於最近期的研究，則有華東師範大學兩篇碩士論文，分別是王珺於 2008 年提交的《宋代公主生活考略》及任傳寧於 2011 年提交的《略論宋代公主——兼與唐代公主比較研究》。〔註3〕

〔註1〕 張邦煒：《宋代皇親與政治》（成都：四川人民出版社，1993 年 12 月），第一章第三節〈宋代的公主與駙馬〉，頁 90～121。

〔註2〕 游彪：《宋代蔭補制度研究》（北京：社會科學出版社，2001 年 9 月），第八章第一節〈宗女蔭補制度〉，頁 190～208。又游彪另有一文討論公主及其親屬的仕途，參見游彪：《宋代特殊群體研究》（北京：商務印書館，2006 年 8 月），〈公主及其親屬的仕途〉，頁 48～69。

〔註3〕 王珺：《宋代公主生活考略》，（華東師範大學碩士論文，2008 年 5 月）；任傳寧：《略論宋代公主——兼與唐代公主比較研究》，（華東師範大學碩士論文，2011 年 5 月）。按兩篇碩士論文內容有不少地方重覆，又二文均論及宋代駙馬的情況。

　　相較之下，單一、微觀及個案式的宋代公主研究就不多。就筆者所知，似乎僅有南宋初年假公主案的主角徽宗（1082～1135，1100～1125 在位）女柔福帝姬（1110～1141）較受學者注意。〔註4〕本文即試以個案研究的取向，選擇北宋最有代表性之獻穆大長公主（988～1051）作深入研究，特別細考其夫家潞州上黨李氏，在甚麼樣的環境及機遇下，得以成為仁宗朝（1010～1063，1022～1063 在位）以後一支在政治上頗有影響力的外戚將門，而她所扮演著甚麼樣的角色。

　　在宋人的筆下，太宗（939～997，976～997 在位）幼女、真宗（968～1022，997～1022 在位）幼妹獻穆大長公主，被譽為是整個宋代最有賢德的帝女公主。〔註5〕而她下嫁的駙馬都尉李遵勗（988～1038），同樣是享有令名的貴戚，尤其是沙門所頌譽不已的大檀越、大護法。黃啓江教授在 1986年撰寫的北宋著名沙門契嵩（1007～1072）研究中便提到李遵勗一族，從其祖李崇矩（924～988）、其父李繼昌（948～1019）到其子李端懿（1013～1060）、李端愿（？～1091）均篤信並護佑佛教的事實。〔註6〕更值得注意

〔註4〕　目前在不少文學作品、影視戲劇都以柔福帝姬為題材。惟學術著作則較為少見。王曾瑜教授考論高宗（1107～1187，1127～1162 在位）生母韋太后（1080～1159）之事蹟時，曾旁及柔福帝姬真假的問題。參見王曾瑜：〈宋高宗生母韋氏〉，收入王著：《岳飛和南宋前期政治與軍事研究》（開封：河南大學出版社，2002 年 10 月），頁 608～623，有關柔福帝姬的事蹟考述，見頁 622～623。至於最近期的研究，可參見張明華：〈南宋初年假冒宗室成員案發覆〉，《浙江學刊》，2012 年第 6 期，頁 75～79。

〔註5〕　本文主角獻穆大長公主初封萬壽公主，真宗繼位後屢封萬壽長公主、隋國長公主、越國長公主、宿國長公主、鄂國長公主及冀國長公主。仁宗即位後，晉位冀國、魏國大長公主，她在皇祐三年（1051）薨時追封齊國大長公主，謚「獻穆」。因此之故，宋人筆下常稱他為「齊國獻穆大長公主」。徽宗後改封為荊國大長公主，政和年間又改封獻穆大長帝姬，後恢復荊國大長公主之號，故《宋史》本傳以荊國大長公主稱之。為免稱呼混亂，本文之前言及餘論即以她最後獲賜之謚號「獻穆大長公主」稱之。她被宋人所稱譽之處，下文將會交待。參見脫脫（1314～1355）：《宋史》（北京：中華書局點校本，1977年 11 月），卷二百四十五〈宗室傳二・濮王允讓〉，頁 8708；卷二百四十八〈公主傳・荊國大長公主〉，頁 8774～8775；李埴（1161～1238）（撰），燕永成（校正）：《皇宋十朝綱要校正》（北京：中華書局，2013 年 6 月），卷二〈太宗・公主七・荊國大長公主〉，頁 52；徐松（1781～1848）（輯），劉琳、刁忠民、舒大剛、尹波等（校點）：《宋會要輯稿》（上海：上海古籍出版社，2014 年 6月），第一冊，〈帝系八・公主〉，頁 186。

〔註6〕　除了黃啓江學長外，不少研究宋代佛教史的學者，都注意李遵勗在弘揚保護佛教，特別是禪宗的貢獻。有關李遵勗與佛教的相關研究，可參閱 Chi-chiang Huang

的是，李遵勗夫妻篤信佛教，子孫相承下，李氏裔孫中，到南宋還出了一位民間家傳戶曉的佛門大師濟顛濟公（法名道濟，原名李修元，1150～1209）。〔註7〕而她的夫家潞州上黨李氏，從眞宗朝開始，就從功臣之家成爲另一支外戚將門。〔註8〕在眞宗晚年，朝臣以元老重臣寇準（962～1063）爲首，計劃由太子仁宗監國，以對抗野心勃勃的劉皇后（即章獻劉太后，970～1033，1022～1033 攝政）及以丁謂（966～1037）爲首的附從者。李遵勗與他的平生至交翰林學士楊億（940～1020）是寇準的支持者。作爲仁宗的至親，獻穆大長公主顯然也支持夫婿的立場。後來寇準等在權力鬥爭中失敗，李遵勗顯然靠著大長公主的特殊身份的保護，才不受牽連。劉太后攝政期間，大長公主夫婦一方面小心行事，以編纂佛書，弘揚佛教明其志；另一方面又接受劉太后的籠絡，與劉太后的姻家心腹樞密使錢惟演（977～1034）聯姻，減低劉太后的疑忌，從而暗裡明裡保護仁宗。

仁宗親政之後，大長公主是仁宗少數僅存的父系至親，她對親姪繼續悉心關顧。幼失怙恃，欠缺母愛的仁宗，感情上對這惟一在世的姑娘（按：廣東人稱作姑姐）就由衷敬愛。而愛屋及烏，仁宗對姑娘的兩個親生兒子、他的親表弟李端懿、李端愿就大加拔擢，尤其是李端懿，自小便是他在宮中一起讀書玩樂，情同兄弟的友伴，就最受寵信。而大長公主的長女延安郡主（1010～1052）既與仁宗同齡，另自幼已隨母親出入宮禁，深受眞宗寵愛，

（黃啓江），*Experiment in Syncretism: Ch'-Sung（1007～1072）and Eleventh-Century Chinese Buddhism,*（The University of Arizona, Ph.D. Dissertation, unpublished, 1986），Chapter 2, pp. 71～89；楊曾文：《宋元禪宗史》（北京：中國社會科學出版社，2006 年 10 月），第七章第二節〈北宋駙馬都尉李遵勗和禪宗〉，頁 536～547。

〔註7〕 道濟是李遵勗哪一個兒子的後人？目前尚未有確實的記載。關於道濟的生平，可參閱許尚樞：〈濟公生平考略〉，《東南文化》1997 年第 3 期（總 117 期），頁 80～86；黃夏年：〈湖隱方圓叟舍利銘考釋〉，《佛學研究》，2007 年，頁 197～207。此條資料蒙黃啓江學長提示，謹此致謝。

〔註8〕 李遵勗的祖父，是太祖（927～976，960～976 在位）的開國功臣、樞密使李崇矩。他的父親李繼昌本來是太祖屬意的主婿，後來因李崇矩不願而罷。他屢有戰功，後官至左神武大將軍。參見《宋史》，卷二百五十七〈李崇矩附李繼昌傳〉，頁 8952～8956。又北宋初年的另外一顯赫外戚將門，由太祖的開國功臣、樞密副使李處耘（920～966）起家，因其女太宗明德李皇后（960～1004）成爲外戚，而由其二子李繼隆（950～1005）、李繼和（963～1008）立功成名，也出於潞州上黨。這兩個潞州上黨外戚將門都是北宋前中期的顯赫世家。李處耘一家的事蹟，筆者有專著討論。可參閱何冠環：《攀龍附鳳：北宋潞州上黨李氏外戚將門研究》（香港：中華書局，2013 年 5 月）。

與仁宗也有特別的情份。仁宗兄姊均早夭，又沒有弟妹，與他同齡的從兄弟和表兄弟，才稍爲彌補他這方面情感的寂寞。據現存史料所載，仁宗的從兄弟中，只有他的從兄、仁宗四叔陳王元份（969～1005）之第三子允讓（995～1059）是他的童年玩伴。真宗以允讓與仁宗年歲相近（他比仁宗年長五歲）而聰悟可親，就將他召入禁中與仁宗早晚學習及嬉戲，據說允讓「無一不中節」。等到仁宗成年出閣，才用《雲韶樂》導送他返回陳王元份邸。因爲這一特別情份，仁宗後來對他的從兄恩寵有嘉。除了允讓外，仁宗八叔荊王元儼（985～1044）的幼子允初（1028～1064）亦曾養禁中，當他年紀稍長後，劉太后本來想留他在宮中伴仁宗讀書，但因宰相呂夷簡（979～1044）的反對而遣返荊王府邸。他與仁宗似乎並沒有建立多大的感情。〔註 9〕是故仁宗少年的玩伴，除了允讓外，似乎只有李端懿姐弟等表弟妹。因是之故，潞州上黨李氏一門成爲仁宗朝最受寵信的外戚之一。李端懿、李端愿、李端慤（？～1098）（按：李端慤庶出）兄弟及李端愿子李評（1027～1078）等，後來繼續受到出於允讓一房的英宗（1032～1067，1063～1067 在位）及神宗（1048～1085，1067～1085 在位）的重用及寵信，潞州上黨李氏將門是北宋中後期很有政治影響力的外戚世家。

汪聖鐸先生曾在他所撰的《宋真宗》專著中，以兩頁多的篇幅描述真宗的「被人稱道的小妹」的生平事蹟，也略論及李遵勖的事功，並甚有卓識地指出宋室對駙馬的防範遠低於諸王，是故駙馬如李遵勖可以做地方官和帶兵，與外界接觸的機會較多，而較有作爲。〔註 10〕因篇幅所限，本文擬先考論獻穆大長公主及李遵勖夫婦之事蹟，特別他們與真宗、章獻劉太后及仁宗的關係。至於他們兒孫的事蹟，當會另文詳考。另外，本文主角在不同時期

〔註 9〕 《宋史》，卷二百四十五〈宗室傳二‧周王元儼附允初傳〉，頁 8707；李燾（1115～1184）：《續資治通鑑長編》（以下簡稱《長編》）（北京：中華書局點校本，1979年 8 月至 1995 年 4 月），卷一百十二，明道二年四月己未條，頁 2612～2613；卷一百十七，景祐二年十一月乙巳條，頁 2763；卷一百三十七，慶曆二年閏九月癸酉條，頁 3295；蘇轍（1039～1112）撰，俞宗憲（點校）：《龍川別志》（與《龍川略志》合本）（北京：中華書局，1982 年 4 月），卷上，頁 78～79。據李燾所考，允初生於天聖七年（1029），即使他稍長，也與仁宗的年齡有一段距離，不可能有甚麼親密的感情。至於呂夷簡所以反對將允初留在宮中陪伴仁宗，是擔心劉太后有將允初取代仁宗之意。另太宗長子楚王元佐之長孫宗頡幼時亦侍仁宗於東宮，但他未及賜名便天亡，也談不上與仁宗有任何感情。

〔註 10〕 汪聖鐸：《宋真宗》（長春：吉林文史出版社，1996 年 7 月），第一章第四節〈真宗的姊妹們〉，頁 14～16。

有不同的公主稱號，本文除了在前言和餘論使用「獻穆大長公主」的稱號外，就依她的身份，在太宗一朝以公主稱之，在眞宗朝稱之爲長公主，而在仁宗朝稱之爲大長公主。又本文以獻穆大長公主傳記的角度撰寫，故也會旁及她的親人，包括趙宋宗室及外戚的相關事蹟，從而論證公主一家在親貴中的地位及影響力。

附：獻穆大長公主歷年封號

太宗端拱元年（988）至至道三年（997）五月乙酉（廿二）：萬壽公主

眞宗至道三年五月丙戌（廿三）至大中祥符元年（1008）十一月丙戌（廿九）：萬壽長公主

眞宗大中祥符元年十二月丁亥（初一）至大中祥符四年（1011）七月乙亥（初四）：隋國長公主（按：《宋史》作隨國，《宋會要》，《長編》均作隋國）

眞宗大中祥符四年七月丙子（初五）至大中祥符六年（1013）正月庚戌（十八）：越國長公主

眞宗大中祥符六年正月辛亥（十九）至天禧二年（1018）八月癸丑（廿四）：宿國長公主

眞宗天禧二年八月甲寅（廿五）至乾興元年（1022）三月癸酉（初四）：鄂國長公主

仁宗乾興元年三月甲戌（初五）至明道元年（1032）十一月甲申（十六）：冀國大長公主

仁宗明道元年十一月乙酉（十七）至皇祐三年（1051）三月丙子（廿五）：魏國大長公主

仁宗皇祐三年三月丁丑（廿六）至元符三年（1100）三月：齊國獻穆大長公主（追封）

徽宗元符三年三月至政和四年（1114）十二月：荊國獻穆大長公主（追封）

徽宗政和四年十二月：獻穆大長帝姬（追封）

二、天之驕女：太宗萬壽公主

據《宋史‧公主傳》、《宋會要輯稿》及《皇宋十朝綱要》，太宗有女七人，依長幼及她們最後的諡號，分別是滕國大長公主、徐國大長公主（？～990）、邠國大長公主（？～983）、揚國大長公主（？～1033）、雍國大長公

主（？～1004）、衛國大長公主（987～1024）、及本文主角莉國大長公主（即獻穆大長公主）。〔註 11〕不過，《續資治通鑑長編》的兩條記載，卻說獻穆大長公主是太宗的第八女。〔註 12〕據《宋大詔令集》所記，後來出家的衛國大長公主，被稱爲眞宗的「皇第七妹」，則她之下的獻穆大長公主就順理成章是「皇第八妹」。爲何群書記太宗有七女，而最幼的獻穆大長公主卻被稱爲太宗第八女？一個可能的解釋，是太宗另有一女早夭，雖有排行卻沒有名號，於是失載於《宋史》等書。〔註 13〕獻穆大長公主薨於皇祐三年，得年六十四，以此推知，她當生於太宗端拱元年。據《長編》卷九十，所記，她可能生於是年的十二月。〔註 14〕至於她的閨名爲何，群書均沒有記載。她的

〔註11〕 考《皇宋十朝綱要・太宗》所記太宗七位公主的長幼次序與《宋史・公主傳》及《宋會要輯稿・帝系八・公主》略有出入。《皇宋十朝綱要・太宗》之次序是滕國大長公主、徐國大長公主、揚國大長公主、雍國大長公主、衛國大長公主、邠國大長公主、莉國大長公主。另外，《宋大詔令集》，則稱衛國大長公主爲眞宗的「皇第七妹」。據此，《宋史》和《宋會要輯稿》所記太宗七女的次序當較《皇宋十朝綱要》可信。又《宋大詔令集》又稱徐國大長公主爲太宗的「皇第四女」似乎太宗尚有沒有名號的兩名女兒，在滕國大長公主後，而在徐國大長公主之前。又除了本文主角莉國大長公主的壽數及卒年確知外，只有後來出家的衛國大長公主知其壽數及卒年（參看注 19），其他五位公主只知卒年而不知其壽數，也就不知其生年。至於太宗長女滕國大長公主早夭，生卒年及壽數均不載。又除了確知揚國大長公主及衛國大長公主的生母爲太宗臧貴妃（？～1022 後）外，其他五位公主的生母均不詳。參見《宋史》，卷二百四十八〈公主傳・太宗七女〉，頁 8773～8775；《皇宋十朝綱要校正》，卷二〈太宗・嬪妃九、公主七〉，頁 45～47，51～52；《宋會要輯稿》，第一冊，〈帝系八・公主〉，頁 180～182，186；不著撰人（編），司義祖（點校）：《宋大詔令集》（北京：中華書局，1962 年 10 月），卷三十六〈皇女一・封拜一〉〈皇第四女蔡國公主進封魏國公主制・淳化元年〉、〈皇第七妹陳國長公主封吳國長公主號報慈正覺大師制・大中祥符二年八月癸卯〉，頁 191；文瑩（？～1076 後）（著），鄭世剛、楊立揚（點校）：《湘山野錄》（與《玉壺清話》合本）（北京：中華書局，1984 年 7 月），卷上，頁 17～18。

〔註12〕 《長編》，卷七十，大中祥符元年十二月丁亥朔條，頁 1579；卷一百七十，皇祐三年三月丙子條，頁 4085。

〔註13〕 上文注 11 已提及，徐國大長公主被稱爲太宗的「皇第四女」，似乎她之前尚有兩個姐姐。即是説太宗可能原本有九個女兒，兩個沒有名號而失載。不過，我們無從判定，徐國大長公主被稱爲「皇第四女」，是與太宗的兒子一起按長幼而排，還是只按太宗的女兒長幼而定？參見《宋大詔令集》，卷三十六〈皇女一・封拜一〉〈皇第四女蔡國公主進封魏國公主制・淳化元年〉、〈皇第七妹陳國長公主封吳國長公主號報慈正覺大師制・大中祥符二年八月癸卯〉，頁 191；《宋史》，卷二百四十八〈公主傳・太宗七女〉，頁 8773～8775。

〔註14〕 據《長編》所記，公主的家翁李繼昌在天禧元年（1017）十二月前以左神武

生母方貴妃（？～1031後），據《皇宋十朝綱要》所載，還誕育了比她年長三歲、太宗的第八子周王元儼。巧合的是，公主是太宗第八女，而她的同母兄元儼又是太宗的第八子，兄妹二人都是太宗的么子息女。值得注意的是，他們兄妹在仁宗朝，不但是宗室中最尊貴，最得仁宗尊禮的至親，他們在章獻劉太后攝政期間，還暗中保護了沖幼的姪兒，制衡了后黨的勢力。〔註15〕

　　公主和長兄楚王元佐（966～1027）均貌類父親，故深爲太宗所鍾愛，可說是天之驕女。太宗給她賜號曰「萬壽」，顯然希望她福壽安康，後來她的確比其眾多皇姊都高壽。她自幼不好嬉戲，也不喜玩物，甚至不出閨房。太宗曾經從宮中的寶庫拿出各樣的珍寶，任諸女擇取，從而察看她們的志向，她卻甚麼也不取。爲此，太宗更對她另眼相看。〔註16〕不過，誠如張邦煒所論，太宗對女兒的取態是讓其「貴而不驕」，「導之以德，約之以禮」。既限制她們的權勢，又不許她們有驕奢的行爲，而深深鑑戒唐朝諸帝縱容公主而致她們驕橫的弊端。〔註17〕當然，太宗在世期間，公主尚年幼，談不上甚麼權勢。而據南宋人筆記所載，太宗給她的俸料錢，不過是每月五貫錢，沒有特別的優待。〔註18〕

大將軍、獎州刺史權判右金吾街仗司。長公主生日，就請他過府迎拜獻壽。是條記載繫於天禧元年十二月戊子條，疑長公主的生日在十二月。參見《長編》，卷九十，天禧元年十二月戊子條，頁2090。

〔註15〕 考方貴妃初封新安郡君，天禧二年九月晉美人。乾興元年四月進婕妤。天聖九年（1031）十一月進昭媛。她的卒年月闕。明道元年十月贈太儀。二年（1033）十一月，因荊國大長公主之請，贈德妃，慶曆四年（1044）九月贈淑妃，最後贈貴妃。又《宋史》元儼本傳及《長編》稱他的生母是王德妃，惟據《皇宋十朝綱要》，太宗妃子中並沒有王德妃。不知是《宋史》及《長編》將方貴妃訛寫爲王貴妃，還是《皇宋十朝綱要》漏記王昭媛之名，待考。參見《宋史》，卷二百四十五〈宗室傳二・周恭肅王元儼〉，頁8705～8706；卷二百四十八〈公主傳・荊國大長公主〉，頁8774；《皇宋十朝綱要校正》，卷二〈太宗・嬪妃九・貴妃方氏〉，頁45～46；《長編》，卷一百十一，明道元年十月戊午條，頁2591；卷一百三十五，三月庚申條，頁3228；卷一百七十，皇祐三年三月丙子條，頁4085。關於元儼的生平事蹟，最近期的研究可參看全相卿：〈北宋八大王趙元儼生平新探〉，《江西社會科學》，2013年第5期，頁140～144。

〔註16〕 《宋史》，卷二百四十五〈宗室傳二・漢王元佐〉，頁8693；卷二百四十八〈公主傳・荊國大長公主〉，頁8774；《長編》，卷一百七十，皇祐三年三月丙子條，頁4085～4086。

〔註17〕 張邦煒：《宋代皇親與政治》，頁93～94。

〔註18〕 洪邁（1123～1202）：《容齋隨筆》（上海：上海古籍出版社，1978年7月），《容齋三筆》卷十四〈夫人宗女請受〉，頁582。據洪邁所記，仁宗起初要定公主

值得一提的是，比公主大一歲的、她的七姊壽昌公主據載生不茹葷，在端拱初年隨太宗幸延聖寺時，在太宗懷抱中卻對佛許願將來捨身爲尼。〔註 19〕

淳化三年（992）十一月己亥（初十），被太宗視爲王儲、公主的二兄許王元僖（966～992）意外地中毒身亡。太宗悲痛不已，後來更因查究元僖的死因而揭出不利他的隱情，而大大挫傷了太宗的心。〔註 20〕兄長元僖的橫死，以及背後隱藏的帝位繼承之爭，年方五歲的公主自然無從知曉。她的生母方貴妃當時在宮中地位低微，相信不敢也不會對女兒說甚麼。

太宗在多方考慮，並得到他信任的大臣寇準支持下，在至道元年（995）八月壬辰（十八）冊立公主的三兄眞宗爲皇太子。〔註 21〕然而，以明德李皇后（960～1004）、內臣王繼恩（？～999）爲首的宮中勢力，仍在暗中反對眞宗。至道三年三月癸巳（廿九），太宗崩，在首相呂端（935～1000）的一力扶持下，眞宗才得以順利繼位。〔註 22〕萬壽公主雖才十歲，但早識人事，對父崩傷悼不已，據說每晨起來，就「號慕不能勝」。〔註 23〕太宗晚年尤其至道年間一幕又一幕的險惡宮廷鬥爭，對於尙在童稚的萬壽公主的心靈有甚麼影響？觀乎她成年後處事小心謹愼，從不介入宮廷鬥爭，筆者認爲她幼年的經歷對她應有相當影響。

俸料錢，就詢問他的姑娘萬壽公主（獻穆大長公主），她起初不肯說，仁宗問之再三，才說出當初只得五貫錢。

〔註 19〕《湘山野錄》，卷上，頁 17～18；《皇宋十朝綱要校正》，卷二〈太宗·公主七·衛國大長公主〉，頁 52；《宋史》，卷二百四十八〈公主傳·太宗衛國大長公主〉，頁 8774；據文瑩所記，壽昌公主俗壽三十八。按她卒於天聖二年（1024）五月，則她當生於雍熙四年（987），只比獻穆大長公主長一歲。端拱只有兩年，若據《湘山野錄》所記，她在端拱初年（988～989）隨太宗幸延聖寺許願爲尼，最多只有三歲，此事的確實性待考。

〔註 20〕《長編》，卷三十三，淳化三年十一月己亥條，頁 740～742。關於元僖被寵妾張氏錯手下毒致死，及後來他被揭發涉嫌曾暗中施行巫術，加害父兄之事。可參見何冠環：《宋初朋黨與太平興國三年進士》（北京：中華書局，1994 年 10 月），頁 33～34。

〔註 21〕《長編》，卷三十八，至道元年八月壬辰至十月乙亥條，頁 818～821。

〔註 22〕《長編》，卷四十一，至道三年二月辛丑至五月甲戌條，頁 861～866。關於太宗晚年儲位的爭奪，以及眞宗被冊爲太子後的險惡環境，以及呂端等如何挫敗李皇后廢立眞宗的陰謀。可參見何冠環：《宋初朋黨與太平興國三年進士》，頁 36～40。

〔註 23〕《長編》，卷一百七十，皇祐三年三月丙子條，頁 4086。

三、金枝玉葉：皇妹萬壽長公主

　　眞宗繼位後不久，在至道三年五月丙戌（廿三），公主和她的三位從姊太祖女秦國公主（？～1008）、晉國公主（？～1009）齊國公主（？～999），以及她的三位親姊宣慈公主、賢懿公主及壽昌公主，都晉位為長公主。因她尚未出閣，未獲國封，故眞宗仍錫以萬壽長公主的封號。〔註24〕長公主的七姊壽昌長公主卻乞度削髮出家為尼，眞宗起初不允，說：「朕之諸妹皆厚賜湯邑，築外館以尚天姻，酬先帝之愛也。汝獨願出家，可乎？」不過壽昌長公主卻回答說：「此先帝之願也。」堅決求請，眞宗只好答允。〔註25〕從此事可看到眞宗甚重親情，在位的二十六年中，對其同胞兄弟妹，以至從姊弟妹及其他宗室均極其友愛。長公主尤其得到兄長的鍾愛，在大中祥符元年十二月，眞宗更為她擇得甚為登對的佳婿李遵勗。本節先考述長公主出閣前的事蹟。

　　長公主從咸平元年（998）開始，便經歷兄姊至親陸續離世的人間不幸。是年七月，她的從姊秦國長公主婿、親貴中最尊長的太祖長婿、護國軍節度使駙馬都尉王承衍（947～998）病逝。〔註26〕十二月，她另一從姊、太祖許

〔註24〕　《宋史》，卷六〈眞宗紀一〉，頁104～105；卷二百四十八〈公主傳・太祖六女、太宗七女〉，頁8772～8774；《長編》，卷四十一，至道三年五月丁亥條，頁866。按太祖的三位公主早就獲國封，眞宗在是日就晉封他的兩位從姊秦國公主、晉國公主為秦國長公主和晉國長公主，輩份屬於眞宗從妹的齊國公主就改封為許國長公主。至於他的四位親妹因尚未出閣而未獲國封，故宣慈公主（即揚國大長公主）晉宣慈長公主，賢懿公主（即雍國大長公主）晉賢懿長公主，壽昌公主（即衛國大長公主）晉壽昌長公主，萬壽公主（即荊國大長公主）晉萬壽長公主。考太宗的長女滕國大長公主、二女徐國大長公主及三女邠國大長公主已在太宗朝先後去世，眞宗在這時沒有追封滕國大長公主，卻追封徐國大長公主自魏國公主為燕國長公主（按：徐國大長公主是哲宗後來的加封），邠國大長公主為曹國長公主（按：邠國大長公主在太宗朝出家為尼，號員明大師，她在太平興國八年卒，生時沒有得到公主的封號）。又按萬壽公主的封號當為太宗所賜，眞宗即位後晉長公主。順帶一提，眞宗在晉封姊妹為長公主翌日（丁亥，廿四），才冊封秦國夫人郭氏（976～1007）為郭皇后。

〔註25〕　僧文瑩：《湘山野錄》，卷上，頁17。考《湘山野錄》這條所記的中國大長公主即壽昌長公主及衛國大長公主。

〔註26〕　《宋會要輯稿》，第三冊，〈禮四十一・輟朝・駙馬都尉〉，頁1658；《宋史》，卷二百五十〈王審琦傳附王承衍傳〉，頁8817～8818；《長編》，卷四十七，咸平三年七月庚子條，頁1022。按《宋史・王承衍傳》以王承衍在咸平「六」年以疾求罷節鉞，未幾卒，年五十二。顯然將咸平元年訛寫為咸平六年。考《長編》曾記，王承衍妻秦國長公主在咸平三年七月庚子（廿五），便請為王承衍置守冢五戶。可見王承衍早在咸平三年前已卒。《宋會要》記王承衍卒於

國長公主病重，眞宗親往視疾。惟延至翌年（咸平二年，999）四月丙寅（十四）不治。〔註27〕

　　整個咸平時期，眞宗窮於應付遼和西夏的交侵，敗仗連年兼且失去了西邊重鎭靈州（今寧夏銀川市靈武市西南，一說在寧夏吳忠市南金積鄉附近）。而咸平三年（1000）初在四川發生的王均之亂，也大傷了宋室的元氣。眞宗在忙於國事之餘，倒也盡長兄之責任，當爲太宗之喪守制三年期告終後，他就安排兩個幼妹宣慈長公主和賢懿長公主先後於咸平五年（1002）五月戊戌（初三）和咸平六年（1003）二月丙子（十六）出嫁：前者出降左衛將軍、駙馬都尉柴宗慶（982～1044），晉位魯國長公主；後者出降右衛將軍、駙馬都尉王貽貞（後避仁宗諱改王貽永，986～1056），晉位鄭國長公主。〔註28〕長公主在咸平六年正是二八年華，喜見兩位皇姊先後出閣，分享她們的喜悅之餘，卻也目睹兄長喪子的悲痛：眞宗所鍾愛之獨子信國公玄祐（995～1003）不幸在是年四月辛巳（廿二）夭亡，得年才九歲。〔註29〕長公主在是年除喪姪外，還失去從兄右羽林將軍德潤（965～1003）和五兄兗王元傑（972～

　　　　咸平元年七月蓋得其實。考《宋會要輯稿》點校本據《宋史・王承衍傳》，反將本來正確的咸平元年錯改爲「六」年，蓋點校者沒有好好利用《長編》的相關記載而作出考證，而盲目相信《宋史》的記載，這是筆者找出《宋會要輯稿》點校本的另一則誤失。

〔註27〕太祖許國長公主是魏咸信（949～1017）妻，她是眞宗朝第一位逝世的長公主。又眞宗的從弟、叔父秦王廷美（947～984）的第九子左武衛大將軍德愿（976～999）也在咸平二年閏三月庚寅（初七）卒，得年二十四。參見《宋史》，卷六〈眞宗紀一〉，頁108至109；卷二百四十四〈宗室傳一・魏王廷美〉，頁8670。

〔註28〕《長編》，卷五十二，咸平五年五月戊戌條，頁1130；卷五十四，咸平六年二月丙子條，頁1180；《宋史》，卷七〈眞宗紀二〉，頁121；卷二百四十八〈公主傳・太宗七女・揚國大長公主、雍國大長公主〉，頁8773～8774。柴宗慶是太宗朝樞密使柴禹錫（943～1004）孫，而王貽貞則是太祖朝宰相王溥（922～982）孫。

〔註29〕《長編》，卷四十七，咸平三年四月壬申條，頁1014；卷五十三，咸平五年十一月己酉條，頁1163；卷五十四，咸平六年四月辛巳條，頁1190；《宋史》，卷七〈眞宗紀二〉，頁121；卷二百四十五〈宗室傳二・悼獻太子〉，頁8707。周王的生母章穆郭皇后可說是連遭不幸，他的二兄西京左藏庫使郭崇信（？～1000）在咸平三年四月壬申（廿五）卒，三年後她的獨子信國公玄祐又夭亡。玄祐是眞宗的次子，惟其長兄溫王禔早夭。故在咸平六年時，他是眞宗的嫡長子，只差未正式冊封爲太子。他在咸平五年十一月己酉（十八）才封左衛上將軍信國公，五個多月後卻夭亡。他之死對眞宗和郭皇后自是打擊甚大。眞宗追封他爲周王，諡悼獻。

1003）。前者卒於是年二月己丑（廿九），後者逝於七月癸丑（廿五）。教長公主感慨的是，她這三位親人均壽年不永。〔註30〕而長公主的嫡母明德李太后（即萬安太后）也在是年十一月病重。〔註31〕對親人連遭不幸，長公主大概會百感交集。

眞宗在翌年（1004）正月改元景德。是月乙未（初十），眞宗將他寵愛的後宮劉氏晉爲美人。另晉後宮楊氏爲才人。前者就是後來權傾一時並在仁宗初年垂簾的章獻劉太后，後者就是劉氏在宮中最大的心腹、後來的章惠楊太后（984～1036）。〔註32〕她們後來與長公主的關係一直不錯，可以理解的是，她們對眞宗鍾愛的幼妹當然是不敢怠慢，甚至會刻意討好。

這年三月己亥（十五），長公主嫡母明德李太后病逝。四月丙辰（初三），五姊鄭國賢懿長公主亦病逝。六月庚午（十七），她另一從兄右羽林將軍德欽（974～1004）亦病卒。連喪母姊，長公主當悲傷不已，而爲嫡母守喪之故，長公主雖年已十七，出閣之期就得延遲。〔註33〕

長公主自幼遵守法度，不貪圖財寶，可她的三姊魯國長公主夫婦就剛好相反，是年九月丙午（廿五），魯國長公主上奏眞宗，說她派人往華州（今陝西渭南市華縣）購買木材，請求免除徵稅。眞宗向宰臣表示，太宗曾切戒戚

〔註30〕 德潤是眞宗叔父秦王廷美第七子，《宋史》本傳稱他頗好學而善爲詩。卒年三十九，贈應州觀察使，追封金城侯。元傑是眞宗五弟，長公主的五兄，眞宗即位後自吳王改封兗王，《宋史》本傳也稱他穎悟好學，善屬詞又工書法。他在咸平六年七月暴卒，得年才三十二。他卒時，眞宗親臨其喪，哀動左右，廢朝五日，追封安王，諡文惠。同年九月己丑（初二），眞宗又下詔以元傑之喪，秋宴不舉樂。參見《長編》，卷五十五，咸平六年七月癸丑條，頁1208；九月己丑條，頁1211；《宋史》，卷七〈眞宗紀二〉，頁121～122；卷二百四十四〈宗室傳一·魏王廷美傳附德潤傳〉，頁8674；卷二百四十五〈宗室傳二·越王元傑〉，頁8700～8701。

〔註31〕 《長編》，卷五十五，咸平六年十一月甲戌至戊寅條，頁1221。

〔註32〕 《長編》，卷五十六，景德元年正月乙未條，頁1225～1226。

〔註33〕 《長編》，卷五十六，景德元年三月丁酉至己酉條，頁1232；四月丙辰條，頁1233；《宋史》，卷七〈眞宗紀二〉，頁124～125；卷二百四十四〈宗室傳一·魏王廷美傳附德欽傳〉，頁8674。眞宗對嫡母明德李太后病情加重時，就憂形於色，言必流涕。太后逝世，史稱他縗服慟哭見群臣。然而李太后曾有廢立眞宗的重大嫌疑，史書所記眞宗之哀傷，教人懷疑眞情有多少。對於親妹之喪，史稱眞宗慟哭不勝哀。那應該是眞情流露的。考眞宗快要北征前，曾在是年十月癸巳（十三）幸鄭國長公主第拜祭。又德欽是眞宗叔父廷美第六子，卒年三十一，贈雲中觀察使，追封雲中侯。輩份上他也是長公主的從兄，他也是得年不永。

里不得於西邊買木材，正怕他們因緣販賣，破壞法制。這次魯國長公主提出請求，就姑且通融一次。眞宗其後即召見柴宗慶，表示下不爲例。〔註 34〕其實不待眞宗明示，長公主也不會像乃姊夫婦那樣嗜物貪財。

閏九月癸酉（廿二），眞宗方才將明德李太后的靈駕移於安肅門外旌孝鄉沙臺之攢宮，遼國大軍已在承天蕭太后（953～1009）及遼聖宗（971～1031，982～1031 在位）的統領下大舉入寇。幸而一直是宋廷心腹大患的西夏主李繼遷（963～1004）早在這年的二月，被西涼府六谷部長潘羅支（？～1004）擊殺，宋廷就不用兩面受敵。在眞宗、宰相畢士安（938～1005）、寇準及樞密使王繼英（946～1006）謀劃下，眞宗在十一月庚午（二十）御駕親征。明德李太后之兄、宿將李繼隆（950～1005）獲任爲駕前東面排陣使，太祖駙馬石保吉（954～1010）任爲駕前西面排陣使，扈駕出征。而眞宗四弟雍王元份就獲委爲東京留守。〔註 35〕

宋遼雙方君主親統大軍對峙於澶州（今河南濮陽市），雙方都沒法戰勝對方，最後在眞宗心腹，較早前兵敗降遼的王繼忠（？～1023 後）的斡旋下，加上宋使曹利用（971～1029）的努力，宋遼在十二月初達成和議。是月丙戌（初七），眞宗命西京左藏庫使、獎州刺史李繼昌假左衛大將軍銜，持宋方誓書與遼使姚柬之往遼營報聘。李繼昌到遼營，遼方滿意宋方的條件，就對他的館設之禮加厚。稍後，遼遣其西上閤門使丁振奉遼的誓書隨李繼昌前來開封。〔註 36〕眞宗在是年十二月甲午（十五）從澶州班師回朝，丁酉（十八），眞宗御駕抵開封外的陳橋，李繼昌剛好與丁振抵達，就入見於行在。李繼昌就他所見之遼國國情奏報眞宗，稱遼人頗遵用漢儀，不過也多雜用其本國之俗。遼主雖欲變改也不易得。據後來與李遵勗成爲至交的楊億在景德二年（1005）四月乙酉（初八）所記，李繼昌出使遼國回程經過家鄉潞州，就上言請求眞宗許他在故居改建禪院以納沙門，稱「以上黨舊邦，卜居累世，有環堵之室，乃先人之廬。而自參表著於朝內，占名數於京邑，喬木猶在，高臺未傾，願爲仁祠，以施開士。增飾輪奐，肅奉焚修，庶以眾善之，因仰助

〔註34〕《長編》，卷五十七，景德元年八月戊寅條，頁 1253；九月丙午條，頁 1259。按魯國長公主的家翁鎭寧軍節度使柴禹錫在景德元年八月戊寅（廿六）卒。
〔註35〕《宋史》，卷七〈眞宗紀二〉，頁 123～126。又李繼遷族兄李繼捧（即趙保忠）亦於景德元年六月庚午（十七）卒。
〔註36〕《長編》，卷五十八，景德元年十一月戊辰至十二月丙戌條，頁 1282～1292；十二月乙未至丁酉條，頁 1297。

無疆之算」。眞宗嘉納，並敕賜名「承天禪院」。眞宗在景德三年（1006）三月乙巳（初三）又派他以西上閤門使、獎州刺史爲契丹國母生辰副使，再次出使遼國。眞宗對他出使大概很滿意，後來挑選他的兒子尙主，也許有一定關係。順帶一提的是，據楊億所記，李家信奉佛教，始於李崇矩和李繼昌父子。後來李遵勗便克紹箕裘，成爲北宋時期著名的佛教大檀越大護法。而楊億與李家父子早就有交情。〔註37〕

從景德二年到四年（1007），眞宗君臣得以度過一段相對安泰的日子；不過，眞宗的至親以及倚信的宰執大臣卻有不少人在這期間辭世。首先是在景德之役建下殊勳的外戚宿將李繼隆在澶淵之盟締訂後不久，便在景德二年二月癸未（初五）病卒。〔註38〕同年八月庚辰（初四），眞宗所友愛的四弟雍王元份卒，得年才三十七。眞宗哭之甚哀，及見到宰相，又再三流涕。〔註39〕十月乙酉（初十），眞宗所信任的首相畢士安病卒。〔註40〕到景德三年二月丁亥（十四），眞宗倚重的首樞王繼英亦病亡。〔註41〕到五月己未（十八），眞宗從兄、樂平郡公德恭（962～1006）卒，卒年四十五。眞宗哭之慟，廢朝三日，賜德恭保信軍節度使，追封申國公。〔註42〕景德四年正月甲辰（初

〔註37〕《長編》，卷五十八，景德元年十二月丁酉條，頁1297；卷六十二，景德三年三月乙巳條，頁1391；楊億：《武夷新集》，文淵閣《四庫全書》本，卷六〈潞州新敕賜承天禪院記〉，葉二十一下至二十四上。據楊億所記，李崇矩篤信佛教，「奉身甚約，事佛尤謹。生平飯僧七十萬，造千佛像。修紺殿以嚴寶刹，飾琅函以秘金文。又以方牘，摹印《金剛》、《上生》等經，施于四眾。山門禪苑，多所繕完；什器道具，率用營置。」而李繼昌一再請求楊億爲文以誌此事，於是楊億在景德二年四月乙酉（初八）寫就這篇記文。

〔註38〕《長編》，卷五十九，景德二年二月癸未條，頁1315～1316；卷六十，景德二年五月庚戌條，頁1334。

〔註39〕《長編》，卷六十一，景德二年八月庚辰至丁亥條，頁1356～1357；八月乙未條，頁1359；九月甲寅條，頁1364～1365；《宋史》，卷七〈眞宗紀二〉，頁129；卷二百四十五〈宗室傳二‧商王元份〉，頁8699。考元份在這年五月己未（十二）病重，眞宗曾親往視疾。元份死後，眞宗在傷痛之餘，將元份悍妬不仁之妻李氏削國封置之別所，而原爲元份擔任東京留守時的官屬的翰林學士晁迥（951～1034）、雍王府記室參軍、兵部郎中楊澈、祠部郎中朱協均以輔導無狀而被貶官。又《宋史‧眞宗紀》以元份卒於八月戊寅（初二）。

〔註40〕《長編》，卷六十一，景德二年十月乙酉條，頁1369～1370。

〔註41〕《宋史》，卷七〈眞宗紀二〉，頁130；《長編》，卷六十二，景德三年二月丁亥條，頁1387～1388。

〔註42〕《長編》，卷六十三，景德三年五月己未條，頁1402；《宋史》，卷七〈眞宗紀二〉，頁130～131；卷二百四十四〈宗室傳一‧魏王廷美諸子〉，頁8671。德

六），眞宗另一從弟右監門衛大將軍德鈞（？～1007）亦病卒。〔註43〕四月辛巳（十五），宋廷再遇上大喪：眞宗章穆郭皇后崩，得年才三十二。眞宗以代寇準爲相的王旦（957～1017）爲大行皇后園陵使。宗室、公主、文武臣僚都舉哀守喪。六月乙卯（廿一），詔葬郭皇后於太宗永熙陵西北。〔註44〕

　　對於兄、嫂至親多人享年不永，長公主在恭臨多場喪禮之餘，對人生之無常有何感觸，史所不載。值得注意的是，因章穆郭皇后之逝，爲眞宗寵愛的劉美人就有望晉位中宮。史稱郭皇后死後，眞宗就欲立她爲后，只是大臣多加反對，眞宗一時未能如願。〔註45〕猜想劉美人除了交好外廷大臣如樞密使王欽若（962～1025）等以支持她晉位外，對於眞宗寵愛的幼妹萬壽長公主，當也會刻意巴結。事實上，眞宗向重骨肉之情，他對他兩位從姊秦國長公主和晉國長公主便一直十分尊重，屢次接受她們的請求加恩。〔註46〕聰明如劉美人不會不懂得討好眞宗的姊妹，以博取她們的支持。

四、乘龍跨鳳：長公主與李和文都尉

　　眞宗在翌年（1008）改元大中祥符，從這年開始，眞宗聽信王欽若及丁謂等人的鼓動，開始了自欺欺人而旨在粉飾太平的天書封禪的鬧劇。〔註47〕

恭是眞宗叔父秦王廷美的長子，字復禮，長眞宗六歲。他在景德三年二月甲戌（初一）發病，眞宗親往北宅視疾，到五月丁巳（十六）德恭病篤，眞宗再往視疾，兩天後德恭即病亡。

〔註43〕《長編》，卷六十五，景德四年正月癸丑條，頁1442；《宋史》，卷七〈眞宗紀二〉，頁132；卷二百四十四〈宗室傳一・魏王廷美諸子〉，頁8674。德鈞是眞宗叔父秦王廷美第五子，字子正，史稱他性和雅，善書翰。他生年不詳，大概得年三十餘，份屬眞宗從弟。在景德三年十二月發病，是月壬辰（廿四）眞宗曾往北宅視疾。眞宗追封他安鄉侯，贈河州觀察使。

〔註44〕《長編》，卷六十五，景德四年四月辛巳至乙未條，頁1452～1454；六月乙卯條，頁1464；《宋史》，卷七〈眞宗紀二〉，頁133；卷二百四十二〈后妃傳上・眞宗章穆郭皇后〉，頁8611～8612。史稱郭皇后因獨子周王夭折，哀傷成疾而致不起。又有司初諡郭皇后爲莊穆皇后，仁宗時才改章穆。

〔註45〕《宋史》，卷二百四十二〈后妃傳上・眞宗章獻明肅劉皇后〉，頁8612～8613。

〔註46〕眞宗先後在景德三年四月癸酉（初二）及十二月壬辰（廿四）幸秦國長公主第。景德四年十月己未（廿六），秦國長公主請擴大她一家修行的乾明寺內的無量壽院。不過這次眞宗以要求擴大的步廊是寺眾出入之所，才沒有答應。而晉國長公主就一直爲親屬求恩，景德四年十二月壬寅（初十），她便求得眞宗封其夫石保吉的庶女爲樂陵郡主。參見《宋史》，卷七〈眞宗紀二〉，頁130，132；《長編》，卷六十七，景德四年十月己未條，頁1501；十一月戊子條，頁1508；十二月壬寅條，頁1511。

〔註47〕關於眞宗天書封禪的鬧劇的始末，學者論述者甚多。可閱汪聖鐸：《宋眞宗》，

對長公主而言，這年的上半年，她雖再遭喪親之痛：先是嫡母明德李太后之弟、份屬她的季舅之殿前都虞候李繼和在是年二月丙辰（廿五）病卒，然後是她的從姊秦國長公主在五月癸酉（十四）薨逝；〔註48〕但是年十二月丁亥（初一），她成就了終身大事：在兄長的安排下，出降太祖開國功臣、樞密使李崇矩之孫兒李遵勗，並獲晉封爲隋國長公主。她的乘龍快婿李遵勗與她同庚，成婚之年都爲廿一歲。李遵勗初名李勗，字公武，眞宗命增「遵」字，授右龍武將軍、駙馬都尉，並令他升行輩爲李崇矩子。他後來獲賜諡「和文」，故宋人都稱他爲「李和文都尉」。眞宗爲甚麼選中李遵勗？據載太祖當年本來屬意李遵勗父李繼昌爲其主婿，但李崇矩不願，而沒有成事。〔註49〕據宋人筆記所載，太宗似乎也對李遵勗另眼相看，曾賜以名畫「沒骨圖」。〔註50〕

第四章〈天書降，封禪行〉，頁87～115；第五章〈聖祖降，崇道教〉，頁116～150。

〔註48〕《宋史》，卷七〈眞宗紀二〉，頁136；卷一百二十四〈禮志二十七〉，頁2902；卷二百四十八〈公主傳·太祖魏國大長公主〉，頁8772；卷二百五十七〈李繼和附傳〉，頁8974；《長編》，卷六十八，大中祥符元年二月庚戌條，頁1526～1527；卷六十九，大中祥符元年五月癸酉條，頁1544；《宋會要輯稿》，第三冊，〈禮四十一·親臨宗戚大臣喪·皇姊、皇舅〉，頁1632～1633；〈禮四十一·臨奠〉，頁1640；〈禮四十一·輟朝·皇姊妹、皇舅〉，頁1651，1657。按秦國長公主在大中祥符元年四月病重，眞宗曾在四月戊申（十八）臨公主第視疾。眞宗同日又幸晉國、魯國長公主第，並賜白金千兩、綵二千匹。李繼和及秦國長公主之喪，眞宗都先後親臨祭奠，並分別輟朝三日及五日以致哀，秦國長公主賜諡賢肅。

〔註49〕《長編》，卷七十，大中祥符元年十二月丁亥朔條，頁1579；卷七十一，大中祥符二年正月己巳條，頁1588；《宋史》，卷二百五十七〈李崇矩傳附李繼昌傳〉，頁8954；卷四百六十四〈外戚傳中·李遵勗〉，頁13567～13568；孫旭：〈宋代駙馬升行探微〉，載姜錫東、李華瑞（主編）：《宋史研究論叢》第十輯（保定：河北大學出版社，2009年12月），頁51～61。關於眞宗將王貽貞、柴宗慶及李遵勗三駙馬升行輩的原因，孫旭認爲是爲了維護皇族輩份的權宜之作。此說可取。又據《長編》所記，眞宗曾對宰相說，太宗時公主出降，月俸百五十千，後來稍增至二百千。太宗晚年曾許諸公主增俸。眞宗繼位後，明德李太后對眞宗道及太宗的許諾，於是諸長公主之月俸增至三百千。眞宗說如今初出降者，亦求此數，大概因他未對諸長公主解釋，初給俸時不應得三百千之數，才有這樣的請求。眞宗說現在東封行慶典，他只會加她們美號，而不會增加她們的月俸。按這段話顯然是回應長公主出降應得多少的月俸數額。筆者以爲，以長公主的性情，她當不會計較區區的月俸錢多少，可能是她的夫家提出而已。

〔註50〕據《圖畫見聞志》所記，太宗曾特贈李遵勗以徐崇嗣所畫芍藥五本的名畫「沒骨圖」，似乎已有擇其爲其東床之意，該畫後來成爲長公主的臥房中物。參見

眞宗選擇李遵勗爲妹婿，相信帶有達成太祖及太宗心願的動機。當然李遵勗自身的條件也很好，他身爲將家子，少學騎射，有一次馳馬於冰雪上，馬突然失足，將他摔於崖下。從人以爲他必死，他卻慢慢爬上崖，並無受傷。到他長大後，又喜好文詞，並舉進士，算得上是文武兼修。大中祥符元年初，眞宗召李遵勗對於偏殿後，在年底就將幼妹許配予他。相信李當時應對得體，得到眞宗的歡心。〔註51〕據李遵勗父李繼昌的傳記所載，李繼昌在大中祥符元年初進秩爲東上閣門使，不久以目疾求歸京師，入對而勞問再三。大概眞宗就在此時徵詢李繼昌的意向。李繼昌這次不像乃父當年拒絕太祖的好意，於是眞宗召見李遵勗，當面查考他的人品容貌，而最後決定以愛妹下嫁。〔註52〕

眞宗爲幼妹完婚後，才在同月辛丑（十五）給宰執大臣及諸王宗室加官晉爵。翌年（大中祥符二年，1009）正月己巳（十三），眞宗又特封輩份最長的從姊晉國長公主爲大長公主，三妹魯國長公主爲韓國長公主，七妹壽昌長公主爲陳國長公主。〔註53〕至於新婚的長公主夫婦就沒有獲進一步加封。而長公主的家翁李繼昌大概推恩得以改官右驍衛大將軍，依舊領郡。〔註54〕

眞宗對他的姊妹愛護有嘉之餘，也秉承乃父的教導，不讓她們驕奢及使用逾度。他的七妹陳國長公主自幼茹素，自願剃度出家，眞宗在大中祥符二年二月庚子（十四）就只以保和坊的光教院賜給她修行。惟眞宗只許將光教院稍加修飾。本來在光教院的尼眾，就以舊布庫加以安置。〔註55〕

郭若虛（？～1074後）（撰），鄧白（注）：《圖畫見聞志》（成都：四川美術出版社，1986年11月），卷六〈沒骨圖〉，頁346～347。

〔註51〕《宋史》，卷四百六十四〈外戚傳中・李遵勗〉，頁13567～13568。

〔註52〕《宋史》，卷二百五十七〈李崇矩傳附李繼昌〉，頁8955。

〔註53〕《長編》，卷七十，大中祥符元年十二月辛丑至丁未條，頁1581～1582；卷七十一，大中祥符二年正月己巳條，頁1588；《宋史》，卷七〈眞宗紀二〉，頁139；卷二百四十八〈公主傳・太祖魯國大長公主、太宗揚國大長公主、太宗衛國大長公主〉，頁8772～8774。

〔註54〕《宋史》，卷二百五十七〈李崇矩傳附李繼昌〉，頁8955。據李繼昌的本傳所記，眞宗召見李繼昌後，又遣尚醫診視他，假滿仍給他俸。他稍病愈，眞宗令樞密院傳旨，將會眞拜他刺史，復任延州（今陝西延安市）。李繼昌以疾上表休致，眞宗不許，改右驍衛大將軍，依舊領郡。李遵勗成婚時，他當在京師主持婚禮。

〔註55〕《長編》，卷七十一，大中祥符二年二月庚子條，頁1595；六月丙申條，頁1611；《宋史》，卷二百四十八〈公主傳・太宗衛國大長公主〉，頁9774。眞宗本來派人爲她修造寺院，沒想到執事人互持己見，屢有改易，反而勞費甚多，

　　李遵勗這位新主婿一開始便知禮及謙謹。當長公主下嫁時，眞宗賜第京師永寧里，她所居之堂壁或瓦壁多爲鸞鳳狀，李遵勗下令將之磨掉。長公主服飾有虬龍飾紋的，亦都盡數收藏。眞宗知道後大爲歡賞，又稱他好學。這年三月，太宗的大忌行香，李遵勗請求預立班。王旦向眞宗回奏說以往佛寺行香，百僚在列，惟駙馬都尉未有至者。眞宗稱許妹夫請求參預行香，「甚見恭恪」，就令降詔從其請。長公主在知禮謙謹方面，也不讓其夫。按李遵勗尙主後，依制陞行輩爲李崇矩之子。這樣，李遵勗與其父李繼昌就成爲同輩「兄弟」。〔註56〕長公主這時倒不用思量見親翁之禮，因李繼昌是時出任西邊鄜延路鈐轄，到翌年（大中祥符三年）七月，李還擢陞爲鄜延路都鈐轄，長期在西邊。〔註57〕

　　長公主出嫁後，仍在每月的朔望及節辰入見兄長，敍家人天倫。據《長編》所記，大中祥符二年五月辛未（十七），長公主的肩輿至右掖門，與入朝之騎乘混雜而入。皇城司以爲不妥，即上奏眞宗。眞宗於是下詔以後南宮北宅的公主、郡縣主入謁時，若朝班未退，就悉由玄武門出入。到朝班散去，則聽任從他門進出。〔註58〕

　　李遵勗在成婚不久，在是年六月卻得疾在告。眞宗愛妹心切，派醫者看視他的病狀，回報病情教人擔憂。眞宗大概爲了沖喜，就援引三妹婿柴宗慶

有違眞宗初衷。眞宗在六月丙申（十三）下詔切責執事人。

〔註56〕　參見《長編》，卷七十一，大中祥符六月庚寅條，頁1610；《宋史》，卷二百四十八〈公主傳・荊國大長公主〉，頁～8774；卷二百五十七〈李崇矩傳附李繼昌傳〉，頁8952～8956；卷四百六十八〈外戚傳中・李遵勗〉，頁13568；《宋會要輯稿》，第三冊，〈禮四十二・國忌〉，頁1673。據《隆平集》所記，李遵勗夫婦所居的園池，聚集了許多來自數千里外的奇花果美石，所費不匪。內中有「會賢」和「閒燕」二堂，東北隅有莊曰「靜淵莊」，引流水環繞莊舍下。據南宋人所記，永寧里公主第爲諸主第一，「靜淵莊」就在宅東隙地共百餘畝，盡疏濬爲池，俗稱李家東莊。參見曾鞏（1019～1083）（撰），王瑞來（校證）：《隆平集校證》，（北京：中華書局，2012年7月），卷九〈李崇矩傳附李遵勗〉，頁280；葉夢得（1077～1148）（撰），徐時儀（整理）：《避暑錄話》，載戴建國等（編）：《全宋筆記》第二編第十冊（鄭州：大象出版社，2006年1月），卷下，頁311。

〔註57〕　《宋史》，卷二百五十七〈李崇矩傳附李繼昌〉，頁8955；《長編》，卷七十一，大中祥符二年三月乙卯條，頁1599；卷七十二，大中祥符二年七月乙丑條，頁1624；卷七十四，大中祥符三年七月乙未條，頁1681。考李繼昌早在大中祥符二年三月前已任鄜延路鈐轄，李遵勗在六月尚主後，他在七月仍以鄜延路鈐轄上言備邊之事。他有否回京參加兒子的婚禮，也是史所不載。

〔註58〕　《長編》，卷七十一，大中祥符二年五月辛未條，頁1608。

歷環衛官不久即授刺史之例，得到宰相王旦的同意，就在同月庚寅（初七），特授李遵勗自左龍武將軍、駙馬都尉領澄州刺史。〔註59〕

　　眞宗除了善待長公主外，對其他姊妹也一視同仁。八月癸卯（廿一），下制晉封長公主的七姊陳國長公主爲吳國長公主，授出家號「報慈正覺大師」，賜紫衣並法名「清裕」，爲她建寺於都城之西，賜額曰崇眞資聖禪院，並命有司擇日備禮冊命。並命兩制學士送於寺，又令他們作詩相送，然後賜齋宴。吳國長公主入院有日，眞宗仍召她誨諭以嘉言，又怕她日久忘記，就錄下筆記賜之。眞宗曾向王旦說：「諸妹出降，朕但教以婦道恭順而已。吳國今自主院事，不得不曲之爲防。」眞宗大概有鑑柴宗慶的僮僕先前從外州市炭入京師，得以免稅後，卻在雜買務出售取利的前科，而擔憂吳國長公主手下會借公主權勢擾民，就特詔公主所掌的崇眞資聖禪院，自今於雜買務購物，必須具明數目以聞朝廷，不許擾民。當時藩國近戚及掖庭嬪御願出家者，包括眞宗六弟鎮王元偓（即密恭懿王）女（977～1018）女萬年縣主、七弟楚王元偁（971～1014），即曹恭惠王）女惠安縣主等三十餘人，均隨吳國長公主出家於崇眞院。〔註60〕九月戊辰（十七），眞宗又以吳國長公主出家受誡畢，又特

〔註59〕《長編》，卷七十一，大中祥符二年六月庚寅條，頁1610。游彪認爲李遵勗這次陞官甚快。而隨著其官位的上升，其相應的待遇也迅速提高；不過，眞宗並沒有像太祖及太宗那樣隨便給主婿實際的差遣。大概眞宗考慮李遵勗資望年齡均淺。參見游彪：《宋代特殊群體研究》，上篇〈趙宋宗室、官員子弟及其他〉，頁50。

〔註60〕按《長編》以陳國長公主爲皇第八妹，據《宋史・公主傳》，她在太宗諸女中排名第七，僅長於隋國長公主。而《宋大詔令集》所錄晉封她爲吳國長公主的制文即稱她爲「皇第七女」。另宋人筆記《湘山野錄》也稱他爲太宗第七女。不知《長編》根據爲何。又本來長公主賜師號，不當降制。爲了增加她的榮寵，眞宗就特別將妹妹晉封大國公主，而得以降制以榮之。這篇有276字的四六制文收入《宋大詔令集》。制文洋洋灑灑，有可能出自同樣禮佛楊億手筆。制文云：「皇第七妹陳國長公主，爰自先朝，特鍾慈愛。出於至性，不茹葷辛。資鳳習以非常，悟清幾而迥異。專師沖寂，深厭紛華。尤軫聖考之懷，俾服空王之教。朕頃侍左右，嘗聆誨言，早以仲妹之賢，已達竺乾之旨。棲心有素，從欲靡違。懿茲同氣之親，能繼出塵之跡。睿訓斯在，欽念惟寅。慶稽鬢降之文，備形惇諭之意，而潔齋無改，至願彌堅。期以修練之勤，上報劬勞之德。矧先志之允屬，且素範之不渝。良難重違，徒積多尚。是用擇徽名於梵苑，疏茂渥於脂田。國邑進封，禪林錫號，併伸寵數，式示褒揚。」又據所記，當時兩制學士奉命作詩送公主，尚流傳的有翰林學士陳彭年（960～1017）的一首七律。參見《湘山野錄》，卷上，頁17～18；卷下，頁58；《長編》，卷七十二，大中祥符二年八月癸巳、癸卯條，頁1628，1631；《宋史》，卷二百四十五〈宗室傳

恩普度天下僧尼、道士。令宮觀和寺院每十人度一人，不滿十人及各禮師者亦度一人。〔註61〕

十一月庚辰（廿九），長公主的從姊晉國大長公主病重，眞宗得報馬上到大長公主宅視疾，但眞宗甫離開不久，大長公主即病逝。眞宗馬上臨奠並哭之慟，並下詔輟朝五日，賜諡賢靖。〔註62〕長公主的三位從姊、太祖的三位公主到此時均歿。

大中祥符三年（1010）三月壬寅（廿三），李遵勗請朝拜諸陵，得到眞宗允准。不到一個月，在四月癸亥（十四），後宮李氏（即後來追尊爲章懿李太后，987～1032）誕下後來與長公主姑姪情深的仁宗。李遵勗與長公主相信都與眞宗慶祝此一大喜事。〔註63〕眞宗自周王歿後再得子，自然喜不自勝；不過，太祖的長孫、眞宗的從姪安定郡公惟吉（966～1010）卻在五月丙戌（初八）病逝。惟吉輩份雖是眞宗從姪，其實還比眞宗年長兩歲。他是宗室中之賢者。眞宗與他感情篤厚，惟吉發病後，眞宗一直用各種方法爲他療治。他病重時，眞宗曾八天內省視五次。他病卒後，眞宗往視而哭之慟，翌日對宰相語及又泣下。是月丙申（十八），眞宗再臨惟吉宅奠祭，並爲他廢朝五日，贈中書令，追封南陽郡王，諡康孝。〔註64〕

長公主是否和兄長一樣痛悼惟吉之喪，文獻無徵，難於判斷；不過，兄

二・鎮王元偓、楚王元偁〉，頁 8702～8705；卷二百四十八〈公主傳・太宗衛國大長公主〉，頁 9774；《宋大詔令集》，卷三十六〈皇女一・封拜一〉〈皇第七妹陳國長公主封吳國長公主號報慈正覺大師制・大中祥符二年八月癸卯〉，頁 191；《宋會要輯稿》，第十四冊，〈刑法二・禁約〉，頁 8287。

〔註61〕 《長編》，卷七十二，大中祥符二年九月戊辰條，頁 1634；《湘山野錄》，卷上，頁 18。

〔註62〕 《長編》，卷七十二，大中祥符二年十一月庚辰條，頁 1643；卷七十三，大中祥符三年四月壬子條，頁 1662；《宋會要輯稿》，第三冊，〈禮四十一・臨奠〉，頁 1640～1641；〈禮四十一・輟朝・皇姊妹〉，頁 1651。考晉國大長公主婿、駙馬都尉石保吉從陳州（今河南周口市淮陽縣）趕回京師料理妻子的後事才五月，便在翌年（大中祥符三年）四月壬子（初三）在京師病逝。眞宗廢朝三日，贈中書令，諡莊武，喪禮畢，眞宗並親臨其宅弔問。

〔註63〕 《長編》，卷七十三，大中祥符三年四月癸亥條，頁 1666～1667；《宋史》，卷九〈仁宗紀一〉，頁 175；卷二百九十二〈后妃傳上・眞宗李宸妃〉，頁 8616；《宋會要輯稿》，第三冊，〈禮三十九・命公卿巡陵〉，頁 1609。

〔註64〕 《長編》，卷七十三，大中祥符三年五月丙戌條，頁 1670～1671；《宋會要輯稿》，第三冊，〈禮四十一・臨奠〉，頁 1641；《宋史》，卷七〈眞宗紀二〉，頁 143；卷二百四十四〈宗室傳一・燕王德昭附惟吉傳〉，頁 8678～8679。惟吉是太祖長子德昭（951～979）長子。

長中年得子，長公主相信是欣喜不已的。何況她也初爲人母，在二十三歲之年，在同年十一月誕下長女於京師永寧第。這位後來封延安郡主的小郡主，在彌月後與母親入見眞宗。眞宗剛得佳子半載，心情極好，見到幼妹的女兒後，就歡喜地說：「女，吾之所出也，且有奇法。異時非才賢不以逑匹。」既贈小外甥女縑帛以爲賀禮，又賜幼妹〈園林詩〉一首。眞宗愛惜幼妹之女，而公主也同樣愛護長兄的獨子，而仁宗與他這位同年出生的小表妹在七歲那年便序齒相見。仁宗自幼便與姑娘隋國長公主一家熟稔。〔註65〕

　　大中祥符四年（1011）正月丁酉（廿三），眞宗從京師出發往河中府（今山西運城市永濟市西）祀汾陰。長公主的家翁李繼昌被任爲京師新城巡檢鈐轄，改左神武大將軍權判右金吾街仗，留守京師。〔註66〕李繼昌方被委以重任，並得以含貽弄孫，卻未想到寶貝兒子駙馬爺李遵勖竟然荒唐透頂，私通長公主的乳母。在眞宗及外人眼中，李遵勖本來頗有賢名。這趟大概因少年血氣，受不了女色誘惑，才犯了大錯。一直深受父兄寵愛，備受人尊敬的長公主這次面臨重大的考驗：她要維護夫婿而護短？還是向兄長和盤托出眞相？當眞宗在四月甲辰（初一）從河中府祀汾陰畢返抵京師時，李遵勖起初請入對奏告此事時，還想諉過於人。碰上眞宗以祀汾陰大赦天下，他又改變主意，不願承認過失。但事情怎瞞得過眞宗？李繼昌正管金吾，他怎敢包庇兒子隱瞞眞相？當眞宗派人（也許正是李繼昌本人）詰問李遵勖時，李仍砌辭狡辯，這就惹得眞宗大怒。然而，長公主卻一直維護夫婿，沒向兄長言及夫婿一絲過失。眞宗眼見幼妹一直顧全夫婿體面，就不忍傷害她的感情而深究李的罪責。不過輔臣卻不肯放過李遵勖，上奏請正刑典。眞宗於是在四月壬子（初九）（按：《宋會要》作四月初八），將李遵勖自左龍武將軍、澄州刺史責降爲均州團練副使。李遵勖大概沒有面目留在京師，稍後以疾請求徙居

〔註65〕據周必大（1126～1204）所記，眞宗在大中祥符三年十二月，御書〈春日賜宿國長公主園林詩〉一首賜幼妹。該幅眞宗御書留有仁宗在皇祐五年（1053）九月壬午（十六）的跋文，仁宗以此賜李端懿、李端愿兄弟家藏。書後另有英宗於治平三年（1066）九月乙丑（十四）的跋文，仍令李端愿依舊家藏。按宿國長公主長女在大中祥符三年十二月彌月，長公主帶同女兒入見眞宗，眞宗大概在御苑園林寫下這首詩送給幼妹，向她祝賀。參見蔡襄（1012～1067）（著），吳以寧（點校）：《蔡襄集》（上海：上海古籍出版社，1996年8月），《蔡忠惠集》，卷三十九〈墓誌銘二・延安郡主李氏墓誌銘〉，頁708；周必大：《文忠集》，文淵閣《四庫全書》本，卷一百八十，葉九下至十上。

〔註66〕《宋史》，卷八〈眞宗紀三〉，頁147；卷二百五十七〈李崇矩傳附李繼昌〉，頁8955～8956。

蔡州（今河南駐馬店市汝南縣）養病。真宗接受他的請求。〔註67〕

比起她的三姊韓國長公主之「性妒」，不容夫婿柴宗慶納妾，以致他最後無子。〔註68〕長公主不但包容夫婿過失，在兄長面前一力維護夫婿，還容許夫婿納妾生子。〔註69〕司馬光在五十一年後便大大稱頌她「仁孝謙恭有如寒族，奉李氏宗親，備重婦道，愛重其夫，無妒忌之行，至今天下稱婦德者以獻穆公主為首。」〔註70〕在男性為中心的傳統中國社會，長公主以金枝玉葉千金之軀，能這樣不妒忌、寬宏大量地包容夫婿的失德，確是值得司馬光這些迂腐的儒家士大夫讚美不已的。李遵勗能有這位如此識大體的妻子，他李氏外戚將門才能有貴顯的機會。

〔註67〕 真宗在大中祥符四年正月丁酉（廿三）從京師往河中府祀汾陰，二月壬戌（十八）御朝覲壇，受群臣朝賀而大赦天下。至四月甲辰朔（初一）返京師。李遵勗私通乳母之事，疑早在四月前發生。據李燾引述《涑水記聞》一則來自劉放（1022～1088）的記載，稱真宗本來極怒，甚至要殺李遵勗。他先召入隋國長公主，試探她的反應說：「我有一事欲語汝而未敢。」公主嚇得驚叫說：「李遵勗無恙乎？」並且流涕被面，僵仆於地。真宗見幼妹如此反應，就沒有殺李遵勗。劉放又記，後來長公主逝世，李淑（1003～1059）受詔撰公主碑，他宣言「赦李遵勗事尤美，不可不書。」公主諸子以此事涉亡父失德之事，於是重賄李淑，叫他不要記下這事。李燾認為真宗性仁厚，不會為此事而馬上要殺李遵勗。他疑司馬光此一傳聞或人所厚誣而不足取。考今本《涑水記聞》並無《長編》所引述的一條，鄧廣銘在該書的〈附錄〉所引的一條係於《長編》輯出。筆者同意李燾的見解，李遵勗私通乳母，確實對不起隋國長公主，但罪不至死，真宗不會因此一過失而誅其妹夫。不過長公主愛夫情深，一力維護夫婿卻是可信的。參見《長編》，卷七十五，大中祥符四年正月丁酉條，頁1708；二月壬戌條，頁1712；四月甲辰朔、壬子條，頁1718～1719；司馬光（1019～1086）（撰），鄧廣銘（1907～1998）、張希清（校注）：《涑水記聞》（北京：中華書局，1989年8月），附錄二，頁357；《宋史》，卷八〈真宗紀三〉，頁148～149；卷四百六十四〈外戚傳中·李遵勗〉，頁13568；《宋會要輯稿》，第八冊，〈職官六十四·黜降官一〉，頁4777。

〔註68〕 《宋史》，卷二百四十八〈公主傳·太宗揚國大長公主〉，頁8773～8774。

〔註69〕 李遵勗有庶子李端憲（？～1048），生年不詳，官至供備庫使，他在慶曆八年（1048）三月卒，以李遵勗故贈澤州刺史。他並非魏國（即隋國）長公主所出，但宋廷仍輟朝一日，議者以為是禮官之失。參見《宋會要輯稿》，第三冊，〈禮四十一·輟朝·公主子〉，頁1659；第四冊，〈儀制十一·武臣追贈·防禦使以下追贈〉，頁2546；〈儀制十二·外戚追贈〉，頁2552；〈儀制十三·追贈雜錄〉，頁2573。

〔註70〕 司馬光（撰），李文澤、霞紹暉（校點）：《司馬光集》（成都：四川大學出版社2010年2月），第二冊，卷二十一〈章奏六·正家箚子·嘉祐七年二月初四日上〉，頁583～584。

　　眞宗才貶責了不肖的妹夫，他那最有賢名的駙馬妹婿、山南東道節度使知徐州（今江蘇徐州市）吳元扆（962～1011）卻在是年六月癸卯（初一）逝於徐州任上。眞宗甚悼惜之，贈吳中書令，諡忠惠，吳氏子弟進秩者五人。眞宗又以吳得疾後，本州不即上奏，詔劾其官屬。〔註71〕

　　長公主在七月丙子（初五）從隋國長公主晉封爲越國長公主。她的兩位姊姊也同時獲得改封：韓國長公主晉封爲衛國長公主，已出家的吳國長公主爲楚國長公主。〔註72〕

　　是年十一月，長公主的女兒滿周歲，母女二人入宮覲見眞宗，眞宗召至內省，親自視看她除髮。眞宗歡喜之餘，厚贈他的小外甥女珍寶戲物百餘種。愛屋及烏，眞宗在翌年（大中祥符五年，1012）初，就寬恕了李遵勗，將他起爲太子左衛率府副率，召還京師，稍後復爲左龍武軍將軍。〔註73〕

〔註71〕《長編》，卷七十一，大中祥符二年四月戊子條，頁1600；卷七十六，大中祥符四年六月癸卯朔條，頁1726；《宋史》，卷八〈眞宗紀八〉，頁149；卷二百四十四〈宗室傳一・魏王廷美附德存〉，頁8675；卷二百四十八〈公主傳・太宗徐國大長公主〉，頁8773。吳元扆是太宗長女徐國大長公主婿，是太祖開國樞密使吳延祚（911～964）子。他給眞宗的印象是賢而純謹謙遜，「在藩鎮有憂民之心，待賓佐以禮，處事畏慎」，是主婿之模楷。他在次年正月癸未（十五）下葬時，眞宗又命上元燃燈節延一天舉行，以示哀悼。吳元扆卒後三天，即六月丙午（初四），眞宗的從弟左羽林將軍德存（982～1011）亦病卒。德存是眞宗叔父秦王廷美幼子，曾先後扈從眞宗祠泰山和汾陰，是眞宗信任的宗室。眞宗贈他洮州觀察使，追封洮陽侯。眞宗曾在五月辛丑（廿八）往德存宅視疾，德存在六天後卻病卒

〔註72〕《長編》，卷七十六，大中祥符四年七月丙子、壬午、己丑條，頁1728～1730；八月癸丑條，頁1732；十一月癸巳條，頁1742；《宋史》，卷八〈眞宗紀三〉，頁149；卷二百四十四〈宗室傳一・秦王德芳附惟敘〉，頁8686；《宋會要輯稿》，第三冊，〈禮四十一・臨奠〉，頁1641。值得一提的是，楚國長公主所轄的崇眞資聖禪院以買蔬菜事擾民，眞宗就乾脆賜她以蔬圃。不過，當衛國長公主的夫婿泉州觀察使柴宗慶在七月己丑（十八）上表求邊任時，眞宗卻以他「未嘗更事，豈堪邊事」而不允許所求。不過，在祥符四年十一月癸巳（廿四），眞宗應衛國長公主的多次請求，就特別加封柴宗慶母穆氏爲河南郡君。附帶一談，在大中祥符四年八月癸丑（十二），另一員曾扈從眞宗祀汾陰的宗室、眞宗的再從姪左千牛大將軍河內侯惟敘（977～1011）病卒，有司言以他的身份，眞宗無需行臨喪制服之禮。但眞宗友愛宗族，仍在當日往惟敘院爲他臨奠。惟敘是太祖次子秦王德芳長子，本傳稱他性純謹而頗好學，他在大中祥符四年曾從眞宗祀汾陰，眞宗在八月丙午（初五）他病重時，曾往他宅省視，他得年才三十五。

〔註73〕《宋史・李遵勗傳》記他徙蔡州後，「踰年，起爲太子左衛率府副率，復左龍武軍將軍」。他當在大中祥符五年初召還京師。按公主與他所誕的長子李端懿

　　當長公主一家在祥符五年初團聚時，眞宗在五月戊寅（十一），將他寵愛的劉修儀晉位爲劉德妃，眞宗並且隆重其事，下令有司擇日備禮冊命。十一月戊戌（初五），眞宗四弟元份次子右屯衛將軍允中（？～1012）卒。不過愛姪之卒也不妨礙眞宗立后。十二月丁亥（廿四），劉德妃更正位中宮，成爲劉皇后。〔註74〕劉皇后當然知道眞宗厚愛幼妹，她收養仁宗爲己子，而仁宗又與長公主母女親近，以長公主之通曉人情，她們姑嫂關係應該不錯。相較之下，她的姊姊衛國長公主和夫婿柴宗慶卻不通人情，貪婪愛貨，在是年六月先後受到眞宗的申戒。〔註75〕

　　眞宗冊立劉皇后翌年（大中祥符六年）正月辛亥（十九），眞宗再將三位皇妹改封：長公主自越國長公主進封宿國長公主，衛國長公主進封徐國長公主，楚國長公主報慈正覺大師進封邠國長公主，而眞宗又以婕妤楊氏（即章惠楊太后）爲婉儀，貴人戴氏爲修儀，美人曹氏（？～1026）爲婕妤。〔註76〕

生於大中祥符六年，公主受孕當在五年，而李遵勗應在五年已返京師。參見《蔡襄集》，《蔡忠惠集》卷三十九〈墓誌銘二・延安郡主李氏墓誌銘〉，頁708；《宋史》，卷四百六十四〈外戚傳中・李遵勗〉，頁13568。

〔註74〕考眞宗在是年九月已議立皇后，屬意劉德妃。參知政事趙安仁（958～1018）以劉德妃出身寒微，主張立沈才人（即沈貴妃，994～1076）。眞宗不悅，將趙安仁罷政。而樞密使王欽若就極力贊同。宰相王旦起初態度曖昧，後來改變態度，於是劉后得立。參見《長編》，卷七十七，大中祥符五年五月戊寅條，頁1765；卷七十八，大中祥符五年九月戊子條，頁1786～1787；卷七十九，大中祥符五年十一月丙申條，頁1803～1804；十二月丁亥條，頁1810；《宋史》，卷八〈眞宗紀三〉，頁151～152；卷二百四十五〈宗室傳二・商王元份〉，頁8699。

〔註75〕先是柴宗慶上言他自陝西市木至京，請免稅算。眞宗以早前已向他戒諭不得如此，如今他竟還有此陳奏。於是命樞密院召他戒飭一番。稍後河東提點刑獄張懷寶又劾奏柴宗慶私自派人買馬卻不輸納稅，眞宗以申飭過，就詔釋不問。至於衛國長公主也和夫婿一樣貪得無厭，她早在大中祥符五年二月，向眞宗言及她在汴河內置船二隻，收載供宅物品，她請求免頭子力勝錢，眞宗答應她的請求，免卻諸雜差使。她又不知足，請買比鄰華容縣主張氏的房舍，以廣其居。眞宗命她按價購買方可。稍後眞宗卻查知張氏不欲出售，就戒令公主不得強買。眞宗仍賜錢二百萬，聽她在別處購買房舍。參見《長編》，卷七十八，大中祥符五年六月戊申條，頁1770；《宋會要輯稿》，第十二冊，〈食貨五十・船〉，頁7121。

〔註76〕據《宋會要》所載，眞宗以聖祖降的恩典晉封三位妹妹公主時，他發覺大國公主之名號已遍封，沒有理由將尚未有封賜的小國公主名號給三位妹妹。不過王旦以爲「亦有以小國美名升爲大國進封者。」眞宗接納王旦的意見，於是將本來屬於大國公主的衛國長公主、楚國長公主、越國長公主改封爲本爲

這裡值得一提的是，長公主的同母兄榮王元儼，這時行事卻率性而爲，遠不及妹妹的知曉人情。同月辛酉（廿九），他在侍宴宮中時卻頗多言，他又請將原屬姊夫石保吉的伶人、新隸教坊者作戲。到他赴北園御筵時，有伶人稍不合他意，他不但叱罵，還要捶撻。他的宮僚都不敢勸諫。見到眞宗，他又請此一伶人演戲。眞宗對他這樣任性的行爲，就大爲不悅，並對宰臣言及元儼的失禮。〔註77〕

長公主在這年中誕下長子李端懿，長公主這年已二十六歲，誕下第一個兒子，自然喜悅不已。李端懿比仁宗小三歲，從小便是仁宗的玩伴，表兄弟情份匪淺。據他的墓誌銘所記，「爲兒時，上（仁宗）在東宮，眞宗命公侍研席。上尤親愛，嘗解方玉帶賜之。稍長，出入宮禁，禮如家人。」〔註78〕

是年十一月，長公主向眞宗乞請在諸州河市物免稅，眞宗有鑑於新晉封徐國長公主和邠國長公主的兩位皇妹貪圖小利的前科，怕幼妹有違條例，故於是月丁巳（廿九），下詔申明長公主宅諸州河所置的舟船，只許免卻各種差

小國公主的徐國、邠國和宿國長公主。爲此，眞宗又特別將徐國、邠國及宿國特昇爲大國，在衛國、楚國及越國之上。又眞宗在大中祥符六年正月庚申（廿八）置淑儀、淑容、順儀、順容、婉儀、婉容在昭儀之上。又置司宮令，正四品，在尚宮上。同日即晉封楊氏等三人。按楊氏後來成爲劉皇后的宮中助手，撫育仁宗。而戴氏爲太宗朝殿前都指揮使、定武軍節度使戴興（？～999）女，乾興元年四月進婉儀，卒年月闕。慶曆四年九月贈順容。曹氏爲太祖到眞宗朝之樞密使曹彬（931～999）女，乾興元年四月進婉儀，天聖四年（1026）六月卒，皇祐元年（1049）十月贈賢妃。參見江少虞（？～1145後）：《宋朝事實類苑》（上海：上海古籍出版社，1981年7月），卷三十三〈典故沿革‧親王公主封國〉，頁423～424；《長編》，卷八十，大中祥符六年正月辛亥至庚申條，頁1816；《宋史》，卷八〈眞宗紀三〉，頁153；《宋會要輯稿》，第一冊，〈帝系八‧荊國大長公主〉，頁186；《皇宋十朝綱要校正》，卷三〈眞宗〉〈皇后五〉、〈嬪妃七〉，頁95～98。

〔註77〕 《長編》，卷八十，大中祥符六年正月辛酉條，頁1817；《宋史》，卷八〈眞宗紀三〉，頁153；卷二百四十四〈宗室傳一‧燕王德昭附惟和〉，頁8676，8680～8681。眞宗除了爲弟弟元儼之行爲煩惱外，這年六月壬戌（初二），從兄燕王德昭之幼子右千牛衛大將軍惟和（978～1013）病卒，得年才三十六。眞宗對惟和很欣賞，曾對王旦稱許他「好文力學，加之謹愿，皇族之秀也」。對他之不壽，嗟悼久之，至於泣下。眞宗且錄其稿二十二軸，並親作序，藏於祕閣。

〔註78〕 據李端懿的墓誌銘所記，他字元伯，是李遵勗和公主的長子，仁宗的嫡親表弟。他卒於嘉祐五年（1060）八月，得年四十八，以此上推，他當生於大中祥符六年，惟哪一月不詳。參見歐陽修（1007～1072）（撰），李逸安（點校）：《歐陽修全集》（北京：中華書局，2001年3月），第二冊，卷三十三〈鎭潼軍節度觀察留後李公（端懿）墓誌銘〉，頁490～493。

徭。至於關市徵算的路稅就如舊，不許豁免。〔註 79〕在這方面，長公主是循規守法，從來沒有讓兄長煩惱，宜乎她得到兄長的寵愛。

大中祥符七年（1014）三月丁未（廿二），仁宗已滿五歲。因王旦等之請求，真宗封仁宗為左衛上將軍，封慶國公，月給俸錢二百千。劉皇后早就以他為己子，而由楊婉儀保視之。仁宗這時已呼劉后為大孃孃，楊婉儀為小孃孃，卻不知生母是宮人李氏。〔註 80〕宮內宮外的人識得利害，就沒有告訴仁宗真相。作為至親的長公主，就算知道真相，也不會透露。

是月底，長公主的七兄舒王元偁病重，真宗憂慮之餘，罷遊金明池。然元偁到四月丙子（廿一）終於不治，得年才三十四。真宗臨哭，翌日對輔臣發言出涕，悲不自勝。真宗追封他曹王，諡恭惠，廢朝五日。又責降醫官視疾無狀。元偁之死，對真宗兄妹無疑是另一次沉重打擊。值得一提的是，元偁與長公主夫婦都篤信佛教。〔註 81〕

六月壬申（十八），大概因劉皇后的推許，真宗晉封楊婉儀為淑妃。史稱她「通敏有智思，周旋奉順后無所忤，后親愛之，故妃雖貴幸，終不以為己間」，楊淑妃成為劉皇后宮中頭號心腹。〔註 82〕為劉、楊兩后妃所撫養的仁宗，本來還有一位親姊妙元公主（？～1033），但她卻在大中祥符八年（1015）正月乙未（十四）和她的母親杜賢妃（？～1046）一樣，自願入道。〔註 83〕連惟一親姊也入道，仁宗的少年玩伴，就只剩下姑娘長公主的兒女，

〔註 79〕《長編》，卷八十一，大中祥符六年十一月丁巳條，頁 1853；《宋會要輯稿》，第十二冊，〈食貨五十‧船〉，頁 7121。

〔註 80〕《長編》，卷八十二，大中祥符七年三月丁未條，頁 1868～1869。考真宗早在大中祥符五年二月因衛國長公主之請，已免卻在諸州河市物的諸雜差徭，這次重申諸雜差徭可免，路稅不可免。參見註 75。

〔註 81〕《長編》，卷八十二，大中祥符七年三月癸丑條，頁 1870；四月丙子條，頁 1872；《宋史》，卷八〈真宗紀三〉，頁 155～156；卷二百四十五〈宗室傳二‧楚王元偁〉，頁 8704。真宗在三月甲辰（十九）已往元偁宮視疾，是月癸丑（廿八）真宗以元偁病重而罷遊金明池。元偁終於不治，他素來體弱多病，景德之後，每有大祀典，他都擔任終獻。他的幼子先他而逝，真宗怕他傷痛，吩咐其家人不要告訴他此事。他好學善文，奉佛尤其恭謹，性慈恕，曾於僧舍齋集，從者失一金灌器，不久擒獲竊賊，他請輕判其罪，並將所失之金器布施給僧舍。他有集三卷、筆札一卷。真宗特為之作序，藏於祕閣。

〔註 82〕《長編》，卷八十二，大中祥符七年六月壬申、乙亥條，頁 1882～1883。考同月乙亥（廿一），樞密使王欽若因與副使馬知節（955～1019）相爭，得罪了真宗，被罷樞職。因王旦的力薦，王欽若的對頭寇準回朝出任樞密使。

〔註 83〕真宗有二女，長惠國公主早亡，妙元是次女，生卒年均不詳。母為真宗賢妃杜氏，《皇宋十朝綱要》記她幼亡。她在真宗朝的封號不載。她在明道二年

和幾位宗室少年，說來也是很可憐的。

　　眞宗在八年二月丙寅（十五），晉封健在的同母長兄楚王元佐爲天策上
將軍、興元牧，又特賜他劍履上殿和詔書不名。〔註84〕眞宗優禮兄長之餘，
又在三月乙酉（初五）幸六弟彭城郡王元偓宮視疾，同月戊戌（十八）又大
宴宗室，會射於禁苑中。但宗室中，先有眞宗從兄保信軍節度觀察留後德彝
（967～1015）於四月戊辰（十九）病卒，到六月乙亥（廿七），眞宗從姪昌
州團練使惟忠（？～1015）又逝世。〔註85〕不過，最令眞宗沮喪的事，就

　　（1033）十一月追封衞國長公主，號清虛靈照大師。慶曆七年五月辛巳（初
七）追封魯國長公主，諡昭懷。她很有可能在明道二年前已卒。徽宗改封昇
國大長公主。她的母親杜賢妃，是太祖昭憲杜太后（902～961）的姪女，侍
眞宗於藩邸。眞宗嚴禁銷金，但杜氏違制，在眞宗東封泰山後竟以盛服迎接，
大大惹怒了眞宗。大中祥符二年八月癸巳（十一），勒令她於洞眞宮入道，她
要求與諸公主同例，眞宗沒有答應。後授法正都監，號悟眞大師，名瓊眞。
她於明道二年十一月才晉位婕妤，到慶曆四年九月累遷婉儀，稍後晉賢妃。
六年（1046）八月庚申（初一）卒，贈貴妃。仁宗以太常禮院之議，詔罷輟
朝舉哀，以明眞大師朱賢妃例，用一品儀仗葬之。按《長編》此則記載出自
宋人筆記《孔氏談苑》。參見孔平仲（？～1102後）（撰），楊倩描、徐立群（點
校）：《孔氏談苑》（與《丁晉公談錄》等合本）（北京：中華書局，2012年6
月），卷三〈杜婕妤出家〉，頁228；《長編》，卷七十二，大中祥符二年八月癸
巳條，頁1629；卷八十四，大中祥符八年正月乙未條，頁1914；卷一百五十
九，慶曆六年八月戊申朔條，頁3843；卷一百六十，慶曆七年五月辛巳條，
頁3874；《宋史》，卷八〈眞宗紀三〉，頁157；卷二百四十八〈公主傳·眞宗
昇國大長公主〉，頁8776；《皇宋十朝綱要校正》，卷三〈眞宗〉，〈嬪妃七·貴
妃杜氏〉，頁97；〈公主二·昇國大長公主〉，頁99～100。

〔註84〕《長編》，卷八十四，大中祥符八年二月丙寅條，頁1918；《宋史》，卷八〈眞
宗紀三〉，頁158；卷二百四十五〈宗室傳二·漢王元佐〉，頁8694。考《長
編》稱元佐「久病」，其實他只是稱病不願見同母弟眞宗。從眞宗即位開始，
元佐已隱居府中不見外人。本來據唐及後唐的做法，拜天策上將軍的人都會
開府置僚；但眞宗考慮長兄的情況，就只加上將軍號而不開府，仍然將他的
新官職加在功臣銜上。因元佐授興元府（今陝西漢中市東）牧，制度上興元
府的官屬一定要向這位名義上的長官致意，眞宗不想長兄受到騷擾，就命王
旦馬上派人傳旨興元府，要他們不要前來。

〔註85〕《宋史》，卷八〈眞宗紀三〉，頁158；卷二百四十四〈宗室傳一·魏王廷美附
德彝〉，頁8763；〈宗室傳一·燕王德昭附惟忠〉，頁8680；《長編》，卷八十
四，大中祥符八年四月戊辰條，頁1926。德彝是眞宗叔父秦王廷美的第三子，
字可久，比眞宗年長一歲。他當時是秦王廷美一房最尊長的人。他卒後，眞
宗臨奠，另廢朝三日，贈昭信軍節度使，追封信都郡王，諡安簡。他本來續
娶故樞密使王顯（932～1007）的孫女，他逝世前已納采，而女尚未過門。惟
忠是德昭第四子，字令德，初名文起，生年及得年多少不詳。眞宗贈他鄂州
觀察使，追封江夏侯。

是他的八弟榮王元儼，宮闈不愼，在四月壬申（廿三），正當眞宗爲德彝制服發哀的同日，元儼所居的宮禁卻失火，從三鼓一直至翌日亭午才被救熄，波及了內藏左藏庫、朝元門、崇文院和秘閣，帶來極大的損失。眞宗哀嘆「祖宗所積，朕不敢妄費，一朝殆盡，誠可惜也。」眞宗在五月壬午（初三），查明是元儼的侍婢韓氏因盜賣金器，怕事發而縱火，就將不肖弟元儼之武信軍節度使官罷去，並降封端王，又令他出居石保吉的故宅。〔註86〕

長公主在八兄元儼宮禁失火的事可有爲他說情，文獻無徵。不過這場大火讓眞宗關注起諸妹的宅第安全。八月壬午（初五），爲了妥善管理諸長公主宅事務，眞宗特命入內副都知張景宗（？～1022後）同勾管長公主宅及郡縣主諸院公事。〔註87〕

大中祥符九年（1016）二月甲午（十九），仁宗接近七歲時，眞宗命築堂於元符觀南，作爲仁宗就學之所，賜名曰「資善」，又命他寵信的內臣入內押班周懷政（979～1020）爲都監，入內供奉官楊懷玉（？～1022後）爲壽春郡王伴讀，眞宗又面戒兒子不得於堂中戲笑及陳玩弄之具。兩天後，又給仁宗的生母崇陽縣君李氏才人的封號。另外，眞宗又委朝臣戶部郎中直昭文館張士遜（964～1049）爲壽春郡王友，輔導仁宗學習。〔註88〕三月戊申（初四），眞宗又召宗室觀書於玉宸殿。翌日（己酉，初五），又召宗室宴射苑中。眞宗問諸王經史，都能好好回答，敎眞宗龍顏大悅。〔註89〕已步入晚年的眞宗，家人天倫之樂，是他所珍惜的。〔註90〕

外戚中素來麻煩多多的武勝軍留後柴宗慶，在這年四月乙酉（十二）又因從幸瓊林宴，給閤門糾彈他違制而被罰金二十斤。〔註91〕相較之下，李遵

〔註86〕　《宋史》，卷八〈眞宗紀三〉，頁158；卷二百四十五〈宗室傳二・周王元儼〉，頁8705；《長編》，卷八十四，大中祥符八年四月壬申條，頁1927；五月辛巳至壬午條，頁1928。

〔註87〕　《長編》，卷八十五，大中祥符八年八月壬午條，頁1943～1944。本來眞宗任命內臣供備庫副使麥守恩（？～1022後）擔任此職務，但麥大概自知官小職低，擔當不了此任務，就請求以入內都知同管勾。於是眞宗任命張景宗同管勾。

〔註88〕　《長編》，卷八十六，大中祥符九年二月甲午至丙申條，頁1973；卷八十七，大中祥符九年五月戊午條，頁1991；卷八十八，大中祥符九年九月己酉條，頁2015。考張士遜在是年九月己酉（初八）獲委出使遼國擔任賀正旦使。

〔註89〕　《長編》，卷八十七，大中祥符九年三月戊申條，頁1975。

〔註90〕　眞宗優禮宗室，在是年五月乙巳（初二）又建皇親禮會院於新昌坊，賜名嘉慶。參見《長編》，卷八十七，大中祥符九年五月乙巳條，頁1988。

〔註91〕　《長編》，卷八十六，大中祥符九年四月乙酉條，頁1982。

勖自從在四年前召還京師後，就循規蹈矩，沒有再犯禁。值得注意的是，他從大文豪翰林學士楊億作詩，更追隨他學佛，延高僧，開法會，為「禪悅深交」。史稱他「喜讀書，兼達釋氏性理之臬」。長公主夫唱婦隨，也去本宅東莊聽高僧講法。據王鞏（1048～1117）所記，有一次李遵勖召從官宴飲，大概一時忘形，還召來軍妓作樂至夜半。臺官劾論他，楊億知道此事，就告訴宰相王旦，王旦就寫了一首小詩送給李遵勖，說以不能預會為恨。第二天真宗出臺官彈劾李的章疏以問王旦。王旦表示知情，並以巧言為李辯解。李遵勖這次逃過罪責，正得力於楊億和王旦的幫忙。而據王鞏父王素（1007～1073）所記，其父王旦與李遵勖本有師友之誼。楊億曾對王旦稱許李遵勖，說「李侯為貴戚，好學樂善，賢侯也。」王旦於是作詩，寫於紅箋上送給李遵勖。據說李收到王旦的詩箋大喜，具啓事謝於門下。〔註92〕

　　李遵勖這時的官位，據他的本傳所載，大概得益於數年來真宗封禪及其他大典的推恩，他已復職為左龍武軍將軍，領宏州團練使。〔註93〕

〔註92〕《湘山野錄》，卷下，頁49～50；葉夢得：《避暑錄話》，卷下，頁311～312；王素（撰），儲玲玲（整理）：《文正王公遺事》，載戴建國（主編）：《全宋筆記》第一編第五冊（鄭州：大象出版社，2003年10月），頁194；王鞏（撰），戴建國（整理）：《聞見近錄》，載《全宋筆記》第二編第二冊（2006年1月），頁17；夷門君玉（撰），楊倩描、徐立群（點校）：《國老談苑》（與《丁晉公談錄》合本）（北京：中華書局，2012年6月），卷二〈李遵勖尊楊億〉，頁71～72；黃啓江：《泗州大聖與松雪道人：宋元社會菁英的佛教信仰與佛教文化》（臺北：臺灣學生書店，2009年3月），第二章第二節〈北宋婦女佛教信仰與修行〉，頁122及注72。考《湘山野錄》所記的「蕭國大長主」當是「肅國」的字誤，並是「宿國」長公主同音訛寫，按北宋諸公主並無蕭國大長公主。被邀到李家東莊「靜淵莊」講佛的有谷隱蘊聰（即慈照，965～1032）、石霜楚圓（987～1040）和葉縣歸省（948～1021後）三大禪師，而公主就在東莊的松轡閣設箔以觀。關於北宋皇室公主信慕佛教，且表現相當虔誠的，黃啓江學長已在其專著指出荊國大長公主（即宿國長公主）是代表人物，提及他們夫婦都好浮屠法，尤尚禪宗。又據《避暑錄話》，楊億曾為李遵勖的詩文集《閒燕集》作序。而據宋人筆記《國老談苑》所記，李遵勖「折節待士，宗楊億為文，於第中築室塑像，晨夕伸函丈之禮，刻石為記。」關於楊億與李遵勖的交誼，可參見楊曾文：《宋元禪宗史》，第七章第五節〈楊億與駙馬都尉李遵勖〉，頁561～562。

〔註93〕《宋史》，卷四百六十四〈外戚傳中·李遵勖〉，頁13568；《長編》，卷九十，天禧元年十二月戊子條，頁2090。考李遵勖在大中祥符五年以後的仕歷遷陞具體年月不詳，他在天禧元年十二月前已遷至康州團練使，筆者懷疑他在天禧元年四月前已任左龍武軍將軍、宏州團練使，四月遷康州團練使。考證可參見註101。

這年的下半年，眞宗是憂喜參半。先是五月甲寅（十一），他的從姪資
州團練使惟憲（979～1016）卒，得年僅三十八。眞宗對這位才貌均不俗之
宗室優贈安德軍節度使兼侍中，追封英國公。〔註94〕然後在從六月開始，
蝗災在多處州郡包括京畿、京東西、河北、江淮南至河東諸路爆發，甚至在
京師頭上掠過而爲眞宗所親見，加上久旱不雨，以天書封禪粉飾的太平盛世
給戮穿。〔註95〕到九月甲寅（十三），才有降雨，一直憂形於色的眞宗才稍
得寬懷。〔註96〕另外，曹瑋（973～1030）也及時給眞宗捷報。九月，宋軍
在西邊擊敗蕃部宗哥。〔註97〕長公主在這年十一月，也適時地給兄長帶來
難得的天倫之樂。她的長女延安郡主滿七歲，獲眞宗恩賜冠帔，長公主就帶
同女兒入謝，並與她的表兄仁宗相見。長公主知禮，命女兒向姪兒下拜。但
眞宗要二人先序齒定長幼，才讓外甥女向兒子下拜，眞宗要眾人明白，外甥
女向兒子下拜，是序兄妹長幼而非君臣尊卑。以後凡有宴會，常讓小外甥女
侍坐旁，眞宗對她的無比恩寵，非其他宗王及公主女所可比擬。這當然是眞
宗深愛幼妹所致。〔註98〕

眞宗在翌年（1017）改元天禧，正月舉行一連串祀天、南郊大典，李遵
勗等駙馬先在是月丁未（初七）與宰執及諸司三品、宗室、正任刺史及知雜
御史以上官員陪同眞宗致齋。甲寅（十四），李遵勗及王貽貞二駙馬，又與
皇姪守節（？～1039）以上之宗室，奉詔一同升殿陪位預聽宣讀天書。是月
丙寅（廿六），眞宗又命宰相王旦往兗州（今山東兗州市）太極觀奉上冊寶。
〔註99〕二月戊寅（初九），眞宗加恩內外官員，他尚健在的兄弟楚王元佐、

〔註94〕 《宋史》，卷八〈眞宗紀三〉，頁160；卷二百四十四〈宗室傳一‧秦王德芳附
惟憲〉，頁8686。惟憲是眞宗從兄秦王德芳次子，他本傳稱他「美丰儀，少頗
縱肆，善射，好吟詠，多讀道書」。似是兼通文武的人。

〔註95〕 《長編》，卷八十七，大中祥符九年六月甲申、丁酉條，頁1995，1997；七月
庚戌至戊寅條，頁1998～2003；八月己卯條，頁2004；九月庚午條，頁2020
～2021。

〔註96〕 《長編》，卷八十八，大中祥符九年九月庚戌至丁巳條，頁2016～2017。

〔註97〕 《長編》，卷八十八，大中祥符九年九月己酉條，頁2015～2016；十月庚寅條，
頁2024。

〔註98〕 《蔡襄集》，《蔡忠惠集》卷三十九〈墓誌銘二‧延安郡主李氏墓誌銘〉，頁708。

〔註99〕 《長編》，卷八十九，天禧元年正月辛丑朔至丙寅條，頁2036～2038；《宋會
要輯稿》，第三冊，〈禮五十一‧宣讀天書〉，頁1899；第五冊，〈瑞異一‧天
書〉，頁2615；《宋史》，卷二百四十四〈宗室傳一‧燕王德昭附守節〉，頁8679。
考守節是燕王德昭長孫、南陽郡王惟吉子。

相王元偓和彭王元儼分別加官外，他的獨生子仁宗也加兼中書令。〔註 100〕
李繼昌和李遵勗大概也在這時加官一級，分別晉陞爲獎州刺史和康州團練
使。按李遵勗本官在乃父之上，他請班在父下，眞宗自然同意，大概嘉他知
禮。〔註 101〕

　　這年七月丁巳（廿一），深受眞宗信任的首相王旦多次以疾辭任，終於得
到眞宗的允准。本來次相向敏中（949～1020）也請罷職，但眞宗不允。就在
王、向二人相繼求退之時，長公主的從姊夫、太祖駙馬中碩果僅存的保平軍
節度使同平章事魏咸信，在同月甲子（廿八）在京師病逝。眞宗即往他這位
最尊長的從姊夫之第臨哭，贈中書令，又錄其孫姪，遷官者七人。〔註 102〕

　　魏咸信死後，主婿中最尊長的太宗駙馬右監門衛大將軍、獎州團練使王
貽貞，過去一再請求補外郡試管民政，終於在十月甲申（十九），得到眞宗
的同意，命知單州（今山東荷澤市單縣東南）。眞宗在他赴任前，召見他，
戒他治郡務以「和眾靜治」爲先。〔註 103〕至於長公主的夫婿李遵勗，這時
尚未獲眞宗的允許出補外郡。

　　這年十二月，長公主在她誕辰日，邀請她在京擔任權判右金吾街仗司的
家翁李繼昌到其宅慶祝，她並以媳婦之禮謁拜獻壽。眞宗知道後，就暗中贈
以襲衣、金帶、器幣、內殿珍果美饌助其爲禮。第二天，長公主入對謝恩，
眞宗就詢問李繼昌的飲食狀況，長公主奏稱家翁尚健康強壯。眞宗因愛妹的

〔註 100〕《長編》，卷八十九，天禧元年二月戊寅條，頁 2041。
〔註 101〕《長編》卷八十九，天禧元年四月壬辰條，頁 2057；卷九十，天禧元年十二
　　　　　月戊子條，頁 2090；《宋史》，卷二百四十二〈宗室傳一・魏王廷美附德雍德
　　　　　文〉，頁 8670，8673，8674～8675；卷四百六十四〈外戚傳中・李遵勗〉，頁
　　　　　13568。考《長編》於天禧元年十二月戊子條下記李遵勗「先是以左龍武軍將
　　　　　軍、宏州團練使爲康州團練使，給觀察使俸料、公使錢」。又記當時李繼昌爲
　　　　　左神武大將軍、獎州刺史、權判右金吾街仗司。相信李繼昌父子在這次加恩
　　　　　後即分別獲獎州刺史和康州團練使的加官。又眞宗在四月壬辰（廿四），特賜
　　　　　宗室蔡州團練使德雍、汝州團練使德文（975～1046）及唐州團練使惟正公用
　　　　　錢各百萬。德雍與德文是秦王廷美的第四子和第八子。
〔註 102〕《長編》，卷八十九，天禧元年五月戊申條，頁 2059～2060；卷九十，天禧元
　　　　　年七月甲寅至甲子條，頁 2073～2074；八月庚午條，頁 2075；九月己酉條，頁
　　　　　2080；《宋史》，卷八〈眞宗紀三〉，頁 163。魏咸信本來出判大名府，後來得疾
　　　　　被召還，眞宗曾在天禧元年七月己未（廿三）往其第省視，五天後魏便病卒。
　　　　　眞宗曾對王旦等說，魏咸信諸子不能承順，他死後魏家必定不睦。又王旦罷相
　　　　　後，王欽若在八月庚午（初五）繼爲首相。王旦則在九月己酉（十四）病逝。
〔註 103〕《長編》，卷九十，天禧元年十月甲申條，頁 2084。

推薦，嘉嘆之餘，在同月廿四，就擢陞年已七十的李繼昌自獎州刺史爲連州刺史，委他出知西邊的涇州（今甘肅平涼市涇川縣）。李繼昌到耆年仍得此任命，興奮之餘，在離京赴任前曾對人說：「頃歲再命延安，不克奉詔，常以爲恨，今獲死塞下，是吾願也。」〔註104〕李繼昌在暮年能遂其宿願，自然是他的賢媳長公主的功勞。

長公主不只孝敬家翁，也持家有道，對人又寬厚。李遵勗非常好客，他的賓客都是一時的賢士，每逢李府宴客，長公主都親自視理宴會之飲食，務必賓客盡歡。她也處事明察，曾有賊盜偷入駙馬府，眞宗得報，即命有司拘捕嫌疑者。長公主懷疑所拘的並非眞盜，就請眞宗釋放被繫捕的人，而她自己就用自己的錢募人偵查，果然獲得眞盜。盜賊本來依法當死，她又請眞宗免其一死。她的德行深爲人所讚美。〔註105〕

一踏入天禧二年（1018），眞宗看來心情很好，他在正月辛丑（初一）便幸元符觀，然後宴宗室於仁宗讀書的資善堂。六天後（丙午，初六），臣下又奏報芝草生於眞遊殿和劉皇后所居的崇徽殿，眞宗見此祥瑞，就作詩歌示宰相王欽若等。十一日後（丁巳，十七），眞宗又再幸元符觀和資善堂，宴從臣和仁宗之壽春郡王府官屬，眞宗又出示群臣他所作的賜壽春郡王〈恤黎民〉等歌、〈元符觀資善堂〉等記頌，另外又向王欽若等出示仁宗所作的詩集和筆翰。〔註106〕王欽若迎合眞宗的心意，大大吹噓仁宗的德行，請眞宗加封仁宗貴爵。眞宗於是在二月壬申（初三），再授仁宗爲建康軍節度使封昇王並加太保。翌日（癸酉，初四），再以仁宗的宮僚壽春郡王友張士遜、崔遵度（954～1020）並爲昇王府諮議參軍，左正言晏殊（991～1055）爲記室參軍。就在眞宗爲兒子配置宮僚高高興興的日子，惟一掃興的是，就在初四晚上宗室蔡州團練使德雍宅起火，延焚數百間。眞宗命御史張廓查究，查出是德雍子供奉官承亮的屋舍起火，而起火原因是承亮的婢女陳氏留下火種

〔註104〕《長編》，卷九十，天禧元年十二年戊子條，頁2090；《宋史》，卷二百四十八〈公主傳·太宗荊國大長公主〉，頁8774；卷二百五十七〈李崇矩附李繼昌傳〉，頁8956。宿國長公主的確實誕辰日在十二月哪天不詳，從李繼昌在十二月戊子（廿四）獲得知涇州的任命來看，她的誕辰應在十二月中旬以後。

〔註105〕《宋史》，卷二百四十八〈公主傳·太宗徐國大長公主、荊國大長公主〉，頁8773～8774；《長編》，卷一百七十，皇祐三年三月丙子條，頁4086。

〔註106〕《長編》，卷九十一，天禧二年正月乙未至辛亥條，頁2096～2097；《宋史》，卷八〈眞宗紀三〉，頁164。《宋史·眞宗紀》稱所謂芝草在正月乙未（初一）生於眞遊殿，大概要等到劉皇后的崇徽殿也生芝草，王欽若才將祥瑞奏報。

所致。眞宗大概心情好，對承亮及其婢只輕責。德雍奉表待罪，眞宗也詔釋不問。〔註107〕

　　德雍兒子婢引致這場大火，卻令長公主的六兄徐王元偓當時受驚而中風，甚至不能言語，眞宗憂心不已，先後四次親臨省視。然到五月甲子（初三），元偓終於不治，得年才四十二。眞宗臨奠慟哭，廢朝五日，贈元偓太師尙書令，追封鄧王，諡曰恭懿。他下葬日，眞宗又親製輓詞。稍後，又取他的生平歌詩、文記編爲六卷及墨跡三卷，並親製二序，藏之秘閣。〔註108〕長公主又喪一兄長，除了眞宗外，她的親兄尙在的，只有長兄楚王元佐和八兄彭王元儼。

　　眞宗在六月己未（廿八），加恩劉皇后已歿的父親劉通和母親龐氏。詔贈劉通太師尙書令，諡武懿，龐氏贈徐國太夫人。並令張士遜具鹵簿皷吹護葬二人於祥符縣的鄧公原。眞宗親製祭文置靈座之右，而劉皇后親臨祭奠。〔註109〕長公主依制當會出席皇嫂父母之葬禮，並盡禮致哀。

　　眞宗安撫了劉皇后後，就應群臣之請，在八月甲辰（十五）正式冊立仁宗爲皇太子，並賜名趙禎。因冊立太子，大赦天下，宗室及文武百官均加恩。宗室中最尊的楚王元佐在同月甲寅（廿五）兼加興元牧，彭王元儼加太傅，爲永清、橫海節度使，進封通王。而三位健在的長公主也加封：徐國長公主進封福國長公主，邠國長公主進封建國，長公主就而自宿國長公主進封鄂國長公主。九月辛酉（初二），眞宗又詔皇太子月給錢二千貫。同月乙丑（初六），爲表示太子需學謙遜，就不許宗室德雍所請向太子下拜的請求。〔註110〕

〔註107〕《長編》，卷九十一，天禧二年二月丁卯至庚午條，頁 2098～2099。按眞宗以昇州爲江寧府，置軍曰建康，然後授仁宗以建康軍節度使加太保而封昇王。

〔註108〕據《宋史・眞宗紀》所載，眞宗在天禧二年二月乙酉（廿一），即德雍宮火後十七天已往元偓宮視疾。到閏四月壬子（二十），眞宗再幸元偓宮視疾。但十二天後元偓終不治。據群書所記，元偓字希道，姿貌偉異，沉厚寡言，樂善多藝而知音律。惟據司馬光引述楊畋（1007～1062）的說法，元偓原是太祖的遺腹子，後爲太宗收養爲己子，並不是眞宗的親兄弟。參見《長編》，卷九十二，天禧二年五月甲子條，頁 2115～2116；《宋史》，卷八〈眞宗紀三〉，頁 164～165；卷二百四十五〈宗室傳二・鎮王元偓〉，頁 8702～8703；《涑水記聞》，卷二〈蘇王元偓〉，頁 36。

〔註109〕《長編》，卷九十二，天禧二年六月己未條，頁 2119；《宋史》，卷四百六十三〈外戚傳上・劉美〉，頁 13548。

〔註110〕《長編》，卷九十二，天禧二年八月丁酉至九月丁卯條，頁 2121～2125；十月壬寅條，頁 2127；《宋史》，卷八〈眞宗紀三〉，頁 165～166；卷二百四十

　　眞宗爲了栽培仁宗，可說是費盡心機。除了安排好的師傅和方正的宮僚外，也給仁宗安排年齡接近的玩伴。長公主的長子李端懿，就是眞宗選中的太子玩伴。據歐陽修所記，就在仁宗正位東宮時，眞宗就命李端懿侍候仁宗於研席，所謂「陪太子讀書」。因李遵勗及長公主管教甚嚴，並聘名師教導，李端懿「於其家法習見安行，不待教告」，歐陽修吹噓他「少篤學問，長而孝友」，又記他興趣廣泛，知識豐富，「喜爲詩，工書畫，至於陰陽、醫術、星經、地理無所不通」。從另一角度去看，仁宗這個小表弟兼玩伴，可以說自幼就是一個機靈討人喜歡又多點子的聰明人，難怪仁宗喜歡他，「上尤親愛，嘗解方玉帶賜之」。大概李端懿大得眞宗歡心，他才滿七歲，即天禧三年（1019），就獲眞宗授如京副使。〔註111〕他的二弟李端愿，相信稍後也有陪伴兄長入宮與仁宗一起讀書玩樂。〔註112〕

　　天禧三年初，長公主的家翁李繼昌在涇州忽然中風，李遵勗聞訊，不待

五〈宗室傳二・漢王元佐附允升、允成〉〈宗室傳二・商王元份附允寧〉，頁8694～8697，8699。按輩份次高的三位宗室德雍、德文及惟正並授諸州防禦使，低一輩的允升（？～1035）、允成（？～1025）及允寧（？～1034）並授諸州團練使。考允升與升成分別是眞宗兄元佐之長子和三子，允寧則是眞宗四弟元份之長子。眞宗冊立太子之禮儀極之隆重，他在八月乙巳（十六）以翰林學士晁迥（951～1034）爲冊立皇太子禮儀使，命與李遵勗夫婦交厚的秘書監楊億撰皇太子冊文，以知制誥盛度（970～1040）書冊，陳堯咨（970～1034）書寶。眞宗又在同月庚戌（廿一）任命一大批輔佐太子的宮僚：右諫議大夫知開封府樂黃目爲給事中兼太子左庶子，昇王府諮議參軍吏部郎中直昭文館張士遜爲右諫議大夫兼右庶子，禮部郎中直史館崔遵度爲吏部郎中直史館兼左諭德，記室參軍左正言直史館晏殊兼舍人，右正言魯宗道（966～1029）爲戶部郎中兼右諭德，玉清昭應宮暨資善堂都監入內押班周懷政爲入內副都知兼管勾左右春坊事。另外，眞宗又委他賞識的參知政事李迪（971～1041）兼太子賓客。到是年十月癸卯（十四），眞宗又召寇準女婿、知益州樞密直學士右諫議大夫王曙（963～1034）還朝，加給事中兼太子賓客，與李迪輔助太子。

〔註111〕《歐陽修全集》，第二冊，卷三十三〈鎮潼軍節度觀察留後李公（端懿）墓誌銘〉，頁491；楊傑（？～1090後）：《無爲集》，文淵閣《四庫全書》本，卷九〈祝先生詩集序〉，葉一上至二上。據楊傑的記載，李遵勗曾禮聘名士祝熙載爲門館先生，教導李端懿及李端愿兄弟，後來他們都被稱爲賢公子。

〔註112〕李端愿是長公主次子，因他的墓誌銘不傳，故生年不詳。他字公謹，以母親特恩，和兄長一樣七歲便授如京副使。按長公主生李端懿時年二十六歲，筆者相信公主育他時不應超過三十歲，故他不會與兄長的年齡差距太遠。是故他年幼時，很有可能也隨兄長入宮陪伴仁宗，爲此他也得到仁宗特別的恩待。參見《宋史》，卷四百六十四〈外戚傳中・李遵勗附李端懿、李端愿傳〉，頁13569～13571。

眞宗批准，就離京探視。眞宗不但沒有怪責他，還派人令他馳驛前往，並且立刻差使者及御醫前去診治，又取寶丹封賜之，並許李繼昌坐肩輿還京師醫治。但使者未抵涇州，李繼昌已於三月辛酉（初四）卒於涇州。眞宗即命中使護其喪歸。李遵勗扶父靈返京後，上表自劾擅離京師之罪。眞宗沒有降罪，還派輔臣撫慰他，又恩恤李家，錄李繼昌其他兒子官職。〔註113〕眞宗如此恩待李家，自然是看在愛妹份上。對於家翁逝世，長公主自然克盡媳婦之禮。

在李遵勗夫婦守制期間，宋廷已醞釀大變。眞宗自覺病情漸重時，先在四月己亥（十二）召判永興軍府（即長安，今陝西西安市）的元老重臣寇準回京，準備接掌相位，輔助太子。而劉皇后也趁眞宗有病，開始安插她的人馬於禁軍中。五月己未（初三），眞宗聽劉皇后的推薦，任命她認爲兄長的洛苑使勤州刺史劉美（962～1021），自同勾當皇城司爲龍神衛四廂都指揮使，而劉皇后另一心腹泰州防禦使夏守恩（？～1037）就自龍神衛四廂都指揮使擢爲捧日天武四廂都指揮使，控制禁軍的上四軍。二人在七月壬申（十七）再分別遷馬軍都虞候和殿前都虞候。一月後，二人再分別權領馬軍司和權領殿前和步軍司。劉皇后將禁軍三衙的指揮權牢牢的控制於手中。〔註114〕

〔註113〕 《長編》，卷九十三，天禧三年三月辛酉條，頁 2138；《宋史》，卷二百五十七〈李崇矩傳附李繼昌〉，頁 8956；卷四百六十四〈外戚傳中・李遵勗〉，頁 13568。考李繼昌當於天禧三年二月底發病，而卒於三月初。《宋史・李繼昌傳》記李繼昌在天禧「二年冬，卒，年七十二」。參以《長編》所記，李繼昌卒於天禧二年冬之記疑有誤。

〔註114〕 《長編》，卷九十三，天禧三年四月己亥條，頁 2144；五月己未條，頁 2145；《宋史》，卷四百六十三〈外戚傳上・劉美〉，頁 13548～13549；王稱（？～1200後），《東都事略》，收入《宋史資料萃編》第一輯（臺北：文海出版社，1967年1月），卷一百十九〈外戚傳・劉美〉，葉三上下；魏泰（1050～1110）（撰），李裕民（點校）：《東軒筆錄》（北京：中華書局，1983年10月），卷十五，頁 168～169；沈括（1031～1095）（撰），胡道靜（校注）：《新校正夢溪筆談》（香港：中華書局，1975年1月），卷九，頁 106；據《東都事略》及宋人筆記所載，劉美原名龔美，原職銀匠，是劉皇后前夫，曾爲翰林學士錢惟演（977～1034）打造銀器。眞宗爲太子時納劉后於府中，就讓劉后認劉美爲兄長，視爲心腹而無間。駙馬都尉石保吉在陳州大治廨舍，修築城壁，並不上奏，他的僮奴輩又假威擾民，給人向眞宗告狀，眞宗疑石有別情，就派官職只是右侍禁、自京至陳、潁州（今安徽阜陽市）巡檢的劉美前往查察。劉美回奏石保吉「世受國恩，擁高貲，列藩閫，營繕過度，拙於檢下，誠或有之，自餘保無他患。」於是眞宗釋疑。劉美後來步步高陞，在大中祥符二年護屯兵於漢州（今四川德陽市廣漢市），徙嘉州（今四川樂山市），又累授各種差遣，並任勾當皇城司，眞宗寄以心腹之任。據說眞宗屢次委以兵柄，執掌禁軍，以劉皇后懇辭多番而罷，到了天禧三年終於委他出掌禁軍。

　　王欽若在六月甲午（初九）失寵罷相。四天後（戊戌，十三），眞宗任命回朝的寇準和丁謂分別爲次相及參知政事。丁謂本來想巴結寇準，但寇準一回朝便公開奚落丁謂。眞宗新任命以輔助仁宗的一對宰執一開始便心存芥蒂，劉皇后在旁已虎視眈眈，宋廷從此多事。〔註115〕是月甲寅（廿九），眞宗的從妹、秦王廷美長女長清郡主（？～1019）卒，眞宗傷痛之餘，特臨奠廢朝，先天節群臣上壽，眞宗也下詔不舉樂。眞宗又錄郡主二子官，並遷其秩。於眞宗和長公主而言，郡主之喪自然又是教人傷感之事；但比起山雨欲來的政局，這事又似是無足輕重了。〔註116〕

　　十一月辛未（十九），眞宗舉行南郊大典，並大赦天下。十二月辛卯（初九），眞宗給宰執輔臣及百官加官。長公主的八兄元儼進封涇王，而她的長子李端懿大概也在這時獲授如京副使。值得注意的人事變動是，與寇準不睦的丁謂從參政陞授樞密使，寇準另一對頭曹利用也授樞密使。兩天後，眞宗又委周起（971～1028）和任中正（961～1026）並爲樞密副使。天禧四年（1020）正月乙丑（十三），眞宗又召西邊有功的名將曹瑋回朝，授簽署樞密院事。新任的三員樞臣中，周起與曹瑋與寇準親近，任中正與丁謂友好。丁謂與曹利用爲了抗衡寇準，不久便投靠劉皇后。〔註117〕

　　天禧四年正月己巳（十七），眞宗仍如常往元符觀及資善堂查看仁宗的學業。但到二月癸未（初一），不到半月，眞宗卻「不豫」，只能視事於長春殿。偏偏在差不多兩個月後，在三月己卯（廿八），雖久病卻在政治上仍舉足輕重的首相向敏中病逝。〔註118〕四月庚寅（初九），與李遵勗亦師亦友的楊億，因翰林學士承旨晁迥（951～1034）求解職，獲眞宗復任爲翰林學士。〔註119〕

〔註115〕《長編》，卷九十三，天禧三年六月甲午條，頁 2149～2150；六月戊戌條，頁 2152。按當時首相是寇準的同年好友向敏中。

〔註116〕長清郡主在太宗淳化四年（993）三月適太宗朝馬步軍都虞候名將田重進（929～997）之子莊宅使田守信，她於長公主爲其從姊。參見《長編》，卷三十四，淳化四年三月壬子條，頁 748；卷九十三，天禧三年六月甲寅條，頁 2154。

〔註117〕《長編》，卷九十四，天禧三年十一月辛未條，頁 2171；十二月辛卯至癸巳條，頁 2173～2174；卷九十五，天禧四年正月乙丑條，頁 2178；《歐陽修全集》，第二冊，卷三十三〈鎮潼軍節度觀察留後李公（端懿）墓誌銘〉，頁 491。

〔註118〕《長編》，卷九十五，天禧四年正月己巳條，頁 2178；三月己卯條，頁 2186；卷九十六，天禧四年九月丙辰條，頁 2215；《宋史》，卷八〈眞宗紀三〉，頁 168。考《長編》記眞宗「自中春不豫」，與《宋史・眞宗紀三》所記「二月不豫」吻合。

〔註119〕《長編》，卷九十五，天禧四年四月庚寅條，頁 2187。

他一向與王旦和寇準親近，復入翰苑，掌起草詔令之權，卻不免捲入往後的政爭。六月丙申（十六），真宗聽了劉皇后的姻親兼心腹翰林學士錢惟演一面之詞，胡裡胡塗地把寇準罷免。本來真宗答應寇準以仁宗監國，而由寇準等為輔政，並逐走丁謂等。寇準已找楊億代擬表，請太子監國。偏偏寇準自己在酒後泄漏此大事，讓丁謂及曹利用知道。二人的靠山正是劉皇后，在劉皇后的授意下，錢惟演在真宗神智不清下對寇準發動攻擊，說他專權任事。真宗忘記以太子監國，是他答應寇準的，結果依從錢的建議，罷了寇準相位。不過，真宗又授寇準太子太傅封萊國公，仍留在朝中，寵信未衰。七月辛酉（十二），真宗便又召寇準與宗室、近臣等觀禁苑的嘉穀，又宴於玉宸殿。〔註120〕

　　同月丙寅（十七），真宗聽了錢惟演的意見（其實是劉皇后的意見）後，以一貫的平衡術，擢任仁宗所喜的參政李迪為相，接替寇準之缺。但兩天後，又接受錢惟演的建議，將丁謂自樞密使擢陞為首相，而馮拯（958～1023）和曹利用留任樞密使。真宗卻故意留下寇準，許他入對議事。丁謂等深受威脅下，便授意劉皇后的心腹客省使楊崇勳（976～1045），在是月甲戌（廿五）首告與寇準親近，又是東宮都監的內臣周懷政謀反。在曹利用控制下，雖然由曹瑋主持審訊，最後周懷政被定死罪被殺。丁謂等並且以周懷政謀叛之事牽連寇準，同月丁丑（廿八），寇準被降授太常卿知相州（今河南安陽市），八月甲申（初五）再貶知安州（今湖北孝感市安陸市）。同月壬寅（廿三），再以屬下朱能之叛貶道州（今湖南永州市道縣）司馬。與寇準親近的朝臣盡被貶責。楊億因丁謂愛才，方倖免於貶。據宋人所記，有人（劉皇后最大嫌疑）想借周懷政謀叛事牽連仁宗，當時真宗也「意惑之」。幸得李迪善言化解，真宗才沒有做出廢黜仁宗的傻事來。這次為劉皇后除去寇準立下大功的錢惟演，在八月乙酉（初六），就獲擢為樞密副使。真宗同日又復任王曾（978～1038）為參知政事，而任中正也陞授參政。〔註121〕

〔註120〕劉美的妻子是錢惟演妹，故錢惟演是劉皇后的姻家。寇準復相後，一直主張嚴懲劉皇后家人不法者，他請真宗以太子監國，就是要削弱劉皇后的影響力，是故劉皇后要除去寇準。參見《長編》，卷九十五，天禧四年六月丙申條，頁2196～2198；卷九十六，天禧四年七月辛酉至癸亥條，頁2205～2206。

〔註121〕《長編》，卷九十六，天禧四年七月癸亥至八月癸卯條，頁2205～2212。據說李迪從容對真宗說：「陛下有幾子，乃為此計。」真宗於是覺悟，沒有再生廢太子之念。宋人認為仁宗得以保存，賴李迪保護之力居多。

在這場翻天覆地的政變中，李遵勗和長公主是否完全置身事外？據《東軒筆錄》所載，李遵勗與李迪、楊億、曹瑋及盛度都贊同寇準仁宗監國的計劃。〔註122〕李遵勗後來沒受牽連，相信是丁謂顧忌李是長公主夫婿。另一方面，劉皇后與長公主夫婦都奉佛，共同信仰也讓姑嫂二人多一點親近。值得注意的是，錢惟演次子錢晦（？～1063後）後來娶了長公主的長女延安郡主。看來劉皇后對長公主是採拉攏的手段。上文曾交待，眞宗一度有廢太子之意，賴李迪善言化解。筆者相信長公主在這大事上當會竭盡其力幫助愛姪，力諫兄長不要聽信離間他父子感情的讒言。〔註123〕

這年九月丙辰（初八），眞宗病體稍愈，恢復在崇德殿視事。據僧釋則全（？～1045）的記載，李遵勗在此時向眞宗委曲奏請，賜和他及楊億交好的四明法智尊者金知禮（960～1028）大師號，眞宗准奏，特賜他「法智大師」。是月庚午（廿二），長公主的姊夫知徐州的王貽貞在決河浸徐州時，率軍民作堅隄城南，得以捍水患。京東勸農使將他的功績奏上，眞宗詔獎之。王貽貞治郡有功，為外戚掙了面子，都是教眞宗喜悅之事。〔註124〕十月壬午（初五），眞宗御正陽門觀酺，仁宗侍坐共五日。眞宗自病發以來，罕有臨幸。這次他公開活動，暫時穩定了人心。〔註125〕

眞宗在十一月乙丑（十八）對輔臣喜稱他寢膳已漸康復，又表示仁宗年德漸成，而助他處理朝政的劉皇后又素來賢明，臨事平允，甚可託付而大表

〔註122〕魏泰：《東軒筆錄》，卷三，頁26。
〔註123〕《蔡襄集》，卷三十九〈墓誌銘二‧延安郡主李氏墓誌銘〉，頁708。
〔註124〕《長編》，卷九十六，天禧四年九月丙辰條，頁2215～2216；九月庚午條，頁2218；曾棗莊、劉琳（編）：《全宋文》（上海：上海辭書出版社，2006年8月），第十九冊，卷四零二〈釋則全‧四明法智尊者實錄〉，頁324～326。按釋則全未有記載李遵勗在天禧四年哪一月向眞宗陳奏，相信是在九月後眞宗病體稍康復時。據釋知禮（即金知禮）的一封謝李遵勗的書啓所記：「正月一日，本州送到敕牒一道，鈞衡一通，蒙恩授知禮法智大師者。」大概李遵勗在天禧四年九月、十月間請眞宗賜釋知禮大師號，到天禧五年正月庚戌（初十）敕命送抵明州（今浙江寧波市），釋知禮即致書李遵勗致謝。在書啓中釋知禮稱許李遵勗「戎韜穎達，義府淵游，妙窮西竺之言，密契南宗之意。雅合宸鑒，特秀人文，髦士咸歸，方來所則，俟光垂統，用叶具瞻。」他又在另一通書啓中讚揚李遵勗「國紀人望，神清鑑明」。金知禮的生平見趙抃所撰的行業碑。趙抃在碑中也李遵勗和楊億為他薦服號之事。金知禮卒於天聖六年正月辛丑（初五），年六十九。參見《全宋文》，第九冊，卷一七四〈釋知禮五〉〈謝李駙馬啓〉、〈謝李駙馬請住世書〉，頁12～13；第四十一冊，卷八八九〈趙抃八〉〈宋故明州延慶寺法智大師行業碑‧元豐三年十月〉，頁286～288。
〔註125〕《長編》，卷九十六，天禧四年十月壬午條，頁2219。

安慰。他說有意讓仁宗「蒞政於外，皇后居中詳處」。眞宗以爲政事已回復正軌，卻未料到宋廷權爭並未因寇準等被貶而稍息，丁謂繼逐去與寇準的親近的兩員樞臣周起和曹瑋後，又在十一月以巧計激怒一直盡力保護仁宗而開罪了劉后的李迪，令他胡裡胡塗地被罷去相位。王欽若偏偏在這時回朝，以爲可以乘機重邀眞宗及劉皇后的寵信而復相。不過，一向以詭計打擊政敵的王欽若，卻鬥不過以前的黨羽，後來反目成仇的丁謂，而再被趕出京師。當李遵勗夫婦擔憂仁宗無援而儲位不保時，十二月丁丑（初一），他們的摯友楊億卻病卒，對他們的打擊可謂不輕。李遵勗特爲楊億制服並爲他料理家事，葬楊億於許州（今河南許昌市）之具茨山。據《東軒筆錄》所載，楊億臨終時，還將當日他所撰仁宗監國的詔誥及此事的始末經過，交給李遵勗收藏，作爲他日爲寇準及他們獲罪昭雪的憑證。〔註 126〕

這年的閏十二月初，眞宗又發病，因餌藥泄瀉，在前後殿均罷奏事。到了月底（乙亥，廿九），才力疾御承明殿，召丁謂等諭他們好好輔助尚未成年的仁宗。眞宗又諭自今有大政，可以召入內都知參加會議，然後聞奏。眞宗還以內有劉皇后在內廷輔助，應該無憂。丁謂滿口答應，安慰眞宗好好休養。但朝臣都明白仁宗雖然聽政於資善堂。但甚麼事都由劉皇后裁決，仁宗的地位其實不穩。親近仁宗的人包括長公主等皆以爲憂，幸而王旦和寇準素來器重的參政王曾找到機會，向錢惟演申明一擲地有聲的道理，他說：「太子幼，非中宮不立，中宮非倚皇儲之重，則人心亦不附。后厚於太子，則太子安，太子安，乃所以安劉氏也。」王曾的話代表了主流朝臣的意向和態度，他們可以支持劉皇后掌權，條件是不能搖動仁宗的地位。王曾極有智謀，他並不像寇準和李迪選擇和劉皇后集團針鋒相對，爲保護仁宗，他願意妥協，願意向劉皇后輸誠。錢惟演馬上向劉皇后稟報王曾極其重要的話。劉皇后衡量利害，知道無法撇開王曾等朝臣而獨攬大權，就接受王曾的建言，對仁宗親善，

〔註 126〕周起和曹瑋被指爲寇準黨，早在九月己未（十一）已雙雙被罷樞並逐出朝廷。參見《長編》，卷九十六，天禧四年九月己未條，頁 2216；十一月乙丑至十二月乙酉條，頁 2222～2228；《隆平集校證》，卷九〈李崇矩傳附李遵勗〉，頁 280；《東軒筆錄》，卷三，頁 26。又朱熹（1130～1200）所編的《五朝名臣言行錄》有關寇準一節，在正文也採用《東軒筆錄》的說法，稱楊億臨終時將有關文件交予李遵勗收藏，而在注文附《龍川別志》之異説。參見朱熹（編），李偉國（點校）：《八朝名臣言行錄》,《五朝名臣言行錄》，收入朱傑人、嚴佐之、劉永翔（主編）：《朱子全書》第十二冊（上海：上海古籍出版社，2010 年 9 月），卷四之二〈丞相萊公寇忠愍準〉，頁 121～122。

於是「兩宮由是益親，人遂無間」。〔註127〕劉皇后自此也對王曾另眼相看。劉皇后對仁宗不再猜忌，自然是宿國長公主等所樂見的。

天禧五年（1021）正月開始，眞宗的健康稍爲好轉，整個正月裡，眞宗既能夠在延慶殿和承明殿接見及宴請輔臣，又能出席慶祝正旦而邀請文武臣僚、遼使參加的錫慶院春宴。眞宗還前往啓聖院太宗神御殿祭告亡父，稍後又撰《御集》、《聖政紀》二序並出示輔臣。爲了慶祝眞宗康復，宋廷又下詔減免秋稅，權罷滑州修河，另天下死罪者降等，流罪以下釋放。〔註128〕二月，他又有雅興召輔臣觀書於龍圖閣，稍後又以藥珠、群玉兩殿及天章閣上梁，宴近臣於承明殿。三月初，他又御正陽門觀酺。稍後又以他的御集和御書奉於剛落成的天章閣，宴輔臣於閣下。又以天章閣成，給丁謂以下的輔臣加官進爵。〔註129〕朝局似乎穩定之餘，眞宗在四月丁未（初二），以劉皇后親信的內臣內殿崇班雷允恭（？～1022）爲皇太子宮都監，同管勾資善堂、左右春坊司事，塡補周懷政先前的職位，成爲仁宗的大管家。〔註130〕委任雷允恭擔此重任，究竟是眞宗本人的主意，還是劉皇后控制仁宗的手段？筆者認爲以後者居多。據《長編》所記，眞宗後來對輔臣言及，「太子動息，后必躬親調護；暫去左右，則繼遣詢問，至於乳保、小臣，皆擇謹愿歲久者，旦夕教其恭恪。」從正面去看，劉皇后可說是盡心保育仁宗，但從另一面去看，劉皇后對仁宗一舉一動都加以監視，很難說不是一種控制手段。〔註131〕

是月戊午（十三），仁宗十二歲生辰，宴宮僚輔臣於資善堂。丁謂等事後奏報眞宗，吹噓仁宗「天姿英邁，好學不倦，親寫大小字示臣，天然有筆法」。而眞宗繼在四月召集群臣往天章閣觀書並宴於群玉殿外，五月乙亥（初一）又御崇政殿，觀錄京城繫囚，下令死罪以下並減一等。七月丙子（初三），眞宗又往謁他供奉天書的玉清昭應宮。〔註132〕

〔註127〕《長編》，卷九十六，天禧四年閏十二月乙亥條，頁2232～2233。
〔註128〕《長編》，卷九十七，天禧五年正月丁丑朔至癸亥條，頁2239～2240；《宋史》，卷八〈眞宗紀三〉，頁170。
〔註129〕《長編》，卷九十七，天禧五年二月丁未、丙辰條，頁2241；二月癸酉至三月壬寅條，頁2243～2244。
〔註130〕《長編》，卷九十七，天禧五年四月丁未條，頁2245；十月戊申條，頁2255～2256。考雷允恭與另一內臣劉從愿（？～1048）有份揭發周懷政僞造天書，以此打倒寇準之事有功，得以擢爲內殿崇班。雷、劉二人顯然是劉皇后的黨羽。雷允恭在是年十月戊申（初六），以造祥源觀落成有功，再加內殿承制。
〔註131〕《長編》，卷九十八，乾興元年二月甲寅條，頁2270。
〔註132〕《長編》，卷九十七，天禧五年四月戊午至五月癸未條，頁2246；七月丙子

在天禧五年的前半年，大概李遵勖也隨著群臣參加眞宗親臨的宴會。至於長公主，可能也費神於教導延安郡主和李端懿兄妹，並且撫育尙年幼的次子李端愿。眞宗倒沒有忘記給他的親妹加恩，八月戊申（初五），樞密院奉眞宗之意，以皇親諸宅置船，長公主二，郡縣主一。容許長公主等在京師諸河購物，豁免其差撥費用。眞宗是月値得欣慰的事，是擔任洺州（今河北邯鄲市永年縣東南）團練使的駙馬王貽貞於是月甲寅（十一）上奏諸州捕盜的問題，說得條理分明，足見他治郡勤勉，留心政務。然而，權傾朝野的劉皇后在是月卻遭到沉重的打擊，她賴以控扼禁軍的心腹馬軍都虞候劉美，在是月辛酉（十八）病卒。眞宗對劉美恩恤甚厚，贈太尉、昭德軍節度使，並官給葬事。眞宗又擢昇他的兒子劉從德（1008～1031）自殿中丞爲供備庫使，劉從廣（1021～1076）自供奉官爲內殿崇班。劉氏旁親數人也加以遷補官職，又追封劉美亡妻宋氏爲河內郡夫人。〔註133〕劉美的兩個兒子年幼而官小，對劉皇后鞏固權力並不起作用。這對於保護仁宗的人來說，劉美在這關鍵時刻死亡，未嘗不是天助。

眞宗的健康到十月後又逆轉，不能正常地視事，丁謂等請他五日一御便殿，朔望才坐朝，春秋大宴及賜群臣會就止於內廷的錫慶院舉行。慶節和上壽，就改由仁宗押文武班。眞宗只好接受臣下體恤他的安排。丁謂在十一月甲申（十三），趁著眞宗有病，又使出巧計，將在洛陽的對頭王欽若騙來京師療疾，然後又責他擅離職守，戊子（十七），將他重貶爲司農卿，分司南京（即應天府，今河南商丘市）。〔註134〕丁謂以爲倚仗劉皇后的支持，就可以把他的政敵一一打倒。

眞宗在翌年（1022）正月辛未（初一）改元乾興，並在癸未（十三）命仁宗帶同師傅和宮僚朝拜啓聖院的太宗神御殿。他在丁亥（十七）還御東華門觀燈。到二月庚子（初一），更御正陽門，並以改元大赦天下，恩賞悉依南郊大典例。癸卯（初四），他又接受群臣所上尊號「應天尊道欽明仁孝」。甲辰（初五），下詔內外官並加恩。長公主和群臣大概以爲眞宗可以帶病延年幾時，但十天後（甲寅，十五），當眞宗召對宰相於寢殿東偏時，忽然疾作。四天後（戊午，十九）眞宗崩於延慶殿。仁宗即位，尊劉皇后爲皇太后，楊淑妃爲皇太妃，因仁宗年方十三，不能親政，大權就由劉太后執掌，開始了她

條，頁 2249。
〔註133〕《長編》，卷九十七，天禧五年八月戊申至辛酉條，頁 2251～2252。
〔註134〕《長編》，卷九十七，天禧五年十月壬子至十一月戊子條，頁 2256～2257。

攝政掌權十二年的時代。〔註135〕至於長公主夫婦，就小心翼翼與他們厲害的
皇嫂周旋，暗中保護姪兒小皇帝。

五、韜光養晦：大長公主與太后

乾興元年二月己未（二十），宋廷以仁宗繼位大赦天下，詔百官皆進官
一等，涇王元儼及諸皇親優加恩命。丙寅（廿七），仁宗的伯父楚王元佐加
兼江陵牧，叔父涇王元儼加太尉、中書令兼尚書令，進封定王，充鎮安、忠
武節度使，賜贊拜不名。仁宗尚健在的三位姑娘，在三月甲戌（初五）進大
長公主：福國長公主進位鄧國大長公主，建國長公主進申國大長公主，長公
主自鄂國長公主進位冀國大長公主。宋廷又相應地將鄧、申、冀都升爲大國。
而大長公主之夫婿李遵勗大概也在這次加恩遷澤州防禦使。〔註136〕

大長公主是年三十四歲，《宋大詔令集》收有她進位冀國大長公主的制
文，制曰：

> 門下。王者敦自近之教，式於萬邦，宣廣愛之風，親于九族。粵以
> 涼德，昭茲慶圖。服寶訓之惟明，湛至和而無外，乃眷宗屬，首覃
> 茂恩，率循典章，誕告徽命。鄂國長公主，漢闈挺秀，軒曜分華。
> 中禮法於天資，盛言容於閨範。文祖啓運，□事親之孝恭；先聖御
> 期，應歸妹之元吉。湯沐開賦，珩璜展儀，善循四戒之文，用集六
> 姻之慶。永言治麻，實荷重□。協于剛近之辰，霈此襃嘉之數。進
> 美名於尊顯，易大國之建封。於戲儀服之榮，蓋侔於藩戚；肅雍之
> 道，可厚於人倫，無忘令猷，式保隆懿。可特進封冀國大長公主。

〔註137〕

〔註135〕《長編》，卷九十八，乾興元年正月辛未朔至二月戊午條，頁2268～2271。
〔註136〕《長編》，卷九十八，乾興元年二月己未至丙寅條，頁2272～2273；三月甲
　　　　戌條，頁2277；《宋史》，卷九〈仁宗紀一〉，頁175～176；卷二百四十八〈公
　　　　主傳·太宗楊國大長公主、衛國大長公主、荊國大長公主〉，頁8773～8775；
　　　　卷四百六十四〈外戚傳中·李遵勗〉，頁13568；《皇宋十朝綱要校正》，卷二
　　　　〈太宗·公主七〉，頁51～52。按李遵勗在眞宗朝最後拜康州團練使，到仁
　　　　宗朝最初的官位是澤州防禦使，疑是仁宗繼位時所恩遷。又《皇宋十朝綱要》
　　　　記三長公主封大長公主，鄧國大長公主在三月，惟申國大長公主及冀國大長
　　　　公主均在乾興二年二月。筆者疑均在三月，「二月」爲「三月」之訛寫。
〔註137〕《宋大詔令集》亦收有冀國大長公主兩位姐姐鄧國大長公主及中國大長公主的
　　　　進封制文。參見《宋大詔令集》，卷三十六〈皇女封拜一〉〈福國長公主進封鄧
　　　　國長公主·仁宗即位〉；〈建國長公主進封申國大長公主依前報慈正覺大師制·
　　　　仁宗即位〉、〈鄂國長公主進封冀國大長公主制·仁宗即位〉，頁191～192。

從乾興元年二月至明道二年三月，章獻劉太后一直牢牢掌握大權。因為李遵勗在眞宗晚年曾協助寇準、楊億等反對劉太后，所以在這十二年中他們夫婦像涇王元儼一樣韜光養晦，免招劉太后猜忌。據《長編》及《宋史》所記，元儼知道自己「屬尊望重，恐爲太后所忌，深自晦密，因闔門卻絕人事，不復預朝謁，或故謬語，陽爲狂疾不慧。」〔註138〕而李遵勗就以編纂佛典《天聖廣燈錄》之大功德，向劉太后宣示他與人爲善的態度。不過，李遵勗夫婦也深諳劉太后手段厲害，也適度地接受劉太后的拉攏，沒有擺出拒人於千里的態度。他們夫婦與與劉太后的關係是若即若離，不太親近也不太疏離。正如上一節提到，大長公主還接受劉太后的撮合，讓她的長女延安郡主下嫁錢惟演的次子錢晦。爲此，劉太后在晚年還頗信任他們夫婦，在還政仁宗的事上詢問他們的意見。

　　劉太后在權力尙未完全鞏固前，對諸皇親均加以籠絡，據載命婦本來都服髮緔進見她的，當大長公主與姊姊鄧國大長公主入見時，劉太后即說「姑老矣」。特命左右賜二大長公主以珍珠錯羅巾緔之，又賜金龍小冠。但大長公主辭不受。劉太后後來再在另一次晉見堅持賜給小姑金龍小冠。大長公主推辭不了，但在誕節及太后及仁宗的上壽，她仍以髮緔入見，不穿戴太后所賜的冠。劉太后每每以政事問大長公主的意見，她就機警地只多語及祖宗舊事以諷喻之，而不提出任何意見。劉太后又請她幫助教導六宮，她卻回答說：「吾無德，曷足稱是哉？」聰明地婉拒劉太后半眞半假的請求。〔註139〕大長公主也像兄長元儼一樣，行事小心謹愼，對宮中朝中之事一概不問，免招劉太后之忌。好像劉太后在是年四月開始，給她的家人姻親加官進爵，大長公主就沒有表示任何意見。〔註140〕不過，大長公主對宮中發生的事，其實應當心中

〔註138〕《宋史》，卷二百四十七〈宗室傳二・周王元儼〉，頁8706；《長編》，卷一百四十六，慶曆四年正月乙亥條，頁3531。關於元儼在劉太后垂簾聽政時期的表現，仝相卿也認同《長編》的說法，認爲他雖然性格與眾不同，但確是佯爲狂疾從而避禍。參見仝相卿：〈北宋八大王趙元儼生平新探〉，頁142。

〔註139〕《長編》，卷一百七十，皇祐三年三月丙子條，頁4086；卷一百十二，明道二年五月癸酉條，頁2616。當劉太后賜二公主珠璣帕首時，陳王元份的夫人安國夫人李氏，因頭髮脫落，便要求劉太后也賜她帕首。但劉太后不允，並且說：「大長公主，太宗皇帝女，先帝諸妹也，若趙家老婦，寧可比邪？」

〔註140〕劉太后在乾興元年四月庚子朔（初一），首先封她的心腹、仁宗的乳母林氏由福昌縣君晉爲南康郡夫人。然後又在同月壬寅（初三），授劉美的女婿光祿寺丞馬季良以館職。四天後，又加贈她的三代官職。參見《長編》，卷九十八，乾興元年四月庚子至丙午條，頁2278～2279。

有數。值得注意的是，司馬光《涑水記聞》曾收錄來自她次子李端愿所述的兩則劉太后攝政後的宮闈秘辛，一則關乎仁宗生母李宸妃之死，一則有關仁宗與劉太后及楊太后的關係。〔註141〕據此可以推論李端愿所知宋宮秘辛當在不少，而大長公主透過兒子自然也會了解宮中狀況。

乾興元年六月庚申（廿二），劉太后顯示她厲害的手段，她利用參政王曾與丁謂的矛盾，接受王曾對丁謂的指控，以丁在營造眞宗山陵事上包庇督工內臣雷允恭的罪過，將他重貶崖州（今海南三亞市），至於本來是她的走狗的雷允恭也毫不手軟地誅殺。本來是丁謂一伙的馮拯、曹利用，卻各懷鬼胎，對丁來個落井下石。而劉太后的心腹錢惟演，自然秉命行事。劉太后重貶丁謂一黨，以王曾爲首的主流朝臣，一方面大快人心，另一方面也認識到這位攝政女主的手段。〔註142〕

劉太后雖然藉打倒丁謂而進一步鞏固權力，但礙於王曾等大臣的壓力，她在八月乙巳（初八）與仁宗一同御承明殿垂簾聽政時，仍令內侍宣諭群臣：「候上春秋長，即當還政。」這當然不是她的本意。群臣得勢不饒人，十一月丁卯（初一），就迫劉太后罷免錢惟演樞使職位。劉太后無奈，只好依從。〔註143〕

仁宗在翌年（1023）正月丙寅（初一）改元天聖。劉太后因無法讓錢惟演回朝，趁著馮拯有病，就不動聲色地安排當年支持她爲皇后的王欽若回朝爲相。九月丙寅（初五），劉太后就以王爲首相，代替罷相的馮拯。〔註144〕

〔註141〕《涑水記聞》，卷八，頁153。
〔註142〕《長編》，卷九十八，乾興元年六月庚申至丙寅條，頁2283～2287；卷九十九，乾興元年七月戊辰朔至壬辰條，頁2291～2294；《宋史》，卷九〈仁宗紀一〉，頁176。劉太后罷丁謂，馮拯晉爲首相，王曾陞任次相，而錢惟演也晉爲樞密使，以酬他們除去丁謂之功。原參政任中正因維護丁謂而被貶。
〔註143〕《長編》，卷九十九，乾興元年八月乙巳條，頁2296；十一月丁卯朔、辛未條，頁2299～2300，2302。馮拯以錢惟演是劉太后姻家，不可預政爲由，迫劉太后罷錢爲保大節度使。劉太后只好以提高錢的班次在駙馬靜難軍節度使柴宗慶之上，略作補償。
〔註144〕《長編》，卷一百，天聖元年正月丙寅至庚午條，頁2310；正月庚寅條，頁2315；卷一百一，天聖元年八月甲寅至九月丙寅條，頁2331～2333；閏九月戊戌至己亥條，頁2336。馮拯早於天聖元年正月庚午（初五）以疾求退，劉太后不允，因她要找一個她完全信任的人爲首相。王欽若就是她的理想人選。馮拯辛於閏九月己亥（初八），而劉太后的政敵寇準則於同月戊戌（初七）辛於雷州（今廣東湛江市）貶所。順帶一提，錢惟演妹後嫁劉美的吳興郡夫人錢氏，亦於是年五月乙丑（初三）辛。劉太后輟朝三日，並追封她爲越國夫人。

十二月庚申（初一），已官宣州觀察使的李遵勗請賜其嫡母郭氏封贈，劉太后准奏。但她在同月丙子（十七），卻下詔駙馬都尉自今不得與清要權勢官私第往還，仍令御史臺察視之。〔註145〕按當時健在的駙馬都尉只有王貽貞、柴宗慶和李遵勗三人，王貽永出守洺州，在京的惟有柴、李二人，這道詔書針對的究是何人？實在耐人尋味。劉太后也許有敲山震虎，警告二人需順從她之意。據楊曾文的研究，李遵勗在天聖年間，潛心編寫佛學名著《天聖廣燈錄》，他除了與翰林學士劉筠（971～1031）繼續交往外，又交結佛門大德如谷隱蘊聰（965～1032），後來在天聖四年（1026）還迎他來京師。李還與禪門同道如京畿東路水陸發運使朱正辭、淮南轉運使許式交換偈文，多有來往。而天聖元年狀元宋庠（997～1066）及其弟宋祁（998～1061）與李遵勗均有詩文往還，也許在劉太后眼中，這已是與「清要權勢官私第往還」。〔註146〕

〔註145〕《宋會要輯稿》，第四冊，〈儀制十・陳請封贈〉，頁 2506；《長編》，卷一百一，天聖元年十二月丙子條，頁 2344。考柴宗慶早在是年二月壬寅（初八）請賜其嫡母封贈獲准。李遵勗大概是援引柴之例而請求。他們二人都是因尚主時令升行輩，故所請封贈的兄嫂，其實是嫡母。

〔註146〕蘊聰後來又得李遵勗上表求請，獲賜紫方袍，再號「慈照」。又與李遵勗詩文往還的大德，尚有釋重顯（980～1052）、釋歸省及廬山歸宗禪院的妙圓大師吳自寶（978～1054）。釋重顯撰〈寄李都尉〉一詩，詩云：「水月拈來作者殊，東西南北謾區區。也知金粟李居士，端坐重城笑老盧。」而釋歸省則撰有〈李都尉問和尚生日述成十頌〉。按《全宋詩》收入李遵勗所撰〈送僧歸護國寺〉一詩，詩云：「雷海譚音出世雄，台巖香社冠禪叢。紅爐點雪靈機密，翠徑斑苔道步通。珠水濾羅晨漱淨，豉尊紫筋午齋豐。歸帆已應王臣供，金地天龍繞舊宮。」不詳李遵勗贈詩何人，及作於何時。據《國老談苑》所記，李遵勗、楊億和劉筠常聚高僧論宗性。李遵勗還命畫工各繪眾人之像，畫成後名曰《禪會圖》。劉筠是楊億以外，李遵勗最尊禮的朝臣。關於這幅《禪會圖》，宋庠曾有詩誌之，其序云：「有釋子以禪會圖貺余者，此圖即今駙馬都尉李公所製，繪故楊大年、劉子儀及都尉、環禪師等，信一時之盛集。瞻歎不足，因為紀詠。」詩云：「法集超初地，工毫構妙緣。星占世外聚，月寫相中圓。指指誰標諭，心心自默傳。惟應阿堵處，俱是到忘筌。」又宋庠弟宋祁又撰有〈隴西都尉禪會圖〉一詩，詩云：「宴場禪集盛，霜幅繪毫工。竺社同開葉，嵇姿宛送鴻。法身寧滯相，世眼願瞻風。廚鐍方傳寶，非專嚴壑中。」他又撰有〈上李都尉王都尉啓〉，說「伏審肅奉明恩，改書近社，伏惟慶慰。都尉機靈敏裕，履尚詳華。貫九類而有猷。服千齡而逢聖。聯姻沁館，焜照於天潢；按寵韓壇，總提於師節。」宋祁此啓，不詳撰於何時，惟可知他兄弟與李遵勗及王貽貞兩駙馬都有來往。參見楊曾文：《宋元禪宗史》，第七章，頁537～545；《全宋文》，第十七冊，卷三百六十二〈李遵勗・先慈照禪師塔銘并序〉，頁 354～355；《國老談苑》，卷一〈禪會圖〉，頁 61；宋庠：《元憲集》，文淵閣《四庫全書》本，卷四〈有釋子以禪會圖貺余者，此圖即今駙馬都尉

天聖二年（1024）三月癸卯（十六），王欽若等上《眞宗實錄》一百五十卷，仁宗與劉太后設香案，閱視涕泣。並賜王欽若等座，勞問良久，又賜宴於編修院，降詔褒諭編修官員。〔註147〕《眞宗實錄》的修成，自然觸動了仁宗及眞宗親人的心靈。不幸的是，五月丁酉（十一），大長公主的七姊、出家的申國大長公主病篤，仁宗親幸資聖禪院視疾，未幾，申國大長公主卒。仁宗再臨奠，因申國大長公主之喪在眞宗禪期，仁宗依制不制服，但仍廢五日朝，謚公主曰「慈明」。大長公主繼喪兄後，又喪同樣篤信佛教的七姊。〔註148〕

劉太后在九月庚子（十五）爲仁宗選定以五代名藩郭崇（908～965）的孫女郭氏（1012～1035）爲皇后。劉太后所以選中家門已衰落的郭氏爲仁宗后，正如她所說：「茲選於衰舊之門，庶免他日或擾聖政也。」她用心很清楚，郭皇后家道已中落，容易爲她所控制；而她自己出身寒微，找一戶已破落的家門爲后，她心中也好過。本來仁宗喜歡與郭皇后同入宮的張氏（？～1028），然劉太后仍依己意選中郭皇后。值得注意的是，就在決定冊立郭皇后後三天（癸卯，十八），劉太后又派給仁宗生母李氏弟李用和（989～1050）一份優差，命他以供奉官閤門祗候任每年一度的契丹主生辰副使。〔註149〕劉太后心

李公所製，繪故楊大年、劉子儀及都尉、環禪師等，信一時之盛集。瞻歎不足，因爲紀詠〉，葉二上；宋祁：《景文集》，文淵閣《四庫全書》本，卷八〈隴西都尉禪會圖〉，葉十二上下；卷五十二〈上李都尉王都尉啓〉，葉十五上下；；余靖（1000～1064）：《武溪集》，文淵閣《四庫全書》本，卷七〈廬山歸宗禪院妙圓大師塔銘・嘉祐四年〉，葉十六上至十八下；傅璇琮等（編）：《全宋詩》（北京：北京大學出版社，1991年8月），第三冊，卷一四七〈釋重顯一・寄李都尉〉，頁1654；卷一六三〈李遵勗・送僧歸護國寺〉，頁1844～1845；陳新、張如安（等編）：《全宋詩訂補》（鄭州：大象出版社，2005年12月），〈全宋詩漏收的詩人〉〈釋歸省・李都尉問和尚生日述成十頌〉，頁769。

〔註147〕 《長編》，卷一百二，天聖二年三月癸卯條，頁2353。

〔註148〕 《長編》，卷一百二，天聖二年五月丁酉條，頁2356；《宋史》，卷二百四十八〈公主傳・太宗衛國大長公主〉，頁8774；《皇宋十朝綱要校正》，卷二〈太宗・公主七・衛國大長公主〉，頁52。

〔註149〕 《長編》，卷一百二，天聖二年九月庚子至癸卯條，頁2367；卷一百四，天聖四年四月丁巳條，頁2405；卷一百六，天聖六年九月癸丑條，頁2482；卷一百十一，明道元年三月癸巳條，頁2579；《宋史》，卷二百四十二〈后妃傳上・仁宗郭皇后〉，頁8619；《東軒筆錄》，卷二，頁21～22。張氏是太祖朝三司使驍衛大將軍張美（918～985）的曾孫女，劉太后到天聖四年四月，才將她升爲才人，她在天聖六年九月病卒前五天，劉太后才將她晉爲美人。另據宋人筆記《東軒筆錄》所記，李氏入宮時才十餘歲，只有一弟李用和才七歲，姊弟臨別

中一條刺,就是仁宗非其所出。這已是公開的秘密,只是沒有人敢向仁宗透露。善待仁宗生母的兄弟,相信是劉太后的另一手準備。十一月乙巳(廿一),仁宗正式冊立郭后,辛亥(廿七),自王欽若以下輔臣均遷官。〔註150〕仁宗大婚,作為至親的楚王元佐、涇王元儼、鄧國大長公主、冀國大長公主,以及王貽永(避仁宗諱改)、柴宗慶、李遵勗三駙馬,依禮自然親臨大典。而大長公主的兒女,也當會隨同父母參加其表兄的大婚慶典。

天聖三年(1025)正月,劉太后一方面加贈郭皇后三代官職,另一方面又給劉美夫婦再加贈美官。〔註151〕最重要的是,不次提拔她的族人及姻親出任要職。王欽若最能秉承她的意旨行事,有些近戚如明德李皇后的姪兒、東上閣門使李昭慶(993~1063),還曲意奉迎,將名字改為李昭亮,以避劉太后祖父劉延慶之諱。本來她只令群臣避她父劉通之諱,然拍馬奉迎的外戚多的是。〔註152〕

五月辛丑(二十),仁宗的從兄、楚王元佐第三子濮州防禦使允成(?~1025)卒。劉太后以仁宗的名義,除了贈允成安化節度使,追封鄒國公外,又為了籠絡元佐,兩天後(廿二),以允成長兄齊州防禦使允升為澶州觀察使,封延安郡公。〔註153〕允成之逝,對劉太后可說無足輕重;不過,首相王欽若

時,李氏手結刻絲囊與之,作為將來相認之物記,但後來姊弟失去聯絡。他窮困極,在京師鑿紙錢為業,後為入內內侍省的一個院子收養於家。到李氏生下仁宗後,劉太后派劉美及內臣張懷德(?~1033後)查訪李氏親屬,終於憑這物記找到李用和,劉太后告訴真宗,真宗補授李用和為三班奉職,累遷右侍禁、供奉官。

〔註150〕《長編》,卷一百二,天聖二年十一月乙巳至辛亥條,頁2369。

〔註151〕《長編》,卷一百三,天聖三年正月辛亥至壬子條,頁2375。劉太后將劉美加贈中書令,其妻錢氏加贈鄆國太夫人。

〔註152〕《長編》,卷一百三,天聖三年正月丙申、二月乙卯至乙丑條,頁2375,2377;卷一百四,天聖四年七月乙丑條,頁2413;卷一百五,三月丙辰條,頁2438。王欽若與曹利用便以私意提拔或包庇自己的親屬或故舊有恩之子弟,他們其身不正,自然不會阻止劉太后任用她的親屬。劉太后這時所提陞的姻親計有崇儀副使田承說,田庸而自專,他在天聖四年七月獲得一份優差,擔任契丹皇后生辰副使,曾妄傳劉太后的旨意。又避劉太后祖諱而改名的外戚還有石保吉的姪兒石元孫(993~1064),他本名石慶孫,也以避諱而改名。參見《宋史》,卷二百五十〈石守信傳附石元孫〉,頁8814。

〔註153〕《長編》,卷一百三,天聖三年五月辛丑至癸卯條,頁2381;《宋史》,卷二百四十五〈宗室傳二‧漢王元佐附允升、允言、允成〉,頁8693~8697。按元佐有子三人,依次為允升、允言(?~1029)和允成,惟群書均未載他們之壽數,故生年均不詳。據說允升思念其弟,日夜悲哀,於是仁宗對輔臣說,

在十一月戊申（三十）病逝，對劉太后專權卻有相當的影響，因繼任首相的王曾和次相張知白（956～1028）都是梗直之人，可不像王欽若那樣事事迎合她。〔註154〕好像在天聖四年正月甲辰（廿六），王曾便反對授柴宗慶爲使相，向仁宗指出在眞宗朝駙馬石保吉和魏咸信皆經歷行陣，到晚年才授使相。柴宗慶有何功勞可得此位。王曾且指將相之任，豈容私請？仁宗接受王曾的意見，命他召柴到中書曉諭一番。〔註155〕究竟柴駙馬爺向誰私請？顯然他夫婦走了劉太后或其代理人的門路，劉太后大概借此向鄧國大長公主示好，就要仁宗照辦；但王曾不賣賬，劉太后也無可奈何。

劉太后也以連姻的手法拉攏大長公主，相信是她的牽合，在天聖四年二月己未（十二），錢惟演的次子錢晦娶大長公主的長女、年已十七的延安郡主爲妻。當時判許州的保大節度使錢惟演，就奏請將錢晦由文階的大理評事轉陞爲武階大使臣的內殿承制。劉太后和仁宗自然允其奏。〔註156〕李遵勗夫婦爲甚麼肯答應這頭婚事？一方面可能錢晦人品不差，〔註157〕另一方面錢氏也算得上是門當戶對。當然，劉太后的撮合也是重要因素。大長公主人情練達，自然沒有理由推卻這頭帶有政治味道的親事，而與劉太后過不去。值得一提

楚王元佐是眞宗的同母兄，久疾在家，現時允升兄弟如此孝友，就宜特進其官，以慰楚王。

〔註154〕《長編》，卷一百三，天聖三年七月辛巳條，頁2384；十一月戊申條，頁2393；十二月癸丑條，頁2394。王欽若早在是年七月，因納賄事而爲同列所不滿，劉太后爲顧全他的體面，就沒有窮究此事，參政魯宗道不忿，在上朝時曾當眾諷刺他，令他羞愧無地。其他輔臣也漸對他不留情面，以眾人之故，劉太后對他也不像以前百般信任，他於是鬱鬱以沒。劉太后仍念舊，臨奠出涕，贈他太師中書令，諡文穆，遣官護葬事，賜白金五千兩，錄其親屬及親信二十餘人。據說宋朝開國以來，宰相恩恤未有如他厚。又劉太后在十二月癸丑（初五），就以次相王曾晉爲首相，樞密副使張知白晉位次相。

〔註155〕《長編》，卷一百四，天聖四年正月甲辰條，頁2400；五月辛丑條，頁2408。眞宗四弟雍王元份女華原縣主（箽份是仁宗的從姊），在是年五月又爲其門客鄭諫求補官職，也受到拒絕。宋廷下詔入內內侍省提舉郡縣主諸院公事所，從今若無例而求恩澤的，就不得奏聞。這相信又是王曾的意思。

〔註156〕《長編》，卷一百三，天聖三年十二月乙丑條，頁2395；卷一百四，天聖四年二月己未條，頁2401；《宋會要輯稿》，第八冊，〈職官六十一·換官〉，頁4692；《蔡襄集》，《蔡忠惠集》，卷三十九〈墓誌銘二·延安郡主李氏墓誌銘〉，頁708。據延安郡主墓誌銘所記，她要到天聖五年封長壽縣主，才正式下嫁錢晦。天聖四年二月大概只是定親。

〔註157〕《宋史》，卷三百十七〈錢惟演傳附錢晦〉，頁10342。錢晦字明叔，雖是貴戚子弟，但他一生任官行事，都有操守，得到仁宗的欣賞。這大概是冀國大長公主肯將愛女許配給他的原因。

的是，劉太后也以聯姻的方法拉攏大長公主的兄長定王元儼。在她的牽合下，元儼的三子允迪也娶錢惟演女。〔註158〕

延安郡主在翌年（天聖五年，1027）初正式下嫁錢晦，仁宗加封與他同齡，自小一同長大的小表妹爲長壽縣君。然而這宗大喜事過了不久，大長公主的長兄、宗親中地位最尊的楚王元佐卻在是年五月癸亥（廿四）病逝。劉太后在楚王病重時，親到楚王第視疾。仁宗也隨即往臨奠，並輟視朝五日。仁宗優贈伯父河中、鳳翔牧，追封齊王，諡恭憲。又詔宗室子弟特給假七日，以鹵簿鼓吹導引至永安縣（今河南鞏義市），陪葬太宗永熙陵。〔註159〕大長公主自然出席兄長的葬禮，這時她的至親尚在的，只剩下八兄定王元儼與四姊鄧國大長公主。十二月辛未（初五），宋廷以合祭天地於圜丘的大典，除大赦天下外，又加恩百官。皇親中最尊的定王元儼賜詔書不名。〔註160〕

天聖六年（1028）二月辛未（初六），發生了一宗外戚子弟與宗室子鬥毆的鬧劇。太祖長婿王承衍的兒子內園副使王世融（？～1028後），與其婿東頭供奉官承詡（按：承詡是秦王廷美孫，仁宗從叔德鈞子，屬仁宗再從兄弟）翁婿失和。王世融託其妻有病，奏請劉太后，請承詡過其家，然後借酒，與他二子一同毆打不肖的女婿。法寺以世融上奏所言不實，請追其官勒停。劉太后和仁宗特寬世融之罪，只將他降爲內殿承制、監虢州（今河南三門峽市靈寶市）稅。〔註161〕

同爲外戚，李遵勗便守法知禮得多。四月壬申（初七），他終於獲得出守

〔註158〕《宋史》，卷二百四十五〈宗室傳二・周王元儼附允迪〉，頁 8706～8707。

〔註159〕《蔡襄集》，《蔡忠惠集》，卷三十九〈墓誌銘二・延安郡主李氏墓誌銘〉，頁 708；《長編》，卷一百五，天聖五年五月癸亥條，頁 2441；《宋史》，卷二百四十五〈宗室傳二・漢王元佐〉，頁 8693～8694。延安郡主在天聖五年何月出嫁不載，惟其伯父楚王卒於五月，她於禮不可能在至親逝世後的同一年成婚，故筆者認爲她應在天聖五年初，至少在五月前出嫁較合理。

〔註160〕《長編》，卷一百五，天聖五年十一月癸丑至十二月甲戌條，頁 2456～2457；卷一百六，天聖六年四月壬申條，頁 2470；《宋史》，卷四百六十四〈外戚傳中・李遵勗附李端懿〉，頁 13568，13570。按李遵勗在這次所得的恩典不詳，他的次子李端懿年七歲授如京副使，也有可能在這時得此恩典。

〔註161〕《長編》，卷一百六，天聖六年二月辛未條，頁 2464～2465；《宋史》，卷二百四十四〈宗室傳一・秦王廷美附德鈞〉，頁 8674；卷二百五十〈王審琦傳附王承衍〉，頁 8818。《宋史・宗室傳》記承詡是德鈞的第九子，寫作「承翊」，官至內殿崇班。又宗室中，仁宗的再從姑、秦王廷美女咸寧郡主在天聖六年二月戊申（十三）卒，仁宗幸其第臨奠。參見《宋會要輯稿》，第三冊，〈禮四十一・臨奠之十七〉，頁 1642。

外郡的機會，宋廷以他自宣州觀察使出知重鎮澶州。劉太后與仁宗在長春殿置酒爲他餞行，大長公主自然參加餞行宴，她的兒女尚幼，大概沒有隨夫婿前往澶州。舊制觀察使辭行，皇帝不置酒款待，劉太后破例以此特恩以寵遇李遵勖，相信亦是籠絡他們夫婦的手段。李遵勖出守澶州，特別辟用故人楊億之弟國子直講楊偉爲簽署鎮寧軍節度判官事，任爲幕僚。順便一提，李遵勖的好友翰林學士承旨劉筠，也在四個月後離開朝廷出知廬州（今安徽合肥市）。〔註162〕

劉太后有機會便擢拔她的親戚，六月丁亥（廿四）日，她趁著王曾病告，不在中書時，就迫張士遜等同意破格地將馬季良從太常丞直史館擢爲龍圖閣待制，由三丞遷授侍從，引起朝論譁然。史稱劉太后於政事有所訪逮於大長公主，據載大長公主「多語祖宗舊事以諷」。我們不知道這次劉太后有否像天聖六年召問李遵勖一樣，向大長公主打探朝臣反應。〔註163〕值得我們注意的是，大長公主的長子李端懿這年已十六歲，據他的墓誌銘所記，當他「稍長，出入宮禁，禮如家人。雖燕見，語不及私，數爲上陳朝廷闕失，開說古今治亂，多所補益，退而未嘗言。」〔註164〕歐陽修雖然沒有具體說明李端懿在甚麼環境和年月出入宮禁，但筆者相信他在十六歲甚至更早的時候，已經時常出入宮禁進見仁宗。而大長公主當會透過兒子，了解仁宗的情況；而也會叮嚀兒子找機會「語不及私」地告訴姪兒宮外的狀況。李端懿「退而未嘗言」，顯然大長公主從小就教導兒子不可洩禁中語。至於下嫁錢晦的延安郡主，也甚有母風，據載她「恭謹持禮，承舅姑，奉祭祀，夙暮不少懈。姻親娣姒，

〔註162〕《長編》，卷一百六，天聖六年三月己酉條，頁2467；四月壬申條，頁2470；八月戊寅條，頁2480；《宋史》，卷三百五〈楊億傳附楊偉〉，頁10084；《宋會要輯稿》，第三冊，〈禮四十五・宴享〉，頁1724。按劉筠在出守廬州兩年後卒於任上。李遵勖對亡友之家曾加以存恤。又考李遵勖的前任是在是年三月己酉（十四）已爲京西轉運使的楊嶠（？～1028後），楊嶠在是月上奏論澶州造浮橋的問題。又李遵勖在澶州的屬下在城巡檢兼管勾駐泊兵馬石元孫，正是駙馬石保吉之姪。關於楊嶠的事蹟及石元孫在澶州的職位問題，可參見何冠環：〈北宋開封浚儀石氏外戚將門第三代傳人石元孫事蹟考述〉，載本書上篇，頁121～122，註25。

〔註163〕《長編》，卷一百六，天聖六年三月戊申條，頁2467；六月丁亥條，頁2475；卷一百七十，皇祐三年三月丙子條，頁4086。劉太后曾在三月戊申（十三）幸劉美第，左司諫劉隨（971～1035）上奏勸止，她對這宗小事倒能納諫，以後再沒有去劉美第，但擢陞劉氏族人姻親的行爲卻不肯妥協。

〔註164〕《歐陽修全集》，第二冊，卷三十三〈鎮潼軍節度觀察留後李公（端懿）墓誌銘〉，頁491。

降屈色詞，以相接親疏意。於是諸錢內外悉稱主賢」。她的表現也讓劉太后對大長公主多一點敬重而肯向她諮訪政事。〔註165〕

九月癸丑（廿二），仁宗原本屬意的張才人病重，劉太后就將她晉爲美人，張美人在五天後病逝，對仁宗自是一番打擊。劉太后以加張氏名位來安撫仁宗後，又在十月戊辰（初七），加封她的心腹林氏爲蔣國夫人。〔註166〕

對於逆她旨意的人，那管是曾經做過她鷹犬的，劉太后也不放過。好像在天聖七年（1029）正月癸卯（十三），她便用極狠辣的手段將樞密使曹利用罷免，然後再在同月丙辰（廿六）將他貶知隨州（今湖北隨州市），更在閏二月辛卯（初二），授意押送的內臣楊懷敏（？～1050）將曹謀殺於路上。凡是與曹利用親近的人都遭清洗。〔註167〕這年六月丁未（二十），因大雷雨引起玉清昭應宮大火，只剩下長生及崇壽殿。首相王曾在二天後引咎請罷，劉太后早就嫌他阻礙她任用姻家近臣，以及她逾制的做法，自然准奏，將王曾罷知青州（今山東濰坊市青州市）。〔註168〕

九月戊午（初三），劉太后又改封定王元儼爲鎮王，安撫宗室最尊的人。她卻未想到在她淫威之下，仍有小臣秘閣校理范仲淹（989～1052）在十一月癸亥（初九）冬至時，上書批評她讓仁宗率百官向她上壽於會慶殿，乃失禮之事。范仲淹後來還上奏請她還政於年已二十的仁宗。〔註169〕劉太后當然不理范仲淹的奏章，繼續拔擢她的姻親，貶責逆她旨意的人。好像在天聖八年（1030）四月甲午（十二），她便將秉公處置其姻親馬崇正的京西轉運使王彬調職，又在同月辛亥（廿九）召不得人心的錢惟演來朝。到六月乙巳（廿三）又賜劉美的長子、和州刺史劉從德敕書獎諭，並且擢用劉從德的屬吏官職。九月己巳（十九），樞密直學士趙稹（963～1038）因厚結劉美府中一個能出入禁中的家婢，而得到劉太后擢爲樞密副使，替補四天前死去的姜遵（963～1030）遺缺。〔註170〕不過，這年十一月乙卯（初六），劉太后卻

〔註165〕《蔡襄集》，《蔡忠惠集》，卷三十九〈墓誌銘二・延安郡主李氏墓誌銘〉，頁709。

〔註166〕《長編》，卷一百六，天聖六年九月癸丑至十月戊辰條，頁2482～2483。

〔註167〕《長編》，卷一百七，天聖七年正月癸卯至二月辛卯條，頁2491～2498。一向不順從劉太后的參政魯宗道在二月庚申（初一）病卒，劉太后又罷免與曹利用交好的次相的張士遜，而終於補上呂夷簡爲次相。

〔註168〕《長編》，卷一百八，天聖七年六月丁未至己酉條，頁2515～2518。

〔註169〕《長編》，卷一百八，天聖七年九月戊午條，頁2522；十一月癸亥條，頁2526～2527。

〔註170〕《長編》，卷一百九，天聖八年四月甲午、辛亥條，頁2539；六月乙巳條，

重貶舒王元偁的女婿，仁宗東宮親信的西上閤門副使、勾當翰林司郭承祐
（993～1051），將他除名配岳州（今湖南岳陽市）衙前編管，其父比部員外
郎郭世隆也受坐勒停。郭承祐父子自然有罪，然劉太后將其重責，顯然有警
告擁護仁宗的人之用意。〔註171〕

　　宋廷的文臣，特別是言官並不完全順從劉太后。天聖九年（1031）正月
辛未（廿三），一直借故留在京師不肯赴陳州之任的錢惟演，在眾言官的彈
奏下，劉太后只好將他改判河南府，並以加他的兄弟官予以補償。這年九月，
權知開封府程琳（988～1056）也不屈於劉太后的干預，堅持懲治她的姻家
王蒙正子王齊雄殺人之罪。〔註172〕不過，劉太后最受打擊的，卻是她視如
己出，年僅廿四的劉從德，在是年十一月乙未（廿二）病卒於自相州返京的
道上。劉太后對從德夭亡悲憐尤甚，只能以錄用劉從德的內外姻戚、門人以
至僮隸近八十人作為補償。其中劉從德的姊夫龍圖閣直學士馬季良、其表兄
集賢校理錢曖（？～1046後）及妻父王蒙正皆各因劉從德的遺奏得遷兩官。
劉太后濫封劉氏姻親官爵，引來言官侍御史曹修古（？～1033）、殿中侍御
史郭勸（981～1052）、楊偕（980～1049）、推直官段少連（994～1039）的
抗議，他們交章論列。劉太后哀痛之餘，大發雷霆，下旨呂夷簡將曹修古等
重貶。〔註173〕然而已越來越多朝臣敢於對已步入晚年的劉太后抗爭。

　　天聖十年（1032）二月丁卯（廿六），仁宗生母順容李氏卒，年四十六。
令劉太后苦惱至極的問題，是應該如何處置李氏的喪事？劉太后在李氏病重
的一天才將她晉為宸妃，她本來不想人知道（特別是仁宗），這個在真宗留
下的嬪御中默默無聞的李氏的身世。起初劉太后沒有為李氏治喪，沒想到首
相呂夷簡入朝奏事後，在仁宗在場下忽然說「聞有宮嬪亡者」。劉太后將仁
宗拉回宮中後，再單獨回來見呂夷簡，責他想離間她母子乎？經呂夷簡痛陳
利害，劉太后明白終有一天仁宗會知道真相，於是改變態度，將李氏以皇后
之禮殯葬，而且稍後又將李氏弟李用和陞官。〔註174〕

　　　　頁2541；九月乙丑條至己巳條，頁2544。
〔註171〕《長編》，卷一百九，天聖八年十一月乙卯條，頁 2547；卷一百二十三，寶
　　　　元二年三月丙辰條，頁2900。
〔註172〕《長編》，卷一百十，天聖九年正月辛未條，頁2553；九月己巳條，頁2566。
〔註173〕《長編》，卷一百十，天聖九年十一月乙未條，頁 2571。考錢曖是錢惟演長
　　　　子，冀國大長公主婿錢晤長兄。
〔註174〕據北宋人筆記《孫公談圃》所記，當李氏病逝時，仁宗並不知她是其生母。這
　　　　時楊太妃（即章惠楊太后）病革，仁宗去視疾，楊氏就密告仁宗李氏實為他生

　　關於李宸妃之喪，司馬光《涑水記聞》引述了大長公主次子李端愿的一則說法，批評起初劉太后將李宸妃棺槨鑿垣而出，而瘞於洪福寺，實在不妥。此條資料反映大長公主一家對李宸妃死事之始末相當清楚。說不定是李端愿奉母命告訴呂夷簡的。〔註175〕

　　是年三月壬午（十一）日，尚身在澶州的李遵勗尊爲師的大德慈照禪師（即蘊聰）病卒，李特爲他撰塔銘以述其生平。他在這篇塔銘中，憶述已故去的楊億和劉筠「不我暇棄，爲方外之交」，又言及他著手撰述後來賜名《天聖廣燈錄》之佛典。李遵勗在澶州，並非一味寄情方外，亦頗有政績。有一次遇上河溢，浮橋將要毀壞，他就督工徒，花了七日建好河堤，保護了州城。另外，他曾經奏上三說五事以論事政。〔註176〕

　　十一月甲戌（初六），仁宗改元明道，循例大赦天下，百官進一等。癸

母的眞相。據説仁宗聽後大慟，即見執政，欲爲李氏行服。劉太后不允，眾人也不敢説話，只有呂夷簡對劉太后直言利害，説「陛下萬歲後，獨不念劉氏乎？」於是劉太后大悟，爲李氏發喪，但「宮中稍有異説」。到劉太后病逝，仁宗即日派人發李氏之棺，見形色如生，鬢髮鬱然無少異，於是存撫劉氏族人。孫升（1037～1099）這一則筆記所記之事，相信是《長編》所本（按：李燾在注中並未言明）；不過，所記章惠楊太后在李氏死時即密告仁宗身世，而仁宗早在劉太后死前已知李氏是其生母的説法，未有被李燾所採用。考楊太后一直是劉太后心腹，在宮中保育仁宗，她不太可能違逆劉太后之意揭露此一大秘密。而據南宋人王銍《默記》的説法，楊太后是在劉太后死後，見仁宗對劉太后之死「號泣過度」，才告訴仁宗：「此非帝母，帝自有母宸妃李氏，已卒，在奉先寺殯之。」仁宗聞此，馬上以犢車趕往奉先寺，撤殯觀之，李宸妃之棺在一大井內，上以四條鐵索繫之。仁宗命人開棺，見李宸妃面容如生，沒有損壞，看來不似被毒死之痕跡。本來仁宗已派人包圍劉太后家人之府第，於是將兵馬撤回。綜合群書所記，仁宗要到劉太后死後，才知悉自己的生母是誰。又據《東軒筆錄》所記，李宸妃之葬，劉太后本來下令鑿內城垣以出靈柩，呂夷簡力爭鑿垣非禮，應開西華門以出靈柩。劉太后初時不允，但呂夷簡警告執行此事的內臣入內都知羅崇勳將來的後果，最後劉太后經羅的苦苦求告，終於答允呂夷簡所請。參見《長編》，卷一百十一，明道元年二月丁卯條、三月癸巳條，頁2577～2579；孫升（撰），楊倩描、徐立群（點校）：《孫公談圃》（與《丁晉公談錄》合本）（北京：中華書局，2012年6月），卷上〈仁宗生母李淑妃〉，頁107～108；《東軒筆錄》，卷四，頁43；王銍（？～1144）（撰），朱杰人（點校）：《默記》（與《燕翼詒謀錄》合本）（北京：中華書局，1981年9月），卷上，頁9。

〔註175〕《涑水記聞》，卷八，頁153。

〔註176〕《全宋文》，第十七冊，卷三百六十二〈李遵勗・先慈照禪師塔銘并序〉，頁354～355；《宋史》，卷四百六十四〈外戚傳中・李遵勗〉，頁13568。考李遵勗上奏三說五事，未載在何時何地。不過，他在天聖六年後出守澶州，似乎他在外上書可能性較高。

未（十五），宰相呂夷簡以下加官外，劉太后又給宗王公主加恩：鎮王元儼拜河陽三城、武成節度使守太師徙封孟王。乙酉（十七），鄧國大長公主進封楚國，大長公主自冀國大長公主進封魏國大長公主。辛卯（廿三），元儼又徙封荊王，爲永興、鳳翔節度使。十二月丙午（初九），又追封秦國賢肅長公主爲大長公主。李遵勗大概也在這時遷昭德軍節度觀察留後並且召回京師。據《宋會要》所載，「明道以後，累增獻穆大長公主俸月至千緡，後遂著例云。」這又是劉太后及仁宗加給大長公主的特恩。〔註 177〕考《宋大詔令集》亦收有她晉位魏國大長公主一道稱揚備至之制命：

> 王姬有行，成周隆車服之飾；帝女下嫁，西漢疏湯沐之封。永言貴
> 主之賢，蓋有諸姑之重；禮將嚴於築館，義敢後於進邦。敷告治廷，
> 肆颺贊冊。冀國大長公主，柔明早就，婉懿自持。實先帝同氣之親，
> 膺東朝少女之愛，而能問圖史之誠，佩箴管之儀，將從合好之行，
> 以侈宜家之吉。選勳門之裔，得汾陽之善述。賦連上之腴，荒大名
> 之遐服。如月幾望，在鈞惟緡。愛自中流，化由近始。於戲，誦昭
> 陵之聖，知教德之凤成。追光獻之慈，嗟結禍之何及。往膺嘉數，
> 茂協多祥。可特進封魏國大長公主。〔註 178〕

據《長編》所記，李遵勗在「天聖末」曾奏事殿中，劉太后趁著仁宗離座更衣，即屏退左右私下問李遵勗，「人有何言？」李當時惟惟不答。劉太后堅持要他回答時，他就說：「臣無他聞，但議者謂天子既冠，太后宜以時還政。」劉太后卻辯稱：「我非戀此，帝年少，內侍多，尙恐未能制之也。」他又曾經上三說五事以論國政。考《長編》未有具體記載「天聖末」是何年何月？筆者懷疑很有可能就是天聖十年十一月改元明道，李遵勗因召還京師晉官而入謝之時。劉太后雖然沒有接受李遵勗婉轉的諫勸，還政仁宗，但似乎這時她倒是信任李的。〔註 179〕

〔註177〕 《長編》，卷一百十一，明道元年十月戊午至十一月辛卯條，頁 2591～2593；
十二月丙午條，頁 2596；《宋史》，卷四百六十四〈外戚傳中・李遵勗〉，頁
13568；《宋會要輯稿》，第一冊，〈帝系八・公主〉，頁 177。劉太后在明道元
年十月戊午（二十）加贈元儼之母昭媛王氏爲太儀，志在拉攏元儼。

〔註178〕 《宋大詔令集》，卷三十七〈皇女二・封拜二〉〈冀國大長公主進封魏國大長
公主制〉，頁 197。

〔註179〕 《長編》，卷一百二十二，寶元元年八月庚辰條，頁 2878；《宋史》，卷四百
六十四〈外戚傳中・李遵勗〉，頁 13568～13569。考《宋史》李遵勗本傳稱
李入奏在「天聖間」。

　　明道二年（1033）二月乙巳（初九），劉太后服褘衣，花釵冠，乘玉輅以赴太廟。然後改衰衣、儀天冠，以皇帝的禮儀行籍田禮。她大概已意識到來日無多，就不顧物議。仁宗等自然不敢持異議，還讓群臣上奏，給她上「應元齊聖顯功崇德慈仁保壽皇太后」。三月庚午（初五），以籍田大典，再次加恩百官。壬申（初七），劉太后又讓來朝的錢惟演爲景靈宮使留京師。李遵勗這時大概也召還京師，並在這次加恩得進拜寧國軍節度使。大長公主的長女也在這時進延安郡主之封號。他的好友宋祁致書賀他，表揚他處於「王館地崇，不形於倨貴。久疏近屏，今樹英聲」的謙沖：

> 右某啓：伏承光奉制書，寵升節制。伏惟慶慰，恭以太尉謀猷肅給，業範淹華，秀沖韻於天倪，動正聲於律外。烝彝代顯，允對於亨嘉。王館地崇，不形於倨貴。久疏近屏，今樹英聲。累諧僉岳之咨，遂進齋壇之律。國華人望，既允於數求，素履道風，詎容於執遜。願導成命，即拜徽章，煩點翰之多儀，但藏心而永好。

宋廷方才喜氣洋洋，但才八天後（戊寅，十三），劉太后卻「不豫」，仁宗奉她的意思，大赦天下，乾興以來貶死者均復其官，謫者皆得內徙，連丁謂也獲准致仕。但種種近於祈福的做法均無效，稱制十二年的劉太后於是月甲午（廿九）卒。〔註180〕她之死對仁宗和一眾受她猜疑的趙氏皇親無疑是一大解放。

六、姑姪情深：皇姑大長公主與仁宗

　　仁宗於明道二年四月親政，到皇祐三年（1051）三月大長公主病逝。在這十八年間，大長公主與仁宗姑姪間關係十分親密，起先是大長公主多方關顧少年的姪兒，特別是仁宗在感情方面與健康方面一度弄得一塌糊塗的時候。到寶元元年（1038）八月，與大長公主伉儷情深的駙馬李遵勗病逝後，

〔註180〕《長編》，卷一百十二，明道二年二月甲辰至三月壬申條，頁 2605～2606；三月庚寅至乙未條，頁 2609～2610；《宋史》，卷十〈仁宗紀二〉，頁 194～195；卷四百六十四〈外戚傳中・李遵勗〉，頁 13568；楊訥、李曉明（編）：《文淵閣四庫全書補遺——據文津閣四庫全書補》，（北京：北京圖書館出版社，1997年 4 月），第二冊，《五・宋別集一（續）》，《景文集》卷四十六〈上駙馬李太尉啓〉，頁 152；《蔡襄集》，《蔡忠惠集》，卷三十九〈墓誌銘二・延安郡主李氏墓誌銘〉，頁 709。據載劉太后在病重不能言的情況，仍多次牽引其衣。參政薛奎對仁宗說，劉太后是想服袞冕而終，但薛奎認爲若順從她的意思，衣以帝服，就無以向死去的真宗交待。仁宗接受薛的意見，只以后服成殮。

仁宗就反過頭來多方關顧照料年過半百，後來並且失明的姑娘。仁宗在康定元年（1039）以後，兒女多人夭折，兼西北兩邊告緊，日子並不好過。大長公主則一如以往，從不干政，也不許兒子李端懿等接受外郡或禁軍要職，而且和兄長荊王元儼帶頭支持仁宗減免宗室貴戚的公使錢或賞賜以助軍費。是故她直到病逝，一直受到仁宗無比的敬重和尊禮，也贏得朝臣們由衷的佩服。據宋人所記，前代之大長公主原本用臣妾之禮事君主，到宋代就改用家人之禮，而仁宗由始至終，以姪事姑之禮見大長公主，並被宋人奉爲家法。〔註181〕

　　大長公主在劉太后死後，她首先與兄長荊王元儼直接及間接向仁宗揭示他的身世。據群書所記，劉太后死後不久，仁宗的左右便告訴仁宗李宸妃才是他的生母。據《邵氏聞見錄》的記載，多年來雖然備受劉太后刻意拉攏，但仍閉門卻絕人事，不預朝謁的鎮王元儼，在這一關鍵時刻，忽然走出來向仁宗證實並揭露：「陛下李宸妃所生，妃死以非命」，而喪不成禮。仁宗聽到叔父如雷轟頂的話後大慟，一方面扣押劉氏族人，另一方面馬上命親舅李用和開棺檢視。幸而當日劉太后聽從呂夷簡的勸告，預先佈置一切，將李氏以后禮成服，才消除了仁宗對劉太后加害生母的懷疑和怨恨。〔註182〕敢向仁宗揭示李宸妃才是仁宗生母真相的「左右」是甚麼人？據《涑水記聞》所載，大長公主的次子李端愿曾向司馬光言及一則有關李宸妃死時，劉太后初時只肯將她的棺材從宮中鑿垣而出，並瘞於洪福寺的說法。〔註183〕考李端愿在康

〔註181〕周煇（1127～1198 後）（撰），劉永翔（校注）：《清波雜志校注》（北京：中華書局，1994 年 9 月），卷一〈祖宗家法〉，頁 15；《長編》，卷四百八十，元祐八年正月丁亥條，頁 11416。考在元祐八年（1093）正月，哲宗（1077～1100，1085～1100 在位）召宰執講《禮記》及讀《寶訓》時，宰相呂大防（1027～1097）談到「祖宗所立家法最善」，他就提到其中之一就是仁宗以姪事姑之禮見獻穆大長公主，並說「此事長之法也」。
〔註182〕《長編》，卷一百十二，明道二年四月壬寅條，頁 2610；邵伯溫（1056～1134）（撰），李劍雄、劉德權（點校）：《邵氏聞見錄》（北京：中華書局，1983 年 8 月），卷八，頁 77；蘇轍：《龍川別志》，卷上，頁 79；《涑水記聞》，卷八，頁 153。據司馬光引述李端愿另一則說法，仁宗因劉太后管束過嚴，早已怨恨劉太后而親近愛護他的楊太后。又全相卿認爲，仁宗親政初期，因有流言說元儼將爲天下兵馬大元帥，仁宗對叔父不無忌憚，幸賴御史中丞蔡齊（986～1037）一夕連上三書化解仁宗的疑慮，當元儼揭示仁宗身世之大秘密後，仁宗就很快修復與叔父的關係，並且奠下他禮遇叔父的深厚基礎。此說可取。參見全相卿：〈北宋八大王趙元儼生平初探〉，頁 142。
〔註183〕《涑水記聞》，卷八，頁 153。

定元年已任西上閤門使的近職，〔註184〕他很有可能就是向仁宗透露這則宮廷秘辛的人。即使向仁宗說話的不是李端愿，他肯定知道包括這事的不少宮廷秘辛。由此推論，大長公主沒有理由不知內情。以常理推斷，當荊王向仁宗揭示這則秘辛時，仁宗一定向她求證。從仁宗後來的反應，可以推想大長公主當會委婉地說明當年的事實。

據南宋人王銍（？～1144）所撰的《默記》所載，揭露此一秘密的還有撫養仁宗成人的章惠楊太后。本來楊太后與劉太后關係密切，她不應該揭發對劉太后家人不利的秘密。大概楊太后看到此秘密終爲仁宗所知，不如順水推舟，以求自保。〔註185〕

大長公主惟一在世的四姊楚國大長公主卻不幸在七月戊寅（十五）卒，仁宗親臨公主宅祭奠，並追封她爲晉國大長公主，賜謚「和靖」。〔註186〕大長公主自然也隨仁宗臨奠。她們姊妹感情如何，史所不載，相信仍是傷感不已的。大長公主的同胞兄妹，到此時只剩下八兄荊王元儼一人。

仁宗繼續清除劉太后的影響力。是年九月丙寅（初四），既是劉太后的心腹，也是大長公主的姻親錢惟演的平章事頭銜被去掉，仁宗並令他離開河南府，赴崇信軍節度使本鎮隨州。事緣御史中丞范諷劾奏錢惟演不當擅議宗廟事，既爲其子郭曖娶郭皇后妹，又想和李用和家聯姻。仁宗自然清楚錢惟演的種種劣跡，開始時還說「先后未葬，朕不忍遽責惟演」，當范堅持非逐錢不可時，仁宗即接納其議，將錢貶降。一天後，再將錢曖奪一官，落集賢校理之職，並令隨惟演往隨州，錢惟演諸子包括大長公主婿錢晦也補外州監當。在錢惟演一家被貶之事上，大長公主相信沒有影響仁宗的決定。她對姪兒的施政，一向是從不加以干預。〔註187〕

〔註184〕《長編》，卷一百二十八，康定元年九月甲戌條，頁3044。

〔註185〕王銍：《默記》，卷上，頁9；並參見註174。按王銍這則說法的來源不詳，據他所記，是楊太后首先告訴仁宗這秘密的；不過她沒有像荊王一口咬定，說李宸妃死於非命。又《默記》所記，李宸妃殯於奉先寺，而不是《涑水記聞》所說的洪福寺。

〔註186〕《宋會要輯稿》，第三冊，〈禮四十一・臨奠〉，頁1642；《皇宋十朝綱要校正》，卷二〈太宗〉〈公主七・楊國大長公主〉，頁51；《長編》，卷一百十二，明道二年七月戊寅條，頁2622。

〔註187〕《長編》，卷一百十三，明道二年九月丙寅至丁卯條、甲申條，頁2635～2636；卷一百十五，景祐元年七月乙巳條，頁2690。考劉太后的另一姻親馬季良在九月甲申（廿二），再貶爲左屯衛將軍、滁州（今安徽滁州市）安置，而錢惟演在景祐元年七月卒於隨州。仁宗雖不喜他，但仍特贈他侍中，命官護葬事。

　　仁宗除了在十月丁酉（初五）將劉太后及生母李太后祔葬於眞宗的永定陵外，又向已故的宗室及親屬加恩：伯父齊王元佐至從兄樂安郡公惟正等，先在九月己卯（十七）至辛巳（十九）加贈王爵；亡兄周悼獻王在十月丙辰（廿四）獲追封爲皇太子，同日仁宗母李太后獲封贈三代。十一月癸亥（初一），仁宗兩位從姑、秦王廷美女承慶郡主爲樂平公主，興平郡主特封爲大寧公主；他的從表姑、太祖妹燕國大長公主女長樂郡主高氏以異姓而封爲仁壽公主。對於自幼入道卻早夭的姐姐、眞宗第二女爲衛國長公主，仁宗賜號清虛靈照大師，賜名志沖。而仁宗本來鍾情的張美人，兩天後（初三），亦被追冊爲皇后，並贈其父供備庫使張守瑛爲鄧州觀察使。最後是十一月丙子（十四），荊王元儼母太儀王氏獲加贈德妃。〔註188〕仁宗這些措施，自然得到荊王及大長公主的首肯。據載仁宗親政後，對叔父益加尊寵，凡有大事都請報荊王，荊王一定親自書寫回贖。〔註189〕相信工筆札的大長公主也會像兄長一樣親自回答姪兒所問。

　　相信在李遵勗的推動下，仁宗開始爲當年因保護及支持他而被貶死的故相寇準等人平反。寇準首先在十一月甲戌（十二）獲得平反，恢復萊國公之爵位並獲贈中書令。當年被誣謀反的內臣周懷政也同時獲追贈安國節度使。〔註190〕最後是李遵勗的摯友楊億，在景祐元年（1034）四月甲午（初五）獲得平反。因李遵勗與寇準婿樞密使王曙向仁宗申訴，楊億獲贈禮部尚書，賜諡曰「文」。李遵勗更請加賜楊億「忠」字，雖不被接納，但仁宗仍詔送其奏於史館。據《東軒筆錄》所記，李遵勗在楊億卒時，楊託他收藏所撰有關仁宗監國之詔誥。劉太后死後，李遵勗便將這些機密文書證據進呈仁宗，並具陳此事之本末，於是仁宗明白當日是非曲直，感歎再三，就下詔爲寇準等洗雪其冤。〔註191〕李遵勗還密奏仁宗將劉太后在宮中的心腹晉國夫人林

〔註188〕《長編》，卷一百十三，明道二年九月己卯至十月丁酉條，頁 2635〜2637；
　　　　　十月己酉至丙辰條，頁 2639〜2640；十一月癸亥朔至丙子條，頁 2642〜2644；
　　　　　《皇宋十朝綱要校正》，卷三〈眞宗〉〈公主二・昇國大長公主〉，頁 99〜100。
〔註189〕《長編》，卷一百四十六，慶曆四年正月乙亥條，頁 3531。
〔註190〕《長編》，卷一百十三，明道二年十一月甲戌至戊寅條，頁 2643〜2644。
〔註191〕《長編》，卷一百十四，景祐元年四月甲午條，頁 2672〜2673；《東軒筆錄》，
　　　　　卷三，頁 26；《龍川別志》，卷上，頁 75。考李燾據《龍川別志》的記載，以
　　　　　收藏楊億詔誥是王曙，而非李遵勗，但沒有提出有力的理由來否定《東軒筆
　　　　　錄》的說法。筆者認爲以李遵勗與楊億的親密關係，而李的駙馬身份，楊億
　　　　　託他收藏牽涉重大機密的文書，較交由後來被貶出外的王曙收藏更合理。又

氏遣出宮外，置之別院，並監視她的出入，免得她再像劉太后當權時干預政事。仁宗爲感謝姑父的支持，在是年八月甲子（初七），又因其請，特加李的生母席氏贈典，詔特追封郡太夫人。〔註192〕

仁宗改正劉太后種種弊政自然教荊王及大長公主等至親欣喜，但他的一次任性行爲卻令人擔憂不止。仁宗因不喜劉太后之故，也不喜歡劉太后爲他立的郭皇后。劉太后死後，仁宗無人管束，就放縱情慾，寵幸尙美人（？～1050）和楊美人（？～1072），而冷落郭皇后。不幸郭皇后也任性，與尙美人相爭，在一次衝突中誤傷仁宗，仁宗聽信復相的呂夷簡及入內副都知閻文應（？～1039）的進言，在明道二年十二月乙卯（廿三），竟將郭皇后廢黜。結果引來以孔道輔（986～1039）、范仲淹爲首的十名台諫官的抗爭，而大失人心。〔註193〕在仁宗廢后之事上，他的至親包括章惠楊太后、荊王元儼、魏國大長公主及仁宗舅父李用和態度爲何，文獻無徵。相信他們對仁宗這一任性行爲是無可奈何。

大長公主等擔憂的事果然發生。景祐元年八月，朝臣間已流傳仁宗溺於酒色的種種失德之事。剛復相的王曾的僚屬石介（1005～1045）便上書王曾，希望他入朝後能規勸仁宗。〔註194〕果然，仁宗爲酒色所害，弄至「不豫」的險境。在章惠楊太后的決策，入內都知閻文應的執行下，同月壬申（十五），已廢黜的郭皇后及仁宗寵幸的尙美人及楊美人都被驅出宮外。尙美人的家人及討好她的皇城使王懷節均被貶責。〔註195〕

　　李遵勗此時已遷鎭國軍節度使。

〔註192〕《宋史》，卷四百六十四〈外戚傳中・李遵勗〉，頁13568～13569；《長編》，卷一百二十二，寶元元年八月庚辰條，頁2878；《宋會要輯稿》，第四冊，〈儀制十・陳請封贈〉，頁2507。

〔註193〕《長編》，卷一百十三，明道二年十二月甲寅至乙卯條，頁2648～2654。

〔註194〕《長編》，卷一百十五，景祐元年八月癸亥至庚午條，頁2693～2695。

〔註195〕《長編》，卷一百十五，景祐元年八月壬申至壬午條，頁2696～2697；卷一百六十八，皇祐二年七月丁亥條，頁4048；卷一百六十九，皇祐二年十月乙亥條，頁4063；《皇宋十朝綱要校正》，卷四〈仁宗・嬪妃十二・德妃楊氏、充儀尙氏〉，頁147。王懷節是眞宗朝陷遼的王繼忠（？～1023後）兒子，他走尙美人的門路而謀求管軍之任。考仁宗餘情未斷，尙美人後來復召入宮。惟何年月再入宮不詳。《長編》記仁宗在皇祐二年七月丁亥（初二）贈她爲充儀。但《皇宋十朝綱要》則記她在皇祐二年九月卒，贈充儀。她在七月抑九月卒待考。她在治平以後無加封。至於楊美人也在皇祐二年十月復位爲婕好，大概也得到復召。嘉祐八年進修媛。熙寧五年（1072）十二月卒。她自修儀贈賢妃，到元符三年（1100）四月贈德妃。

　　仁宗出事，御醫數次進藥都無效，大長公主大概從夫婿李遵勗及出入宮禁的兒子李端懿等處知道情況，就推薦翰林醫學許希為仁宗診治。許提出：「鍼心下包絡之間，可亟愈。」因位置危險，仁宗左右都說不可冒險。仁宗身邊的多個內臣都自願受試，結果都無礙，於是仁宗決定依許希的方法治療，三進針而仁宗的病得到治愈。九月戊子（初二），仁宗論功行賞，授許希翰林醫官，並賜緋衣、銀魚及器幣。又因其請修建扁鵲廟於京師城西。〔註196〕

　　仁宗大病得愈，自然首先要感激大長公主的舉薦神醫。他在同月丁酉（十一）御正殿和恢復常膳。甲辰（十八），仁宗詔立曹彬孫女為皇后。據載仁宗本來打算立壽州茶商女陳氏為后，而楊太后也同意；但王曾、呂夷簡、宋綬（996～1040）、蔡齊（986～1037）等宰執均反對由地位低下的人為皇后，結果仁宗妥協。〔註197〕在立后之大事上，筆者猜想仁宗也徵求大長公主之意見，大概大長公主也贊同王曾的看法，於是仁宗不再堅持立他本來喜歡的陳氏女。順帶一談，十一月癸卯（十七）日，大長公主親姪、仁宗另一從兄武當軍節度使允寧卒。仁宗身體康復，即依制往潤王宮臨奠。〔註198〕

　　景祐二年（1035）二月戊辰（十三），次相李迪在權爭中敗給呂夷簡而被罷，值得注意的是，他本來攻擊呂夷簡私交荊王元儼，為荊王門下僧惠清補官。想不到查證下，行文書的是李迪而不是呂夷簡。真相是呂夷簡巴結荊王，只是他沒有給人拿住把柄和憑據。〔註199〕仁宗親政後，感念叔父保護的大恩，自然優寵荊王，而荊王的權勢自然是人盡皆知。當然，朝臣對大長公主也不

〔註196〕《長編》此條記載當採自范鎮（1008～1089）所撰的《東齋記事》。參見范鎮（撰），誠剛（點校）：《東齋記事》（與《春明退朝錄》合本）（北京：中華書局，1980年9月），卷一，頁5；《長編》，卷一百十五，景祐元年九月戊子條，頁2698；卷一百四十五，慶曆三年十二月庚戌條，頁3514。又許希醫術精湛，不知是否大長公主的推薦介紹，仁宗從兄允升之家看上許的兒子，在慶曆三年十二月庚戌（十七）欲以其為婿。不過，權御史中丞王拱辰（1012～1085）卻以許希並非士族，與皇族通婚會亂宗室之制，奏上仁宗請罷之。仁宗接受王之意見。

〔註197〕《長編》，卷一百十五，景祐元年九月丁酉至乙巳條，頁2699～2701。按仁宗寵信的內臣、入內都知閻文應子勾當御藥院閻士良（？～1037後）也反對立陳氏女為后。

〔註198〕《宋會要輯稿》，第三冊，〈禮四十一・親臨宗室大臣喪〉，頁1636；〈禮四十一・臨奠〉，頁1642。考景祐元年正月丁丑（十六），楚王元佐長子、安國軍節度使延安郡公允升卒。至於允寧則是仁宗叔父陳王元份（後改封潤王）之長子。他們兩人都是魏國大長公主的親姪。

〔註199〕《長編》，卷一百十六，景祐二年二月戊辰至庚辰條，頁2722～2723。

敢輕慢。

四月丙辰（初三），李遵勗以鎮國軍節度使出判許州，大長公主就沒有隨行。李遵勗抵許州後，便先到亡友楊億在許州具茨山之墓拜祭。他在許州，頗有政績，有一次州民輸租稅，倉官不依時而至，李遵勗親自馳馬至糧倉，收受州民的輸稅，倉官惶恐叩頭認罪，大概此人平時作威作福，今次李駙馬爺在州民前訓責他，就大快人心。李遵勗另一項政績，是本路轉運使揀選士卒補水軍，而不問他們是否勝任，就強補他們隸水軍。李駙馬是貴官，又是三代將家子，自然要改轉運使不合理的做法，他說：「強人所以不能，將何用？」即命部將按視，將不習水者的士卒計十分七、八調離水軍。〔註200〕他在許州的表現，又顯出他將門之後的風範。相較之下，柴宗慶在十月辛未（廿一）卻被朝臣劾奏，說他印行《登庸集》一書「詞語僭越」，請毀印板，以免流傳。仁宗命翰林學士承旨章得象等查察此書，回奏說「《登庸集》詞語體制不合規宜，不應摹板傳布。」仁宗從其議，命柴宗慶收回眾本，不許流傳。柴宗慶這次自討沒趣，這樣的處分已算輕微了。〔註201〕

被廢的郭皇后在是年十一月戊子（初八）暴卒，中外都懷疑是已陞為入內都都知的閻文應所為。仁宗知悉後，既悔恨又深悼，詔以后禮葬，又擢陞郭皇后的兄弟官職以稍作補償。是月乙未（十五），仁宗大祀天地於圜丘，大赦天下，宗室並與轉官。乙巳（廿五），荊王元儼拜荊南、淮南節度大使、行荊州、揚州牧，仍賜入朝不趨，授二州牧自元儼開始。宗室中地位僅次於元儼、份屬大長公主從兄的武勝軍節度使德文授同平章事，而與仁宗幼時共學的陳王元份第三子允讓為寧江軍節度使。〔註202〕十二月戊午（初八），仁宗又加恩給尊為保慶皇太后的章惠楊太后以及曹皇后三代。相信也在相同時間，

〔註200〕《長編》，卷一百十六，景祐二年四月丙辰條，頁 2726；《隆平集校證》，卷九〈李崇矩傳附李遵勗〉，頁 280；《宋史》，卷四百六十四〈外戚傳中·李遵勗〉，頁 13568。

〔註201〕《宋會要輯稿》，第十四冊，〈刑法二·禁約一〉，頁 8284。

〔註202〕《長編》，卷一百十七，景祐二年十一月戊子至丙子條，頁 2762～2764；十二月辛亥朔條，頁 2764；《宋史》，卷二百四十四〈宗室傳一·魏王廷美附德文〉，頁 8674～8675；卷二百四十五〈宗室傳二·濮王允讓〉，頁 8708。按德文本秦王廷美第八子，因其兄三人早卒，故德文於次為第五。仁宗稱這位從叔為「五相公」而不名。他與楊億交好，楊億卒時，曾為詩十章以悼。仁宗在十二月辛亥（初一），因眾多言官特別是范仲淹的劾奏，將涉嫌指示御醫謀害郭皇后的入內都都知閻文應解職，貶為秦州（今甘肅天水市）鈐轄，連他的兒子閻士良均逐出京師。

仁宗也加贈給李遵勗亡故的長兄為太師。仁宗的親表弟李端懿及李端愿也大概在這時擢任諸司使臣。〔註203〕

仁宗在景祐三年多番施行睦親之政。正月壬辰（十三），仁宗對幾位至親加以追贈，首先追冊郭皇后為皇后，並命知制誥丁度（990〜1053）及內侍押班藍元用（？〜1055）同護葬。然後在二月壬子（初三），又追贈三位亡故的皇姑許國、鄭國和曹公長公主並為大長公主。〔註204〕到四月，因李遵勗獻上他編次多年的佛書三十卷，仁宗除賜書名《天聖廣燈錄》外，更應其請親撰序文，高度讚揚李遵勗之功德以及是書的優點：

> 《天聖廣燈錄》者，鎮國軍節度使、駙馬都尉李遵勗之所編次也。遵勗承榮外館，受律齋壇，靡恃貴而驕矜，頗澡心於恬曠。竭積順之素志，趨求福之本因。灑六根之情塵，別三乘之歸趣。蹟其祖錄，廣彼宗風。采開士之迅機，集叢林之雅對，粗禪於理，咸屬之篇。〔註205〕

〔註203〕《長編》，卷一百十四，景祐元年閏六月辛酉條，頁 2681；卷一百十七，景祐二年十二月戊午條，頁 2766；卷一百十九，景祐三年八月丙辰條，頁 2799；寶元元年三月戊戌朔條，頁 2866；《宋史》，卷二百五十七〈李崇矩傳附李繼昌〉，頁 8956；卷四百六十四〈外戚傳中·李遵勗附李端懿、李端愿〉，頁 13569〜13570；宋庠：《元憲集》，卷二十一〈駙馬都尉李遵勗兄加贈太師制〉，葉三上下；《歐陽修全集》，第二冊，卷三十三〈鎮潼軍節度觀察留後李公（端懿）墓誌銘〉，頁 491。考宋庠此制撰於何時不詳，他在景祐元年閏六月辛酉（初四）已任知制誥，至景祐三年八月丙辰（十一），仍以知制誥使遼。（按：《長編》此條誤將宋庠之名訛寫作其弟宋祁），到寶元元年（1038）三月戊戌（初一）改授翰林學士。他在整個景祐時期都任知制誥。又李遵勗有兄弟二人，分別是李文晟和李文旦。宋庠這道制文沒說加贈太師的李遵勗兄長是哪一人，只說：「具官遵勗亡兄具官累贈太傅某，寬明莊重，淳深幹敏。克纂堂構，自結本朝。以通侯之世家，備能臣之煩使。預平狂狡，陰濟惠和。或握節聘戎，譽高使表，或剖璋臨郡，政推邊最。」又李端懿自七歲授如京副使後，歷文思副使、供備庫使、洛苑使。其墓誌沒有具體記載他何年任哪一使職。猜想他到景祐二年應已擢至諸司使臣最低一階的供備庫使。至於其弟李端愿大概在這時授如京副使。

〔註204〕《長編》，卷一百十八，景祐三年正月壬辰、二月壬子條，頁 2774〜2775。

〔註205〕《全宋文》，第四十六冊，卷九八四〈宋仁宗四十五·天聖廣燈錄序·景祐三年四月〉，頁 14〜15；第一百三十三冊，卷二八七三〈釋惟白〉〈上皇帝書·建中靖國元年七月〉，頁 181〜182；〈禪宗述〉，頁 183〜184。據釋惟白（？〜1101 後）所記，李遵勗在吳僧道原（？〜1004 後）於景德元年所進之《景德傳燈錄》的基礎上，參悟其師襄州石門谷隱蘊聰禪師所示，「發悟心地，因聚禪學僧集景德以來出世宗師語要，列此祖偈為根系，多總事錄，成《廣德錄》。」又考《天聖廣燈錄》，最早著錄於南宋晁公武（1102？〜1187 後）的《郡齋讀書志》，記其為「皇朝駙馬都尉李遵勗編，斷自釋迦以降。仁宗御製

仁宗又以諸王子孫眾多，既聚居睦親宅，就需要在宗室中置官加以訓導和糾違有過失的。於是在七月乙未（十九）置大宗正司，凡宗族之政令，皆由之負責奏告。以他關係親密的寧江軍節度使允讓爲知大宗正事，另以彰化軍留後守節同知大宗正事。〔註206〕

李遵勗在許州任上，除了編次上面提到的《天聖廣燈錄》外，他又應亡友晁迥之子翰林學士晁宗慤（985～1042）所請，在七月丁丑（初一），爲晁迥之遺作《昭德新編》三卷撰寫序文。〔註207〕他又在十月辛酉（十七），上奏仁宗，將《天聖廣燈錄》下傳法院，編入《藏經》。仁宗自然欣然答允。〔註208〕

十一月戊寅（初四），保慶楊太后無疾而終。仁宗命知樞密院事王隨（973～1039）爲園陵監護使，上諡曰「莊惠」，祝冊文並稱「孝子嗣皇帝」，仁宗又擢太后弟楊景宗（？～1054）爲成州防禦使，厚恤楊家。翌年（景祐四年，1037）二月己酉（初六），將楊太后祔葬於眞宗永安陵之西北。〔註209〕此時，仁宗在宮中已無任何長輩對他的施政加以牽制。

仁宗厚待他的戚里，但對劉太后的家人就區別對待。同月壬子（初九），劉太后之姻親王蒙正，再以不法事被除名，配廣南編管，永不錄用。其女嫁劉從德，詔自今不得入宮內，其子孫不許與皇族爲婚姻。〔註210〕三月庚子（廿七），時年十七的劉美次子劉從廣娶荊王元儼女，仁宗就將他自濟州團練使擢

序」，凡三十卷。據孫猛所考，是書收入《續藏經》乙編第八套。參見晁公武（撰），孫猛（校證）：《郡齋讀書志》（上海：上海古籍出版社，1990 年 10 月），下冊，卷十六〈釋書類・天聖廣燈錄三十卷〉，頁 786。

〔註206〕《長編》，卷一百十九，景祐三年七月乙未條，頁 2796；《宋史》，卷二百四十四〈宗室傳一・燕王德昭附守節〉，頁 8679。

〔註207〕《全宋文》，第十七冊，卷三六二〈李遵勗・昭德新編原序・景祐三年七月〉，頁 353。

〔註208〕《長編》，卷一百十九，景祐三年十月辛酉條，頁 2809。

〔註209〕《長編》，卷一百十九，景祐三年十一月戊寅至戊戌條，頁 2811～2812；卷一百二十，景祐四年二月己酉條，頁 2820；《涑水記聞》，卷八，頁 153。據司馬光引述李端愿的說法，仁宗對章惠楊太后比劉太后要親近得多。事緣劉太后性格嚴屬，動輒以禮法禁止年幼的仁宗起居，未嘗假以詞色。相反，章惠楊太后就以恩撫育仁宗。仁宗苦多痰，劉太后禁蝦蟹等海鮮進御，楊太后知仁宗喜歡吃，就偷偷藏下給仁宗享用，並說：「太后何苦虐吾兒如此。」仁宗於是怨恨劉太后而親近楊太后，在宮中稱劉太后爲大孃，楊太后爲小孃。當劉太后死後，就尊楊爲太后，曲意奉事楊太后。楊太后弟楊景宗，少爲役兵，性兇悍使酒，好以滑樋毆人，人稱爲「楊滑樋」，屢次犯法，仁宗均以楊太后之故優容之。仁宗甚至將沒收的丁謂故第賜給他。

〔註210〕《長編》，卷一百二十，景祐四年二月壬子條，頁 2820。

為滁州防禦使。〔註211〕

五月庚戌（初九），俞美人（？～1063）誕下皇子，但當天就夭折，對仁宗是一大打擊。值得一提的是，允讓的第十三子宗實（即英宗）從四歲開始，就養於宮中。六月甲午（廿三），年方六歲的皇姪宗實以左監門率府率特遷右內率府率。據說是楊太后勸仁宗選宗子養於宮中的。宗實到八歲才離開皇宮返本第。〔註212〕關於王嗣的問題，仁宗有否詢及荊王及魏國大長公主，惜沒有記載。

十二月辛卯（廿四），一向麻煩多多的駙馬都尉知陝州柴宗慶又被新任陝西轉運使段少連劾他縱其下屬擾民。〔註213〕他們夫婦與李遵勗夫婦同是貴戚，賢與不肖卻分明。據宋人筆記所載，楚國大長公主曾與妹妹鬥富貴。李遵勗夫婦先往柴宅，柴宗慶夫婦以豪奢穿戴示人，他們的左右卻草草穿戴。到柴宗慶夫婦回訪，卻只見李遵勗夫婦以道裝出迎，惟他們的從人卻以盛裝隨侍。跟著魏國大長公主讓兩個兒子李端懿、李端愿出見姨母及姨父，並說：「予所有者，二子也。」柴宗慶夫婦據說頗以為愧，而士論均稱譽李遵勗夫婦。〔註214〕

景祐五年（1038，十一月改元寶元）初，深受仁宗敬重的姑父李遵勗卻以疾，兩度拜表奏請致仕，並援引唐韋嗣立的故事，請求山林之號。仁宗不許，命翰林學士宋庠撰寫兩道詔書撫慰一番，其一云：

> 卿勳伐之華，材猷兼劭。早膺尚禮，實睦近嬾。以駙馬之榮，列通侯之籍。望高貴里，時陟將壇。而能出擅藩宣之勤，居多位著之恪。乃心道素，探頤藝文。余懷所嘉，曷日而既？今乃因晦明之偶沴，援進退之大方，確布書辭，願致官政。剡告旬未幾，年力甫強，謝

〔註211〕《長編》，卷一百二十，景祐四年三月庚子條，頁2825。

〔註212〕《長編》，卷一百十九，景祐三年十一月戊寅條，頁2811；卷一百二十，景祐四年五月庚戌條，頁2831；六月甲午條，頁2833；卷一百二十二，寶元元年十月辛未條，頁2883；卷一百二十三，寶元二年六月壬申條，頁2909。宗實在翌年（寶元元年，1038）十月累遷至左領軍衛將軍，他一直由曹皇后養於宮中，直至寶元二年六月壬申（十三）時年八歲時，才從宮中返本第，並加右千牛衛將軍。

〔註213〕《長編》，卷一百二十，景祐四年十二月辛卯條，頁2843。

〔註214〕吳曾（？～1162後）：《能改齋漫錄》（上海：上海古籍出版社，1979年11月新一版），卷十二〈柴主與李主角富貴〉，頁359。據吳曾所記，兩位長公主都有賢名。柴宗慶因無子，他所積俸緡有數屋之多，未嘗使用。到他死後，都送還朝廷。

仕而歸，在禮安據？卿其止念，慮寶精神，招還天和，頃遲藥嘉，
慰我虛竚，勿復文陳。

其二云：

> 卿纍苦癯疥，甫淹時晦，特優賜告，用適頤生，屬療治之未瘳，覽
> 控陳之迭至，願還有政，追踵昔賢。高風所存，媮俗知慕。然卿地
> 雖嬋密，器實虛恬。情棲道腴，行富天爵。偶嬰無妄之疾，固匪不
> 衷之災。視履其旋，何恙不己？遽歸印綬，殊惻朕心。矧嚮福未涯，
> 與善無爽。勉輔醫藥，行復粹和。姑廢沖懷，即斷來表。〔註215〕

大長公主愛夫情深，聞知李遵勗得病，馬上要往許州探視。她的侍從以制度
規定需要稟報仁宗，得到批准才可離京。她已等待不及，不待奏請，便率從
人五六名前往許州。仁宗得報，馬上派內侍督沿途各縣邏兵保護她的車輛。
抵許州後，她陪侍李遵勗回京療治。仁宗親自到駙馬府臨問，又賜白金五千
兩，公主辭不受。延至八月庚辰（十六），李遵勗卒於永寧坊第，得年僅五十
一。他將死時，與僧慈明楚圓（986~1039）以偈文相互提警。他又遺命不要
置金玉於棺槨中。仁宗聞訊即臨奠。並輟朝二日，贈中書令，諡和文。據明
人《汴京遺蹟志》所記，他的墓在開封城東北南神岡。後來他的長子李端懿
也附葬於其墓側。〔註216〕據近人所記，李遵勗墓在今日開封市郊區土柏崗鄉

〔註215〕《長編》，卷一百二十二，寶元元年八月庚辰條，頁2878；宋庠：《元憲集》，
卷二十九〈賜鎮國軍節度使駙馬都尉李遵勗爲疾病乞致仕不允批答一〉、〈賜
鎮國軍節度使駙馬都尉李遵勗爲疾病乞致仕不允批答二〉，葉十三上至十四
上。

〔註216〕南宋釋子普濟（1179~1253）所著的《五燈會元》，記載了李遵勗病重時與石
霜楚圓慈明禪師相聚談佛法之事，考石霜楚圓慈明禪師是全州（今廣西桂林
市全州縣）李氏子，少爲書生，年廿二於潭州（今湖南長沙市）湘山隱靜寺
出家與楊億交好，因楊之薦而識李遵勗，並時有往來，出家於潭州。寶元元
年李遵勗派使者邀他來京相會，給他的手書說：「海內法友，唯師與楊大年耳。
大年棄我而先，僕年來頓覺衰落，忍死以一見公。」慈明讀書後惻然與使者
乘舟而東，抵京師與李相會月餘而李歿。李臨終時，畫一圓相，又作一偈獻
慈明言：「世界無依，山河匪礙。大海微塵，須彌納芥。拈起幞頭，解下腰帶。
若覓死生，問取皮袋。」慈明回答說：「如何是本來佛性？」李再說：「今日
熱如昨日。」隨聲再問：「臨行一句作麼生？」慈明說：「本來無罣礙，隨處
任方圓。」李最後說：「晚來困倦。」就不再說話。慈明說：「無佛處作佛。」
李聽後於是泊然而逝。慈明哭之慟，當李下葬後，他往其墓拜別才乘官船南
歸。他在途中中風，一年多後於康定元年正月初五圓寂，壽五十四。另《五
燈會元》又記載李遵勗臨終時「膈胃躁熱」，當時隨侍在旁的尼道堅卻說：「眾
生見劫盡，大火所燒時，都尉切宜照管主人公。」李請她煎一服藥來。道堅

崗西村。〔註217〕不過，筆者在 2014 年 7 月 21 日按圖索驥，前往土柏崗鄉崗

卻沒反應。李就説：「這師姑藥也不會煎得。」順帶一談，《五燈會元》所記
這位尼道堅，大有來頭，她是太祖開國功臣李處耘（920～966）姬妾胡希聖
（942～1017）（出家後法名妙善，太宗賜號廣慧大師）的大弟子，俗家姓杜，
父爲通事舍人杜志儒，母爲太宗明德李皇后及李繼隆的從父姨，繼父是太祖
及太宗朝殿帥楊信（即楊光義、楊義，？～978），妙善於天禧元年（1017）
逝世後，道堅就繼掌京師的妙覺禪院。參見《長編》，卷一百七十，皇祐三年
三月丙子條，頁 4086；《宋史》，卷二百四十八〈公主傳・荊國大長公主〉，
頁 8775；卷四百六十四〈外戚傳中・李遵勗〉，頁 13569；《宋會要輯稿》，第
三冊，〈禮四十一・臨奠〉，頁 1642；第四冊，〈儀制十一・武臣追贈・節度
使〉，頁 2541；普濟（著），蘇淵雷（點校）：《五燈會元》（北京：中華書局，
1984 年 10 月），卷十二〈駙馬李遵勗居士〉，頁 723～724；卷十二〈石霜楚
原禪師〉，頁 699～705；李濂（1488～1566）（撰），周寶珠、程民生（點校）：
《汴京遺蹟志》（北京：中華書局，1999 年 12 月），卷九〈陵墓・李駙馬墓、
李留後墓〉，頁 143。關於道堅的生平事蹟，可參見何冠環：《攀龍附鳳：北
宋潞州上黨李氏外戚將門研究》，第一章〈從龍功臣：北宋潞州上黨李氏外戚
將門的起家者李處耘〉，頁 73 及注 101。

〔註217〕關於李遵勗墓的今日狀況，據周琦在 2009 年 6 月所撰的〈濟公祖墓考略〉，
開封市地名詞典編輯部於 1988 年編印的《開封市地名詞條選編（4）》所載，
李端懿父李遵勗墓「在開封市區東北 11 公里，崗西村東側」，「墓建土崗上，
相傳高約十米左右，面績約 600 平方米，墓前有碑與松柏。現存墓高約三米，
面績約 30 米，爲紫色夯土層，屬開封市級文物保護單位。」據周文所記，「1987
年 6 月，開封市郊區地名辦特意赴開封市郊區土柏崗鄉崗西村調查李遵勗墓
的歷史與現狀。土柏崗鄉的幹部李澤亞、王世學（崗西村人）、崗西村時年
70 歲的村民李良田等，接受了開封市郊地名辦的調查採訪。據他們的憶述，
1949 年前國民黨兵曾在李遵勗墓頂上挖工事，忽然下陷一大窟窿，連人也掉
下去。事後用土填平，李墓很有可能曾被盜。現時的李遵勗墓僅存殘高 3 米
的土台，露出約 20 厘米厚的夯土層。1987 年李遵勗墓被定爲開封市級文物
保護單位。另李墓所在的西側爲崗西村，據 1987 年 6 月人口調查，有 193
戶共 915 人，李姓居多。他們是否李氏父子的後人，尚難確定。土柏崗鄉在
2005 年 9 月，「由原屬開封市郊區，改屬順河回族區。該鄉位於開封市區東
北，面積 50 平方里，土地肥沃，地勢坦緩，自西北向東南微傾。開（封）蘭
（考）公路過境。全鄉下轄高莊、楊寨、崗西、南神崗、前朱、沙牛崗、北
神崗、大杜寨、齊寨、土柏崗、小董莊、廠尚 12 個村委會（19 個自然村），
共有 106 個村民小組，人口兩萬餘人。又 2010 年 10 月 12 日《開封文化藝術
網/汴梁文化》也刊出一篇署名作者「寅明」的介紹，指出南神崗現屬土柏崗
鄉，經濟以種植小麥、水稻爲主，開蘭河流經村北部。「從開封市區乘坐 5
路或 14 路公交車到東郊火電廠後，沿開蘭公路繼續東行，不遠處公路兩側有
村，曰南神崗，原爲一個面積約 2000 公畝的大土崗，高出地面七八米（現已
幾乎被夷爲平地了）。文章作者指出「南神崗村建於崗之東，後崗西亦建村，
名崗西村。南神崗上（崗西村東）有宋李遵勗墓。」和周文所説的一致，「墓
高 10 米左右，面積約 600 平方米。現存墓高僅爲 3 米，墓區佔地 30 平方米，

西村實地考察時，卻看不到任何實物遺存。〔註218〕

李遵勗逝世，朝士多有挽詞悼念，翰林學士宋庠便爲詞兩首，詞云：

> 曲里猶龍族，西京尚主侯。勳華傳舊鉞，名理寄虛舟。得族眞無妄，觀生遂若休。偏嗟荀令沼，回作逝川流。

> 北第琴樽歇，東原旌斾飛。清風邈無所，此路是長違。野闊車吞響，天愁日抱輝。空餘門下客，魚鳥歎何依。〔註219〕

魏國大長公主在五十一歲喪夫，自然極端悲痛。李遵勗所撰之《閒宴集》二十卷、《外館芳題》七卷，相信都是「善筆札，喜閱圖史，能爲詩歌」的大長公主與眾子所編定。〔註220〕她服夫喪期間，衰麻服一直不肯脫。每日都念誦佛書，精誠所感，據說有白燕來她房外築巢。服除後，她不再穿皇家麗服。仁宗爲了安撫她，在禁中設宴，並親爲她簪花，但她多謝姪兒好意之餘，即

爲紫色夯土層，屬市級文物保護單位。」參見周琦：〈濟公祖墓考略〉，《台州社會科學》，2009 年第三期（總 107 期），頁 111～112；《開封文化藝術網/汴梁文化》http://kf.orgcc.com/article/2010/10/201010124679.shtml）。

〔註218〕 筆者在 2014 年 7 月 21 日專程前往開封市作實地考察，承蒙《汴京遺蹟志》的點校者、宋史著名學者、河南大學歷史文化學院程民生教授安排及親自帶領，筆者與好友蘇德之兄及陳燦亨兄一同前往順河區土柏崗鄉崗西村，到據稱是李遵勗墓所在考察。蒙崗西村村委會李強主任熱情招待，李主任據稱是潞州上黨李氏後人，他告訴我們李遵勗墓的神道位置所在，該處今日已修建了多間村屋，而李墓之上多年前已建了一座三奶奶廟，其中供奉的泰山老奶奶，究竟是否碧霞元君？村民均不甚了了。據李強主任憶述，李遵勗墓早被盜過，數十年前挖出的碑石，據說帶往北京，而下落不明。這次考察並無收獲，崗西村民所言，似乎與周琦前引文所述有所出入。

〔註219〕 《元憲集》，卷三〈贈駙馬都尉李和文挽詞二首〉，葉九上。

〔註220〕 《宋史》，卷四百六十四〈外戚傳中·李遵勗〉，頁 13569。考李遵勗的兩本集子不傳，除了《天聖廣燈錄》外，他傳世的詩文只有《全宋文》所收的幾篇序文和《全宋詩》所收的詩一首〈送僧歸護國寺〉。參見註146。又據王明清(1127-1204 後)所記，他引用過兩條今日不傳的《李和文遺事》，除了記仁宗對內侍說他會將所配美玉帶贈遼主外，另外一條就記李遵勗家藏有大批冠世之寶的書畫名作，名畫包括吳道子《天王》、胡瓌《下程圖》、唐淨心《須菩提》、黃居寀《竹鶴》、《雕狐圖》、孫知微《虎》、韓幹《早行圖》、《梅雞》、傅古《龍》、江南畫《佛》、唐希雅《竹》、李成《山水》、唐畫《公子出獵圖》、黃筌《雨中牡丹》、《金盆鵓鴿》、《大窠山茶》、李思訓《設色山水》、周昉《按舞》、《折支杏花》、徐崇嗣《沒骨芍藥》、江南《艸蟲》、《獨幅山水》。書就有懷仁眞迹《集右軍聖教序》、貞觀《蘭亭詩序》、王義之《山陰帖》、《樂毅論》、顏眞卿《書劉太沖序》。這本《李和文遺事》是否李遵勗本人抑其家人所撰，待考。參見王明清：《揮塵錄》(上海：上海書店出版社，2001 年 8 月)，《揮塵前錄》，卷一，頁 5。

表示：「自誓不復爲此久矣。」她的長女延安郡主因父喪而悲傷不已，亦因大長公主之故而說：「吾獨有母存乎！」郡主盡孝，凡有新鮮物品，必定先獻給母親才敢用。大長公主則每年常將自己一部份的俸錢中厚贈女兒。〔註221〕因女兒之陪伴，加上仁宗及諸子之安慰，大長公主乃得捱過喪夫之痛。

潞州李氏外戚將門在李遵勗逝世後，就倚靠大長公主支撐而不墜。仁宗愛屋及烏，對他幾個至親表弟自然不次提拔，可大長公主卻沒有因仁宗對她的敬重而爲諸子求官。她對親生的兒子李端懿、李端愿，庶出的李端憲和李端愨均一視同仁，均嚴加管束，每誡以忠義自守，不要恃她的恩寵而爲非。長子李端懿曾多次求外任以自效，但公主均白仁宗不許。〔註222〕

寶元元年（1038）七月丙申（初一），號爲賢宗室的同知大宗正事、彰化留後守節卒，仁宗贈鎮江軍節度使，追封丹陽郡王，諡僖穆。〔註223〕對仁宗而言，自是傷感不已。是年九月甲辰（十一），仁宗總算有自己家人喜慶的事：已滿周歲的長女封爲福康公主（即兗國公主，1038～1070），次女封崇慶公主（？～1042）。仁宗爲女兒當得多少月俸錢的事詢問大長公主，大長公主起初不答，仁宗一再詢問，她才說當年她只得月俸錢五貫。大概她不想姪兒因她之故少給姪孫女月俸錢。仁宗的福康公主「幼警慧，性純孝。帝嘗不豫，主侍左右，徒跣籲天，乞以身代。帝隆愛之。」仁宗喜愛她的程度，就像太宗寵愛魏國大長公主一樣。兩位公主性情頗有相近之處，可惜仁宗後來擇婿錯誤，害了愛女終身。與大長公主擇得佳婿，就有天淵之別。〔註224〕

〔註221〕《長編》，卷一百七十，皇祐三年三月丙子條，頁4086；《蔡襄集》，《蔡忠惠集》，卷三十九〈墓誌銘二·延安郡主李氏墓誌銘〉，頁709。

〔註222〕《長編》，卷一百七十，皇祐三年三月丙子條，頁4086；《歐陽修全集》，第二冊，卷三十三〈鎮潼軍節度觀察留後李公（端懿）墓誌銘〉，頁492。

〔註223〕《長編》，卷一百二十四，寶元二年七月庚寅朔條，頁2918；《宋史》，卷二百四十四〈宗室傳一·燕王德昭附守節〉，頁8679。守節按輩份是仁宗的從姪，大長公主的從姪孫，性孝謹，其母譙國夫人杜氏有病，他曾刺臂血寫佛經。其舅杜從保卒，他又爲鞠養二孤，爲其畢婚嫁。他又治家嚴肅，頗通時務，故仁宗委他同知大宗正事。

〔註224〕《長編》，卷一百二十四，寶元二年九月甲午至己亥條，頁2923～2924；《宋史》，卷二百四十八〈公主傳·仁宗周陳國大長公主〉，頁8776～8777；《皇宋十朝綱要校正》，卷四〈仁宗〉〈公主十三·周陳國大長公主、徐國大長公主〉，頁149。據《宋史》，福康公主卒於熙寧三年（1070），年三十三，則公主當誕於寶元元年。仁宗封她公主之號，當在她周歲之後。又據《皇宋十朝綱要》所載，福康公主在寶元元年受封，與《長編》所記不符；而其記崇慶公主受封，則在寶元二年九月。疑記福康公主受封之年有誤，現從《長編》所記。又崇慶

仁宗在寶元二年（1039）底將親表弟李端愿擢爲西上閤門使，奉命撰寫制文的知制誥韓琦（1008～1075）按仁宗的意思大大表揚了李端愿，除了嘉許他的操守外，還特別點了他「孝聞於家」。制文云：

> 敕：典禁闈之籍，辨廷謁之儀，寵建使名，實材彦。以爾具官李端愿，操尚沖約，業履淳篤。襲世資而動守禮法，居戚苑而行同寒素。勤辦乃事，孝聞於家。會以歲勞，宜有恩進。爰崇宮闈之秩，兼厚沁園之親。訓緝兵團，仍茲舊職。爾其以己能思效，以忠訓自修，
> 則百辟四方，知朕不私於賞也。〔註225〕

仁宗施恩於親人不久，邊庭已起烽煙。西夏李元昊（1004～1048，1032～1048在位）圖謀侵宋已久，於康定元年（1040）正月戊寅（廿三），宋軍在延州三川口（約今陝西延安市西20公里處，即今延安市安塞縣、延安市境的西川河匯入延河處）慘敗於夏軍之手。主將劉平（973～1040後）及副將石元孫兵敗被俘。石元孫是仁宗寵信的外戚子弟，這次兵敗，令宋廷震動不已。〔註226〕三月戊寅（廿四），因三川口之敗，仁宗罷免三員樞密使副王鬷（978～1041）、陳執中（990～1059）和張觀（985～1050），而改任三司使晏殊與知河南府宋綬並知樞密院事，值得注意的是，仁宗還特擢駙馬王貽永以保安軍節度使、檢校太傅爲同知樞密院事。王貽永是繼錢惟演後第二人以外戚身份出任執政，他也是宋代第一位駙馬出任樞使。王貽永以外戚的身份執掌兵符，文臣並無異議，一方面他其實是相臣之後，而「性清愼寡言，頗通書，不好聲技」，他也累任大藩，資歷甚深，素有令譽。〔註227〕當然，也是仁宗擢用外戚的政策使然。倘若李遵勗不早逝，以他與朝臣之良好關係，與及素有賢名兼有治郡之資歷，特別仁宗與他夫婦的關係，他本來也會像王貽永一樣爲仁宗所大

公主於慶曆二年（1042）五月早夭，追封楚國公主，她生年是否同爲寶元元年不詳。她在元符三年三月追封徐國大長公主。另福康公主之母爲苗昭容，崇慶公主之母爲俞婕妤。關於仁宗問大長公主月俸錢之事，參見註18。

〔註225〕韓琦（1008～1075）（撰），李之亮、徐正英（箋注）：《安陽集編年箋注》（成都：巴蜀書社，2000年10月），下冊，卷四十〈制詞·李端愿除西上閤門使制〉，頁1256～1257。

〔註226〕《長編》，卷一百二十六，康定元年正月癸酉至庚辰條，頁2965～2969。關於石元孫外戚子弟的家世及其仕歷，以及其兵敗三川口之始末，可參閱何冠環：〈北宋開封浚儀石氏外戚將門第三代傳人石元孫事蹟考述〉，載本書上篇，頁113～159。

〔註227〕《長編》，卷一百二十六，康定元年三月戊寅條，頁2987～2988；《宋史》，卷四百六十四〈外戚傳中·王貽永〉，頁13561～13562。

用的。事實上，仁宗早已在寶元二年擢用他的母舅李用和執掌禁軍兵柄，李先自鄜州觀察使逕授殿前都虞候，翌年（康定元年）再遷永清軍留後、步軍副都指揮使，同年十二月癸卯（廿二）再遷馬軍副都指揮使。〔註228〕

西疆告急的情況漸次穩定下來後，仁宗在七月戊寅（廿五），賜初生的皇二子名昕，授檢校太尉、忠正節度使、壽國公，置旌節於他以前讀書的資善堂，命端明殿學士李淑（1003～1059）典其書奏。就像眞宗培育他一樣。仁宗在兩年前喪子，好不容易再得子，自然高興不已。〔註229〕

九月戊辰（十六），仁宗以晏殊自知樞密院事改任樞密使，王貽永也相應地改任樞密副使。〔註230〕是月甲戌（廿二），因范仲淹之請，仁宗詔三班院、殿前馬步軍司曉諭使臣和諸班、諸軍有武藝諸略者均許自陳。負責選拔的官員，包括翰林學士丁度、入內押班藍元用，和大長公主次子、已擢爲西上閤門使的李端愿。最後選得一百八十人。李端愿得到此差遣，一方面他當有相當武藝，另一方面也是仁宗對他的信任。〔註231〕

十月癸未（初一），仁宗以侍御河南郡君朱氏、清河郡君張氏（張貴妃，後諡溫成皇后，1024～1054）並爲才人。值得注意的是，仁宗對曹皇后似乎一直無多大感情，反而清河郡君張氏是寵冠六宮。據《長編》所記，張氏父名張堯封，天聖間舉進士第，補石州（今山西離石市）軍事推官，未行而卒於京師。張堯封母親是劉太后姻家錢氏女，張氏八歲時，與姊妹三人由錢氏之故入宮。她年長後，就得幸於仁宗。因她性聰敏，機巧挾智，善解人意，仁宗以她爲良家子，待遇異於諸嬪，於是累封清河郡君，這年她十七歲便晉位才人。惟《涑水記聞》卻記張氏入宮前，爲母曹氏賣於魏國大長公主家爲歌舞者，而且嫁給蹇氏，生男名守和。後來大長公主將她納於禁中的仙韶部，由宮人賈氏母養之。仁宗因在宮中宴飲，張氏爲俳優，仁宗見而悅之，從此寵幸她。〔註232〕假若《涑水記聞》這條記載不誤，則仁宗與張貴妃這段愛情

〔註228〕宋祁：《景文集》，文淵閣《四庫全書》本，卷五十八〈李郡王墓誌銘〉，葉十一下：《長編》，卷一百二十九，康定元年十二月癸卯條，頁3061。

〔註229〕《長編》，卷一百二十八，康定元年七月戊寅條，頁3031。

〔註230〕《長編》，卷一百二十八，康定元年九月戊辰條，頁3042～3043。同時擢任樞密副使的還有刑部侍郎杜衍（978～1057）和右諫議大夫鄭戩（？～1049）。

〔註231〕《長編》，卷一百二十八，康定元年九月甲戌條，頁3044。

〔註232〕關於《涑水記聞》所記張貴妃被其後母曹氏賣入大長公主家作婢之事，晚清大名士李慈銘（1830～1894）在其《荀學齋日記》曾有一番考證，認爲不甚可信，他並指出所謂曹氏賣張貴妃於大長公主家後，「而適蹇氏，生男守和」

可說間接由大長公主促成，大長公主對姪兒感情的關顧可說是無微不至。

正當仁宗對姑父王貽永委以重任時，另一位尚健在的駙馬判鄭州、武成節度使同平章事柴宗慶卻令仁宗大為惱火。他在部內貪刻，又縱其下擾民，為轉運使所劾，依法當徒一年，仁宗特赦其罪，於十一月戊午（初七）召他還朝，歲減公用錢四百萬。翌年（慶曆元年，1041）三月，仁宗命他改判濟州，為免他再有差池，特命京東轉運使選一員通判佐佑他。但柴宗慶卻稱疾不肯赴任，仁宗大怒，命御史臺劾奏之，詔停所有給他的公用錢，等他病愈後才除他外任。〔註233〕

慶曆元年（十一月丙寅改元）二月庚寅（十一），宋軍再度覆師於好水川（今寧夏固原市西吉縣境內之什字路河川），主將馬軍都虞候任福（981～1041）以下將校十六人陣亡，士卒萬八千人敗沒。禍不單行，同月己亥（二十），仁宗次子壽王昕夭折。仁宗傷心不止，贈太師、中書令、豫王，謚悼穆，命端明殿學士李淑護喪事，陪葬永定陵。仁宗並親制輓辭。據載豫王喪禮中，宗室就奠時，均拜伏於位；但知大宗正事允讓認為致哀便足夠了，人以為得禮。到五月乙丑（十七），仁宗將早夭的皇長子賜名昉，追封褒王，謚懷靖，與其弟豫王同葬於永安縣皇陵。〔註234〕令仁宗稍得安慰，朱才人在是年八月壬午（初五），為仁宗誕下皇三子，兩天後，仁宗即遣官奏告宗廟他再得子之喜事。仁宗又在三天後，詔南郊禮近，中外不得以皇子之生再有上貢物品。〔註235〕

慶曆二年（1042）正月辛亥（初六），仁宗本來令柴宗慶赴武成軍本鎮（即滑州，今河南安陽市滑縣），但權御史中丞賈昌朝（998～1065）以他在鄭州

者，指的是曹氏本人，而非張貴妃。張貴妃入公主之門，公主怎會許她嫁人生子？又張氏在慶曆元年十二月丁酉（廿二）再進位修媛。參見《長編》，卷一百二十九，康定元年十月癸未條，頁3050；卷一百三十四，慶曆元年十二月丁酉條，頁3208；《涑水記聞》，卷八，頁149；李慈銘：《荀學齋日記》（臺北：中國革新出版社，1989年），後丁集之上，光緒十八年十月十五日己巳條，頁65～66。關於仁宗與張貴妃的一段愛情，可參見張明華：〈北宋宮廷的《長恨歌》——宋仁宗與張貴妃宮廷愛情研究〉，《咸寧學院學報》第32卷第1期（2012年1月），頁22～26。

〔註233〕《長編》，卷一百二十九，康定元年十一月戊午條，頁3055。
〔註234〕《宋史》，卷十一〈仁宗紀三〉，頁211；《長編》，卷一百三十一，慶曆元年二月己丑至己亥條，頁3100～3104；卷一百三十二，慶曆元年五月乙丑條，頁3127。
〔註235〕《長編》，卷一百三十三，慶曆元年八月壬午至甲申、丁亥條，頁3161～3162。

時貪污不法，若遣他歸本鎮，怕他更會殘民。仁宗本來對這個姑父沒有好感，就接納賈的意見，仍將柴留在京師。〔註236〕

仁宗對大長公主一家自然優禮得多，雖然因公主的反對，仁宗不能給他幾個表弟外任或好像其他的外戚如李用和、李昭亮、曹琮（988～1045）、杜惟序（？～1042後）授以重要軍職及兵職；〔註237〕但仁宗仍盡量加恩給其皇姑。是年三月庚申（十七），他應大長公主的請，加贈其母故太儀方氏爲淑妃。〔註238〕

是年五月戊申（初六），仁宗又遭喪女之痛，張修媛所生的安壽公主夭，仁宗追封唐國公主，成服苑中，群臣奉慰殿門外。同月戊午（十六），仁宗第二女崇慶公主又夭亡，仁宗追封楚國公主。到八月壬申（初一），仁宗生才六日的第六女又夭亡。仁宗在不足三個月內，連失三女，可說是極大之不幸。稍爲安慰的是，面對遼夏交侵，國庫緊絀的情況下，他的八叔荊王元儼於五月壬子（初十）帶頭請盡納公使錢於公。仁宗對叔父如此慷慨，詔以半數還給他。因爲荊王的表率，曹皇后、嬪御各上俸錢五月以助軍費，宗室刺史以上亦納公使錢之半。仁宗再下詔皇后及宗室婦郊祀所賜減半以助軍費。〔註239〕雖然群

〔註236〕《長編》，卷一百三十四，慶曆二年正月辛亥條，頁3213。

〔註237〕仁宗早在慶曆元年四月，便委用在西邊頗有戰功的曹皇后之叔父曹琮以定國軍留後爲陝西副都部署兼經略安撫緣邊招討副使，太祖舅父杜審瓊（897～966）曾孫杜惟序爲供備庫使領忠州刺史爲陝西鈐轄兼巡警緣邊州。又在十一月以李昭亮自殿前都虞候、感德軍留後、秦鳳副部署兼本路招討經略安撫副使。後來因韓琦的進言，在慶曆二年正月將李昭亮徙爲永興軍部署。而在慶曆二年三月甲辰（初一）前，外戚李用和、曹琮和李昭亮分別擔任馬軍副都指揮使、步軍副都指揮使及殿前都虞候的三衙管軍要職。到同年十一月乙酉（十）前，三人已分別擢爲殿帥、馬帥和步帥。三衙管軍統由外戚出任。參見《長編》，卷一百三十一，慶曆元年四月甲申至丙戌條，頁3115；卷一百三十四，慶曆元年十一月壬子條，頁3196；卷一百三十五，慶曆二年正月癸酉條，頁3219；三月甲辰朔條，頁3227；卷一百三十八，慶曆二年十一月乙酉條，頁3325。

〔註238〕《長編》，卷一百三十五，慶曆二年三月庚申條，頁3228。

〔註239〕《長編》，卷一百三十六，慶曆二年五月戊申、壬子、戊午條，頁3248，3250，3265；卷一百三十七，慶曆二年八月壬申朔條，頁3288；卷一百四十一，慶曆三年五月甲午條，頁3381；《皇宋十朝綱要校正》，卷四〈仁宗〉〈皇后四·溫成皇后張氏〉，頁145；〈公主十三·鄧國大長公主〉，頁149。考安壽公主爲仁宗第三女，元符三年（1100）改封鄧國大長公主，政和四年改封莊順大長帝姬。張修媛誕三女，後來的諡號分別是莊順、莊定和莊謹，安壽公主居長。又荊王願意納公使錢，是他的翊善王渙力勸之功勞。他領荊州、揚州兩

書不載，但相信大長公主也會像兄長一樣帶頭減公使錢以助仁宗。

大概爲了撫慰張修媛喪女之痛。仁宗在是年閏九月癸未（十三），史無前例地將位僅爲修媛的張氏的三代加以追封：曾祖東頭供奉官張文漸爲寧州刺史，祖試校書郎張隸爲光祿少卿，外祖應天府助教曹簡爲秘書省著作佐郎。〔註240〕不幸的是，仁宗之創痛尚未平復，是年十月癸卯（初三），宋軍又覆沒於定川寨（今寧夏固原市中河鄉大營村硝河西北岸黃嘴古城），主將殿前都虞候葛懷敏（？～1042）以下將校十六人陣亡。〔註241〕更令仁宗痛徹肝腸的是，生才三歲。剛在慶曆三年（1043）正月庚午（初一）冊封爲鄂王的皇三子曦，卻在翌日（辛未，初二）夭亡。〔註242〕

仁宗未想到，七個多月後，張修媛與他所生、只有三歲的皇第四女，在八月乙未（初一）才封爲寶和公主，五日後（庚子，初六）又夭折。〔註243〕張修媛連失兩女，自然哀痛欲絕，並且病倒。她對仁宗說：「所以召災者，資薄而寵厚也。願貶秩爲美人，庶幾不以消咎譴。」仁宗只好答允。惟是月壬子（十八），生甫兩歲的皇五女也夭亡，仁宗追贈亡女鄆國公主。〔註244〕仁宗從景祐四年開始，六年間連失三子五女，他年已三十四而皇嗣不立，作爲至親的荊王及大長公主，自然也爲姪兒擔憂。據《長編》所載，大長公主在「慶曆中」，曾在浴中仆地，傷右肱。仁宗知道後，派內侍責備侍者。大長公主不想加添姪兒之煩惱，就說：「早衰力弱，不任步趨，非左右之過。」故此她的左右獲得免去罪責。〔註245〕大長公主爲甚麼會在浴中摔倒？是否爲仁宗家事之傷痛以至國事之憂煩，而令她心有所思而不慎摔倒？據載大長公主的兄長荊王在此時曾問他的翊善王渙：「元昊平未？」當王渙回答說：「未也。」他就說：「如此，安用宰相？」以他的身份這麼一說，自然聞者畏其言。〔註246〕

節鎮，每年應得公使錢二萬五千緡，一半即是一萬二千五百緡。
〔註240〕《長編》，卷一百三十七，慶曆二年閏九月癸未條，頁3300。
〔註241〕《長編》，卷一百三十八，慶曆二年十月癸卯、己酉、辛亥至癸丑條，頁3309
～3310。
〔註242〕《長編》，卷一百三十九，慶曆三年正月庚午至辛未條，頁3337。仁宗在皇
三子病重時令學士蘇紳（999～1046）草制封他爲鄂王、武昌軍節度使同平章
事，但未及宣制，鄂王便夭亡。仁宗贈亡子太師、中書令，諡悼懿。
〔註243〕《長編》，卷一百四十二，慶曆三年八月乙未朔條，頁3415。
〔註244〕《長編》，卷一百四十二，慶曆三年八月丁未、壬子條，頁3417～3418，3421。
按鄆國公主母爲侍御馮氏。
〔註245〕《長編》，卷一百七十，皇祐三年三月丙子條，頁4086。
〔註246〕《長編》，卷一百四十六，慶曆四年正月乙亥條，頁3531。

似乎他們兄妹都同時擔憂姪兒的境況。

　　值得我們注意的是，是年三月戊子（廿一）因首相呂夷簡以老病罷相，仁宗趁機改組二府人事，四月甲辰（初七）擢用守西邊有功的韓琦與范仲淹為樞密副使，翌日（乙巳，初八）再以二人之同志杜衍（978～1057）為樞密使。八月丁未（十三），以范為參知政事，富弼（1004～1083）為樞密副使，推行有名的慶曆新政。仁宗在兩府的人事變動中，將他的姑父樞密副使王貽永留任，並加宣徽南院使。〔註247〕李用和、李昭亮及曹琮仍任三衙管軍，仁宗信任范仲淹等人推行新政的同時，對他信任的外戚仍寵任不替。惟一例外的是大長公主的幾個兒子，一直未被仁宗委以重任，這當是大長公主堅持不許的緣故。直到是年十月癸亥（廿九），仁宗才以樞密使杜衍主動提出建議擇外戚子弟試外官，好不容易才擢用其親表弟李端懿以舒州團練使知冀州（今河北衡水市冀州市）。另外李遵勗的姪婿向經（1023～1076）也因大長公主的表奏獲授秘書省正字的出身。〔註248〕教大長公主喜歡的是，時年三十一的愛子李端懿，雅好儒學，頗有父風，多與賢士交往。與他交好的的歐陽修在他離京赴任前，便以詩相贈，將他比作曾守冀州的本朝名將李漢超（？～977）和李允則（953～1028），詩云：

> 今其繼者誰，守冀得李侯。李侯年尚少，文武學彬彪。河朔一尺雪，
> 北風暖貂裘。上馬擘長弓，白羽飛金鍭。臨行問我言，我慚本儒鯫。
> 漢超雖已久，故來尚歌謳。允則事最近，猶能想風流。將此聊為贈，
> 勉哉行無留！〔註249〕

〔註247〕《宋史》，卷十一〈仁宗紀三〉，頁215～216；《長編》，卷一百四十，慶曆三年三月戊子至丙申條，頁3358～3361；四月甲辰至乙巳條，頁3363～3364；卷一百四十二，慶曆三年八月丁未、癸丑條，頁3417，3421。當范仲淹入朝為參政時，韓琦以樞密副使代范出為陝西宣撫使。

〔註248〕《長編》，卷一百四十四，慶曆三年十月癸亥條，頁3486；《宋史》，卷四百六十四〈外戚傳中・李遵勗附李端懿〉，頁13569。又據沈括的記載，神宗向皇后（1046～1101）之母是李遵勗兄李文旦女，亦算是獻穆大長公主的姪女。故此向皇后父向經在慶曆三年以大長公主的表奏，授秘書省正字出身。參見沈括（撰），楊渭生（新編）：《沈括全集》（杭州：浙江大學出版社，2011年5月），上冊，《長興集十六》（原《長興集》卷二十八）〈定國軍節度觀察留後光祿大夫檢校工部尚書使持節同州刺史兼御史大夫知青州兼管內隄堰橋道勸農使充京東路安撫使兼本州兵馬都總管上柱國河間郡開國侯食邑一千一百戶實封二百戶贈侍中向公墓誌銘・熙寧九年七月〉，頁120～123。

〔註249〕《歐陽修全集》，第三冊，卷五十三〈送李太傅端懿知冀州〉，頁755。

另杜衍之婿蘇舜欽（1008～1048）亦有詩相贈，詩中曾言他出知冀州，或會令慈親之大長公主淚流，不過又勉自古忠孝不兩立，須及時建功名云云：

> 冠蓋傾動車馬稠，都門曉送李冀州。冀州綠髮三十一，趑趄千騎居上頭。眼如堅冰脆河月，氣勁健鶻橫清秋。不爲膏粱所汩沒，直與忠義相沈浮。干戈未定民力屈，此行正解天子憂。男兒勝衣志四海，寬恥坐得萬戶侯。旆旌明滅朔野闊，笳鼓淒斷邊風愁。孤雲南飛莫回首，下有慈親雙淚眸。自古忠孝不兩立，功名及時乃可收。眾人刮目看能事，著鞭無爲儒生羞。〔註250〕

知制誥右正言張方平（1007～1091）亦有詩相贈：

> 多君貴主子，材識乃名儒。青海渥窪種，丹山鸑鳳雛。兵家左車後，書法右軍無。擁幄羞紈綺，懷章就隼旟。亭臺煙水闊，樓堞暮雲扶。信都郭東連大澤，亭榭觀游在焉。析木元分冀，滹沱漸近胡，雙鳧雖蘊藉，文和在澶淵故事，重閉切須叟。誰道長城遠，今觀出上都。
>
> 〔註251〕

據歐陽修所記，李端懿在冀州，沒有辜負他的期望，「爲政循法度，檢身束下，民以不擾，歲滿召還。」〔註252〕

這年十二月辛丑（初八），荊王元儼病重，這時大雨雪，陳、楚之地尤甚。占者說：「大臣憂」。仁宗憂形於色，親臨其臥內問疾，並親手調藥。據說叔姪二人屏去從人交談久之，荊王所獻均是忠言。仁宗賜白金五千兩，荊王不肯接受，並說：「臣贏憊不能治，且死，重費國家多矣。」仁宗聞之嗟泣。翌年（慶曆四年）正月乙亥（十二），荊王病卒，得年六十。他臨終時仍誡諸子孝友，怕仁宗怪罪御醫治病無效，就預先上奏爲他們求情。仁宗贈荊王天策上將軍、徐、牧二州牧、燕王，諡曰恭肅。仁宗詔取叔父之墨跡及所賦詩分頒輔臣，其餘藏秘閣。〔註253〕

〔註250〕蘇舜欽（撰），傅平驤、胡問陶（校注）：《蘇舜欽集編年校注》（成都：巴蜀書社，1991年3月），卷二〈送李冀州詩〉，頁138～139。

〔註251〕張方平（著），鄭涵（點校）：《張方平集》（鄭州：中州古籍出版社，1992年10月），《樂全集》，卷一〈律詩·送冀州李太傅〉，頁6。

〔註252〕《歐陽修全集》，第二冊，卷三十三〈鎮潼軍節度觀察留後李公（端懿）墓誌銘〉，頁492。李端懿出知冀州前，歷如京副使、文思副使、供備庫使、洛苑使、新州刺史、康州、懷州團練使。卻一直沒有正式擔任外職。

〔註253〕《長編》，卷一百四十五，慶曆三年十二月辛丑條，頁3512；卷一百四十六，慶曆四年正月乙亥條，頁3531～3532。

是年已五十七的大長公主喪失至親，自然悲傷不已。二月壬寅（初九），仁宗另一姑父柴宗慶也卒於京師，仁宗幸其第臨奠，輟視朝三日，遣中使護喪，諡榮密。〔註254〕至此，仁宗的父系至親，只剩下大長公主，而姑父駙馬，也只剩下王貽永一人。

仁宗在三月己巳（初七）擢用張修媛的叔父張堯佐（987～1058）以職方員外郎同判登聞鼓院爲提點開封府諸縣鎮公事，即受到諫官余靖（1000～1064）的反對。〔註255〕仁宗將情感補償於張修媛身上，他的姑娘也會了解體諒，可一眾文臣卻絕不同意。是年五月乙亥（十四），仁宗只有兩歲的皇七女又夭亡。〔註256〕仁宗內心的痛楚大概不是所有文臣明白的。

七月戊寅（十九），仁宗用富弼的建議，封宗室德文、允讓等十人爲郡王及國公不等。〔註257〕這措施大概對敦睦皇親有很大的作用，這應是大長公主所喜見的。仁宗早在八月壬子（廿三），也給大長公主的另一女婿內園副使焦從約（？～1049）一份優差，命他爲契丹國母正旦副使。〔註258〕這年十二月己亥（十二），仁宗總算有愜意的事，張修媛爲他誕下皇八女（是張氏第三女），仁宗賜名幼悟，號保慈崇佑大師。仁宗夫婦自然希望憑佛法保佑他們的幼女。不過事與願違，這位小公主在不到一年，於慶曆五年（1045）四月又夭折。〔註259〕

慶曆五年對仁宗來說，是教人頹喪不已的。除了張修媛的第三女夭亡外，外戚先後有曹皇后兄曹傅（？～1045）、章懿李太后姪李瑛（？～1045）和曹皇后叔父、馬軍副都指揮使曹琮卒。特別是一向「小心謹畏，善贊謁，御軍嚴整」而家無餘資的曹琮之死，對仁宗控扼軍權，是一重大損失。是年閏五

〔註254〕《長編》，卷一百四十六，慶曆四年二月壬寅條，頁3540～3541。
〔註255〕《長編》，卷一百四十七，慶曆四年三月己巳條，頁3555～3556。
〔註256〕《長編》，卷一百四十九，慶曆四年五月甲戌至乙亥條，頁3609。仁宗的皇七女也是御侍馮氏所出，仁宗在同月甲戌（十三）封她爲崇因保祐大師，賜名懿安，但仍保不住幼女於翌日夭亡。
〔註257〕《長編》，卷一百五十一，慶曆四年七月戊寅條，頁3667～3668。
〔註258〕《長編》，卷一百五十一，慶曆四年八月壬子條，頁3687，《宋會要輯稿》，第四冊，〈儀制十二・外戚追贈〉，頁2552。焦從約的家世及事蹟記載不多，《宋會要》記他在皇祐元年三月乙卯（廿三）以內藏庫副使卒。
〔註259〕《長編》，卷一百五十三，慶曆四年十二月己亥條，頁3725；卷一百五十五，慶曆五年四月辛卯條，頁3768。仁宗在慶曆五年四月辛卯（初五）封皇八女爲鄧國公主，師號如故，稍後又進齊國公主，但仍保不住她的小命。是月即夭折，仁宗追贈韓國公主。張修媛所生三女無一存活。

月，李用和以老病辭去殿帥之職，在三衙爲仁宗把關的外戚心腹，就剩下自步帥陞爲殿帥的李昭亮。〔註260〕仁宗尚可依賴的外戚親信，也包括已擢爲樞密使的駙馬王貽永。〔註261〕

　　偏偏仁宗寵信的外戚及宗室子弟卻不中用，給朝臣嚴劾，先有河陽部署郭承祐及陝州部署魏昭昺爲言官痛劾其貪污及人材猥下，然後是荊王元儼第三子安靜節度使允迪在父喪期間做出違制之事。最後是惟正之繼子左龍武大將軍從謹射殺親事官，被仁宗削爵鎖禁，他後來還自殺身亡。而在三川口之役傳說力戰陣亡的宋軍副將外戚子弟石元孫，在是年五月卻被西夏釋放回來，也教仁宗面目無光。此外，仁宗母舅李用和退休後獲授宣徽使，他仍不滿足，要仁宗授他使相。御史中丞王拱辰批評他「無功貪驕」，反對授他使相。仁宗不顧言官反對，才滿足母舅的要求。另外，仁宗明知楊太后弟楊景宗不中用，也知言官一定有意見，這年十月仍將他自成州防禦使擢爲徐州觀察使。〔註262〕

〔註260〕《長編》，卷一百五十四，慶曆五年正月辛酉條，頁 3735；卷一百五十五，慶曆五年四月丙申條，頁 3769；五月甲申條，頁 3774；卷一百五十六，慶曆五年閏五月戊子條，頁 3777。后兄曹傳先在正月辛酉（初四）以四方館使、榮州刺史卒，仁宗特輟朝二日，贈保信節度使，諡恭懷。然後是仁宗的表弟、李用和子西頭供奉官李瑛在四月丙申（初十）卒。仁宗亦特輟朝，贈李瑛如京使、榮州刺史。再是曹皇后叔父馬軍副都指揮使曹琮在五月甲申（廿九）卒。仁宗親臨祭奠，爲製輓辭。曹皇后亦一再出視喪事，就曹第成服。仁宗贈曹琮安化節度使兼侍中，諡忠恪。

〔註261〕王貽永在慶曆五年六月戊辰（十四），仁宗以他由樞密使兼群牧制置使，到慶曆六年二月癸丑（初二），仁宗再加他同平章事。參見《長編》，卷一百五十六，慶曆五年六月戊辰條，頁 3785；卷一百五十八，慶曆六年二月癸丑條，頁 3820。

〔註262〕《長編》，卷一百五十四，慶曆五年正月丁丑、頁 3739；二月癸巳、癸卯至甲辰條，頁 3746～3747；卷一百五十五，慶曆四月戊子條，頁 3767～3768；五月壬戌條，頁 3771；卷一百五十六，慶曆五年閏五月己酉條，頁 3779；卷一百五十七，慶曆五年八月甲子條，頁 3797；十月甲子條，頁 3803；十二月癸丑條，頁 3810～3811；卷一百六十一，慶曆七年九月癸酉條，頁 3885。魏昭昺是魏咸信子，份屬仁宗的從表兄，他與郭承祐在慶曆五年二月癸巳（初六）給言官嚴劾，仁宗只好將他們調職。然後在同月癸卯（十六），安靜節度使允迪在父喪期間，竟然命妓女在宮中日爲優戲，給妻昭國夫人錢氏告發。仁宗命入內副都知岑守素（？～1045）到本宮按問得實，就將他降授爲右監門衛大將軍，不許朝謁。其妻錢氏亦度爲洞眞宮道士。再到是年四月戊子（初二），從謹射殺親事官。知諫院余靖曾爲他說情，但仁宗不報，從謹不久即自殺身亡。又仁宗爲了安撫母舅，在是年八月甲子（十一），又給他的表弟李璋一份優差，以他自供備庫副使擔任契丹國母正旦副使。又仁宗在是年十二月

然而，最使仁宗無奈的是，因朝臣之傾軋，他所推行的慶曆新政也在是年正月隨著范仲淹和富弼離開朝廷，杜衍罷相中途而廢。〔註263〕

大長公主一家在慶曆五年之朝政變局並沒有牽涉在內，是年當僧本如在台州（今浙江台州市）東北四十五里的白蓮庵重建佛寺時，篤信佛教的大長公主向仁宗請匾額，改名「白蓮寺」。〔註264〕慶曆六年（1046）六月，李遵勗之姻家、參知政事吳育（1004～1058）因遇事敢言，與宰相賈昌朝不和，而引起政爭，並牽涉到李家。吳育之弟娶李遵勗妹，他死後，李婦有子六人而守寡。監察御史唐詢依附賈昌朝，就攻擊吳育不讓弟婦改嫁是為了繼續攀附大長公主一家。吳育出身制科，受知於仁宗，屢被許為賢者，也許大長公主也曾為他說過好話。於是賈昌朝一黨就以此來攻擊他。仁宗為了息事寧人，兩個月後，就讓吳育與樞密副使丁度對調職位，免得吳繼續與賈昌朝爭議。仁宗這番處理，相信也有一點看在大長公主份上。〔註265〕

五月癸未（廿四），份屬大長公主從兄的東平郡王德文卒，得年七十二。仁宗在他病重時親自探視，並以太醫所調之藥進之。仁宗親臨哭奠，贈太尉、中書令，封申王，諡恭恪。〔註266〕真宗一輩的宗室至此皆歿，論輩份和年齡，就以大長公主最尊。

仁宗從是年四月辛未（廿一）始，既加恩給張修媛母曹氏，晉封她為清河郡夫人，又不次擢陞她的叔父張堯佐。對於他母家的外戚，自然也大大加恩。七月庚寅（十二）便晉升他的表弟李璋（1021～1073）為西上閤門副使。他當然不會漏了大長公主的家人，八月己未（十二），錢晦也以六宅使、嘉州

癸丑（初二），不理言官的反對，復用郭為殿前都虞候并代副部署兼知代州。仁宗在慶曆七年九月，又再擢楊景宗為建寧軍留後知潞州，特給節度使俸。

〔註263〕《長編》，卷一百五十四，慶曆五年正月乙酉至丙戌條，頁3740～3741。

〔註264〕陳耆卿（1180～1236）：《嘉定赤城志》，文淵閣《四庫全書本》，卷二十七〈教院三十有一‧白蓮寺〉，葉十四下。

〔註265〕《長編》，卷一百五十八，慶曆六年六月丙子條，頁3833～3836；卷一百五十九，慶曆六年八月癸酉條，頁3844～3845；卷一百六十，慶曆七年三月乙未條，頁3865。考賈、吳二人之爭一直未息，最後到慶曆七年三月乙未，二人一齊被罷出朝廷。

〔註266〕《長編》，卷一百五十八，慶曆六年四月癸卯至丙午條，頁3828～3829；六月丙子條，頁3833。德文是秦王廷美兒子中最長壽的，他天性畏謹，晚年被足疾不能上朝。仁宗在他卒後三天，又封他的姪兒、德鈞子承簡為徐國公。六月丙子（廿七），又封他的長子承顯為康國公。順帶一提，仁宗早夭之姊姊的生母、入道多年的真宗賢妃法正悟真大師杜氏也在七月底卒。仁宗在八月戊申（初一），特贈她貴妃。

刺史獲得契丹國母生辰副使的優差。〔註267〕

　　仁宗厚待外家的做法，卻不幸弄巧反拙。慶曆七年（1047）五月丙子（初二），他沒有考慮女兒之感受，便將心愛的皇長女福康公主許配給其母舅李用和次子李瑋（1035～1093）。仁宗想給女兒的豐厚的嫁妝，怕超越舊制，就詢問大長公主當年下嫁李遵勗的體例。大長公主很體諒姪兒，以姪兒只有一個女兒，不應與她當年的情況相比。她認為若說嫁妝多，就不符事實；但若據實說嫁妝少，又怕拂了姪兒之意。於是推說歲月久遠，已不記得當年太宗所贈嫁妝多少。仁宗於是依本意厚贈愛女嫁妝。仁宗本以為報答母家之恩，將愛女許配表弟，親上加親，不想到李瑋貌陋才拙，根本一開始就不為福康公主所喜。相較之下，真宗將大長公主許配給李遵勗就十分登對，琴瑟諧和。不知道仁宗在這事上有沒有諮詢大長公主之意見？大長公主對仁宗這項錯誤的決定沒提出異議，實在是一大遺憾。〔註268〕

　　這年十一月戊戌（廿八），貝州宣毅卒王則據城反。宋廷發兵平亂。到慶曆八年（1048）閏正月庚子（初一），在參政文彥博（1006～1097）及權知開封府明鎬（989～1048）率領下，亂事平定。〔註269〕宋廷賞功罰過，有舉報大長公主長子李端懿前知冀州時，失察王則之黨妖人李教。二月丁丑（初九），李端懿自濟州防禦使降為單州團練使。〔註270〕

〔註267〕《長編》，卷一百五十八，慶曆六年四月辛未條，頁3826；卷一百五十九，慶曆六年七月庚寅條，頁3840；八月己未條，頁3843；卷一百六十，慶曆七年正月癸未條，頁3860；卷一百六十一，慶曆七年七月壬午條，頁3881。仁宗對張修媛愛寵有嘉，在慶曆七年正月癸未（初八），還將他的叔父張堯佐自祠部郎中擢任戶部副使。到七月壬午（初九），再擢他為天章閣待制、河東都轉運使。

〔註268〕《長編》，卷一百六十，慶曆七年五月丙子條，頁3873；吳曾：《能改齋漫錄》，卷十二〈仁宗厚遣公主〉，頁347。

〔註269〕《長編》，卷一百六十一，慶曆七年十一月戊戌至十二月丁巳條，頁3890～3893；卷一百六十二，慶曆八年正月甲戌至閏正月庚子朔條，頁3902～3906。

〔註270〕李端懿墓誌所記的妖人寫作「李校」，而群書則作李教。關於李教的事，時任河北都轉運使的張昷之（985～1062）的墓誌銘也有記載，稱「有妖人李教坐法」，而張昷之寬釋之。貝州卒得到李教為師而作亂。冀州民段得政到京師舉報，稱得到李教的獄中供詞，而牽連到李教之父李曇。說李曇以私信給張昷之請託。最後事下御史府，雖然查明貝州之亂沒有李教，但宋廷仍將張昷之降三官監鄂州（今湖北武漢市）商稅。李教的家世及生平事蹟，最詳見於南宋人王銍《默記》一條記載。據王氏所記，這個李教原是都官郎中李曇之子。他自小不受教，卻專門學左道變形匿影飛空的妖術，而得成精怪，他的同黨都師從信服他。他在一次夏日變成黃龍從井中飛出，而雷電霹靂大震，卻把剛在井不遠而在堂前晝睡的母親驚嚇至掉下床而死。李曇怒將李教杖打並逐

　　當宋廷正在慶祝平定貝州之亂時，宮中的崇政殿親從官顏秀等四人在閏正月辛酉（廿二）謀變，殺入禁中，焚宮簾，傷宮人，最後才爲宿衛所殺。宋廷追究責任，勾當皇城司的楊景宗貶知濟州，另一外戚子弟劉永年（1030～1084）亦貶爲洛苑使。仁宗本來還想赦免楊景宗等，言官自然堅決反對。在這次宮廷諜血中，仁宗卻以張修媛有扈駕之功而要加恩。幸群臣反對而止。惟一教仁宗稍爲安慰的，是宋人心腹之患的夏國主元昊在是年正月辛未（初二）爲其子所弒。〔註271〕

　　是年三月甲辰（初六），大長公主的庶子供備庫使李端憲卒，仁宗特贈澤州刺史。本來只有公主親子才有特贈官的恩典，因大長公主對諸子一向並無分嫡庶，故仁宗仍給李端憲特恩。〔註272〕乙丑（廿七），仁宗在言官的劾奏下，無奈將他寵信的外戚殿帥李昭亮解軍職；但仍不顧眾議，在七月丙辰（二十）

　　　出家門。李教更與惡少往來，行爲越發不檢。他有一次在娼館留書曰：「呂洞賓、李教同游。」李曇知道逆子尚在人間，就派人四出搜捕。李教惶恐無路，就自縊而死。但當王則作叛時，因其徒眾皆左道用事，聽聞李教妖術最高，就聲言李教未死，逃在貝州，作爲王則的謀主。宋廷也聽聞李教妖術最高，若爲王則所用就大有麻煩，於是捕其父李曇及李教妻兒兄弟下獄，意李教一定會露面來救。雖然李曇一直說李教已自縊而死，但宋廷並不相信，因李教在娼館的題字，於是宋廷詔天下搜捕他和呂洞賓。到平定貝州，從叛者並無李教其人，才相信他已死。宋廷仍下令搜捕呂洞賓，並誅殺其妻兒，其父李曇貶爲昭州（今廣西桂林市平樂縣西南）別駕。宋廷雖知貝州無李教其人，但所部之監司河北都運使張昷之和知州張存（984～1071）等十數人仍均受到重貶，李端懿也因受牽連而被貶，李端懿過了一段日子才復官爲防禦使。關於李教生死的問題，筆者以爲其父李曇聲稱他「自縊而死」不過是開脫之辭。以李教的性情及行徑，他大概只是以「裝死」來遁逃。他很有可能真的往貝州，參預王則的叛亂。後來宋軍入貝州，找不到他，很有可能是給他逃脫，而不是早已死亡。是故宋廷追究責任，重貶張昷之及李端懿等人。宋人後來說他已死，並未參預貝州之叛，也許不過是爲張昷之等開脫罪咎。參見《長編》，卷一百六十三，慶曆八年二月丁丑條，頁 3918；《歐陽修全集》，第二冊，卷三十三〈鎮潼軍節度觀察留後李公（端懿）墓誌銘〉，頁 492；《蔡襄集》，《蔡忠惠集》，卷四十〈墓誌銘三‧光祿卿致仕張公墓誌銘〉，頁 724～727；《宋史》，卷四百六十四〈外戚傳中‧李遵勗附李端懿〉，頁 13569；《默記》，卷中，頁 31～32；《宋史》，卷四百六十四〈外戚傳中‧李遵勗附李端懿〉，頁 13569。

〔註271〕《長編》，卷一百六十二，慶曆八年正月辛未條，頁 3901～3902；閏正月辛酉至甲子條，頁 3909～3912。

〔註272〕《宋會要輯稿》，第四冊〈儀制十二‧外戚追贈〉，頁 2552；〈儀制十三‧追贈雜錄〉，頁 2573。按《宋會要》編者稱特贈官予李端憲是「有司之失」，筆者認爲這是仁宗給大長公主的特恩。

將他的心腹郭承祐擢爲殿帥，接替李的位置。仁宗又爲寵幸張修媛，先在四月甲戌（初六），在言官的反對下，擢陞張修媛之叔父張堯佐爲兵部郎中權知開封府。然後在十月壬午（十七），以張氏在宮禁之亂中有護駕之功，將張氏進封爲貴妃，十二月丁卯（初三）舉行冊禮。〔註273〕

仁宗也在十一月癸亥（廿九）特賜兩員年長的外戚王貽永和李用和笏頭金帶，這是二府大臣才得賞賜之物。王貽永是樞相，李用和是使相，也算受之有理。仁宗在十二月壬午（十八），也把十年未有遷官的外戚子弟劉從廣自滁州防禦使遷爲宣州觀察使，算是對劉太后家人一點照顧。〔註274〕

大長公主的女婿西上閣門使錢晦在這年十一月做了一件受人稱許的事，他不畏權勢，以他的職責上言，反對首席內臣、景福殿使入內都知王守忠（？～1054）參預大朝會，並座次在朝臣之上。他說容許王守忠這樣，必爲四方所笑。最後王守忠不敢參加本來他可以出席的紫宸殿宴會。順便一提，錢晦與延安郡主所生的女兒大概在這年前後因大長公主的推恩而獲封壽安縣君（？～1050）。〔註275〕

仁宗於翌年（1049）改元皇祐。大長公主是年已達六十二歲的高齡。這年三月己亥（初七），她的次子邢州觀察使李端愿爲人告發私通李遵勗之婢，並且殺驢以享客人。仁宗將他降一官處分。李端愿幹出這等違法的事來，自然敎大長公主難過。據宋人筆記所說，曾有卜者李易簡批評他和其兄李端懿「大長公主之子，生而富貴，窮奢極欲。」，顯然其貴戚子弟驕奢之習氣早已爲人所注目。〔註276〕不如意之事陸續而來，辛酉（廿三），大長公主的另一女

〔註273〕《長編》，卷一百六十三，慶曆八年三月乙丑條，頁 3937；卷一百六十四，慶曆八年四月甲戌條，頁 3944；七月丙辰條，頁 3958；卷一百六十五，慶曆八年十月壬午條，頁 3969～3970；十二月丁卯條，頁 3975。

〔註274〕《長編》，卷一百六十五，慶曆八年十一月癸亥條，頁 3975；十二月壬午條，頁 3978。

〔註275〕《長編》，卷一百六十五，慶曆八年十一月戊戌條，頁 3972～3974；《宋史》，卷三百一十七〈錢惟演傳附錢晦〉，頁 10342；胡宿（966～1067）：《文恭集》，文淵閣《四庫全書》本，卷十九〈魏國大長公主親外孫女錢氏可封壽安縣君制〉，葉十九下；《蔡襄集》，《蔡忠惠集》，卷三十九〈墓誌銘二‧延安郡主李氏墓誌銘〉，頁 709。據錢晦妻延安郡主墓誌銘所載，其長女適宗室右班殿直趙思復，封壽安縣君，而先延安郡主兩年而亡。趙思復是趙普（922～992）的後人。考郡主卒於皇祐四年正月，即壽安縣君卒於皇祐元年至二年間。胡宿所撰之〈魏國大長公主親外孫女錢氏可封壽安縣君制〉未有記撰於何年月。疑當在皇祐元年前。

〔註276〕《長編》，卷一百六十六，皇祐元年三月己亥條，頁 3991。據吳曾所記，李

婿內藏庫副使焦從約卒。因她之故，仁宗特贈他內藏庫使。〔註277〕

　　大長公主在皇祐二年後患上目疾，目不能視。據《長編》及《宋史》所載，仁宗知悉皇姑病情後，首先派內侍帶同太醫診視，並且以各樣的禳禬來禱告。然後令曹皇后、張貴妃及以下之妃嬪均同至公主宅問候。她們到公主宅進拜都用家人禮，並且恭敬地奉藥茗給大長公主。仁宗隨後親臨探視，大長公主的侍從扶著主人迎接，仁宗即請公主先坐，然後設御座於大長公主座位西邊。大長公主守禮，極力反對姪兒這樣的座位安排。最後仁宗移榻於東南向，大長公主才肯接受。仁宗又當眾親舐皇姑之目，左右侍從大爲感動而悲泣。仁宗亦悲慟地說：「先帝伯仲之籍，十有四人，今獨存大主，奈何嬰斯疾？」仁宗又顧問李端懿兄弟及其子孫有甚麼要求願望。大長公主即加以拒絕說：「豈可以母病而邀賞邪？」仁宗原本賜白金三千兩，她也推辭不接受。仁宗感慨對從臣說：「大主之疾，儻可移於朕，亦所不避也。」他又命在大長公主寢門外垂簾，令從臣前往問候，並募天下能醫皇姑者授以官職，另賜公主御書金字「大悲千手眼菩薩」，同時又賜玉石金字太宗廟諡，〔註278〕稍後仁宗又親畫《龍樹菩薩》圖，命翰林待詔傳模，鏤板印行布施，都只爲祝求公主目疾康復。〔註279〕仁宗對大長公主的感情，儼然兒子對母親的孝敬。仁宗生而不知其母，到知道母親是李宸妃時已是子欲養而親不在，他將懷念亡母的感情移到一直愛護他有嘉的大長公主身上是很顯然的事，特別是仁宗連「見舅如見娘」的母舅李用和在皇祐二年七月丙申（十一）病逝後，就只有大長

　　　　端懿、端愿兄弟問卜人李易簡說：「富貴吾不憂，但問壽幾何？」李易簡不客氣地回答：「二君，大長公主之子。生而富貴，窮奢極欲。又求長壽，當如貧者何？造物者如此，無乃不大均乎？」李於是不肯爲二人卜壽。參見《能改齋漫錄》，卷十三〈記事·李端懿端愿卜人壽〉，頁389。

〔註277〕《宋會要輯稿》第四冊，〈儀制十一·防禦使以下追贈〉，頁2546；〈儀制十二·外戚追贈〉，頁2552。

〔註278〕《長編》，卷一百七十，皇祐三年三月丙子條，頁4086～4087；《宋史》，卷二百四十八〈公主傳·荊國大長公主〉，頁8775。大長公主何時患目疾，群書均未載具體年月，惟從仁宗令曹皇后及張貴妃往問候之事看，當最早在慶曆八年十二月丁卯（初三）張貴妃獲冊封後，又據胡宿在皇祐三年三月戊寅（廿七）代中書樞密所上之奏表，談到「近者魏國大長公主虧和感疾」而仁宗「特紆法駕之尊，躬展家人之禮。泫然流涕，親爲舐瞳」的事，而稍後所上第二表又說「近以齊國大長公主晦明生疾，奄忽冥升」，筆者認爲大長公主失明很有可能在皇祐二年以後。參見胡宿：《文恭集》，卷十〈代中書樞密院乞乾元節用樂第一表〉、〈代中書樞密院乞乾元節用樂第二表〉，葉二下至五上。

〔註279〕郭若虛：《圖畫見聞志》，卷三，頁158。

公主可以給他這樣的移情作用。〔註280〕

　　大長公主喪明後，平日深居簡出，而對世事沖淡自若，沒有怎樣悲傷怨苦，她的佛教信仰大概令她對病患處之泰然。她大概知來日無多，常告誡諸子說：「汝父遺令柩中無藏金玉，時衣才數襲而已。吾歿後當亦如是。」〔註281〕她大概已參透了生死。

　　仁宗除了在皇祐元年九月不次擢陞張堯佐爲三司使，並晉封張貴妃的親人外，〔註282〕對大長公主的親人也多加照顧，皇祐二年（1050）三月己酉（廿二），又給已陞爲貴州團練使、西上閤門使的錢晦一份優差，命他爲回謝契丹國信副使，出使遼國。〔註283〕

　　宋廷的言官在皇祐二年六月辛未（十六）攻倒了仁宗的心腹寵臣宣徽南院使郭承祐後，又繼續劾奏張堯佐不配擔任三司使。〔註284〕但仁宗不理，在同年閏十一月己未（初六），先授張爲宣徽南院使、淮康軍節度使、景靈宮使。庚申（初七），再加他同群牧制置使。翌日（辛酉，初八），又賜張堯佐兩個兒子衛尉寺丞張希甫及太常寺太祝張及甫進士出身。仁宗這樣任性的做法，引致以御史中丞王舉正（991～1060）與知諫院包拯（999～1062）爲

〔註280〕　《長編》，卷一百六十八，皇祐二年七月丙申條，頁 4049；卷一百六十九，皇祐二年八月丁卯條，頁4057；《宋會要輯稿》，第三冊，〈禮四十一‧臨奠〉，頁 1643。仁宗於皇祐二年七月丙申（十一）幸李用和第視疾，入見於臥內，擢其次子西上閤門副使李珣爲西上閤門使，並以所居賜之，又日給官舍僦錢五千。李用和於同月甲辰（十九）卒，仁宗再往李宅臨奠慟哭，贈李用和太師、中書令、隴西郡王。仁宗特輟視朝五日，制服苑中，諡恭僖。仁宗又親爲母舅撰神道碑，篆額「親賢之碑」。仁宗在八月丁卯（十三），將李用和長子李璋自龍神衛四廂都指揮使擢爲步軍都虞候，次子西上閤門使李珣領文州刺史，駙馬都尉李瑋領保州團練使，但李璋辭不接受。

〔註281〕　《長編》，卷一百七十，皇祐三年三月丙子條，頁4087。

〔註282〕　《長編》，卷一百六十六，皇祐元年正月辛亥條，頁 3982；三月癸卯條，頁3996；卷一百六十七，皇祐元年九月乙未條，頁4013～4014；卷一百六十八，皇祐二年六月戊辰、庚辰條，頁4045,4047。仁宗先在皇祐元年正月辛亥（十八），將張堯佐擢爲端明殿學士、給事中、提舉在京諸司庫務。到三月癸卯（十一），又任他爲權三司使。九月乙未（初五），不顧言官的反對，將他眞除爲三司使加禮部侍郎。仁宗又在皇祐二年六月戊辰（十三），贈張貴妃母越國夫人曹氏之曾祖曹旭爲秘書丞，祖曹靖爲祠部員外郎；又在同月庚辰（廿五），特封張貴妃第八妹爲清河郡君。

〔註283〕　《長編》，卷一百六十八，皇祐二年三月己酉條，頁4035。

〔註284〕　《長編》，卷一百六十八，皇祐二年六月辛未至丙子條，頁 4046～4047；卷一百六十九，皇祐二年八月丁巳至己未條，頁4053～4056；

首的台諫官的抗爭。張堯佐見眾怒難犯，在己巳（十六）也自請辭去宣徽使及景靈宮使二職。〔註285〕

　　就在仁宗被迫向群臣退讓，無法令他的愛妃張氏一家再沐皇恩而心中不快時，大長公主在皇祐三年（1051）正月乙丑（十三）卻病重，仁宗即往公主第視疾。仁宗在庚午（十八）又詔翰林醫官院，每日輪流派醫官一員總領諸科醫官，以備應奉。相信是爲了方便醫治大長公主的特別措施。〔註286〕到三月丙子（廿五），大長公主終於不治，得年六十四，在宋代公主中，她算是高壽。仁宗當日聽到大長公主病篤，即趕赴大長公主宅探視，在途中聞知皇姑已病逝，便到大長公主堂中易服，親自看視皇姑小殮完畢，然後再拜奠慟哭。仁宗隨即下旨輟朝五日，追封大長公主爲齊國大長公主，諡獻穆，又賜眞珠飾棺帷與及金銀供器。丁丑（廿六），詔他的生日乾元節（四月甲午，十四）罷作樂。戊寅（廿七），在宰臣兩度上表固請之下才收回成命。仁宗又想起以前每逢他的生日，大長公主都在前一晚上入宿禁中，第二天早上即爲他賀壽。追念前事，想起大長公主之恩情，就遣使持香藥、醴、饌置於大長公主靈柩前。仁宗稍後又親制挽辭，並篆神道碑首曰「褒親旌德之碑」，以報答皇姑之恩德。四月丙戌（初六），仁宗又加恩給他的表弟及其他親屬：大長公主長子華州觀察使李端懿爲鎮國軍留後，次子越州觀察使李端愿爲鎮東軍留後，四子西京左藏庫使、資州刺史李端慤領陵州團練使，諸孫內殿承制李諒（？～1101後）爲供備庫副使，內殿崇班李評、李說並爲內殿承制，長婿東上閤門使、貴州團練使錢晦領忠州防禦使。另外，仁宗又將表妹延安郡主的月俸錢由六萬增至十萬。〔註287〕

〔註285〕《長編》，卷一百六十九，皇祐二年閏十一月己未至己巳條，頁 4067～4070。
〔註286〕《長編》，卷一百七十，皇祐三年正月乙丑至庚午條，頁 4077；《宋史》，卷十二〈仁宗紀四〉，頁 230。
〔註287〕《長編》，卷一百七十，皇祐三年三月丙子條，頁 4085～4087；四月丙戌條，頁 4088；《宋會要輯稿》，第三冊，〈禮三十五・請舉樂〉，頁 1531；〈禮四十一・親臨宗戚大臣喪・皇姑〉，頁 1632；〈禮四十一・臨奠〉，頁 1643；〈禮四十一・輟朝・皇姑〉，頁 1650；第四冊，〈禮五十七・乾元節〉，頁 2009；第十冊，〈選舉三十一・召試〉，頁 5848；《宋大詔令集》，卷一百四十六〈典禮三十一・喪服上〉〈以獻穆大長公主薨宰相乞聖節舉樂不允批答・皇祐三年三月戊午〉，頁 535；《宋史》，卷十二〈仁宗紀四〉，頁 230；卷四百六十四〈外戚傳中・李遵勗附李端懿、李端愿、李端慤、李評〉，頁 13569～13572；《歐陽修全集》，第二冊，卷三十三〈鎮潼軍節度觀察留後李公（端懿）墓誌銘〉，頁 491～492；《蔡襄集》，《蔡忠惠集》，卷三十九〈墓誌銘二・延安郡主李氏墓誌銘〉，頁 709；胡宿：《文恭集》，卷十〈代中書樞密院乞乾元節用樂第一表〉、〈代中書樞密院

　　大長公主的靈駕在六月乙酉（初六）發引前，仁宗再臨公主宅奠祭。〔註288〕大長公主大概在六月底下葬於開封城東北南神崗李遵勗墓旁。仁宗命李淑撰寫大長公主的神道碑銘，並命王洙（997～1057）書寫碑的隸字。七月辛亥（初三），仁宗詔開封府，凡因大長公主靈駕下葬而受到踐蹂的田稼，由官員檢視後，給予田稼的農戶減免其租作爲賠償。〔註289〕

　　朝臣拜祭的和送葬的，因與李家的交情及對大長公主的尊敬，均送贈挽詩祭文，雖然不無溢美之辭，也相當反映士林對大長公主的高度評價。司馬光代兩制官員所寫的祭文云：

> 惟靈集慶皇家，作嬪侯族。環珮爲節，動顧禮文。蘋藻必親，無違婦
> 職。承天以順，教子以慈。純素柔嘉，自忘王姬之貴；肅雍明智，居
> 爲里戚之規。嗚呼！遐福未終，大期奄及。去白日之昭晰，歸下泉之
> 窈冥。宸極惋傷，具僚增欷。祗陳薄薦，庶達菲誠。尚饗！〔註290〕

乞乾元節用樂第二表〉，葉二下至五上。考李端懿在平定王則之叛後，因查明沒有失職放走妖人李教，恢復爲汝州防禦使滑州兵馬鈴轄，遷蔡州觀察使。仁宗在皇祐二年九月祀天地於明堂，推恩徙華州觀察使。在大長公主辛後，就起復爲鎭國軍留後。李端懿堅辭，願終喪制。仁宗不許他辭讓新職，許他終喪而仍給他全俸。到他服除後，就拜鎭潼軍留後。至於李端愿在皇祐元年三月以過自邢州觀察使奪一官後，到皇祐三年三月已回陞爲越州觀察使。又據蔡襄所記，大長公主病逝後，長女延安郡主哀戚甚，不再穿戴金玉飾物，日夜涕泣思念亡母，於是容神臞悴。仁宗憐其同齡的表妹，就特加她的月俸錢。這年除夕，延安郡主返娘家拜祭亡母，感觸新歲將至而母不復見，號慟咽絕，左右更相勸慰而不能止。半夜氣懣於胸，第二天返家而病甚。臨終前力戒二子自強以立門戶，又遺命殮葬效法大長公主以簡約。到皇祐四年正月辛亥（初四）卒，得年才四十三。仁宗聞之惻悼不已，輟視朝一天，命中使護葬事。又仁宗又以大長公主之故，封延安郡主之女錢氏爲壽安縣君。另仁宗又在皇祐五年（1053）四月壬午（十三）以大長公主遺奏詔李端愿子李評以供備庫副使召試學士院，從武階官改文階的殿中丞。但他並不滿意所改之官而推辭不就。至於錢晦，他在皇祐五年（1053）九月庚午（初四）以東上閤門使、忠州團練使出知河中府（今山西運城市永濟市西）。他離京赴任前，仁宗問他家傳鐵券之事，他就將三朝所得的御書以進。仁宗看罷歸還，並戒他說：「陝西兵方解，民困久矣，卿爲朕愛撫，無縱酒作樂，使人謂爲貴戚子弟。」仁宗愛屋及烏，錢也就頓首感謝而退。

〔註288〕《宋會要輯稿》，第三冊，〈禮四十一・臨奠〉，頁1643。
〔註289〕《長編》，卷一百七十，皇祐三年七月辛亥條，頁4095；《宋會要輯稿》，第十三冊，〈食貨七十・蠲放雜錄〉，頁8199；王欽臣（1034～1101）：《王氏談錄》，收入《全宋筆記》第三編第三冊（鄭州：大象出版社，2008年1月），頁12。關於李淑撰寫《獻穆大長公主碑》之事，可參見註67。
〔註290〕《司馬光集》，第三冊，卷八十〈祭文・祭齊國獻穆大長公主文〉，頁1610。

與李家有深厚交情的宋祁也在外郡呈上〈慰魏國公主薨表〉，表文云：

> 臣某言：得進奏院奏報，云三月二十五日魏國大長公主薨，輟朝五日者。姬館淪華，珍生意表。天襟叢惻，禮極哀餘。訃問外騰，人倫骨戚。臣某中謝。伏以魏國大長公主，行爲媛則，德冠壼彛。宜胙高年，昭祉元吉。胡不憖遺，遽及云亡。伏惟皇帝陛下，推聖歸妹之仁，原本朝諸姑之懿。當所置務，易服申慈。愴心幄之長違，賁窀穸而極寵。情兼文盡，孝與治隆。然宵旰既勤，聽斷斯廣。顧禮有限，雖聖弗違，願抑遣於悲懷，勉逢迎於順福。臣適守郡印，不獲奔赴闕座，無任瞻天係聖，諫怛屏營之至。謹遣知兵馬使郭玉，奉表陳慰以聞。〔註291〕

大詩人名士梅堯臣（1002～1060）也在送葬時贈以挽詩兩首，詩云：

> 賢行聞當世，尊隆異故常，每令夫結友，不爲子求郎。夜月初沉海，姑星忽殞潢，臨門親祖祭，悲吹起脩岡。

> 魯館當年盛，秦臺此日遙，龍歸終合劍，鳳去不聞簫。挽曲方傳薤，行輴競奠椒，空餘漢官屬，泣送馬如潮。〔註292〕

翰林學士胡宿亦撰挽詩一首，詩云：

> 舊築王姬館，新開貴主阡。山林經駐蹕，烟霧隔飛軒。天屬尊惟孝，邦風穆以賢，鸞龍摛翰藻，昭德萬斯年。〔註293〕

大長公主可說是生榮死哀，仁宗在她病重以至薨逝所表現出的極深感情是其他大長公主或其他宗室所沒有的。事實上光是大長公主在仁宗每年生日一定在前一日進宮留宿，第二天一早爲姪兒賀壽的做法，也是朝臣以至尋常百姓不一定那麼體貼的，難怪仁宗對大長公主敬愛備至。

　　宋廷的文臣對大長公主的評價也是始終十分正面的。在大長公主逝世後一年，即皇祐四年（1052）四月，蔡襄爲延安郡主撰寫墓誌銘時，便稱許大長公主「以賢德輔之（按：指李遵勗），著於天下」。而蔡襄筆下的延安郡主

〔註291〕楊訥、李曉明（編）：《文淵閣四庫全書補遺——據文津閣四庫全書補》，（北京：北京圖書館出版社，1997年4月），第二冊，《五・宋別集一（續）》，《景文集》卷二十五〈慰魏國公主薨表〉，頁31～32。

〔註292〕梅堯臣（撰），朱東潤（1896～1988）（編年校注）：《梅堯臣集編年校注》（上海：上海古籍出版社，1980年11月），中冊，卷二十一〈齊國大長公主挽詞二首〉，頁563～564。

〔註293〕胡宿：《文恭集》，卷二〈齊國大長公主輓詞〉，葉十二上。

各方面的才德均類似大長公主。〔註294〕到嘉祐五年（1060）八月，當大長公主已辭世九年，歐陽修爲李端懿撰寫墓誌銘時，再一次稱許「齊國獻穆大長公主，太宗之女，眞宗之妹，今天子之姑，屬親而尊，禮秩崇顯，其淑德美問彰於內外」。〔註295〕到嘉祐七年（1062）二月，正如上文所提到，當司馬光勸諫仁宗秉公處置兗國公主（即福康公主）與其婿李瑋之紛爭時，就特別引用大長公主的模楷，作爲兗國公主仿效的對像，司馬光這一番話，也是宋廷士大夫對大長公主最有代表性的評價：

> 齊國獻穆大長公主，太宗皇帝之子、眞宗皇帝之妹、陛下之姑，於天子可謂貴矣。然獻穆公主仁孝謙恭，有如寒族。奉李氏宗親，備盡婦道，愛重其夫，無妬忌之行。至今天下稱婦德者，以獻穆公主爲首。獻穆公主豈不自知其身之貴哉？誠以貴而不驕，然後能保其福祿，全其令名故也。臣謂陛下教子以義，宜以太宗皇帝爲法；公主事夫以禮，宜以獻穆公主爲法。則風化流於四方，聲譽施於後世。〔註296〕

司馬光之後，蘇轍（1039～1112）在大長公主逝世三十九年後，即元祐四年（1089）九月，宋廷大饗明堂，大赦天下並加恩百官，因李端愿之請，宋廷加贈李遵勗及大長公主的封號，蘇以翰林學士的身份撰寫兩道告詞，代表宋廷表彰二人的功德，給李遵勗加贈開府儀同三司的告詞云：

> 父
>
> 敕：富而好禮，貴而不驕。勢憑戚里之榮，躬被儒者之節。昔聞其語，未見其人。具官某父某，爵本傳家，親聯築館。進退以禮，無世祿之非；交友多賢，盡當時之傑。被遇前聖，流芳後來。有子而賢，久列東宮之貴；開府以贈，仍因西土之封。錫以閟章，賁爾幽隧。可。
>
> 母
>
> 敕：帝乙歸妹，而交泰之功著。王姬之車，而肅雝之禮成。風化所

〔註294〕《蔡襄集》，《蔡忠惠集》，卷三十九〈墓誌銘二・延安郡主李氏墓誌銘〉，頁709～710；

〔註295〕《歐陽修全集》，第二冊，卷三十三〈鎮潼軍節度觀察留後李公（端懿）墓誌銘〉，頁491。

〔註296〕《司馬光集》，第二冊，卷二十一〈章奏六・正家劄子・嘉祐七年二月初四日上〉，頁583～584。

由，恩禮當異。具官某母某氏，淵源之禮，當世無倫；禮義之隆，
至今傳誦。儼若姑章之奉，穆然閨壼之風。車服下於王后，而不以
驕人。子孫眾如螽斯，而要於守法。故能奕世不墜，休聲愈隆。茲
予大享之成，因爾故封之廣。閱書蜜印，寵數不渝。可。〔註297〕

四年後，即元祐八年（1093）正月丁亥（初九），哲宗（1077～1100，1085～
1100 在位）召宰執暨講讀官講《禮記》及《寶訓》時，宰相呂大防（1027～
1097）因論祖宗家法時，又重提仁宗以姪事姑之禮見獻穆大長公主，強調「此
事長之法也」。在宋廷士大夫的眼中，獻穆大長公主是模楷，是祖宗家法的體
現。〔註298〕

七、餘 論

　　在尋常百姓家庭中，最小的女兒通常最受父母寵愛，所謂「謝公最小偏
憐女」，而兄長常都愛護幼妹。另一方面，做姑母的常疼愛姪兒，不下自己的
親生兒女，姑姪的感情通常很親厚。以前的兒童不像今天我們上學，有一大
批同齡的同學，可成為總角之交。他們可以擁有的少年玩伴，從青梅竹馬到
兩小無猜，除了親兄弟和從兄弟姊妹外，往往就是父系或母系的表兄弟姊妹，
好像《紅樓夢》中寶玉的情況。就算貴為太子，也只有少量被特別挑選的貴
戚子弟，通常是太子的兄弟、從兄弟或表兄弟，可以「陪太子讀書」。這些與
太子有共學同玩之誼的貴家子，通常是帝王後來另眼相看的人。另外，許多
人都會注意到，甚至有親身的體驗，一個家族關係是否和諧，婆媳、妯娌之
間的相處常是關鍵，許多家族內部的紛爭往往因婆媳與妯娌不和而致。值得
注意的是，有時候姑嫂的關係也影響匪淺，今日有些地方，「姑奶奶」或「姑
娘」對她的娘家仍有著很權威的角色，不時干預或影響著兄弟、兄嫂或弟婦
以至姪兒及姪媳的家居生活。

　　獻穆大長公主是太宗的息女，真宗的幼妹，劉皇后的小姑和仁宗的姑娘。

〔註297〕蘇轍（撰），曾棗莊、馬德富（校點）：《欒城集》（上海：上海古籍出版社，
　　　　1987 年 8 月），中冊，卷三十二〈西掖告詞四十九首·李端愿父母〉，頁 684
　　　　～685；孔凡禮：《蘇轍年譜》（北京：學苑出版社，2001 年 6 月），頁 404～
　　　　405，431。據孔凡禮的考證，蘇轍在元祐四年六月擢翰林學士，到五年五月
　　　　改御史中丞。按李端愿以節度使太子太保的官位，撰寫告詞須由內制之翰林
　　　　學士充，以此推論，蘇轍當在元祐四年九月大享明堂時以翰林學士撰寫此則
　　　　告詞最有可能。
〔註298〕《長編》，卷四百八十，元祐八年正月丁亥條，頁 11416。

她自幼深得父兄的寵愛，下嫁李遵勖並生兒育女後，一直以尊敬翁姑，愛護夫婿，管教兒女並且謙謹守法，待下仁厚的德行，賺得宋人異口同聲的讚美，譽爲最有婦德的公主模楷。我們跳過宋人的虛文溢美，小心檢視下，可以看到獻穆大長公主的甚有智慧的行事：第一，她不像幾位姊姊公主及駙馬姊夫的恃勢驕奢，而一直行事小心謹慎，因而得到兄長的寵愛不衰。第二，在當時儒家男尊女卑，甚麼「不孝有三，無後爲大」、「妻賢不妬」的迂腐禮教下，她一方面能包容夫婿李遵勖有過私通乳母的劣行，以至納妾的行爲，但另一方面又能控制夫婿不再逾軌，從而夫妻得以白頭到老，恩愛不替。而不像四姊揚國大長公主那樣「性妬」，絕不容許夫婿納妾而致柴宗慶無子。也不像從姪孫女、英宗蜀國長公主（後諡魏國賢惠大長公主，1051～1080）那樣，逆來順受地容忍夫婿王詵（1048～1104 後）縱情聲色，失德敗行，自己既鬱鬱以終，夫婿也擔著惡名而不容於帝后。〔註299〕第三，她堪稱賢內助，她悉心

〔註299〕蜀國長公主是英宗和宣仁高太后（1032～1093）第二女，神宗的姊姊。她的夫婿王詵是仁宗朝馬軍副都指揮使王凱（996～1061）孫，能詩善畫，是北宋有名的書畫大家，與蘇軾（1037～1101）等名士交好，本來算得上長公主的佳配；王詵卻好色多慾，不顧及妻子的感受。蜀國長公主對待夫婿私通妾婢的態度，雖然與她的祖姑母獻穆大長公主一樣「性不妬」，後果卻完全不同，值得我們注意，可資比較。蜀國長公主下嫁王詵後，對夫婿之寡母盧氏甚爲尊禮，膳羞一定先擇珍異的送給住在駙馬宅旁的盧氏。當盧氏有病時，她每日都親自調和湯藥以進，對於王詵家人姻黨都加以周濟。中外都稱美她的賢德。她沒有阻止王詵納妾，於是「不矜細行」的王詵就放肆，在家中蓄妾婢八人。長公主管不住王詵，自己卻鬱鬱成疾。可王詵竟荒唐透頂，在侍妻疾時，居然和妾婢在長公主旁通姦，而這個惡婢竟還多次衝撞長公主，據說王詵還附和這個不知好歹的惡婢。長公主受了如此委屈，卻沒有告訴高太后或神宗。王詵之前曾因坐蘇軾過而被奪官，元豐三年（1080）四月，當神宗探視長公主而問她的意願時，她還爲不肖的夫婿說情，請神宗恢復王的官職。神宗爲慰姊心，就將王詵復官爲慶州刺史並聽朝參。長公主在五月戊寅（十六）病篤，神宗親臨探視，並集眾醫處方療治，又親持粥喂長公主進食。翌日（己卯，十七），長公主病逝，神宗即親臨望門而哭，賜主家錢五百萬，輟朝五日，派入內副都知蘇利涉（1019～1082）治喪，又追封親姊爲越國長公主，諡賢惠。長公主的乳母不值王詵所爲，就向神宗告發王詵及其妾的惡事。神宗得報大怒，命有司窮治，結果王詵的八婢均決杖，然後配以窯務及車營兵。長公主下葬後，神宗再將王詵治罪，親批示：「詵內則朋淫縱欲失行，外則狎邪罔上不忠。長公主憤愧感疾不興，皇太后哀念累月，罕御玉食。職詵之辜，義不得赦，可落駙馬都尉，責授昭化軍節度行軍司馬，均州安置。」相較之下，我們可以看到獻穆大長公主較能處理夫婿失德之事，她並沒有像蜀國長公主那樣事事逆來順受，弄到鬱鬱成疾。李遵勖失德之事被揭發後，她除了一力維護，加以包容外，後來還大方地讓他納妾生子。最重要是她一

協助李遵勗交結朝內朝外賢士，讓他得到賢駙馬的令名。當李遵勗在眞宗晚年介入以寇準、楊億等爲首的朝臣與劉皇后之權爭時，也憑她尊貴的地位身份得以不被牽連降罪。到劉太后攝政，她也曉得如何不招皇嫂的猜忌，並且接受她的拉攏，與她劉家聯姻。憑著這有利的身份，她就得以在關鍵時刻暗中保護姪兒，自然也保護了夫家。

獻穆大長公主對姪兒的愛護可說是無微不至的，仁宗親政後，曾因溺於美色，幾乎不起，又是靠她推薦名醫才救回一命。是故仁宗一直敬愛她，甚至有將她視爲親母的移情狀況。當她病目時，仁宗竟像孝子一樣當眾爲她舐目，希冀孝感動天，讓她復明。仁宗顯然已視她爲親母。〔註300〕而每逢仁宗生日，她必定早一晚入宮留宿，翌晨爲姪兒祝壽。這一份姑姪情，只怕尋常人家不一定做得到。另一方面，因愛屋及烏，眞宗自小便讓獻穆大長公主的兒女入宮與仁宗一同讀書玩樂，於是讓仁宗和李端懿等表兄弟妹建立深厚的情誼，後來李端懿等得到仁宗無比的寵信和重用，便建基於兒時已培育的表兄弟情分。〔註301〕

李遵勗一族是仁宗至神宗朝最受寵信的外戚家族之一，這個武將家族由李崇矩起家，到李遵勗尙獻穆大長公主而成爲外戚。它能夠在眾多外戚將家

直能好好管住夫婿，不讓他再犯天條。夫妻二人後來白頭到老，相敬相愛。參見《長編》，卷三百三，元豐三年四月辛亥條，頁 7385；卷三百四，元豐三年五月己卯條，頁 7408～7409；《宋史》，卷二百四十八〈公主傳・英宗魏國大長公主〉，頁 8779～8780；卷二百五十五〈王凱傳附王詵傳〉，頁 8926。此條資料，蒙黃啓江學長提示，特此致謝。

〔註300〕考收於《續藏經》的佚名所撰的《金剛般若波羅蜜經感應傳》便記孝子陳氏僧護其人，在相認失散三十年的母親時，就焚香拜告三寶天地神祇，並取水漱口，與母舐其目，結果其母左右眼都復明。按大長公主篤信佛教，仁宗以這種方式冀望她復明倒是合情合理的。又舐母目之故事也見於元人的記載，好像在《金史》及《南村輟耕錄》便記載孝子劉政和丁孝子舐目而敎母復明的故事。參見佚名：《金剛般若波羅蜜經感應傳》，載《卍新纂續藏經》第八十七冊（No.1632）〈史傳部類・史傳部〉，卷一〈陳昭〉；脫脫：《金史》（北京：中華書局，1975 年 7 月），卷一百二十七〈孝友傳・劉政〉，頁 2747；陶宗儀（1329～1410）（撰），文顥（點校）：《南村輟耕錄》（北京：文化藝術出版社，1998 年 8 月），卷七〈孝感越楓橋里人丁氏〉，頁 93。

〔註301〕據吳曾所記，李端懿因自幼侍仁宗學習，所以仁宗「尤篤中外之愛」。當李出守鄆州時，仁宗以詩送行，表達了親密及信任之表兄弟感情，詩云：「魯館名家子，皇家外弟親。詩書謀帥舊，金竹剖符新。九郡提封遠，一圻甘澤均。純誠宜報國，撫士愛吾民。」參見《能改齋漫錄》，卷十一〈記詩・仁宗賜送李良定詩〉，頁 328。

中脫穎而出，關鍵人物正是獻穆大長公主。她憑著與眞宗與仁宗父子的深厚骨肉親情，以及她善於周旋長嫂劉皇后的手腕，讓夫婿一家避過眞宗朝晚年到仁宗朝初年屢起的政治波濤。由於她長期明裡暗裡保護仁宗，到仁宗親政後，她的兒孫便得以大沐皇恩，成爲政治影響力不可低估的外戚。事實上，章獻劉太后和仁宗均寵信一大批外戚，委以重任。因這些外戚均是與他們關係深厚而深獲信任的人，其中獻穆大長公主的家人就是其中的表表者。

宋代儒家士大夫一直以獻穆大長公主爲公主的模楷，當然不僅因她「性不妬」，包容夫婿有過越軌行爲及納妾的所謂「婦德」，〔註302〕而是她既知禮守法，行事謹愼且不以富貴驕奢，並且與夫婿廣交方外及儒士。最重要的是她沒有藉著常出入宮禁兼深得仁宗尊敬的機會，而干預朝政。另外，她也對兒女嚴加管教，不讓他們無功而得高職。宋代公主與歷代公主一樣，因與帝王至親骨肉的關係，常能出入宮禁，她們每爲自己及子孫求取恩典，碰上帝王的溺愛及縱容，常會招致朝臣之非議。不過，整體而言，宋室君主尚能不寵愛女兒或尊禮姊妹逾度，而宋代的公主也泰半以獻穆大長公主爲榜樣，較能守法，不敢爲非。宋代公主的具體情況，也許未來更多的個案研究，能進一步發明之。

八、後　記

本文初稿在 2013 年 5 月 3 日至 4 日在臺北東吳大學舉行的「第九屆史學與文獻學學術研究會」上宣讀，蒙擔任本文評論人的黃啓江學長賜予寶貴意見，現據之加以修改，謹向黃學長致謝忱。後刊於《華中國學》，第二卷（2014年 4 月），頁 101～127 及《華中國學》，第三卷（2015 年 1 月），頁 27～56。

〔註302〕在現代人眼中，獻穆大長公主的四姊揚國大長公主「性妬」而不容夫婿納妾，是男女平等的體現。反過來說，獻穆大長公主以及蜀國長公主容忍夫婿納妾及私通妾婢，其實可以視爲她們對儒家所倡的男尊女卑的落伍迂腐的禮法的妥協，而不足爲法。

與開封市順河區土柏崗鄉崗西村委主任李強先生合照於李遵勗墓地上
所建的泰山老奶奶廟前，李強主任稱他們李姓村民都是李遵勗之後人

中立爲河南大學程民生教授，程教授等腳下據稱本爲李遵勗墓地，據說
已於民國初年被夷平，並無任何出土文物留存。

上圖爲崗西村民，所坐立處本爲李氏墓地。